Nix wie weg

»Jeder muss wissen, worauf er bei einer Reise
zu sehen hat und was seine Sache ist.«
Johann Wolfgang von Goethe

Nix wie weg!

100 Urlaubsideen für Kurztrips in Deutschland und Europa

BRUCKMANN

Inhalt

NYHAVN 17

Auf dem Chiemsee vor der Insel
Frauenchiemsee

Die Piktogramme

- für Familien geeignet
- Architektur/Kultur
- Naturerlebnis
- Baden/Wellness

Erholung in Deutschland – von Sylt bis zu den Alpen

Nordfriesische Impressionen verschenkt das Keitumer »Schöner-Wohnen-Biotop« seinem staunenden Publikum ohne Ende.

1 Sylt – immer eine frische Brise

HIGHLIGHTS

Morsumer Kliff: Naturschutzgebiet mit einzigartiger Pflanzen- und Tierwelt, vor allem Vogelbeobachter kommen hier auf ihre Kosten.

Kliffweg: Die Strecke zwischen Keitum und Kampen zählt zu den schönsten Wanderwegen der Insel.

Rotes Kliff: Die schroff abfallende, durch Oxidation rot gefärbte Steilküste entstand vor 120 000 Jahren durch Gletscherablagerungen.

Ellenbogen: Sylts wilde und naturbelassene Nordspitze mit großen Dünenfeldern und herrlichen Stränden; www.naturgewalten-sylt.de

DAS SOLLTEN SIE PROBIEREN

Grünkohl: mit Speck, Kassler, Kohlwurst oder Schweinebacke und Bratkartoffeln – *Sylter Royal:* Sylter Auster aus dem Wattenmeer, roh mit Zitrone. – *Krabben:* in jeder Form eine Delikatesse, auf Brötchen, mit Spiegelei oder als Suppe – *Sylter Matjes:* mit Pellkartoffeln und grünen Bohnen – *Pharisäer:* Kaffee mit Rum und Sahnehaube

Wer an Keitums verwunschener Wattlandschaft vorbeiradelt und dabei auf reetgedeckte Friesenhäuser blickt, hat Sylt schon zur Hälfte begriffen. Der Rest folgt bei einem Wechsel der Seiten mit einem kraftvollen Schlenker zu den Dünen: Man sieht sie noch nicht, aber hört sie schon, die tosende Brandung der Nordsee.

Die Fahrradverleihe rund um den Bahnhof **Westerland** sorgen dafür, dass es gleich nach der Ankunft weiter nach Keitum gehen kann. Das Märchenidyll aus bezaubernden reetgedeckten Friesenkaten, in denen wohlgestellte Sylter Neubürger ihren Inseltraum leben und das Sylter Klischee in allen Nuancen bedienen, lässt uns mit Boutiquen, hübschen Shops und verwunschenen Cafés kaum los.

Aber weiter geht es an der naturgeschützten **Wattlandschaft** entlang bis zur »Kupferkanne«, die ausgehungerte Biker wie uns mit orginal Sylter Grütze, Vanilleeis und Sahne auf Vordermann bringt für das, was noch kommt, nämlich die nächste Etappe im kräftigen Gegenwind zur Westküste hinüber, zur Welt der Sanddünen und der tosenden Brandung. Und wie sie tobt, diese Nordsee, und ihren Besuchern die Frische ins Gesicht bläst! Wir erreichen **List**, wo an Goschs Fischständen der Teufel los ist – wir sind nicht die einzigen, die für Garnelen vom Grill zu trockenem Weißwein oder Flensburger Pils vom Fass zu frischen Matjesfilets anstehen. Immer mehr Liebhaber, für die schon das herbstliche Sylt Durchatmen und Loslassen signalisiert, zieht es im Winter auf die Insel. Heftig donnernd laufen die Brecher der Brandung dann ein, der Wind jagt über weiten Stränden Wolken über den Horizont, wobei gerade diese natürliche Rauheit die Auszeit vom Alltag bestimmt. Entschleunigung heißt das Thema für Wintergäste, und wer bei rauschendem Wellengang durchgepustet und mit prickelnder Kälte auf dem Gesicht in die »Sansibar« kommt und sich einen schottischen Islay-Malt-Whisky bestellt oder im Keitumer Kontorhaus indischen Chai-Tee oder Kakaobohnen aus Madagaskar einpackt, der hat die winterliche Seite von Sylt und ihren besonderen Reiz begriffen. *RFK*

Infos und Adressen

ANREISE

Flug: Westerland; **Bahn:** Über Hamburg nach Westerland; **Auto:** Autoverladung in Niebüll

BESTE REISEZEIT

Ganzjährig

SEHENSWERT

Keitum: Eine verwunschene Atmosphäre generiert der ehemalige Hauptort der Insel mit seinen Friesenhäusern aus dem 17. und 18. Jh.

Kampen: Wo die Reichen Urlaub machen – die Sylter Schickeria zwischen Gourmetrestaurants, Bars und Strand.

ESSEN UND TRINKEN

Kupferkanne: typisch friesisches Lokal auf der Wattseite; Stapelhooger Wai, Kampen, www.kupferkanne-sylt.de

Fisch-Gosch: Das Fischimperium des Sylter Unternehmers Gosch ist am Lister Hafen eine Institution. www.gosch.de

Alte Friesenwirtschaft: friesisches Anwesen in Gurtstig 32, Keitum, www.alte-friesenwirtschaft.de

ÜBERNACHTEN

Hotel Stadt Hamburg: Landhausstil, 19. Jh.; Westerland, Strandstr. 2, www.hotelstadthamburg.com

Benen-Diken-Hof: feines Haus in Keitum; Keitumer Süderstr. 3, www.benen-diken-hof.de

Zimmer, Appartments und Häuser: Vermittlung u. a. durch die Sylt Tourismus Zentrale; www.sylt-tourismus.de

WEITERE INFOS

Fremdenverkehr Sylt Marketing: Stephanstr. 6, Westerland/Sylt, www.sylt.de

Postkartern-Leuchtturm Rotes Kliff bei Kampen, der Sylts Flair bestens bedient.

Wagemutiger Surfer, der vor Westerlands Hauptstrand Wellen und Wind reitet

Ein besonderes Erlebnis

RAUSCH DER WELLEN

Wenn in **Kampen** die Cracks der Wellenreiter ihr Können auf dem Longboard publikumswirksam vorführen, ist die internationale Windsurfelite nicht weit. Vor allem der September steht im Zeichen des Surfsports, wobei Windsurfen, Kitesurfen und Wellenreiten zu jeder Jahreszeit auf Sylt ein Highlight sind. Vor Kampens **Buhne 16** findet auch das einzige Longboardfestival Deutschlands statt. Ziemlich artistisch kann es je nach Wind- und Wellenlage werden, zum Beispiel beim gewagten »Nose ride«-Manöver, bei dem der Surfer wagemutig übers Board bis zur Spitze des Bretts läuft. Wettkämpfe gibt es in den Disziplinen Wave, Freestyle und Slalom. Die Krönung ist der Davidoff Cool Water Windsurf World Cup, wo es um wichtige Punkte für den Weltmeistertitel und ein Preisgeld in Höhe von 120 000 € geht (www.worldcupsylt.de). Weitere Infos rund um Sylt, den Surfsport und die Veranstaltungen auf: www.sylt.de

Die Holländische Windmühle in der Wyker Mühlenstraße aus dem Jahr 1879 ist in Privatbesitz und erfreut Besucher nur mit dem Blick von außen.

2 Föhr – ursprüngliche Inselidylle

Bei schönem Wetter, wenn die See das Tiefblau eines wolkenlosen Himmels spiegelt, zeichnet sich fast ein Bild südlicher Breite: Zurück liegt der schmaler werdende Küstenstreifen des Festlands, das weiße Fährschiff nimmt Kurs auf die Insel, deren Konturen sich schon gegen den Horizont abzeichnen.

Idyllisch heben sich kleinere Eilande wie Atolle aus dem Stahlblau der glatten Fläche. Doch die romantische Südsee-Impression zeigt sich nicht allzu oft: Wenn die Nordsee im Herbst mit geballter Kraft gegen die Ufer der nordfriesischen Inselgruppe **Helgoland, Sylt, Amrum** und Föhr brandet und die Brecher über die von mutigen Bauern bewirtschafteten Halligen fegen, ist kaum zu glauben, dass hier einmal Festland war. Seit Jahrhunderten haben Sturmfluten Land ins Meer abgezogen und nur noch wenige Reste als Inseln über der Oberfläche gelassen.

Am besten lässt sich der mit den Gezeiten schnell wechselnde Charakter der Insel auf einer Wanderung durch die Wattlandschaft erkunden, die als **Nationalpark Schleswig-Holsteinisches Wattenmeer** auf der UNESCO-Weltnaturerbeliste steht. Zu Fuß kann man von Föhr nach Amrum hinüberlaufen, bei Ebbe natürlich, und aus gutem Grund nur mit einem ortskundigen Führer. Im Gegensatz zur Sylter Dünenlandschaft und den weiten Sandstränden Amrums präsentiert sich Föhr mit viel Weide- und Ackerland um große Bauerngehöfte, zu denen schmale Fahrwege führen, als grüne Insel, auf der mehr Kühe als Einwohner (8500) leben. Die vielen Pferde und eine seltene Seevogelwelt machen

HIGHLIGHTS

Wandern und Biken: Fünf ausgeschilderte Radtouren mit Karte und erstklassige Wanderwege führen rund um Föhr. www.foehr.de

Golfen: Abschlag am Meer; www.golfclubfoehr.de

Reiten: Zahlreiche Reitställe bieten Ausritte am Strand entlang. www.grevelinghof.de, www.foehr-reiterhof.de, www.reitimpulse.de

Wattwanderung: Das Watt erkunden – ein Fest der Sinne! Führungen sind gezeitenabhängig. www.foehr.de

Aquaföhr: Badelandschaft mit Salzwasserbecken, Wellenbad, Wellness- und Thalasso-Zentrum; www.aquafoehr.de

DAS SOLLTEN SIE PROBIEREN

Manhattan: Föhrer Cocktail aus Whiskey und Vermouth mit Kirsche – *Tote Tante:* heißer Kakao mit Rum oder Amaretto – *Föhrer Lammfleisch:* mit Ofenkartoffeln und Rosmarinsoße – *Föhrer Krabbensuppe:* aus frischen Nordseekrabben – *Groodpöös:* nordfriesische Gerstengrütze mit getrockneten Pflaumen und würzigem Kassler

Die Seebrücke in Wyk heißt Besucher willkommen.

Föhr zu einem idealen Rückzugsort für Reiter wie Vogelbeobachter. Föhr hat sich viel an Ursprünglichkeit erhalten, auch wenn sein kleiner Flugplatz im Sommer von Hamburg, Westerland und Helgoland aus planmäßig angeflogen wird. Der bunte Fischereihafen und das putzige Kurhaus mit Promenade im Hauptort, dem Nordseebad **Wyk**, zeichnen ein geruhsames Bild. Wenn im Hafen ein Fährschiff anlegt, das wenig später Richtung Amrum oder Dagebüll ablegt, ist das hier fast schon eine Attraktion. *RFK*

Infos und Adressen

ANREISE

Bahn: bis Fährbahnhof Dagebüll-Mole;
Auto: Autofähre ab Dagebüll, www.faehre.de

BESTE REISEZEIT

Ganzjährig

SEHENSWERT

Robbenzentrum: Einblick ins Leben der Robben; www.robbenzentrum-foehr.de

Seehundsbänke: mit dem Ausflugsschiff oder geführter Wattwanderung; www.foehr.de

Walfängerort Nieblum: malerische Gässchen, urige Kapitänshäuser und Friesendom St. Johannis (13. Jh.), Große Str. 4

Friesen-Museum in Wyk: Kapitänshäuser, www.friesen-museum.de

Nationalparkzentrum Wyk: Wattenmeer in allen Facetten; www.nationalpark-wattenmeer.de

ESSEN UND TRINKEN

Café Kohstall: Flair längst vergangener Zeiten; Jens-Jacob-Eschel-Str. 12, Nieblum, www.cafe-kohstall.de

Austernfischer: Restaurant im Duus-Hotel, Wyk; www.duus-hotel.de

Alt-Wyk: Landgasthaus in Wyk; Hafenstr. 40, www.alt-wyk.de

Schlemmerkate: in Wyk, Strandstr. 58

ÜBERNACHTEN

Ferienwohnungen und -häuser: mit Hotels und Bauernhöfen im aktuellen Gastgeberverzeichnis; www.foehr.de

WEITERE INFOS

Tourist-Information: Am Fähranleger 1, Wyk auf Föhr, www.foehr.de

Ganz sicher kommt eine Wattwanderung als kuriose, sehr lehrreiche Veranstaltung daher.

Ein besonderer Ausflug

DURCHS WATT NACH AMRUM

Die zweitgrößte Nordfriesische Insel, Föhr, liegt mitten im Nationalpark Schleswig-Holsteinisches Wattenmeer, seit 1819 hat sein Inselhauptstädtchen den Status eines Nordseebads. Neben Baden, Reiten, Radeln und Wandern zählt eine geführte Wattwanderung nach Amrum zu den abenteuerlichsten Aktivitäten. Das Durchwaten von verschlicktem Meeresgrund und Prielen beginnt in **Dunsum** auf Föhr. Über 10 000 Tier- und Pflanzenarten bevorzugen diesen einzigartigen Lebensraum. Strandkrabben flitzen um nackte Füße herum, die um Seeskorpione einen großen Bogen machen und auch nur ungerne auf Wattwürmer treten. Kurz vor Amrum versperrt ein tieferer Priel, das sogenannte **Mittelloch**, sicheren Grund und Boden, aber schon zeigen sich Amrums bis zu 30 m hohe Sanddünenkuppen, und die Überquerung der Seefläche ist fast geschafft. Da Ebbe und Flut alle sechs Stunden wechseln, geht es bei organisierten Tagestouren mit der Fähre zurück nach Föhr.

3 Von Flensburg nach Niebüll –
Küstenwind an Ost- und Nordsee

HIGHLIGHTS

Salondampfer Alexandra: Rundfahrten auf dem historischen Museumsschiff ab Flensburgs Schiffsbrücke 22, www.dampfer-alexandra.de

Ochseninseln: Idyllisch liegen die dänischen Inselperlen inmitten der Flensburger Förde. www.ochseninseln.de

Emil-Nolde-Museum: auf der Route zur Westküste, Stiftung Seebüll Ada und Emil Nolde, www.nolde-stiftung.de

Inselhopping nach Sylt: mit dem Auto in 50 Minuten nach Niebüll oder Klanxbüll, vom Parkplatz auf den Zug und in 25 Minuten nach Westerland – Fahrradverleihe rund um den Bahnhof

DAS SOLLTEN SIE PROBIEREN

Birnen, Bohnen und Speck: auf Plattdeutsch »Beer'n, Bohn un Speck«, leckerer Eintopf mit Kartoffeln – *Labskaus:* durch den Wolf gedrehtes Hackfleisch aus Fisch mit Schwein oder Rind, dazu Rollmöpse und Spiegeleier – *Schnüüsch:* Gemüsesuppe in Milch gekocht – *Grünkohl mit Pinkel:* Geräucherte, grobkörnige Grütz- oder Bregenwurst zu Grünkohl und Kartoffeln

Zur Rechten befindet sich das Seebad Glücksburg samt Halbinsel Holnis, Steilküste und Leuchtturm, zur Linken Nordfrieslands Westküste mit dem Sandpaket Sylt und jenseits der nördlichen Stadtgrenzen Dänemark mit noch mehr Stränden und Inseln. Aber nicht nur mit seiner Lage kann die Fördestadt Flensburg trumpfen.

Man muss schon ein bisschen verrückt sein, alte Pötte wie diesen zu segeln: Wenn die »Olga« den Flensburger Museumshafen verlässt, hat der Skipper Nils mit dem Oldtimer, den er gerade steuert, alle Hände voll zu tun: Im Jahr 1887 aus Eichenholz gebaut, 27 m lang, 182 m² Segelfläche – das ehemalige Frachtschiff ist schwergängig und nicht gerade einfach zu manövrieren.

Ein eisernes Ungetüm wie die »Alexandra« auf Hochdruck zu bringen, verlangt noch mehr Einsatz und Kraft: Der rustikale Veteranendampfer lief 1908 auf der Hamburger Schiffswerft Janssen & Schmielinsky vom Stapel und hat zwei Weltkriege überlebt. Im ersten dampfte sie als Transporter der Kaiserlichen Marine, im zweiten diente sie als Basis für Taucheinsätze vor Danzig. Gegen Kriegsende brachte die »Alex« durch Rettungsfahrten 4000 Flüchtlinge aus den gefährdeten Ostgebieten nach Swinemünde in Sicherheit. Wenn jetzt das letzte seegehende Passagierdampfschiff Deutschlands mit begeisterten Fans an Bord unter Dampf geht und zu pechschwarzen Rauchfahnen bei den Oldtimern des

Die Fußgängerzone der Fördestadt zwischen Südermarkt mit Marienkirche und Nordermarkt mit schmucker Bürgerhaus-Architektur

Flensburger Innenförde: Seglerromantik pur bei einer Regatta-Veranstaltung

Flensburger Museumshafens die Segel hochgehen, wird die **Flensburger Förde** zu einem Bild längst vergangener Zeiten. Stattliche Kaufmannshäuser und Handelskontore aus der Hansezeit und eine sorgsam behütete Altstadt samt Hafen liefern dazu den historischen Rahmen.

Seebad Glücksburg und Leuchtturm

Seit 1852 kann das Seebad **Glücksburg** mit seinem berühmten Wasserschloss protzen, mit Promenade, Seebrücke und Strand sowieso. An Bilderbuchtagen ziehen schneeweiße Jachten aus Flensburgs zahlreichen Marinas Richtung Außenförde und genau hier, an Glücksburgs Dampfer-Anlegestelle, vorbei auf die offene Ostsee. Weiter geht es am Schausender Leuchtturm vorbei um die **Halbinsel Holnis** herum.

Die Natur hier ist so atemberaubend schön, dass sie beinahe schon kitschige Bilder aus Steilküsten, Bootsstegen und einsam gelegenen Stränden produziert. Holnis-Rundwanderer haben das Wasser immer vor

Blick auf Strand, Dampferanlegestelle und Strandhotel an der Glücksburger Promenade

Zum Staunen und Erleben

BLICKE AUFS WASSER

Sommergästesegeln: Auf Traditionsseglern, einfachen Folkebooten oder Hochseejachten durchs Flensburger Segelrevier; malerische Küsten, Inseln und Strände liegen vor der Haustür. www.sommergaestesegeln.net

Schiffsfahrten: Neben der »Alexandra« und den Veteranenseglern des Flensburger Museumshafen bieten auch eine Reihe »normaler« Schiffe Ausflugsfahrten oder Linienverbindungen an. www.viking-schifffahrt.de, www.flensburger-faehr-betrieb.de, www.ms-moewe.net

Hof-Therme Meierhof: exklusive Entspannung in der Hof-Therme des Alten Meierhofs in **Meierwyk**, wo nicht nur Altkanzler Gerhard Schröder als VIP im Gästebuch steht; www.alter-meierhof.de

Biken: Auf drei Touren unter dem Label »Flensburg Rad Rundum« lernt man die Stadt am Fjord von der Landseite her kennen. Begleitheft und Karte unter www.flensburg-tourismus.de

Radwandern: Immer am Wasser entlang führt der Ostseeküsten-Radweg, www.flensburg-tourismus.de

Autozug zwischen Niebüll und Westerland, der manch dicke Schlitten via Hindenburgdamm ins noble Kampen bringt

Ein besonderer Ausflug

AB NACH SYLT

Wir verzichten auf den **Nord-Ostsee-Radweg**, der auf 66 km bis an die Deiche der Westküste führt, nehmen lieber den Wagen bis zum Parkplatz am Niebüller Bahnhof und sind nach einer kurzen Zugfahrt über den Hindenburgdamm schon auf **Sylt**! Einer der Fahrradverleihs vor **Westerlands** Bahnhof bringt uns in zehn Minuten auf komfortable Bikes, und ab geht die Post Richtung List. Alternativ bummeln wir gemütlich durch Westerland-City: die Fußgängerzone und die Strandpromenade entlang, wo viele Cafés und Restaurants mit frischen Meeresfrüchten und Blicken auf Dünen und Nordsee locken, schauen uns die schöne alte Dorfkirche St. Niels in Alt-Westerland und als Kontrast dazu das etwas protzige Kurhaus an, und, da noch Zeit ist, widmen wir auch dem Friedhof der Heimatlosen, der Mitte des 19. Jahrhunderts für am Westerländer Strand angetriebene Seeleute angelegt wurde, eine besinnliche halbe Stunde.

Augen, das dänische Ufer grünleuchtend dahinter, Frachter und Passagierschiffe durchpflügen das Stahlblau der Ostsee.

Auf der Holnis-Spitze, dem allerletzten Ende der Halbinsel, ziehen Salzwiesen als Rast- und Brutstätten sowohl See- und Zugvögel als auch Hobby-Ornithologen an, und eben dort auf der Terrasse des reetgedeckten Küstenlokals »Fährhaus« zu sitzen, bei Matjes und Flensburger Pils vom Fass, ist für Landratten Inbegriff maritimer Entspannung.

Nordisch nobel: »West Coast«

Auf der Fahrt Richtung Westküste, nach **Niebüll**, zieht reetgedeckte Bauernhausromantik auf Warften vorbei, fruchtbares Weideland krümmt sich am Horizont, jenseits der Deiche glitzern Siele und Wattenmeer. Die Fahrstraße wird schmaler, Tausende Besucher begegnen sich hier während des kurzen Sommers bei der Anreise zum **Emil-Nolde-Museum**. Nordisch nobel und im Einklang mit der Natur präsentiert der Farbkünstler dort seine Bilder. 1867 wurde Nolde in diese nordfriesische Welt geboren, die er liebte, in der er lebte, die er malte, bis er starb, und nie konnte er sich wirklich von ihr trennen, bis heute nicht: Seit 1956 liegt er hier zusammen mit Ehefrau Ada begraben, nicht weit von seinem Haus und nahe genug bei seinen Bildern. Vor allem auch nahe genug an seinem geliebten Blumengarten, der hier, inmitten des monotonen Grüns umliegender Marschwiesen, so sehr exotisch wirkt.

Als Nolde 1927 erstmals auf die neu erworbene Warft **Seebüll** kam, um den Bauplatz für sein Haus zu besichtigen, notierte er begeistert: »Wir schauten nach dem Seebüllhof hinüber, nach den drei Großhallighöfen und dann nach Süden zu dem auf seiner Warft fest gelagerten Hülltoffhof mit den uns zugewandten beiden typisch friesischen weißen Scheunen. Nach Osten zu liegt Freesmark, dieser große Friesenhof mit seinem vielen Tiefland und Reet, und nordwärts die Höfe Freesott und Foggebüll.« Zwischen Klanxbüll, Diedersbüll, Emmelsbüll und Horsbüll, wie hier die winzigen Ortschaften heißen, hat sich die Einzigartigkeit des Farbenhimmels, den er hundertfach malte, bis heute nicht verändert. *RFK*

Für Besucher ein Highlight, für Fotografen das Objekt der Begierde: Glücksburger Wasserschloss

Infos und Adressen

ANREISE
Flug: ab Hamburg oder Kiel; **Bahn:** ab Hamburg; **Auto:** A4 über Hamburg

BESTE REISEZEIT
Frühjahr bis Herbst

SEHENSWERT
Schifffahrtsmuseum: Erlebnismuseum rund um die Flensburger Schifffahrtsgeschichte an der Schiffbrücke 39, Flensburger Hafen, www.schifffahrtsmuseum.flensburg.de

Museumshafen Flensburg: Ankerplatz am Hafenkai; Herrenstall 11, Flensburg, www.museumshafen-flensburg.de

Flensburger Brauerei: Seit 1888 ist das »Flens« in den typischen Bügelverschlussflaschen auf dem Markt. Brauereibesichtigung unter www.flens.de

Flensburgs Kirchen: Marienkirche (1248), St. Nikolai (1390), St. Johannis (1128), Heiliggeistkirche (1386)

Schloss Glücksburg: Entstanden ist das Postkarten-Wasserschloss zwischen 1582 und 1587 auf dem Grund des mittelalterlichen Zisterzienserklosters Rude. www.schloss-gluecksburg.de

ESSEN UND TRINKEN
Hansens Brauerei: hausgebraute Biere und schmackhafte Gerichte in rustikaler Atmosphäre; Schiffbrücke 16, Flensburg, www.hansens-brauerei.de

Mäder's Fischperle: Fisch täglich frisch auf den Tisch; Ballastkai 9, Flensburg, www.maeders.de

Restaurant Piet Henningsen: Fisch in der ehemaligen Seemannskneipe, seit 1886 am Flensburger Hafen; Schiffbrücke 20, www.restaurant-piet-henningsen.de

Restaurant Meierei Dirk Luther: klassisch französische Küche im Alten Meierhof; Uferstr. 1, Glücksburg, www.alter-meierhof.de

Die Vogelperspektive zeigt Flensburgs Innenförde mit Altstadt, Hafendamm und seinen Marinen.

Roter Hof: im Ambiente einstiger Kaufmanns- und Handwerkerhöfe; Rote Str. 14, Flensburg, www.roterhof.de

Viva: Tapas und mexikanische Küche, Mittagstisch; Rote Strasse 15a, Flensburg, www.viva-flensburg.de

Gasthaus Marienhölzung: gutbürgerliche Küche; Marienhölzungsweg 150, Flensburg, www.gasthaus-marienhoelzung.de

Porticus: sehenswerte Altstadtkneipe in der Marienstr. 1, Flensburg

SHOPPING
Rote Straße: Weinstuben, Galerien, Schmuck- und Designläden sowie Kunsthandwerkstätten beleben fünf alte Handelshöfe. www.rotestrasse.de

Norder- und Südermarkt: Die zwei historischen Stadtplätze voll urbanem Leben in Cafés, Restaurants und Bistros begrenzen den langgezogenen »Holm«, Flensburgs Fußgängerzone.

Holmpassage: verglaster Einkaufstempel auf mehreren Ebenen im historischen Hofensemble mit Boutiquen, Lebensmitteln und Restauration; www.holmpassage.de

Flensburg Galerie: Kaufrausch in der Einkaufspassage; Holm 57–61, Flensburg, www.flensburg-galerie.de

Holm und Große Straße: Flensburgs Fußgängerzone ist mit seinen herrschaftlichen Bürgerhäusern und traumhaften Fassaden ein Highlight an sich. Ein lebhafter Einzelhandel macht die grenznahe Einkaufszeile zu einem quirligen Erlebnis.

ÜBERNACHTEN
Strandhotel Glücksburg: »Das weiße Schloss am Meer« an der Glücksburger Strandpromenade bietet skandinavisches Ambiente pur. Kirstenstr. 6, Glücksburg, www.strandhotel-gluecksburg.de

Hotel »Alte Post«: Skandinavisches Designhotel zentral in der Rathausstr. 2, Flensburg, www.ap-hotel.de

Arcadia: Stadthotel direkt am Flensburger Hafen; Norderhofenden 6–9, Flensburg, www.arcadia-hotel.de

Hotel am Rathaus: Rote Straße 36, Flensburg, www.hotel-am-rathaus.com

Dittmers Gasthof: im historischen Zentrum, Neumarkt 2–3, Flensburg, www.dittmersgasthof.de

Central Hotel: im Herzen Flensburgs; Neumarkt 1, Flensburg, www.central-hotel-flensburg.de

WEITERE INFOS
Touristinformation Flensburg: Rote Str. 15–17, www.flensburg-tourismus.de; **TouristServiceCenter:** Schlosshotel Glücksburg, www.gluecksburg.de

Die Schlei, ein bis zu 14 m tiefer Ostseefjord zwischen Angeln und Schwansen, ist ein ideales Segel- und Paddelrevier.

4 Von Kiel nach Schleswig – immer am Wasser entlang

HIGHLIGHTS

Schleusenpark Kiel-Holtenau: stellt die Verbindung zwischen Kieler Förde und Nord-Ostsee-Kanal her

Schwedeneck: imposante Steilküste des Dänischen Wohld

Eckernförde: kleine Hafenstadt mit langem Sandstrand, ca. 25 km von Kiel entfernt

Haithabu: rekonstruierter Handelsplatz aus dem 9.–11. Jh. mit großem Freigelände und Wikinger-Museum

Schloss Gottorf: Der größte historische Profanbau Schleswig-Holsteins (16./17. Jh.) beherbergt gleich zwei Landesmuseen (Archäologie, Kunst und Kulturgeschichte).

FESTE UND EVENTS

Kieler Woche: Seit 1882 finden im Juni internationale Segelregatten auf der Förde und ein beliebtes Volksfest an der Kiellinie statt. – *Sprottentage:* Jedes Jahr an einem Wochenende im Juli lockt das bunte Hafenfest mit Markt, Musik und Kleinkunst rund um die kleine Heringsart in Eckernförde.

Zwischen Kieler Förde und der Schlei, einem tief ins Land reichenden Ostseefjord, zeigt sich die Küste mit Kliffen und Naturstrand, dichtem Wald und dunklem Moor, weiten Feldern und vielen Hügeln besonders abwechslungsreich. Immer wieder stehen Hünengräber aus vorgeschichtlicher Zeit am Wegesrand.

Kiel wurde um und für das Wasser gebaut. Das zeigen heute die großen Fähren am **Ostseekai** und die vielen **Segelareale**. Ab 1871 war die Stadt Reichkriegshafen und die kaiserliche Flotte sollte von der **Kieler Förde** aus Deutschland Weltgeltung verschaffen – die Bundesmarine bevorzugt den kleinen Auftritt. Das ganze maritime Panorama lässt sich vom Dach des **Rathauses** (1911) genießen. Näher dran ist man an den Schleusen in **Kiel-Holtenau**. Dort kann man die Frachtschiffe, die in den **Nord-Ostsee-Kanal** oder die Förde fahren, fast berühren. Über die 1895 eröffnete Wasserstraße erfährt man einiges im **Kieler Stadt- und Schifffahrtsmuseum**.

Wanderwege mit genussreichem Fernblick erschließen die unverstellte Steilküste des **Dänischen Wohld** westlich des Bülker Leuchtturms. Durchlässe, z. B. in **Stohl** und **Dänisch-Nienhof**, führen an Naturstrände mit großen Findlingen und Millionen Kieseln. In **Surendorf** (Gemeinde Schwedeneck) wird die Küstenkante flacher und sandiger, genau richtig für ein entspanntes, kühles Bad. Mit einer langen Strandpromenade, nur einen Katzensprung von der Innenstadt entfernt, wartet **Eckernförde** auf. Moor, Wald, Weiden, »Knicks« (Heckenwälle) und Binnenseen wie das **Windebyer Noor** im Hinterland der kleinen Hafenstadt lassen sich gemütlich mit dem Fahrrad erkunden.

Die **Schlei** gehört den Seglern, deren Manöver man vom Schleswiger Stadthafen aus verfolgen kann. Die Altstadt von **Schleswig** um den mächtigen St.-Petri-Dom und die Fischersiedlung **Holm** sind wahre Schmuckstücke. Die »Museumslandschaft« in und um **Schloss Gottorf** und die **Wikingersiedlung Haithabu** erzählen von Moorleichen, kunstsinnigen Herzögen und der bewegten Geschichte im deutsch-dänischen Grenzraum. *HA*

Infos und Adressen

ANREISE

Flug: nach Hamburg-Fuhlsbüttel, Airport-Bus nach Kiel; **Bahn:** IC bis Kiel oder RE über Hamburg Hbf.; **Auto:** über Hamburg A7/A215 oder A1/A21, weiter über B404 oder B76

SEHENSWERT

Kieler Stadt- und Schifffahrtsmuseum: in historischer Fischhalle und im Warleberger Hof; www.museen-am-meer.de

Bonbonkocherei: Bonbon-Schauküche; Frau-Clara-Str. 22, Eckernförde, www.bonbonkocherei.de

ESSEN UND TRINKEN

Kiel: Gaststätten, Bistros, Cafés am Alten Markt, um Schloss- und Holstenstraße

Eckernförde: Fischverkauf am Hafen, Restaurants und Cafés an Siegfried-Werft, Frau-Clara- und Kieler Straße

Schleswig: Außengastronomie am Rathausmarkt, Stadthafen und Holm

ÜBERNACHTEN

Hotel Siegfried-Werft: zu einem kleinen Hotel mit Café-Restaurant umgebaute Schiffswerft direkt am Hafen, auch für Fahrradfahrer geeignet, Fußgängerbrücke zur Innenstadt; Vogelsang 12, Eckernförde, www.hotel-siegfried-werft.de

WEITERE INFOS

Tourist-Information Kiel: www.kiel-sailing-city.de

Schwedeneck Touristik: www.schwedeneck.de

Eckernförde Touristik: www.ostseebad-eckernfoerde.de

Touristinformation Schleswig: www.ostseefjordschlei.de

Das Unterseeboot U-995 von 1943 am Strand von Laboe ist heute ein Museum.

Die Welt, wie das 17. Jh. sie sah, auf der Außenseite des Globus-Nachbaus

Zum Staunen

GOTTORFER GLOBUS

Der Gottorfer Globus von Herzog Friedrich III. gilt als **erstes Planetarium** der Welt. Inmitten des barocken Terrassengartens von Schloss Gottorf in **Schleswig** ist das Wunderwerk aus dem 17. Jh. wieder am ursprünglichen Ort zum Leben erweckt worden. Im Globushaus dürfen Besucher heute erleben, was früher schon begeisterte. Der russische Zar Peter der Große ließ sich den Riesenglobus 1717 als Geschenk einpacken. Auf der Außenseite des 3 m großen **begehbaren Modells** von 2005 ist die damals bekannte **Erdoberfläche** abgebildet. Ins Innere gelangt man durch eine Luke und lässt auf einer Sitzbank acht Minuten lang das mit Sternbildporträts geschmückte Firmament an sich vorüberziehen. Bewegte sich der Originalglobus noch durch Wasserkraft, übernimmt dies heute ein Elektromotor. Über den **Sternenhimmel** reisen kann man von Mai bis Oktober im Rahmen einer Führung (www.schloss-gottorf.de).

Das mächtige Holstentor, einziges Stadttor von Lübeck, ist ein Überrest der Befestigungsanlagen der Hansestadt.

5 Lübeck mit Travemünde – die Königin der Hanse

HIGHLIGHTS

Holstentor: Das trutzige Wahrzeichen Lübecks wurde 1464–78 erbaut, in den Türmen ist ein Museum untergebracht.

Dom: erster großer Backsteinbau im Ostseeraum mit gewaltigem Triumphkreuz des Lübecker Meisters Bernt Notke

Buddenbrookhaus: Das 1758 erbaute Bürgerhaus erinnert an Heinrich und Thomas Mann; es kam 1841 in den Besitz der Familie.

Rathaus Lübeck: Blickfang des 1230 begonnenen Gebäudes, das noch heute Verwaltungsfunktionen ausübt, ist die Schauwand mit Schmuckbalkonen und drei Türmen.

Alter Leuchtturm: Das 31 m hohe Ziegelsteingebäude von 1539 dient seit 2004 als Museum für Leuchtfeuertechnik.

FESTE UND EVENTS

Travemünder Woche: Die zweitgrößte Segelsportveranstaltung der Welt mit Volksfest und Beachpartys wird jedes Jahr im Juli ausgetragen. – *Nordische Filmtage:* Das größte europäische Filmfestival für das nordische Kino findet in Lübeck im Oktober/November statt.

Lübeck war im Mittelalter dank der strategisch günstigen Lage an den Handelsrouten zwischen Ostseeraum und Westeuropa die wichtigste Hansestadt. Vom einstigen Wohlstand der Kaufleute zeugen markante Bauten der Backsteingotik wie das Holstentor. Mit feinen Sandstränden und modernen Kureinrichtungen verwöhnt das Ostseebad Travemünde.

Lübeck gelangte vor allem durch den Salzhandel zu Wohlstand. Zeugen der Blütezeit sind der Hafen, die stattlichen Patrizierhäuser und die vielen Kirchen. Von Weitem ist Lübeck an seiner Silhouette mit den sieben Kirchtürmen erkennbar. Die älteste Kirche ist der **Dom**, für den Heinrich der Löwe 1173 den Grundstein legte. Von der **St.-Petri-Kirche** bietet sich ein schöner Rundblick über die von Wasser umgebene Altstadt.

Mit dem doppeltürmigen **Holstentor** verfügt Lübeck über ein besonders schönes Eingangsportal in die Altstadt. In unmittelbarer Nähe stehen die alten **Salzspeicher**.

Viele repräsentative Gebäude Lübecks wurden im backsteingotischen Baustil errichtet. Weitere Beispiele finden sich am Marktplatz, der von der prächtigen Schaufassade des **Rathauses** flankiert wird. Gleich daneben befindet sich die **St.-Marien-Kirche**, die mit dem fast 40 m hohen Mittelschiff das höchste Backsteingewölbe der Welt besitzt. Als Ziel für Literaturinteressierte ist das **Buddenbrookhaus** gegenüber der Marienkirche ein Muss.

Lübecks schöne Tochter

Das seit 1329 zu Lübeck gehörende **Travemünde** verschaffte der Hansestadt einen ungehinderten Zugang zur Ostsee. Es zählt mit seinem breiten und langen Sandstrand zu den ältesten Ostseebädern (seit 1802) und bietet im Sommer Bade- und Strandvergnügen. Auf der leicht erhöht angelegten, 1,7 km langen **Strandpromenade** flaniert man vom **Alten Leuchtturm** vorbei an Cafés und Geschäften bis zur spätgotischen **St.-Lorenz-Kirche.** Von der Strandterrasse aus hat man einen herrlichen Blick über die Lübecker Bucht. *EA*

Infos und Adressen

ANREISE

Bahn: IC und ICE bis Lübeck Hbf., Regionalbahn bis Travemünde; **Auto:** A7 von Norden und Süden, A1 von Westen, A20 und A24 von Osten

BESTE REISEZEIT

Frühling, Frühsommer und Herbst

SEHENSWERT

Europäisches Hansemuseum: Zum Museumsareal in der Lübecker Altstadt gehört auch das Burgkloster. Ab 2016 März – Oktober täglich 10–18 Uhr, November – Februar täglich 10–17 Uhr, An der Untertrave 1

Viermastbark Passat: Der 1911 gebaute Kap-Horn-Segler gehört zu den maritimen Wahrzeichen von Travemünde. Mitte Mai–Sept. täglich 10–17 Uhr, Okt. und April–Mitte Mai täglich 11–16.30 Uhr; Am Priwallhafen 16a

ESSEN UND TRINKEN

Haus der Schiffergesellschaft: regionale Küche im Treppengiebelhaus der Bruderschaft der Kapitäne; Engelsgrube 1–17, Lübeck, www.schiffergesellschaft.com

Buddenbrooks: Sternerestaurant im alten Kurhaus von Travemünde; Außenallee 10, resort.a-rosa.de/travemuende/kulinarik/buddenbrooks-restaurant

Café Niederegger: stimmungsvolle Konditorei der Marzipan-Dynastie, mit Marzipanmuseum; Breite Str. 89, Lübeck, www.niederegger.de

ÜBERNACHTEN

Klassik-Altstadt-Hotel: historisches Stadthaus im Zentrum von Lübeck;

Fischergrube 52, www.klassik-altstadt-hotel.de

Landhaus Bode: kleines schmuckes Hotel in Strandnähe mit gutem Restaurant; Fehlingstraße 67, Travemünde, www.landhaus-bode.de

WEITERE INFOS

Gute Informationen über Lübeck und Umgebung: www.luebeck-tourismus.de

Alter Leuchtturm in Travemünde

Von der Trave bietet sich ein reizvoller Blick auf Marienkirche und Petrikirche.

Ein besonderer Ausflug

LÜBECK ZU WASSER

Lübecks Altstadt ist wie eine Insel vom Wasser der **Trave** umflossen. Auf einer Hafen- und Kanalrundfahrt mit dem Passagierschiff oder einer Barkasse lernt man die Sehenswürdigkeiten der alten Hansestadt aus einer ganz anderen Perspektive kennen. Besonders schön präsentiert sich die berühmte Stadtansicht mit den sieben Kirchtürmen. Die rund einstündige Fahrt führt an den Resten der **Befestigungsanlagen** und historischen **Altstadthäusern** entlang, unter Brücken hindurch, vorbei am mächtigen Dom und dem pittoresken **Gängeviertel**. In Höhe des **Malerwinkels**, der kleinen Grünanlage am Westufer der Trave, fällt der Blick auf die geschlossene mittelalterliche Bebauung der südwestlichen Altstadt. Im **Oldtimerhafen** haben mehr als hundertjährige Segelschiffe ihren Ankerplatz. Die Ausflugsschiffe legen von März bis Oktober mehrfach täglich an den Anlegern an der Musik- und Kongresshalle und an der **Holstenbrücke** an der Untertrave ab.

6 Rügen und Hiddensee – Ostseeträume

HIGHLIGHTS

Seebrücke Binz und Promenade: Der 370 m lange »Highway to Heaven« macht den Blick auf den Binzer Laufsteg (die Flaniermeile), die pompöse Kurhausarchitektur und die Strandvillen von der Seeseite her möglich.

Rasender Roland: Eine Küstenwanderung zur Selliner Seebrücke, der längsten auf Rügen, wird mit einer Rückfahrt im historischen Dampfzug perfekt.
www.ruegensche-baederbahn.de

Hiddensee: auf den Spuren des Romanhelden Ed Bendler von Kloster über den Klausner bis zum Leuchtturm auf der Inselnordspitze schlendern

Ostseebad Sellin: Eine prachtvolle Bäderarchitektur baut sich vor der 30 m hohen Selliner Steilküste auf; die 394 m lange Seebrücke wurde 1927 gebaut.

DAS SOLLTEN SIE PROBIEREN

Rügener Fischsuppe: ein Gedicht aus Dorsch, Kartoffeln, Möhren, Zwiebeln, Sellerie und Porree – *Gebratene Fischklopse Saßnitzer Art:* Fischfilet durch den Wolf gedreht, mit Eiern, Gewürzen und Semmelmehl zu Klößen geformt, in Öl gebraten – *Brathering:* an jedem Fischimbiss zu haben, mit saftigen Zwiebelringen auf Brötchen

Hereinspaziert in die Strandvillenpracht! Das Architektur- und Sandwunder Binz stellt seine einzigartige Bäderarchitektur aus, die sogar Rügens weltberühmte Steilküste aus Kreide noch toppt – und den Rasenden Roland. Natürlich lässt es sich im feinen Bäderstil der Binzer Strandherbergen perfekt abtauchen.

Der Nachkomme eines Wilhelm Klünders, der einmal Inhaber des Binzer Dorfkruges war und ab 1880 Erbauer der Villa Klünder an der Promenade von **Binz**, ist ausgerechnet ein drahtiger Bayer, heißt Michael Gronegger, und war, bis der merkwürdige Brief kam, weitgehend ahnungslos, aber 1995 gehörte ihm plötzlich das Haus. »Rückübertragung« nannte man das nach der Wende, die eine vollkommen verwahrloste Bausubstanz sowie ungeklärte Besitzverhältnisse mit sich brachte. Nach der überraschenden Post fuhren die Groneggers hinauf in den Norden und bestaunten die in DDR Zeiten verfallene Jugendstilpracht, bevor sie das Erbe ihrer Mutter, einer Cousine der verstorbenen Klünder-Tochter, annahmen und ihren Wohnsitz für immer nach Rügen verlegten. Heute erstrahlt das **Haus Klünder** wie all die anderen architektonischen Wunder mit den für Binz typischen Holzveranda-Vorbauten, die durchweg als Sommerresidenzen für Feriengäste dienen.

»Betuchte Besucher kamen früher mit der Dampfeisenbahn direkt aus Berlin, über die Brücke«, erzählt Ortsführer Klaus Boy, »die Märchenbuch-Villen mit ihren opulenten hölzernen Anbauten waren ein Lockmittel: Je schöner und größer und kunstvoller die Zimmermannsarbeit

Die Kreidefelsen-Steilküste der Halbinsel Jasmund ist eine der schönsten deutschen Küstenlandschaften und Teil des Nationalparks Jasmund.

Das nunmehr 100-jährige Kurhaus Binz an der Strandpromenade ist heute ein Luxushotel.

war, desto besser funktionierte die profitable Vermietung.« Im September, dem Monat der Bäderarchitektur, öffnen viele der schönen privaten Stranddomizile ihre Pforten für das normale Publikum, die gewerblichen sind sowieso das ganze Jahr über zu bestaunen. Ein Beispiel ist die feine **Villa Salve**, Baujahr 1899. Im Salve-Seerestaurant speist Angela Merkel gern, wenn sie wieder einmal auf Stippvisite in ihrem Wahlkreis ist.

Ein Muss ist die **Fischräucherei Kuse** am Ende der **Binzer Promenade**, zwischen Waldrand und anbrandenden Wellen: Schillerlocken, Makrelenfilets und Räucheraal kommen hier frisch vom Fangboot auf den Tisch. Wer es weniger rustikal mag, wechselt in die »Strandhalle« schräg gegenüber, die zu Kaiser Wilhelms Zeiten als Winterlager für Strandkörbe diente – und im Sommer als feines Restaurant, wo sich die vornehmen Herrschaften zwangsläufig zum abendlichen Dinner einfanden, weil die hübschen Binzer Gästehäuser nur auf Frühstück eingestellt waren. Heute zählt die Binzer Strandhalle aufgrund ihres einzigartigen Am-

Hochbetrieb hat die Strandbar neben der Seebrücke von Binz praktisch immer.

Zum Genießen

INSULARE DRINKS

Wenn der Barkeeper der **Villa Nixe** einen Cocktail nach geheimer Rezeptur mixt, ist das ganz sicher der **niXenCocktail**. Der Misch-Drink begeisterte Binzer Gäste schon vor 100 Jahren. In der Bar des **Loev Hotels** kann man mit Cocktails aus der Zeit der amerikanischen Prohibition auf Zeitreise gehen. Das Finale einer solchen historischen Cocktailrunde könnte im **Haus Colmsee** stattfinden: Zur Seeseite befand sich hier früher **Mampes Gute Stube**, wo **Mampe-Mixgetränke**, gemischt aus dem berühmten Berliner Likör Mampe Halb und Halb, serviert wurden. Dabei könnte die alte Zeit ziemlich flott wieder lebendig werden. Wer damals zuviel probierte, holte sich am nächsten Tag den Rat des Badearztes, der nicht nur wusste, wie man sich streng getrennt nach Damen und Herren »der Lust des Badens hingab«, sondern auch, wie die Folge von zuviel Alkoholgenuss zu beheben war. Wer kein Risiko in Sachen Binzer Drinks eingehen mag, bleibt am besten beim traditionellen **Störtebeker**, gebraut in Stralsund, oder probiert eines der Spezialbiere der neuen **Rügener Insel-Brauerei**.

Als architektonisches Mahnmal früherer Zeiten ragt das Jagdschloss aus der Granitz.

Ein besonderer Ausflug

WANDERUNG ZUM JAGDSCHLOSS GRANITZ

Vor dem »Haus des Gastes« der Binzer Kurverwaltung geht es los in die **Granitz**, die eines der größten zusammenhängenden Waldgebiete Rügens und ein wunderschönes Naturschutzgebiet ist. Nach steilem Bergauf zeigt sich bald der Granitzer Buchenbestand und nach einigen Kilometern Waldwegen die Zufahrtsstraße zum Jagdschloss: Türme und Zinnen ragen so unvermittelt hoch und beinahe kitschig auf, als sei es eine Filmkulisse. Fürst Wilhelm Malte I. von Putbus beauftragte die Architekten Karl Friedrich Schinkel und Johann Gottfried Steinmeyer mit dem Bau, der seit 1852 auf dem höchsten Punkt der Granitz, dem Tempelberg, thront. Hauptattraktion der Räumlichkeiten im Stil des Historismus ist ein Meisterwerk der Eisengießkunst, die gigantische selbsttragende Turmwendeltreppe. Der Blick von der Aussichtsplattform auf dem Dach des 38 m hohen Aussichtsturms ist bombastisch! Zurück geht's mit dem Rasenden Roland, der nahe dem Jagdschloss hält. www.mv-schloesser.de

bientes zu den nachgefragtesten Gastronomieperlen der Insel. Und natürlich gibt es auf Rügen jede Menge Strände, endlose, sowie die berühmten Caspar-David-Friedrich-Motive, die Felsen aus Kreide, opulente Schlösser und Residenzen, außerdem den Rasenden Roland, der als Dampfzug immer noch fährt.

Die Welt des Ed Bendler

Es ist eine gemütliche Tagestour zum benachbarten **Hiddensee** hinüber, das die Kulisse in Lutz Seilers Roman »Kruso« stellt, der das weit abgelegene Hiddensee-Inselchen zu Zeiten des DDR-Regimes als menschlichen Fluchtpunkt beschreibt, und auf tiefgründige Weise die damalige Lebenswirklichkeit aufzeigt. Auf den Spuren des Protagonisten Ed Bendler zu wandern und die Schauplätze des preisgekrönten DDR-Romans nachzuempfinden, funktioniert über den Rügener **Fährhafen Schaprode**. Von dort legt das Boot ab nach **Kloster**, Hiddensees spirituell eingefärbtes Örtchen, dessen putziges Kirchlein zwischen 1332 und 1536 einem Zisterzienserkloster als Gotteshaus diente. Nur 40 Minuten dauert die Fahrt.

Künstler und Schriftsteller ließen sich durch die idyllische Naturlage inspirieren, auch der Nobelpreisträger Gerhart Hauptmann, der in seinem **Sommerhaus im Kirchweg** 13 residierte. Von Kloster führt ein Pfad zu Hiddensees Wahrzeichen, dem **Leuchtturm**, der weithin sichtbar an der Nordspitze der Insel vorbeiziehenden Schiffen seit 1888 den Weg markiert. Auf halber Spazierstrecke zeigt sich der Gasthof Zum Klausner. In genau diese Kneipe, die sich zwischen dichtem Tannholz und Dornbusch versteckt und beinahe das Ende der Welt ist, hat es die Romanfigur Ed Bendler verschlagen.

Einen Steinwurf entfernt donnert die Brandung an die 60 m hohe und 4 km lange Steilküste wie im Buch. Das Gasthaus, der Biergarten, ein paar lieblich-romantische Holzhäuschen im Schatten der Bäume, die für ein paar stille Tage im Abseits zu mieten sind, und die Geschichte lässt sich im Kopf gleich rekonstruieren. Dann spielt die Leserfantasie an diesem seltsamen Ort in Sichtweite des Leuchtturms noch einmal verrückt. *RFK*

Der Blick vom Turm des Jagdschlosses Granitz bietet weite Wälder und endlose Strände.

Infos und Adressen

ANREISE

Flug: Süddeutsche Flughäfen bieten Verbindungen nach Rostock-Laage an, per Mietwagen ist Rügen dann ein Katzensprung. **Bahn:** via Rostock oder direkt nach Binz; **Auto:** Aus dem Süden über Hamburg–Lübeck–Rostock nach Rügen, aus Berlin/Ostdeutschland über Rostock; Schwerin und Wismar sind gute Stopover.

BESTE REISEZEIT

Spätes Frühjahr und Frühherbst: Im Herbst sind die Badetemperaturen meist noch passabel, die Sonnenscheindauer oft optimal und die umtriebige Ferienzeit vorbei.

SEHENSWERT

Kap Arkona: Die 45 m hohe Steilküste der Halbinsel Wittow beherbergt am nördlichsten Kap Rügens zwei Leuchttürme, einen Peilturm, zwei Militärbunker, die Jaromarsburg sowie Restaurants, Cafés und Souvenirläden.

Nationalpark Jasmund: Caspar David Friedrichs Gemälde aus dem Jahr 1818 verschaffte Rügens Kreideküste Weltruhm, das Wahrzeichen Rügens ist der Königsstuhl, ein 118 m hoher Kreidevorsprung.

Prora: Adolf Hitlers »Bad der Zwanzigtausend« zwischen Binz und Sassnitz ist ein fast 6 km langer Baukomplex in feinster Strandlage aus dem Dritten Reich, der gerade saniert wird.

ESSEN UND TRINKEN

Trend-Restaurant Nixe: Der unterirdische Fresstempel des Designhotels Nixe verfeinert pommersche Küche mit asiatischen Aromen. Strandpromenade 10, Binz, Rügen, www.nixe.de

Brasserie Villa Salve: Frischer Fisch und Steaks mit Zutaten aus hochwertigen regionalen Produkten machen das Restaurant der edlen Jahrhundertwende-Villa zu einem speziellen Erlebnis. Strandpromenade 41, Binz, Rügen, www.salve-binz.de

Hiddensee: Romantische Fahrt mit der Pferdekutsche auf dem Weg von Kloster nach Grieben

NEGRO: Kulinarische Tiefe verspricht das Restaurant NEGRO im ersten Designhaus am Platz. Drinnen präsentiert das Ceres ein tolles Ambiente, draußen seine Seeterrasse mit Blick. Strandpromenade 24, Binz, Rügen, www.ceres-hotel.de

SHOPPING

Kunsthandwerk: »Kunstmeile Binz« nennt sich die Straße der Künstler und Kleinhandwerker, die quer zur Strandpromenade liegt und eigentlich die Margaretenstraße ist. Eine Reihe Galerien, Werkstätten und Kunstläden bieten hier Keramik, Malerei, Glaskunst und Produkte aus Gold- und Silberschmieden an.

ÜBERNACHTEN

Designhotel Ceres: Liebhaber moderner Exklusivität sind in diesem beeindruckenden Hotelbau an der Strandpromenade erstklassig bedient, mit Senso-Spa & Restaurant. Strandpromenade 24, Binz, Rügen, www.ceres-hotel.de

Designhotel Nixe: Der umgebaute Jugendstilbau aus dem Jahr 1903 empfängt seine Gäste zwischen Binzer Kurpark und Strandpromenade, von der Terrasse in Eins-a-Lage lässt sich der Sonnenaufgang zum Frühstück auf formidable Weise genießen. Strandpromenade 10, Binz, Rügen, www.nixe.de

Kurhaus Hotel Binz: Etwas old-fashioned, aber recht prächtig mit viel Plüsch erinnert das Binzer Kurhaus an längst vergangene Zeiten. Strandpromenade 27, Binz, Rügen, www.travelcharme.com

Villen der Bäderarchitektur: Stilsicher übernachten in klassischen Altbauten – eine Liste der Gästehäuser und Pensionen hält die Kurverwaltung bereit. www.ostseebad-binz.de

WEITERE INFOS

Kurverwaltung Ostseebad Binz: Heinrich-Heine-Str. 7, Ostseebad Binz, www.ostseebad-binz.de, www.ruegen.de, www.seebad-hiddensee.de

Abwärts geht's immer: Unter Wasser mit der Tauchglocke an der Seebrücke von Sellin

7 Usedom – baden wie ein Kaiser

HIGHLIGHTS

Usedomer Musikfestival: Ostsee-Klassik in Kirchen, Schlössern, Villen, Galerien und den stilvollsten Hotels der drei Kaiserbäder; www.usedomer-musikfestival.de

Seebäder-Hopping: Die Usedomer Bäderbahn (UBB) fährt zwischen Peenemünde und dem polnischen Swinemünde alle Seebäder entlang der Ostseeküste ab. www.ubb-online.com

Bäderarchitektur: Im September gibt es in der »Woche der Bäderarchitektur« einen Blick hinter die schönsten Kulissen von Klassizismus und Jugendstil. www.drei-kaiserbaeder.de

Universitäts- und Hansestadt Greifswald: Die Geburtsstadt des bedeutendsten Malers der deutschen Romantik präsentiert neben seinem Caspar-David-Friedrich-Zentrum das preisgekrönte Bauensemble des Pommerschen Landesmuseums unweit Usedoms.

DAS SOLLTEN SIE PROBIEREN

Hechtsuppe: Diese Delikatesse kommt mit Weißwein, Safran und Piment. – *Königsberger Kochklopse:* Geschabtes von Rind und Schwein, Milchbrot, Eier, Käse, Kartoffeln, Pfeffer und Salz, serviert mit Kapern-Sardellensoße

Der Prunk des Berliner Geldadels gepaart mit der wilden Schönheit Usedomer Strände hat im 19. Jahrhundert die drei Kaiserbäder Heringsdorf, Ahlbeck und Bansin erschaffen. Für kaiserliche Hauptstädter ließen sich die begehrten Ostseeperlen in wenigen Stunden erreichen. Auch heute empfiehlt sich die bequeme Anreise mit der Bahn.

»Wen wundert's«, meint der waschechte Ahlbecker Jörg Gleissner beim Bummel an den Villen der Heringsdorfer Strandpromenade entlang, »dass es Leute wie Heinz Rühmann, Theodor Fontane und Heinrich Mann hierher zog!« Auch Heinz Mielke, Markus Wolf und viele andere prominente DDR-Größen kamen sehr gerne in das exklusivste der drei Ostseebäder, nach **Heringsdorf**. Von dem es heißt, dass die weniger begünstigten sozialen Schichten aus den viel preiswerteren Strandbädern **Ahlbeck** und **Bansin** eigens für einen Tag herüberkamen, um Ansichtskarten mit Poststempel aus Heringsdorf nach Hause zu schicken, um bei den Lieben daheim ein bisschen zu prahlen.

Villa Hintze, St. Hubertus, Oasis, Schmiedehaus und **Fontane-Haus** heißen die prächtigen Villen an der Promenade, Heinrich Mann und Engelbert Humperdinck bevorzugten das noble »Strandhotel« gleich daneben. »Damals, zu Kaiser Wilhelms Zeiten«, weiß der Inhaber des Heringsdorfer Aktionsrestaurants »Stellwerk« zu erzählen, »sonnte sich die Frau Geheimrätin mit ihren Töchtern am Strand, und der Herr Papa reiste aus Berlin nur fürs Wochenende

Praktisch eine eigene Insel, denn ohne Überquerung des Burggrabens geht nichts: Mellenthiner Wasserschloss

Usedom: 180 km Radwege, 400 km Wanderwege, endlose Kilometer Strände, im Bild: Seebrücke Ahlbeck

an!« Mit 1906 Sonnenstunden im Jahr gilt Usedom als die Sonneninsel Deutschlands, auf 42 km feinen Sandstrand kommt Europas längste Strandpromenade!

Viel Action im Wasserschloss

Wenngleich heute Besucher aus allen Teilen der Republik anreisen, sind die Kaiserbäder immer noch fest in hauptstädtischer Hand: Aus dem Herzen der Metropole fährt die Bahn die Berliner praktisch

Die Caféhaus-Terrasse im Burghof versorgen die Usedomer Waffelbäckerei und die burgeigene Rösterei.

Besondere Ausflüge

BÄDERTOUR

Seebad Ahlbeck: Jugendstilbauten und natürlich wirkende Promenade; der Ort kann seit 1882 mit der ältesten und schönsten Seebrücke punkten; www.drei-kaiserbaeder.de

Seebad Heringsdorf: Die längste Seebrücke Deutschlands (50 m); Muschelmuseum, Wachsfigurenkabinett, Kino, Disco, Boutiquen und Shops; www.drei-kaiserbaeder.de

Seebad Bansin: Prachtarchitektur an der Promenade; Fischerkaten und Räuchereien locken zwischen Gothensee, Krebssee und Schloonsee. www.drei-kaiserbaeder.de

Seebad Ückeritz: klein und gemütlich abseits der großen Seebäder, romantische Strandwege zwischen Kiefern; www.ueckeritz.de

Ostseebad Koserow: beeindruckende Steilküste, unten die anbrandende See und hübsche Geschäfte; www.seebad-koserow.de

Ostseebad Zinnowitz: stilvolles Ostseestädtchen, tolle Jahrhundertwendebauten, Bernsteintherme, www.zinnowitz.de

Eine Skulptur im lauschigen Garten der Otto-Niemeyer-Holstein-Gedenkstätte in Lüttenort, Achterwasser

Zum Staunen

AUF DER SUCHE NACH INSPIRATION

Der Film läuft: Ihn habe die Lage zwischen Ostsee und Achterwasser (die dem Festland zugewandte und fast ganz von Land umschlossene Bucht) so sehr fasziniert, erzählt Otto Niemeyer-Holstein, während er vor der Staffelei in seinem Atelier sitzt und Pinselstriche setzt – es wird ein Winterbild, »Usedomer Strand« heißt es, 1964, Öl auf Pappe. Exakte Naturbeobachtung prägte den Vertreter des Expressiven Realismus, und die Ostsee war sein Thema. Von der »Usedomer Malschule« angefangen bis zur Akademie der Künste inklusive Professorentitel liest sich die Biografie des berühmten DDR-Malers wie die eines intellektuellen Aussteigers, und hier, in »Lüttenort«, an der schmalsten Stelle Usedoms, hatte sich der Künstler ein Refugium geschaffen. Die Anfahrtsbeschreibung spricht für sich: »Über den Rad- und Wanderweg auf dem Ostseedeich am Sturmflutkanal abbiegen, und zu Fuß weiter zum Forsthaus Damerow.« Von dort über den Parkplatz, durch saftige Wiesen; Segelkutter ankern neben dem Museum.
www.atelier-otto-niemeyer-holstein.de

direkt bis auf den Strand! Aber auch zwischen **Usedom-Stadt** und den kilometerlangen Sandstränden der drei Kaiserbäder ist auf der Insel mächtig was los. Ein Horrorgeselle in grell leuchtenden Phosphorfarben springt verschreckten Gästen als Knochengerippe aus dem Dunkel in den Weg, ein Schrei, jemand packt deinen Arm – aber es ist nur der Chef selbst, der zufrieden grinst: »Heut' ist hier Geisterabend!«

Was für eine Geschichte: Jan Fidora aus Ostwestfalen hat es vom Tellerwäscher zum jüngsten Schlossherren der Republik gebracht und das steinalte Usedomer Gemäuer **Schloss Mellenthin** nach der Wende ziemlich einfallsreich aus dem Dornröschenschlaf geweckt. Der gelernte Hotelfachmann, Brauer und Mälzer erfand nach der aufwendigen Sanierung den Übernachtungs- und Vergnügungsbetrieb »Schlosshotel«, der mit zwei Restaurants, Privatbrauerei, Kaffeerösterei, der schlosseigenen Bäckerei (Torten und Waffeln sind hier die nachgefragtesten Produkte) und einer finnischen Wellnessabteilung im Hinterland der Insel Usedom ein Geheimtipp ist.

Aus der herrlich stillen Naturlage sind auch die exklusiven Usedom-Strandperlen Bansin, Heringsdorf und Ahlbeck in nur 15 Minuten zu erreichen, was das Wasserschloss Mellenthin mit seinem Aktivprogramm vor allem für Familien mit Kindern zum idealen Urlaubsort macht. Tagesausflüge ins polnische **Swinemünde**, zur historischen Universitätsstadt **Greifswald** sowie zur Ostseestadt **Stralsund**, die samt Segelschulschiff Gorch Fock auf der UNESCO-Kulturerbeliste steht, sind Teil eines täglich wechselnden Aktionsprogramms, das bei Jung und Alt keine Langeweile aufkommen lässt.

Pommersche Kulinarik

Das seit der Wende stark in Szene gesetzte Prominentenseebad **Heringsdorf** hat aus der guten alten Zeit nicht nur den einzigartigen Villenbestand des altdeutschen Geldadels hinterlassen, sondern auch den kaiserlichen Wartesaal im klassizistischen **Alten Bahnhof**, Baujahr 1894. Dieser war damals der zentrale Treffpunkt für Kofferträger, Pferdekutscher und Kohlenschlepper und ist heute als »Stellwerk« ein architektonisches Kulturerbe. In seinem ausgeflippten Restaurant zelebriert der Erfinder des kulinarischen Wartesaal-Happenings, Küchenmeister Jörg Gleissner, am liebsten pommersche Rezepturen, zum Beispiel »Königsberger Kochklopse nach Art des Hauses Stifter von Königsberg aus dem Jahr 1822«. Hering mit Schokoladenüberzug ist ein Renner, auch Pamuckel, Hümpfe und Honigkrebsfleisch gelten als nachgefragte Delikatessen – die übrigens auf den Waggons einer Modelleisenbahn an den Tisch reisen, durchs historische Ambiente des Stellwerks. Und natürlich war Johann Lafer, der berühmteste Koch der Nation, auch schon hier, Hörfunk und Fernsehen sowieso. Im richtigen Leben, also draußen vor dem Stellwerk, laufen immer noch Züge aus der Hauptstadt im Alten Bahnhof ein, während drinnen gerade ein Mini-Güterzug mit zwei frischgezapften Störtebeker Weizen an den Tischen vorbeirattert. *RFK*

Infos und Adressen

Auch für Biker bildschön, aber Endstation: Der Heringsdorfer Strand lädt zum Relaxen ein.

ANREISE

Flug: von verschiedenen süd- und westdeutschen Flughäfen nach Usedom, www.flug-usedom.de; **Bahn:** Zugverbindungen über Berlin direkt nach Heringsdorf; **Auto:** aus Süddeutschland über Berlin

BESTE REISEZEIT

Spätes Frühjahr und Frühherbst. Wettermäßig sind gewöhnlich Juni und September am besten.

SEHENSWERT

Golm: Naturschutzgebiet und Gedenkstätte für 20 000 Opfer des Bombenangriffs auf Swinemünde 1945; Panoramablick von der Aussichtsplattform bis nach Swinemünde; www.golm-usedom.de

Swinemünde: einfach in der Bäderbahn sitzen bleiben bis zur Endstation, Świnoujście; www.swinoujscie.pl/de

Atelier Otto Niemeyer-Holstein: Zwischen Koserow und Zempin versteckt sich das Atelier-Museum des Malers Otto Niemeyer-Holstein (1896–1984) mit Wohnhaus, Werkstatt und Bildergalerie; www.atelier-otto-niemeyer-holstein.de

ESSEN UND TRINKEN

Stellwerk: Schon das Interieur des einstigen kaiserlichen Wartesaals im Alten Bahnhof von Heringsdorf ist ein Augenschmaus, und die altpommersche Küche ein Genuss! Wilhelmstr. 1, Heringsdorf

Kulm-Eck Heringsdorf: Aus frischen und regionalen Produkten kreiert der Usedomer Chefkoch kulinarische Genüsse der Extraklasse. Verwendete Kräuter und Blüten liefert die Kräuterspezialistin Ina Schirmer. Kulmstr. 17, Heringsdorf, www.kulm-eck.de

Feinschmecker-Restaurant Wickboldt: In Heringsdorf kombiniert Sterne-Koch Tom Wickboldt harmonisches Ambiente und erstklassige Kochkunst, die jeden Feinschmecker verwöhnt. Seestr. 5, Heringsdorf, www.restaurant-wickboldt.de

Kulinarischen Events: Usedomer Heringswochen im Frühjahr; Grand Schlemm im Mai (www.grandschlemm.de); Krumminer Hafendinner im August; Usedomer Wildwochen im Herbst sowie Küchenparty im Grandhotel Steigenberger, das Walking Dinner im Heringsdorfer Strandhotel Ostseeblick u. v. m.

SHOPPING

Kunsthandwerk: Keramik, Töpferei, Schmuckdesign, Bernstein, Schafwolle und Filz, Gewebtes und Naturmode sowie regionale Literatur und Malerei bieten die Seebäder in schmucken Promenadengeschäften an.

Freester Fischerteppiche: Die handgeknüpften Wandbehänge aus den 1920er-Jahren sind ein begehrtes Usedom-Mitbringsel – selbst knüpfen oder kaufen im Gut Mölschow.

Mellenthiner Keramikmanufaktur: Gleich neben dem Wasserschloss stellt Töpferin Susi Erler traditionelle pommersche Gebrauchskeramik her.

Strandkorbmanufaktur Heringsdorf: Das älteste Korbwerk Deutschlands führt bis heute das Traditionshandwerk fort und liefert bis in den heimischen Garten. www.korbgmbh.de

ÜBERNACHTEN

Wasserschloss Mellenthin: Dorfstr. 25, Mellenthin, www.wasserschloss-mellenthin.de

Bansiner Hof: direkt an der Promenade in Traumlage; Strandpromenade 27, Bansin, www.bansiner-hof.de

Usedom Palace: Fünf Sterne und architektonisch ein starker Auftritt! Im Seebad Zinnowitz; Dünenstr. 8, www.usedom-palace.de

Steigenberger Grandhotel & Spa: Luxus direkt an der Promenade Heringsdorf, mit Kids-Club und Baltic Sea Grand Spa; Liehrstr. 11, Heringsdorf, www.heringsdorf.steigenberger.de

Ahlbeck Hotel & Spa: Boutiquehotel an der Ahlbecker Promenade, die Adresse (Dünenstraße) spricht für sich. Dünenstr. 48, Ahlbeck, www.das-ahlbeck.de

Dünenhäuser Nautic: romantische Domizile direkt am Strand des Seebads Ückeritz; Triftweg 4, Koserow, www.nautic-usedom.de

Ferienhäuser und -wohnungen: alle Preisklassen und Erscheinungsformen vermittelt die Buchungszentrale der Insel Usedom. www.usedom.de

WEITERE INFOS

Usedom Tourismus: Waldstr. 1, Seebad Bansin, www.usedom.de

Kaiserbäder: www.drei-kaiserbaeder.de

8 Fischland-Darß-Zingst – »Seele freistrampeln« auf der Ostseehalbinsel

HIGHLIGHTS

Ahrenshoop: Die Hauptstraße teilt den beliebten Künstlerort in eine Ostsee- und eine Boddenhälfte, lauschige Pfade zweigen in verwunschene Märchengefilde ab.
www.ostseebad-ahrenshoop.de

Fahrrad-Tagestouren: von Ahrenshoop durch den Darßer Wald nach Prerow, über Darß und Wiek an den Ufern des Bodstedter und Saaler Bodden zurück; oder vom Seebad Zingst bis nach Pramort und zurück.

Pferdekutschfahrt: Empfehlenswert ist die Tour von Prerow bis Leuchtturm Darßer Ort (Besuch des Natureums), zurück zu Fuß durch den Darßer Wald.

Segeltörn: Mit ihren rotbraunen Segeln gehörten die »Zeesenboote« zum Erscheinungsbild der Boddengewässer, heute darf man auf restaurierten Exemplaren mitsegeln.
www.ostseebad-wustrow.de

DAS SOLLTEN SIE PROBIEREN

Zander auf Birnen, Bohnen und Speck: mit Senfbutter, Bohnenkraut und Pumpernickel-Croutons – *Aale, frisch aus dem Rauch:* mit Schwarzbrot und einem eiskalten Köm – *Backfisch im Brötchen:* Mit Remouladensoße und Zwiebeln ein Gedicht!

Zwischen Graal-Müritz, dem Leuchtturm Darßer Ort und Pramort ist die Ostseehalbinsel mit dem merkwürdigen Namen ein maritimes Drahteselwunderland. Aber auch ohne Fahrrad funktioniert »Seelefreistrampeln« in dieser so sehr anderen Welt sofort: Sand, Wind und Wasser heißt hier die Zauberformel für Körper und Unruhegeist.

Um das wirklich zu verstehen, muss man 142 Stufen hinauf – bis zur Aussichtsplattform des 35 m hohen Leuchtturms Darßer Ort, der nicht mal ein richtiger Ort ist. Dort gibt ein 360-Grad-Blick das maritime Paradies in seiner ganzen Dimension frei, bei klarer Sicht geht der Blick bis nach **Hiddensee** hinüber. Dort irgendwo südlich zwischen **Graal-Müritz/Dierhagen** und dem noblen Künstlerort **Ahrenshoop** trennt die Landbrücke Fischland die Ostsee vom Saaler Bodden. Östlich von dem weit ins Meer ragenden Darßer Eck zieht sich der **Nationalpark Vorpommersche Boddenlandschaft** bis zur äußersten Spitze nach **Pramort**, der natürlich auch kein richtiger Ort ist. Zu DDR-Zeiten war dies der letzte Zipfel eines riesigen Truppenübungsplatzes, weshalb die einzigartige Küstenlandschaft des **Zingst** für Naturliebhaber so leicht zu erradeln und vor allem naturbelassen und geschützt ist.

Auf der Landseite der Halbinsel **Fischland-Darß-Zingst** produzieren weite Brackwasserflächen die liebliche Boddenlandschaft aus Seen mit Salzgraswiesen und romantisch verwachsenen Uferregionen, in

Reetgedeckte Schmuckstücke wie die kunstvoll herausgeputzte Bauernkate in Born finden sich auf der Halbinsel Fischland-Darß-Zingst zuhauf.

Endlose Kilometer zieht sich der Strand von Dierhagen über Ahrenshoop bis nach Pramort.

der man hier und da einsame Bootsstege entdeckt, während Segler lautlos vorbeiziehen und eine artenreiche Vogelwelt im dichten Schilfversteck für ihren Nachwuchs sorgt. Die umliegenden Ortschaften Born, Wieck, Prerow und Zingst verbinden Radwege, und natürlich geht es hier immer an den Stränden und nah am Wasser entlang, was auch für Bodden- und Seewanderer die schönste Route ist.

Architektur versus Natur?

Man radelt los und an wunderschönen Bildern vorbei: reetgedeckte Katen zu beiden Seiten, verwunschene Gärten – der Künstlerort Ahrenshoop hat außer Galerien auch sonst einiges fürs Auge zu bieten – und dann: was für ein Klotz! Ein Zwillingsbaukörper aus Beton, Stahl und Glas erhebt sich aus diesem sonst so romantisch anmutenden mecklenburg-vorpommerischen Ambiente, sodass es ganz sicher manchem Biker auf dem Weg zum Leuchtturm am **Darßer Ort** glatt die Sprache verschlägt. Ahrenshoops Kurhaus! Ist das wirklich da drin? Wir steigen ab. Der Concierge verweist nachfragende Besucher auf die Foyer-Bildgalerie, und tatsächlich: Schon seit 1891 stand da ein durchaus machtvoller Zwillingsbau, hieß Hotel Bogislav, das sich 1920 die Bezeichnung »Kurhaus« einfach so zulegte, folglich heißt das Strandhotel im Volksmund als noch so und stand während der DDR-Zeit im Dienst des FDGB-Feriendienst Rostock.

1970 wurde das nicht unschöne Architekturgebäude durch einen hässlichen Plattenbau ersetzt. »Der ist jetzt weg«, lacht der Direktor des heutigen Hotels, der die Präferenzen seiner Klientel genau kennt. Eine Woche später sind wir selber drin, im brandneuen, aber immer noch volksmündischen »Kurhaus«, das sich jetzt offiziell »The Grand Ahrenshoop« nennt. Auf jeden Fall dreht der neue Protz-Klotz zwi-

Besondere Ausflüge

URBANES BÄDER-HOPPING

Ostseeheilbad Graal-Müritz: noch nicht ganz im Fischland, schöne Villenzeilen, atmosphärisch entspannt, 350 m lange Seebrücke; www.graal-mueritz.de
Ostseebad Dierhagen: Tor zum Fischland an der südlichen Landenge, zu beiden Seiten kilometerlange Strände; www.ostseebad-dierhagen.de
Ostseebad Wustrow: stilvoller Ortskern mit Kirche und Seebrücke, sehr gemütlich; www.ostseebad-wustrow.de
Ostseebad Prerow: Schilfgedeckte Häuser, Darßer Haustüren, Darßer (Ur-)Wald, Darßer Ort und eine 390 m lange Seebrücke kennzeichnen die nördlichste Darß-Idylle. www.ostseebad-prerow.de
Ostseeheilbad Zingst: ziemlich viel los zwischen Promenade, Seebrücke und zweispuriger Fußgängerzone, Ausgangspunkt für Bike-Touren durch den Nationalpark Vorpommersche Boddenlandschaft bis Pramort; www.zingst.de
Vineta Stadt Barth: Mittelalterliches Stadtbild, Segelhafen, Vineta-Museum; www.stadt-barth.de

Highlight: Segeltörn mit Zesenboot auf Saaler Bodden bei Wustrow

schen **Ostsee** und **Saaler Bodden** ziemlich stolz in den Wind. Berauschend ist der Blick vom Penthouse-Panoramacafé auf die Weite der Ostsee, auf den Sand, die Strandkörbe, vorbeiziehende Dampfer, und ringsum herrscht Möwengeschrei.

Das Paradies: nicht nur im Kopf

Opulente Zimmerfronten aus Glas generieren das spezielle Gefühl hoch über der See sogar vom Bett aus, über mangelnde Gäste kann sich der Wellness- und Aussichtstempel nicht beschweren: Ahrenshoop erreicht man von Hamburg und Berlin in wenigen Stunden! Was ganz **Mecklenburg-Vorpommern** und seine Seen und Ostseestrände betrifft, so sprechen beinahe 30 Millionen Übernachtungen jährlich eine deutliche Sprache.

Wer im Herbst in gelassener Ruhe über die Halbinsel Fischland-Darß-Zingst radelt, wird auf große Schwärme Kraniche treffen, von denen bis zu 40 000 vor dem Weiterflug in die Winterquartiere Südeuropas und Afrikas in dieser wohl schönsten Küstenregion Norddeutschlands zum Energietanken verweilen. Die Naturidylle bietet nicht nur den Zugvögeln unberührte Landschaften, feinen weißen Sand, so weit das Auge reicht und urwüchsige Wälder und Wiesen, die der wildromantische Nationalpark Vorpommersche Boddenlandschaft umfasst.

An der engsten Stelle des **Fischlands** liegt das beschauliche Seebad **Wustrow**. Ruhesuchende finden hier maritimes Ambiente pur: eine stattliche Seebrücke mit Restaurants direkt an der Brandung, kilometerweit Sandstrand, Sonnenuntergänge auf der Seeseite und einen beschaulichen Ortskern mit Kirche und Spitzturm. *RFK*

Zum Staunen und Erleben

ABSEITS DER SEEBÄDER

Wer im späten Sonnenlicht die alte Meiningenbrücke zwischen **Bodstedter** und **Barther Bodden** sehr langsam überquert, weil die beweglichen Schwingteile der kuriosen Stahlkonstruktion gerade mal wieder den Schiffsverkehr bevorzugen, dem erschließen sich auf 470 m Staulänge Naturbilder vom Feinsten: Düstere Boddengewässer spiegeln einen glühende Ball, dazu spielt die Vogelwelt lautstark verrückt, dunkelgrün wuchern die Schilfgräser an zugewachsenen Ufern. Danach kommt **Barth**: Fein herausgeputzte Bürgerhäuser, historischer Marktplatz, St.-Marien-Kirche, Jahrgang 1300! Im denkmalgeschützten Haus Nr. 2 wurde 500 Jahre nach dem Kirchbau Schwedenkönig Gustav IV. empfangen, im 18. und 19. Jh. erlebte das niedliche Städtchen mit der Entwicklung der Segelschifffahrt seine Blütezeit. Heute lädt Barths Jachthafen mit Promenaden-Cafés, Restaurants und Fischverkaufskuttern zum Relaxen ein, die Innenstadt mit ihren bildhübschen Fassaden zum entspannten Shoppen.
www.stadt-barth.de

Fernblick über Dünengrün und die Ostsee bis zum Horizont hat man vom Darßer Leuchtturm.

Infos und Adressen

ANREISE

Flug: von süddeutschen Flughäfen nach Rostock-Laage; **Bahn:** Zugverbindungen über Rostock; **Auto:** Aus Süddeutschland über Hamburg–Lübeck–Rostock nach Fischland-Darß-Zingst, empfehlenswert ist ein Stopover in der historischen Hansestadt Wismar. Aus Berlin durchs Seengebiet der Müritz und via Rostock

BESTE REISEZEIT

Spätes Frühjahr und Frühherbst, auf jeden Fall außerhalb der Schulferienzeit; wettermäßig stabil ist meist der September.

SEHENSWERT

Kunstmuseum Ahrenshoop: Der brandneue und ultramoderne Bau ist kulturelles Zentrum der Künstlerkolonie Ahrenshoop. www.kunstmuseum-ahrenshoop.de

Seebrücke Wustrow: Die 240 m lange Anlegerbrücke liegt auf der goldenen, das heißt auf der Sonnenuntergangsseite der Ostsee, und leitet Flanierende im richtigen Moment mitten in den ins Meer sinkenden glühenden Ball. www.ostseebad-wustrow.de

Darßer Leuchtturm: mit Meeresmuseum, Kaffeestube und Aussichtsplattform; www.meeresmuseum.de

ESSEN UND TRINKEN

Moby Dick Wustrow: Das Restaurant an der Promenade direkt neben der Seebrücke ist mit seiner opulenten Seeterrasse ein Geheimtipp. Strandstr. 54, Wustrow, www.restaurant-moby-dick.de

Räucherhus Schönthier Ahrenshoop: Sehr persönliche maritime Gourmetreise, selbst gefangener Fisch kommt hier täglich frisch auf den Tisch. Hafenweg 6, Ahrenshoop, www.raeucherhaus-ahrenshoop.de

Kurhausrestaurant Zingst: Im Zingster Kurhaus kommt das Essen passend zur Lage zwischen Seebrücke und Dünen frisch aus der See. Seestr. 56/57, Zingst, www.kurhausrestaurant-zingst.de

Aufführung der See-Bühne zu den Vineta Festtagen der Hafenstadt Barth

Ostseelounge im Strandhotel Fischland: Das Gourmetrestaurant hoch über den Dünen bietet Blick auf die Ostsee und einen Michelin-Stern. Ernst-Moritz-Arndt-Str. 6, Dierhagen Strand, www.strandhotel-ostsee.de

SHOPPING

Bio- und Regionalmärkte: Alternative Märkte bieten im Sommerhalbjahr an den schönsten Plätzen der Halbinsel Fischland-Darß-Zingst kulinarische Spezialitäten aus biologischer Herstellung an und Produkte aus regionalen Kunsthandwerkstätten wie Keramik, Töpferware, Schmuck, Bernstein, Wolliges vom Schaf, Gefilztes, Gewebtes, Naturmode, regionale Literatur, Öl- und Aquarellmalerei.

Ahrenshoop/Zingst: Eine Menge Kunsthandwerk (Gold- und Silberschmieden, Glasbläserei, Bernsteinkunst, Edelsteine, Bildhauerei und Malerei) findet sich im Künstlerort Ahrenshoop in versteckten Galerien und Boutiquen; Zingst lädt auf der umtriebigen Promenade und in seiner weitläufigen Fußgängerzone zum Shoppen ein.

ÜBERNACHTEN

THE GRAND Ahrenshoop: moderne Architektur, einzigartige Lage; Schifferberg 24, Ahrenshoop, www.the-grand.de

Namenlos & Fischerwiege: 1-a-Lage, schilfrohrgedeckt, familiengeführtes Romantikhotel mit Kunstwerken der Künstlerkolonie Ahrenshoop, hauseigene Bibliothek sowie Konditorei; Dorfstr. 44 / Schifferberg 9a, Ahrenshoop, www.hotel-namenlos.de

Haus 54 Zingst: für Individualreisende eine praktische, hostelartige Herberge, auch mit rollstuhlgerechten Zimmern; Hanshägerstr. 3, Zingst, www.zingst.de

Ferienwohnungen und -häuser: Infos über die Touristeninformation; www.fischland-darss-zingst.de

WEITERE INFOS

Tourismusverband Fischland-Darss-Zingst: Barther Str. 16, Löbnitz, www.fischland-darss-zingst.de

Kilometerweit: Ostseestrand vor Ahrenshoop

Die Hansestadt Demmin ist von Naturschutzgebieten umgeben. Hier fließen die Trebel und Tollense in die Peene.

9 Auf der Peene – Paddeln auf dem Amazonas des Nordens

HIGHLIGHTS

Lübecker Speicher Demmin: 1815 errichteter Getreidespeicher, beherbergt heute Ausstellungen

Kummerower See: hügelige Landschaft mit Aussichtspunkten um den See

Haustierpark Lelkendorf: Hier leben alte und vom Aussterben bedrohte Haustierrassen.

Gutsdorf Stolpe: idyllisches Dorf mit Gutshaus, Sterne-Küche und 800 Jahre alter Klosterruine

Nikolaikirche Anklam: im 2. Weltkrieg stark beschädigte, gotische Backsteinkirche, Aussichtsplattform mit grandiosem Peeneblick

PROBIEREN UND ERLEBEN

Hafendestillerie und Brauerei, Loitz: Spezialitäten sind der mit Peenetorf verfeinerte Whisky, Biere mit Honig und Kräuterliköre. – *Ivenacker Baumkuchen:* Familienkonditorei Komander produziert mit regionalen Zutaten. – *Reuterfestspiele Stavenhagen:* Plattdeutsche Chöre, Gottesdienste und Bühnenprogramm

Auf ihren 100 km zwischen Malchin und der Mündung in den Peenestrom bei Anklam fließt die Peene seit jeher in ihrem natürlichen Flussbett. An ihren Ufern entstand das größte zusammenhängende Niedermoorgebiet Europas. Wer Naturidylle und Einsamkeit sucht, wird bei einer Paddeltour Erfüllung finden.

Das Gefälle der **Peene** beträgt lediglich 28 cm. Die Fließgeschwindigkeit ist so gering, dass bei starkem Ostwind das Wasser flussaufwärts getrieben wird. Entschleunigung ist hier kein Modewort, sondern pure Realität. Große Straßen und laute Städte sind hier nicht zu finden. Die Schätze liegen in der Natur: Biber und Fischotter können ohne Schwierigkeit beobachtet werden, Fisch-, Schrei- und Seeadler finden neben 30 weiteren geschützten Vogelarten in den gefluteten Peenewiesen ideale Lebens- und Jagdbedingungen. Besonders eindrucksvoll sind das 1000 ha große Renaturierungsgebiet **Große Rosin** bei **Aalbude** und der **Anklamer Stadtbruch**.

Viele aus Sumpf und Feuchtwiesen bestehende Uferbereiche dürfen nicht betreten werden. Die Natur dankt es mit 12 unterschiedlichen Orchideenpflanzen sowie Mehl-Primeln und Trollblumen. Auch unter Wasser herrscht buntes Treiben. Neben reichen Vorkommen an Hecht, Aal und Zander gibt es seltene Steinbeißer und Flussneunaugen – für Angler (auch mit Touristenangelschein) ein Paradies.

In einem Paddelboot lässt sich der Naturpark am besten erkunden. Die meisten Anbieter verleihen ihre Boote bereits für ein paar Stunden. Bei Tages- oder Mehrtagestouren bieten viele einen Shuttleservice zum Ausgangsort an. Für Einsteiger eignet sich besonders die 16 km lange Tagestour zwischen **Verchen** und **Demmin**. Die Peene mäandert hier durch eine offene Landschaft, die in weiten Teilen von Schilfgürteln eingefasst ist. Viele Schwarzerlen mit verzweigten Luftwurzeln stehen am Ufer. Sie erinnern an die Mangroven im Amazonas. Vielleicht kommt der Vergleich daher. Vielleicht kommt er auch von dem Netz abzweigender Altarme oder der faszinierenden Artenvielfalt. *CHD*

Naturnah und umweltfreundlich: Paddeln

Infos und Adressen

ANREISE

Flug: Der nächstgelegene Flughafen ist Rostock. **Bahn:** RE bis Malchin, Demmin, Anklam; **Auto:** über die A20 bis Jarmen

BESTE REISEZEIT

April bis Oktober

SEHENSWERT

Kloster Dargun: teilsanierte Anlage mit Café, Aussichtsturm und Museum; Klosterdamm 6, Dargun, www.dargun.de

Otto Lilienthal Museum: Flugobjekte und Exponate zum Traum vom Fliegen; Ellbogenstraße 1, Anklam, www.lilienthal-museum.de

ESSEN UND TRINKEN

Aalbude: Fischrestaurant mit Terrasse direkt an der Peene; Dargun OT Aalbude 2, www.ausflugsrestaurant-aalbude.de

Stolper Fährkrug: historisches Wirtshaus mit pommerscher Küche: Bratwurst,

Hering, Kuchen; Peenstr. 25, Stolpe, www.gutshaus-stolpe.de

ÜBERNACHTEN

Ferienwohnung direkt am Wasser: ideal für Kanufahrer, mit Steg und großer Wiese; Christa Deckert, Fritz-Reuter-Str. 22, Demmin, Tel. 03 998/432 425

WEITERE INFOS

Naturparkinfo:
www.abenteuer-peenetal.com

Ca. eine Woche dauert die Paddeltour vom Kummerower See bis Anklam.

Ein besonderes Erlebnis

SAFARITOUR AUF DER PEENE

In der Abenddämmerung gibt die Tierwelt den Ton an. Am Wasserwanderrastplatz Verchen wird der Besucher von einem betörenden Vogelgezwitscher empfangen. Rohrdommeln sind aus dem Schilf zu hören, vereinzelt tschilpt ein Eisvogel, Hunderte Gänse, Kraniche, Frösche und viele mehr stimmen in ein Konzert ein. Wer ihnen näher kommen möchte, sollte mit Naturführer Ingo Ernst auf Entdeckersafari gehen. Er erkennt die Vogelstimmen, weiß, wo der Eisvogel seine Höhle baut und der Fischadler seinen Horst. Ohne die Natur zu stören, führt er Wanderungen oder Touren mit dem Solarkatamaran durch. Bei dieser Gelegenheit gleiten bis zu acht Personen geräuschlos über das Wasser. Einen der 500 bis 700 im Peenetal lebenden Biber zu sehen, ist garantiert. Ihre Burgen sind teils gut im Schilf versteckt, doch abends machen sich die vorrangig nachtaktiven Nager auf den Weg. Sie schwimmen von einem Ufer zum anderen und ziehen mit etwas Glück sogar ganz nahe am Boot vorbei.

Das schön restaurierte Gutshaus Ludorf ist von einem großzügigen Park mit alten Buchen umgeben.

10 Ludorf – romantische Auszeit an der Müritz

HIGHLIGHTS

Schloss Mirow: aufwendig saniertes Barockschloss der Großherzöge von Mecklenburg Strelitz

Kirchturm Röbel: fantastischer Blick auf die Müritz von der 48 m hohen Plattform der Marienkirche

Dampferfahrt auf der Müritz: Waren, Röbel und Rechlin sind auch per Schiff erreichbar

Müritzeum: Exponate zur Flora und Fauna der Seenplatte, Aquarien mit heimischen Fischen

Müritz-Nationalpark: thematische Wanderwege, Moorstege, Aussichtstürme und Vogelbeobachtung am Ostufer der Müritz

PROBIEREN UND ERLEBEN

Ma(h)l Regional: An einem Abend im Frühjahr und Herbst werden im Restaurant Morizaner in Ludorf lokale Produkte vorgestellt. – *Alte Pomeranze:* Orangenart, die früher in Mecklenburg gezüchtet wurde; die Hahnsche Gutsmanufaktur stellt daraus Bitterlikör her. *Aal bis Zander:* frischer Fisch aus der Müritz

In der Mecklenburgischen Seenplatte reiht sich nicht nur ein See an den anderen, auch gibt es hier eines der engsten Netze von Guts- und Herrenhäuser in Europa. Manche schlummern noch als Ruine und warten auf Rettung. Hinter anderen dicken Mauern verbergen sich stilvolle Unterkünfte für eine spontane Auszeit.

Von Hamburg und Berlin ist der größte Binnensee Deutschlands in knapp zwei Autostunden erreichbar. Die dünn besiedelte Umgebung mit Nationalpark und weiten Feldern ist ein Naturparadies. Mittendrin liegen kleine, schmucke Orte – viele mit einem Gutshaus. Eines davon steht unweit des Müritzufers in **Ludorf**. In den 1990ern wurde es von der Familie Achtenhagen entdeckt. Sie schmerzte der äußerliche Verfall und damit der Niedergang eines Stückes Kulturgeschichte von **Mecklenburg**. Diese ist eng mit dem Landadel und seinen Leibeigenen verbunden, die noch bis ins 19. Jh. den Boden bewirtschafteten. Als nach 1945 die Parole »Junkerland in Bauernhand« lautete, zogen Flüchtlingslager, Konsum, Schule oder Altenheim in die historischen Gemäuer. Nach 1989 blieben sie verlassen zurück. Wind, Regen und Spekulanten zerrten am Gemäuer.

Der 300-jährige Backsteinbau in Ludorf wurde gerettet. Wer durch die schwere Holztür in die Empfangshalle tritt, entschwindet in eine ruhige, gediegene Welt. An kühlen Tagen lodert ein Feuer im offenen

Kamin. Meistens begrüßt Keril Achtenhagen ihre Gäste. Sonntags führt der Gutsherr durch das Anwesen und erzählt Anekdoten von den von Bülows, den letzten Bewohnern, oder den zufällig entdeckten Deckengemälden aus der Erbauerzeit.

Die Zimmer verzichten bewusst auf Fernseher und Minibar. Dafür gibt es eine Bibliothek mit Bildbänden, die so schwer sind, dass man sie nur auf dem großen Eichentisch durchblättern kann. Das hauseigene Restaurant verschreibt sich der Slow-Food-Küche. Lokale Produkte finden hier den Weg auf die täglich wechselnde Menükarte. Wer in der Nebensaison reist, hat das Haus manchmal ganz für sich alleine. *CHD*

Infos und Adressen

ANREISE

Flug: Die nächsten Flughäfen sind Berlin und Rostock. **Bahn:** RE bis Waren; **Auto:** über A19 bis Malchow/Waren

BESTE REISEZEIT

Ganzjährig

SEHENSWERT

Varchentin: unsanierte Schlossanlage im Tudorstil mit Park nach Lennéschem Vorbild

Kirche Ludorf: einzigartige Kirche in Norddeutschland mit oktogonalem Grundriss

ESSEN UND TRINKEN

Gutshof Woldzegarten: saisonale Küche mit Fisch und Wild der Region; Walower Str. 30, Woldzegarten, www.gutshof-woldzegarten.de

Müritzterrasse: Restaurant mit Seeblick; Straße der Deutschen Einheit 27, Röbel/Müritz, www.mueritzterrasse.de

ÜBERNACHTEN

Romantik Hotel Gutshaus Ludorf: familiengeführtes Hotel, 23 Zimmer; Ludorf/Müritz, www.gutshaus-ludorf.de

Schlosshotel Klink: Märchenschloss am Müritzufer mit Park und Restaurants; Schlossstr. 6, Klink, www.schlosshotel-klink.de

WEITERE INFOS

Tourismusverband Mecklenburgische Seenplatte: www.mecklenburgische-seenplatte.de

Die braun gefiederte Bekassine lebt in Mooren und Feuchtgebieten.

Herziger Blick von oben auf die Kleine Müritz bei Vipperow.

Ein besonderes Erlebnis

NATUR PUR – GEFÜHRT ODER INDIVIDUELL

Das Gutshaus Ludorf liegt fußläufig vom Naturschutzgebiet **Großer Schwerin** entfernt. Die langgezogene, flache Halbinsel ist Brutgebiet und Rastplatz zahlreicher Vögel, darunter Bekassine, Rohrdommel und Eisvogel. Im Frühjahr und Herbst nutzen Tausende Kraniche die Halbinsel als Schlafplatz. Ornithologe Rainer Schwarz führt naturkundliche Wanderungen vom Gutshaus, am Westufer der Müritz entlang, bis zur Halbinsel durch. Diese darf in Begleitung von Juli bis Dezember betreten werden. Besonders schön ist der Mai, wenn wilde Orchideen die Wiesen in ein lila Blütenmeer verwandeln. Wer erfahren möchte, wie der als Unkraut verschriene Giersch oder die Brennnesselsamen Salate aufpeppen, sollte mit Kräuterfee Bianca durch den **Gutspark** und die Wiesen streifen. Ist erst einmal der Blick auf das Grün am Wegesrand gelenkt, wird die Fülle an wilden Kräutern sichtbar.

Im Sieler Hafen harren die Krabbenkutter der Flut für ihren nächsten Einsatz.

11 Neuharlingersiel – Erholung am leuchtenden Meer

HIGHLIGHTS

Wattwanderungen: tolles Erlebnis in unvergleichlicher Landschaft für die ganze Familie

Meeresleuchten: mitternächtliches Naturphänomen an bestimmten Terminen im Jahr

Spiekeroog: Ausflug mit der Fähre auf die autofreie ostfriesische Insel mit ihren zauberhaften Sanddünen

Teeseminar: über die Kunst der perfekten Zubereitung und traditionellen Verkostung von Ostfriesentee

Fischereihafen: Fischkutter und Jachten von roten Backsteinhäusern gesäumt, Denkmal von Alt- und Jungfischer, Fischkutter Lulu Meinders

DAS SOLLTEN SIE PROBIEREN

Omas Schnippelbohnen: kulinarisch Deftiges aus dem Steinguttopf mit Rauchspeck und Katenrauchwurst – *Sauerkrautsuppe:* delikates Schmankerl rustikaler Art mit herzhaftem Friesenkäse überbacken – *Fisch und Krabben frisch aus der See* in allen Variationen zubereitet

Das ostfriesische Wattenmeer garantiert gute Luft, steten Gegenwind und birgt mancherlei Geheimnis, speziell in der Sommerzeit, wenn das Meer am Horizont zuweilen in spätabendlicher Stunde geheimnisvoll zu leuchten beginnt – ein Phänomen, dessen exakte Erkundung noch auf sich warten lässt.

Das 1000-Seelen-Dorf **Neuharlingersiel** wurde erstmals 1693 urkundlich erwähnt und entstand durch Landgewinnung infolge des Deichbaus. Der Ort prosperierte als Hochseehafen und erlangte wirtschaftliche Bedeutung durch den Fang frischer Nordseekrabben und die bereits seit 1792 bestehende Fährverbindung auf die Insel **Spiekeroog**. Mittlerweile überwiegt der Tourismus, der zu Beginn des 20. Jh. mit ersten Übernachtungsgästen zaghaft einsetzte. Gleichwohl erfüllen die eindrucksvollen Krabbenkutter noch immer ihre traditionellen Aufgaben und bilden gleichzeitig die malerisch maritime Kulisse des Ortszentrums. Besondere heilklimatische Bedingungen verhalfen Neuharlingersiel zu einem hervorragenden Ruf als Kurort am UNESCO-Welterbe, dem einzigartigen **Wattenmeer**.

Im exklusiven **Wellness- und Kurzentrum Badewerk** können die Gäste den Schlickdampfer entern, Körper und Seele beim Moorbad auf Vordermann bringen. Das schlammige Material voller vitaler Mineralien und Inhaltsstoffe wird in der Nähe abgebaut. Frisch auf dem

Körper verteilt, dringt es unter Wärme in die geöffneten Hautporen ein. Treffende maritime Begriffe prägen die Wellnessbereiche der hochmodernen Anlage, die als erste in Niedersachsen mit fünf Wellness-Sternen ausgezeichnet wurde. So ankert der Sauna-Kutter Heimat in der Außenanlage, die 100-Grad-Deichsauna liegt unter einem kleinen Wall. Strandkörbe, Liegen und Hängematten dienen der Erholung. Doch selbst die Wanderung über das Watt kann zu einem echten Entspannungserlebnis werden, wenn der Wanderführer zu Meditationsübungen in Gummistiefeln, aber mit geschlossenen Augen und der Nase im salzhaltigen Wind bittet. *UH*

Infos und Adressen

ANREISE
Auto: über Bremen nach Ostfriesland;
Bahn: bis Esens, weiter mit dem Bus;
Tipp: Nordsee-Service Card, Vergünstigungen im ÖPNV, bei Veranstaltungen und beim Eintritt zu Sehenswürdigkeiten

BESTE REISEZEIT
Ganzjährig

SEHENSWERT
Sielhof: hochherrschaftliches Anwesen mit kleinem Park, Café im Erdgeschoss mit Kamin von 1756 und kompletter Bibelfliesenwand aus Delfter Kacheln, Haus des Gastes; www.sielhof.com

Buddelschiffmuseum: maritime Kleinode in erstaunlicher Vielfalt in Flaschen präsentiert; www.buddelschiffmuseum.de

ÜBERNACHTEN
Hotel Mingers: traditionsreiches Haus am Hafen mit Blick auf Deich und Meer; www.hghanl.com/mingers-hotel/index.php

ESSEN UND TRINKEN
Restaurant Meeresleuchten im Hotel Mingers: fantastisches Fischbüffet

Restaurant Poggenstool: urige Gaststätte mit Tagesmenü und fangfrischen Fischspezialitäten; www.poggenstool.com

WEITERE INFOS
Nordseeheilbad Neuharlingersiel: www.neuharlingersiel.de

Von der Höhe des Deiches bietet sich eine schöne Aussicht über Strandkörbe und Wattenmeer

Vorsichtiges Befüllen ist Teil der feierlichen Zeremonie

Zum Genießen

KULTUR DER TEEVERKOSTUNG

Zur Stärkung nach spirituellen und erholsamen Erfahrungen im Wattenmeer Ostfrieslands kommt eine Tasse echten Ostfriesentees auf den Tisch. Dieser wird nicht einfach nur getrunken, nein, er wird geradezu zelebriert, und das, so will es die Tradition, gleich mehrmals am Tag. Kochend heiß aufgegossen in edlem Porzellangeschirr, trifft die dampfende, tief bernsteingelbe Flüssigkeit am Boden der dünnwandigen Tasse auf groben Kandiszucker, der sofort lautstark knackende Geräusche von sich gibt. Alsdann kommt ein Schuss Sahne hinzu. Nun bilden sich erste helle Sahnewölkchen im aromatisch starken Assam-Tee. Umrühren des flüssigen Gemenges wird gemeinhin als Stilbruch angesehen und ist entsprechend verpönt. Beim Trinken entfaltet sich demzufolge die Süße des Zuckers erst dann, wenn sich das Getränk dem Ende zuneigt und eine zweite Tasse angesagt ist. Dazu wird einfaches Gebäck gereicht oder frischer Obstkuchen.

Viele Kirchen wie die Neuwerk- oder die Jacobikirche zeugen vom Reichtum der alten Kaiserstadt Goslar.

12 Goslar – die erzreiche Kaiserstadt

HIGHLIGHTS

Kaiserpfalz: 1040–50 von Kaiser Heinrich III. errichtet

Marktplatz von Goslar: mit Rathaus (um 1450) und Kaiserworth (1494), früher Gildehaus der Großkaufleute und Gewandschneider

Neuwerkkirche: dreischiffige Basilika (12. Jh.) mit weitgehend unveränderter Architektur der Entstehungszeit

Bergwerk Rammelsberg: Museum mit historischen Stollen, Schacht-, Förder- und Aufbereitungsanlagen, Maschinenhallen und Grubenbahn, Untertageführungen

Wasserwanderwege: von Hahnenklee aus z. B. zu den Kaskaden der Auerhahnteiche

FESTE UND EVENTS

Walpurgisnacht: Hexentanz ums Walpurgisfeuer, z. B. in Hahnenklee – *Altstadtfest:* Unterhaltung mit Musik und Kulinarischem an drei Tagen im September – *Kunsthandwerkermarkt:* hochwertiges Kunsthandwerk an rund 150 Ständen in der Altstadt (Anfang August)

Der Oberharz und die Kaiserstadt Goslar ermöglichen einen tiefen Einblick in ein fast 2000-jähriges Zusammenspiel von Natur, Technik und Kultur. Gleich drei Welterbestätten, die Altstadt von Goslar, das Erzbergwerk Rammelsberg und die Oberharzer Wasserwirtschaft, tragen der Bedeutung dieser Region Rechnung.

Schon in vorchristlicher Zeit wussten die Menschen um die Erzlagerstätten im Oberharz. Bereits im frühen Mittelalter wurde die Mittelgebirgslandschaft besiedelt und Bergbau betrieben. Der Abbau und die Verhüttung der Erze begründeten den Reichtum der früheren Hanse- und freien Reichsstadt **Goslar**, die von 1009 bis 1253 Sitz einer bedeutenden Kaiserpfalz war. Davon zeugt in der **Altstadt**, die man durch das Breite Tor betritt, das im 19. Jh. im Stil der Zeit »restaurierte« Gebäudeensemble aus **Kaiserhaus**, Kapellen und Resten einer Stiftskirche. Der Reichtum der Ratsherren, Kaufleute und Hüttenbesitzer spiegelt sich im spätgotischen **Rathaus** mit seinem prächtigen Huldigungssaal und dem einstigen Gildehaus **Kaiserworth** wider. Am **Kaiserringhaus** zeigt das Glockenspiel mit Figurenumgang das harte Leben der Bergleute am und im nahen Rammelsberg.

Historischer Bergbau

Von 968 bis 1988 wurden im **Bergwerk Rammelsberg** Blei-, Zink- und Kupfererz gefördert. Das Besucherbergwerk und das Bergbaumuseum informieren über historische Abbaumethoden, etwa im Feuergezäher Gewölbe aus dem 13. Jh., dem ältesten erhaltenen gemauerten Grubenraum Mitteleuropas, und im Roeder-Stollen. Vor der Erfindung der Dampfmaschine und des Elektromotors konnte der Bergbau im Oberharz nur mithilfe der Wasserkraft betrieben werden. Unter Einbeziehung natürlicher Wasserläufe wurde vor allem im 16. Jh. ein System von Stauseen, Teichen, Speicherbecken, Gräben und unterirdischen Leitungen angelegt, das heute teilweise in die Trinkwasserversorgung einbezogen ist. Die historischen Anlagen der **Oberharzer Wasserwirtschaft** verteilen sich über 25 km² und sind auf 22 Wasserwanderwegen zu erreichen. *EA*

Infos und Adressen

ANREISE

Flug: über Hannover; **Bahn:** ICE/IC bis Hannover Hbf., weiter mit Regionalexpress; **Auto:** A7 oder A395; **Tipp:** kostenlose Besichtigungen mit der HarzCard

BESTE REISEZEIT

Frühling, Frühsommer und Herbst

SEHENSWERT

Marktkirche St. Cosmas und Damian: doppeltürmige Basilika (ab 1151), Glasfenster (13. Jh.), Turmbesteigung 11–17 Uhr; Kaiserbleek 5, Goslar

Siemenshaus: Stammhaus der Unternehmerfamilie Siemens (1692/93); Schreiberstr. 12, Goslar

Oberharzer Bergwerksmuseum: Arbeitsgeräte, Über- und Untertageanlagen, Feldbahn zum Ottiliae-Schacht, täglich 10–17 Uhr; Bornhardtstr. 16, Clausthal-Zellerfeld

ESSEN UND TRINKEN

Die Worthmühle: idyllisch am Flüsschen

Abzucht gelegenes Lokal mit lokalen Spezialitäten; Worthstr. 4, Goslar, www.worthmuehle.de

ÜBERNACHTEN

Hotel Kaiserworth: stilvoll übernachten und feudal speisen; Markt 3, Goslar, www.kaiserworth.de

WEITERE INFOS

Tourist-Information Goslar: Markt 7, Goslar, www.goslar.de

Die Kaiserpfalz wurde im historisierenden Stil restauriert und verändert.

1908 wurde die Stabkirche geweiht.

Ein besonderes Erlebnis

ERHOLUNG IN HAHNENKLEE

Noch zum Stadtgebiet Goslars gehört die Doppelgemeinde Hahnenklee-Bockswiese mit dem heilklimatischen Kurort **Hahnenklee**, der sich um den Kranichteich erstreckt. Wahrzeichen ist die **Gustav-Adolf-Stabkirche** mit ihrem Glockenspielturm, zu Beginn des 20. Jh. als freie Nachbildung der norwegischen Stabkirche Borgund ganz aus Holz errichtet. Allein zwölf Teiche des Oberharzer Wasserregals verführen zum Wandern. Einige von ihnen erschließt der als Rundwanderweg angelegte 7 km lange **»Liebesbankweg«**. Die Bocksberg-Seilbahn und seit 2014 ein Sessellift führen auf den Hausberg von Hahnenklee, den 726 m hohen **Bocksberg**, im Winter ein beliebtes Skigebiet, im Sommer ein Wanderparadies. Sportliche werden dann die Sommerrodelbahn und den Bikepark aufsuchen. Am 30. April versammeln sich im Kurpark von Hahnenklee bei der »Mystischen Walpurgisnacht« Hexen und Teufel zum Tanz um das traditionelle Hexenfeuer.

Das Rathaus des schmucken Örtchens Wernigerode im Harz wurde aufwendig restauriert und ist zu Recht ein begehrtes Fotomotiv.

13 Ostharz – rund um den Hexenberg

HIGHLIGHTS

Brockenbahnfahrt: Erlebnisfahrt mit historischen Bahnen auf über 1100 m Höhe

Wernigerode: Malerische Kleinstadt mit Fachwerk, Rathaus und Schloss

Wander- und Wintersportorte: Braunlage, Schierke, Drei Annen Hohne, Hahnenklee, St. Andreasberg und andere Orte warten mit Alpinpisten, Langlaufloipen, Rodelbahnen und Wanderwegen auf.

Bad Sachsa: Romantischer Kurort mit Jugendstil-Unterkünften

Ruinen und Klostermuseum Walkenried: Die Ruinen des Zisterzienserklosters (12. Jh.) beeindrucken ebenso wie das Klostermuseum.

DAS SOLLTEN SIE PROBIEREN

Harzer Roller: Der fettarme Sauermilchkäse wird meist mit Kümmel bestreut und eingelegt serviert. – *Hochprozentiges* wird mit Kräutern etwa in Schierke (Schierker Feuerwasser) oder aus Korn in Nordhausen gebrannt. – *Der Wald liefert Wild* für kräftige Gerichte mit Soßen und Klößen, die Flüsse der Umgebung die Forelle.

Reich an Kultur, Naturschätzen und Geschichte(n) ist der östliche Harz. Über allem thront der mit 1141 m höchste Berg im Norden Deutschlands, der Brocken. Von Wernigerode, dem lebhaften Fachwerkstädtchen, bringt die berühmte Brockenbahn die Besucher auf den mythen- und häufig auch nebelumwobenen Berg.

Wie einem Märchenbuch entsprungen erscheint **Wernigerode** mit seinen regionaltypischen bunt bemalten Fachwerkhäusern. Auf der belebten Breiten Straße mit ihren Cafés, Kneipen und Souvenirläden zieht das Krummelsche Haus (Nr. 72, 17. Jh.) mit seiner mit auffälligem Schnitzwerk bedeckten Fassade die Blicke auf sich. Über den Markt geht es zum herausgeputzen Rathaus des einst reichen Handelsstädtchens aus dem 15. Jh. Über allem thront das Wernigeröder Schlösschen. Wernigerode ist ein idealer Ausgangsort für Wanderungen in die Umgebung, eine Brockenbahnfahrt oder Ausflüge in die über 100 Wintersport- und Kurorte wie etwa **Bad Sachsa** mit seinem romantischen Stadtkern und Kurgarten.

Unter Dampf

Von Wernigerode, aber auch von den Miniaturbahnhöfen **Drei Annen Hohne** und **Schierke** aus bringen die historischen rotgelben Wagen der legendären Harzer Schmalspurbahn seit Ende des 19. Jh. unter reichlich Dampf und Getöse begeisterte Fahrgäste durch dichten Tan-

Von der kahlen Kuppe des Brockens geht der Blick bei klarer Sicht weit ins Land.

nenwald auf den **Brocken**. Wer mag, darf sogar draußen auf der Plattform mitfahren. Immer karger wird die Landschaft, immer dichter der Nebel – ein echtes Hochgebirgserlebnis! Nach knapp 20 km ist der 1125 m hoch gelegene Brocken-Bahnhof erreicht. An nebelfreien Tagen genießt der Besucher einen einzigartigen Weitblick ins Land. Im Brockenhaus erwarten ihn Informationen über Geschichte, Flora und Fauna des Berges, wer mag, wandert noch zum Brockenstein oder erkundet den Brockengarten. Nach einer Stärkung im Turmcafé oder Touristensaal geht es wieder hinunter. In der Walpurgisnacht (Nacht vor dem 1. Mai) vergnügten sich, so heißt es, auf dem Tanzplatz des Blocksbergs, wie der Brocken auch genannt wird, die Hexen ... *SD-H*

Infos und Adressen

ANREISE

Bahn: ab Göttingen mit Regionalbahnen; **Auto:** von Westen A7, von Norden A2, von Süden A38, von Osten A14 und A143

BESTE REISEZEIT

April bis Oktober und Winter

SEHENSWERT

Quedlinburg: Die Altstadt ist UNESCO-Welterbe. Schlossberg mit Stiftskirche St. Servatius (11. Jh.)

Gedenkstätte Mittelbau-Dora bei Nordhausen: Überreste des Außenlagers des KZ Buchenwald offenbaren das Leid der Zwangsarbeiter, die in Stollen Raketen produzieren mussten.

ESSEN UND TRINKEN

Café Wien: 100 Jahre altes Café in einem Haus aus dem 16. Jh. am Wernigeröder Marktplatz

Waldgasthaus Armeleuteberg: über den Wernigeröder Märchenweg zu erreichen

ÜBERNACHTEN

Vital Hotel Bad Sachsa: großzügig wohnen mit Wellness; Am Kurpark 1–3, Bad Sachsa, www.vitalhotel.de

Brockenhotel: höchstgelegenes Hotel im Norden Deutschlands; Brockenplateau, Schierke, www.brockenhotel.de

WEITERE INFOS

Harzer Tourismusverband e.V.: Marktstr. 45, Goslar, www.harzinfo.de

Eine Fahrt mit der Brockenbahn bleibt nicht nur für Eisenbahnfans unvergesslich.

Ein besonderes Erlebnis

FÜR GIPFELSTÜRMER

Wer den Brocken zu Fuß erobern möchte, hat gleich mehrere Startmöglichkeiten – ein gut ausgebautes Netz aus Wegen für ausdauernde Wanderer führt hinauf. Da je nach Strecke bis zu 950 Höhenmeter überwunden werden und die Witterung kühl, die Winde stürmisch sein können, sind wetterbeständige Kleidung, festes Schuhwerk und Wegzehrung empfohlen. Von Schierke etwa führt der 6 km lange Weg durch das Eckerloch auf den Brocken oder von Ilsenburg auf dem Heinrich-Heine-Weg entlang des Flüsschens Ilse 12 km vorbei an Scharfenstein- und Bismarckklippe; Heinrich Heine hat seine Eindrücke in der »Harzreise« verarbeitet. Von Bad Harzburg führt der Teufelsstieg in 13 km hinauf – nur für Geübte! Als sicherlich schönste und leichteste Wanderung gilt der sogenannte Goetheweg vom Besucherzentrum Torfhaus über das Goethemoor – Goethe mag sich u. a. hier zu seinem »Faust« inspiriert gefühlt haben.

Das Bode-Museum zeigt u. a. Byzantinische Kunst. Als Teil der Berliner Museumsinsel gehört es zum UNESCO-Weltkulturerbe.

14 Berlin – grenzenlose Einblicke und Aussichten

HIGHLIGHTS

Kunst und Museen: Ob Museumsinsel, Jüdisches Museum, Bauhaus-Museum oder kuriose Sammlungen wie das Currywurst-Museum – der Tisch ist reich gedeckt! Wer es individuell mag, lässt sich von Künstlern, Autoren oder Filmschaffenden durch Berlin führen. www.art-escort.de

Besonders shoppen: durch die angesagten Viertel Kreuzberg, Prenzlauer Berg oder Friedrichshain schlendern und die Kreativszene entdecken

East Side Gallery: entlang der längsten Open-Air-Galerie der Welt (1316 m, Friedrichshain) bummeln

DAS SOLLTEN SIE PROBIEREN

Currywurst: Wer sie entdeckt hat, wird spätestes seit Uwe Timm ergebnisoffen diskutiert. Sicher ist aber, dass die Berliner sie perfektioniert haben – mit und ohne Darm und gerne badend in selbst gemixter, schön scharfer Soße. Sehr lecker z. B. in Kreuzberg bei Curry 36; Mehringdamm 36, Berlin

Die deutsche Hauptstadt ist hip, originell und sprüht vor Kreativität. Sie ist das Zentrum deutscher Geschichte, Schaufenster der Freiheit und eine geballte Ansammlung von Sehenswürdigkeiten. Wer nur ein paar Tage hat, kann sich hoch oben einen Überblick verschaffen und durch Szeneviertel stromern.

Gerade im Sommer strömen die Besucher in die Stadt und drängen sich an Highlights wie **Reichstag**, **Brandenburger Tor**, **Holocaust-Mahnmal**, **Friedrichstraße**, **Museumsinsel** und in den weitläufigen Parks und Grünanlagen. Eine kleine Stadtrundfahrt auf eigene Faust kann man mit der Buslinie 100 unternehmen. In einer guten Stunde entdeckt man so einen Gutteil der Must-sees der Stadt zwischen **Zoologischem Garten** und **Alexanderplatz**: **Gedächtniskirche**, **Reichstag**, **Brandenburger Tor** sind ebenso mit dabei wie der Prachtboulevard **Unter den Linden**, die **Neue Wache**, **Dom** und **Fernsehturm**. Ist eine Station interessant, steigt man einfach aus und fährt mit einem späteren Bus weiter.

Über- und Einblicke der besonderen Art bieten Berlins Aussichtsplattformen, die an vielen Stellen der Stadt für Besucher offenstehen, etwa der **Kollhoff-Tower** am Potsdamer Platz. Mit dem Aufzug geht es zum Panoramapunkt, von dem aus man auf das nahe gelegene **Brandenburger Tor**, die **Siegessäule**, das **Haus der Kulturen** sowie **Schloss Bellevue** blicken kann. Der Klassiker und zugleich der höchste unter Berlins Aussichtstürmen ist der **Fernsehturm** am **Alexanderplatz.** Seine berühmte Kugel liegt auf 203 m Höhe, und man hat einen atemberaubenden Blick über die Stadt. Wer die Wartezeiten oder die Eintrittspreise scheut, findet auf der Dachterrasse des Hotels Park Inn eine Alternative.

Etwas außerhalb liegt der geschichtsträchtige Funkturm **»Langer Lulatsch«.** Von hier wurde 1932 die erste Fernsehsendung der Welt ausgestrahlt. Ein außergewöhnliches Erlebnis ist eine **Fahrt mit dem Hi-Flyer.** Im Gitterkorb eines der größten Fesselballone der Welt 150 m über der Stadt zu schweben, ist unvergesslich! *BG*

Infos und Adressen

ANREISE
Flug: aus vielen deutschen Städten nach Tegel; **Bahn:** sehr gut angebundene ICE-Bahnhöfe; **Auto:** über die A10, A13/A113 oder A115

BESTE REISEZEIT
Ganzjährig

SEHENSWERT
Regierungsviertel: Hinter dem Reichstag führt eine Treppe zum Bundespressestrand.

Wannsee: Klein und schick – unweit liegen auch Babelsberg und Schloss Sanssouci.

ESSEN UND TRINKEN
Hackesche Höfe: inmitten von Kunst, Kultur und Shopping; Rosenthaler Str. 40–41, Berlin

Metaxa Bay: Strandbar am Humboldthafen; Invalidenstr. 78, Berlin

ÜBERNACHTEN
Eurostars Berlin: Hallenbad mit Ausblick; Friedrichstr. 99, Berlin, www.eurostarsberlin.com

Hotel Hackescher Markt: klein und ruhig; Präsidentenstr. 8, Berlin, www.hotel-hackescher-markt.com

WEITERE INFOS
Berlin WelcomeCard: freie Fahrt mit Bus und Bahn, viele Rabatte; www.visitberlin.de
Kostenlose Stadtführung ab Brandenburger Tor: Do–Sa um 11 Uhr

Kunterbunte Ostalgie vor einem Souvenirshop am Alexanderplatz

Grünes Kleinod: die Pfaueninsel in der Havel

Zum Staunen

KÖNIGLICH-STILLE ZUFLUCHT

Vor 200 Jahren wurde auf der **Pfaueninsel** inmitten der **Havel** eine romantische Traumwelt als königliches Refugium eingerichtet, das heute unter UNESCO-Schutz steht. Ausgedehnte Spaziergänge um ein Märchenschloss inmitten wildromantischer Natur und zwischen freilaufenden Pfauen und Wasserbüffeln sind eine schöne Abwechslung zum Hauptstadttrubel. Peter Joseph Lenné legte in der 1. Hälfte des 19. Jh. den fantastischen Garten an. Wer für diesen Ausflug einen ganzen Tag Zeit einplanen kann, spaziert von der Glienicker Brücke (Bushaltestelle 316) am Havelufer entlang über Krughorn, Moorlake und Appelhorn zur Pfaueninselfähre.
Pfaueninsel: Nov.–Feb. 10–16 Uhr, März/April 9–18 Uhr, Mai–Aug. 9–20 Uhr, Sept./Okt. 9–18 Uhr; S-Bahn-Station Wannsee, von dort mit Bus 218 zur Haltestelle Pfaueninsel; Überfahrt mit der Pfaueninselfähre (www.sternundkreis.de); Nikolskoer Weg, www.spsg.de

15 Von Eisenach bis Weimar – Land der Künstler und Denker

HIGHLIGHTS

Wartburg zu Eisenach: UNESCO-Welterbe; hier übersetzte Luther das Neue Testament, und 1817 auf dem Wartburgfest demonstrierten 500 Studenten für bürgerliche Freiheit und nationale Einheit.

BachHaus: eines der größten Musikermuseen Deutschlands in Bachs Geburtsstadt Eisenach

Krämerbrücke in Erfurt: einzige bebaute und bewohnte Bücke nördlich der Alpen

Gartenhaus an der Ilm in Weimar: von 1776 bis 1782 Goethes Arbeits- und Rückzugsort

Bauhaus-Museum in Weimar: Werke der Avantgardekünstler um Walter Gropius

DAS SOLLTEN SIE PROBIEREN

Thüringer Bratwurst: locker, würzig, einzigartig; überall an Bratwurstständen – *Braten, Rouladen, Gulasch:* Fleischgerichte werden mit Soße, Rotkohl oder Sauerkraut gereicht. – **Thüringer Klöße:** aus geriebenen frischen und gestampften gekochten Kartoffeln, als Beilage oder solo in Speck gebraten – *Blechkuchen:* mit und ohne Obst ein Gedicht

Eisenach, Gotha, Erfurt und Weimar stehen ebenso für wichtige Stationen deutscher Geschichte wie für Leben und Schaffen von Geistesgrößen wie Bach, Goethe, Gropius, Herder, Luther oder Schiller. Unterhaltsam lässt sich in den hübschen Städtchen deutscher Kulturgeschichte folgen und Thüringens lebensfrohe Seite kennenlernen.

Die mehr als 1000 Jahre alte **Wartburg** thront majestätisch über **Eisenach** als allseits bekanntes Wahrzeichen der Stadt und von der UNESCO geschütztes Welterbe. Zu Fuß oder mit dem Bus geht es vom Parkplatz etwa 500 m hinauf zur Burg. Seit über 100 Jahren übernehmen außerdem traditionell Esel »Transporte« auf die Burg – Rosi, Lore, Liesel, Moritz und weitere Artgenossen warten zur Freude kleiner Gäste darauf, sie im Sattel hinaufzubringen.

Im 12. Jh., so will es zumindest die Sage, war die Wartburg Schauplatz des berühmten Sängerwettstreits um Walther von der Vogelweide; im Innern der Burg lässt unter den Klängen von Wagners »Tannhäuser« das imposante Monumentalfresko von Moritz von Schwind den Wettstreit nacherleben.

Im Schutz der Wartburg übersetzte bekanntermaßen zudem Martin Luther 1521 das Neue Testament aus dem Altgriechischen ins Deutsche, und die authentisch eingerichtete Lutherstube der Burgvogtei vermittelt heutigen Besuchern einen Eindruck aus der Zeit; sogar der

Die pittoreske Krämerbrücke in Erfurt mit den etwa 120 Fachwerkhäusern ist die einzige bebaute Brücke nördlich der Alpen.

Die imposante Wartburg thront über Eisenach und gilt als deutsches Wahrzeichen.

Fleck an der Wand durch Luthers Tintenfasswurf nach dem Teufel fehlt nicht.

Wer noch durch das schmucke Städtchen mit den hübsch restaurierten Bürgerhäusern und dem Residenzschloss am Marktplatz flaniert, trifft hier, in der Geburtsstadt Johann Sebastian Bachs, außerdem auf das weltweit größte **Bach-Museum**: Neben Ausstellungen, großen Konzerten und Lesungen erwartet den geneigten Hörer hier stündlich ein kleines Konzert auf barocken Tasteninstrumenten; ein »begehbares Musikstück« lässt Bachsche Klänge hautnah erleben. Sehenswert ist auch der kleine Barockgarten hinter dem Haus, der zu einem gemächlichen Spaziergang einlädt.

Musikliebhaber legen auf der Fahrt nach **Erfurt** zunächst einen Abstecher nach **Arnstadt** ein, wo Bach in der **Bonifatiuskirche** am Markt zu Beginn des 18. Jh. als Organist wirkte. Fast mediterran mutet im

Die „Automobile Welt Eisenach" setzt nicht nur den Wartburg ins rechte Licht.

Zum Staunen

LEBENDIGE AUTOMOBILGESCHICHTE: DER WARTBURG

Mit dem »Wartburg« verbinden sich viele Erinnerungen und ein gutes Stück Technik- und Zeitgeschichte. Auf dem Gelände des ehemaligen **Automobilwerks Eisenach** (AWE) in einem denkmalgeschützten Gebäude aus dem Jahr 1935 werden 115 Jahre Automobilgeschichte mit Fahrzeugen aller Produktionsepochen vom ersten Wartburg-Motorwagen, dem DIXI 3/15 aus dem Jahr 1899, über den ersten BMW-Sportwagen Typ Wartburg DA 3 bis hin zu den in der ehemaligen DDR begehrten Wartburg-Serienmodellen lebendig. Der letzte Wartburg lief am 10. April 1991 vom Band – viele Originalfahrzeuge und andere Gegenstände in der »Automobilen Welt Eisenach« zeugen von der spannenden, wechselvollen Geschichte nicht nur der Ingenieurskunst, sondern auch der Lebensverhältnisse in der Region im Zeitenwandel (www.awe-stiftung.de).

Goethes Gartenhaus an der Ilm liegt im wildromantischen Park Weimars verborgen.

Sommer Erfurt mit seinen Wasserläufen, blumenüberbordenden parkähnlichen Anlagen und seinem unglaublichen gastronomischen Angebot an. Die 1325 errichtete und mehr als 120 m lange, mit 32 Fachwerkhäusern bebaute und bewohnte **Krämerbrücke** über die **Gera** erinnert ein klein wenig an den Ponte Vecchio in Florenz. Hier wandelt der Gast auf den Spuren Goethes – der ließ es sich nämlich nicht nehmen, so oft wie möglich Zeit in seinem geliebten »thüringischen Rom«, wie er Erfurt nannte, zu verbringen. Neben dem Ensemble von Dom und Severikirche ziehen insbesondere die reich geschmückten Patrizierhäuser die Blicke auf sich.

Das nicht nur klassische Weimar

Nur etwa 20 km östlich von Erfurt liegt **Weimar**, und hier sollte sich jeder genügend Zeit nehmen, selbst wenn er vorhat, nur die Highlights der »Klassikerstadt« zu besichtigen. Das Denkmal Goethes und Schillers grüßt vor dem heutigen Deutschen Nationaltheater und kündet vom gemeinsamen Wirken der beiden Dichter, die auch viele andere bedeutsame Köpfe nach Weimar zogen. Im weitläufigen lieblichen Park an der Ilm verlebte Goethe in seinem **»Gartenhaus«** viele glückliche Jahre. In den freundlichen Innenräumen wurden dezent Einrichtungsgegenstände aus Goethescher Zeit platziert und Zeichnungen aufgehängt. Es heißt, der Dichter Johann Gottfried Herder habe sich mit einem Säbel wie mit einer Machete einen Weg durch die Wildnis bahnen müssen, um mit Goethe in dessen Garten mit den langen, üppig bestückten Blumenrabatten und dem Denkmal »Stein des guten Glücks« disputieren zu können.

Ein anderes Haus, ein anderer Stil: Das **Bauhaus-Museum** gewährt Einblicke in Leben und Werk der Avantgardekünstler Walter Gropius, Lionel Feininger, Paul Klee und anderer namhafter Gestalter, die vor allem in den 1920er-Jahren im Bauhaus zu Weimar neue Maßstäbe in Architektur, Kunst und Design setzten.

Allein das genießerische Flanieren ohne Ziel über Frauenplan und Markt oder durch die Luthergasse, wie wohl schon die Klassiker selbst es getan haben mögen, bietet genügend Abwechslung. Dabei locken aber auch zum Beispiel Rundgänge durch die Wohnhäuser Goethes und Schillers oder durch das Residenzschloss. *SD-H*

Ein besonderes Erlebnis

NICHT NUR FÜR THEATERFREUNDE

Etwa 12 km östlich von **Bad Hersfeld** liegt **Friedewald** mit der Ruine der ehemaligen **Wasserburg Friedewald**. Die Überreste der Wasserburg aus dem 13. und 14. Jh. bilden heute in Symbiose mit dem angegliederten Schlosshotel Prinz von Hessen ein einzigartiges, beeindruckendes Ensemble. In historischer Bausubstanz mit einfühlsam integrierter moderner Innenarchitektur fehlt es dem Gast von Gourmetvergnügen bis Wellness an nichts, die Ruhe in harmonischer Landschaft tut ein Übriges zur Erholung. Neben dem Schlosshotel selbst das Beste: Es ist der ideale Ausgangspunkt für entspannte Kulturtrips zu den historischen Highlights in Eisenach, Erfurt oder Weimar. Abends lockt ein Besuch der inzwischen dank herausragender Aufführungen mit namhaften Künstlern renommierten Bad Hersfelder Festspiele. Auch für die inzwischen 65. Festspiele konnte Intendant Dieter Wedel wieder Stars aus Film, Fernsehen und Theater u. a. für seine Shakespeare-Inszenierung verpflichten.

Im Pavillon des Bauhaus-Museums entdeckt der Besucher manches vertraute Design.

Infos und Adressen

ANREISE

Bahn: gute IC/ICE-Verbindungen in alle großen Städte; **Auto:** von Westen kommend mit dem Auto über die A44 bis Kassel, Abfahrt Kassel-Bad Wilhelmshöhe Richtung B520; von Kassel über die A7 Richtung Frankfurt/Würzburg/Erfurt bis Autobahnkreuz Kirchheimer Dreieck, dann A4 Richtung Berlin/Dresden/Erfurt, Ausfahrt Friedewald, Richtung Bad Salzungen; von dort weiter auf der A4 nach Eisenach, Erfurt, Weimar; Abstecher nach Gotha und Arnstadt möglich

BESTE REISEZEIT

Ganzjährig, wer Gärten und Parks in Blüte erleben möchte: April bis Oktober

SEHENSWERT

Gotha: ehemalige Residenzstadt des Herzogtums Sachsen-Gotha mit der größten barocken Schlossanlage Deutschlands, Schloss Friedensstein

Herzogin Anna Amalia Bibliothek Weimar: Die Bibliothek wurde im 17. Jh. gegründet und 1991 nach ihrer Förderin, der Herzogin Anna Amalia von Sachsen-Weimar-Eisenach, benannt. Neben ihrem Literaturbestand beeindruckt der Rokokosaal. www.klassik-stiftung.de

Bauhaus-Museum Weimar: 1919 gründete Walter Gropius das Bauhaus und arbeitete hier mit international renommierten Avantgardekünstlern. www.klassik-stiftung.de

Kirms-Krackow-Haus in Weimar: Das Amtsschreiberhaus aus der Renaissance wurde komplett im Stil eines Bürgerhauses zu Beginn des 19. Jh. eingerichtet, mit Biedermeiergarten und Gartenpavillon. www.weimar.de

Bad Hersfelder Festspiele: Theater und Musik mit Darstellern und Regisseuren von Rang in der stimmungsvollen Stiftsruine nur etwa 15 km entfernt von Friedewald; www.bad-hersfelder-festspiele.de

Auf dem schönen Weimarer Marktplatz laden Restaurants, Cafés und die berühmten Thüringer Bratwurststände zum Verweilen ein.

ESSEN UND TRINKEN

Café am Frauentor in Weimar: eine riesige Tortenauswahl in gediegenem Ambiente, von der oberen Etage mit Blick auf das Goethehaus am Frauenplan 1; www.cafe-frauentor.de

Gasthaus Zum Schwarzen Bären: thüringer Spezialitäten in gepflegter Atmosphäre im ältesten Gasthaus Weimars (Gasthaus seit 1540) genießen; www.schwarzer-baer.de

Marktplatz Weimar: Die berühmte Thüringer Rostbratwurst an einem der vielen Stände auf dem Markt ist ein Muss.

SHOPPING

Ginkgo-Pflanzen, Literatur, Produkte – alles zum von Goethe im Gedicht »Ginkgo biloba« verewigten Baum gibt es im Ginkgo Museum in Weimar. www.ginkgomuseum.de

Thüringer Spezialitäten: alles Leckere aus Thüringen auf einen Blick einzeln oder in Geschenkkartons in Erfurt und Weimar; www.thueringer-spezialitaeten.de

Erfurter Blau: Im Laden auf der Krämerbrücke gibt es Stoffe, Schmuck und vieles mehr, das mit Waidblau gefärbt wurde. www.erfurter-blau.de

ÜBERNACHTEN

Hotel Elephant: 1696 gegründet und selbst ein Klassiker im Herzen Weimars direkt am Marktplatz; www.hotelelephantweimar.com

Sophien Hotel: ruhig, aber sehr zentral gelegenes Vier-Sterne-Hotel mitten in Eisenach, guter Ausgangspunkt für Ausflüge; www.sophienhotel.de

Schlosshotel Prinz von Hessen: herrschaftlich residieren in einer alten Wasserburg mit modernem Kern in Friedewald – nicht nur die Suiten »Rosenkavalier« oder »Wiener Blut« versprechen Erholung in luxuriösem Ambiente. www.goebel-hotels.com/friedewald/schlosshotel

WEITERE INFOS

Tourist Information Thüringen: Willy-Brandt-Platz 1, Erfurt, www.thueringen-tourismus.de

Das Wappentier des Hotel Elephant

Das Denkmal zu Ehren des Germanenrecken Arminius gehört zu den bekanntesten Nationaldenkmälern aus der Kaiserzeit.

16 Detmold und Lipper Wald – dichtes Grün und Geschichte zum Anfassen

HIGHLIGHTS

Detmold, Altstadt: mit Residenzschloss (ab 1549), Landestheater (1825) und Palaisgarten

Hermannsdenkmal: Nationaldenkmal (1875) für Arminius, den Sieger der Varusschlacht (9. Jh. n. Chr.); Rundwanderweg (8 km)

Hermannsweg: Fernwanderweg durch den Teutoburger Wald, Start an Preußischer Velmerstot (468 m) im Eggegebirge

LWL-Freilichtmuseum Detmold: 100 Wohnhäuser, Wirtschaftsgebäude und Werkstätten aus dem ländlichen Westfalen (April–Okt.)

Externsteine: Sandsteintürme bei Horn-Bad Meinberg

FESTE UND EVENTS

Europäisches Straßentheaterfestival Detmold: alle zwei Jahre an Pfingsten (Mai/Juni; nächster Termin: 2016) – *PferdeStark:* Wettbewerb und Show um das Kaltblutpferd im Gut Wendlinghausen, Dörentrup (Lipper Bergland) im August – *MuseumsAdvent:* im Dezember im LWL-Freilichtmuseum Detmold

»Deutsche Einigkeit meine Stärke, meine Stärke Deutschlands Macht.« Ein Ruf wie Donnerhall braust über den Teutoburger Wald. Es herrscht jedoch tiefer Frieden. Besucher genießen die Aussicht, atmen die Waldluft, kraxeln im Teuto-Kletterpark und fotografieren sich gegenseitig – Familienausflug am Hermannsdenkmal.

Der 386 m hohen Sandsteinkuppe auf der **Grotenburg** widmete der Architekt und Bildhauer Ernst von Bandel (1800–1876) sein Leben. Nahe germanischer Wallburgreste (Großer und Kleiner Hünenring) errichtete er gegen viele Widerstände ein Nationaldenkmal für Hermann den Cherusker, das weniger die Römer des Varus als den Erbfeind Frankreich im Blick hatte. Auch wenn die Schlacht im Teutoburger Wald inzwischen anderswo verortet wird, reckt der Germanenfürst als 27 m hohes Kupferstandbild nach wie vor siegesgewiss sein 7 m langes Schwert mit der »hochnationalen« Inschrift in die Höhe.

Die ehemalige Residenzstadt der Fürsten zu Lippe, 8 km vom **Hermannsdenkmal** entfernt, behauptet ihr historisches Erbe um den **Markt** (mit klassizistischem Rathaus) und das **Fürstliche Residenzschloss**, das seit der Weserrenaissance zur Vierflügelanlage wuchs. Schlachten scheinen Kunst und Kultur in **Detmold** zu Höhenflügen inspiriert zu haben: Christian Dietrich Grabbe dichtete »Die Hermannsschlacht«, Ferdinand von Freiligrath beklagte die Toten, und auf den acht flämischen Gobelins im Königszimmer des Schlosses erobert Alexander der Große gerade sein Weltreich. Beschaulich wird es erst wieder in den Gassen der Altstadt um die **Erlöserkirche** und im Landschaftspark um das **Neue Palais** (1718), heute eine Musikhochschule.

Im **Naturpark Teutoburger Wald-Eggegebirge** kann der Wanderer das dichte Grün des Lipper Walds genießen, etwa auf dem **Hermannsweg**. Der 156 km lange Fernwanderweg auf dem Kamm des Mittelgebirges passiert auch die wildzerklüfteten **Externsteine** nahe **Horn-Bad Meinberg**. Treppen führen auf zwei Sandsteintürme mit herrlicher Aussicht. *HA*

Infos und Adressen

ANREISE

Bahn: IC bis Bielefeld, Herford oder Paderborn, weiter nach Detmold und Horn-Bad Meinberg; Auto: A33 Paderborn, B1; alternativ: A2 Bielefeld-Zentrum oder Herford/Bad Salzuflen, B66 bzw. B239

SEHENSWERT

Lippisches Landesmuseum: Natur, Völkerkunde, Geschichte und Handwerk in vier historischen Gebäuden, in der Zehntscheune (1555) Ausstellung zum Mythos um Arminius und Thusnelda; Ameide 4, Detmold, www.lippisches-landesmuseum.de

Horn-Bad Meinberg: Fachwerkhäuser und Burg in Horn, vier Kurparks im Mineral- und Moorheilbad Bad Meinberg

ESSEN UND TRINKEN

Im Weißen Ross: westfälische Spezialitäten im Paderborner Dorf des LWL-Freilichtmuseums Detmold; www.im-weissen-ross.com

WEITERE INFOS

Tourist Information Lippe & Detmold: Rathaus am Markt, www.stadtdetmold.de

LWL-Freilichtmuseum Detmold: Krummes Haus, www.lwl-freilichtmuseum-detmold.de

Stadtmarketing Horn-Bad Meinberg: Allee 9, www.hornbadmeinberg.de

Wandern auf Hermannsweg und Eggeweg, www.hermannshoehen.de

Die Externsteine bei Horn-Bad Meinberg, Felstürme aus Sandstein, dienten bereits in vorchristlicher Zeit als Kultplatz.

Weißkopfseeadler gehören zu den Stars der Adlerwarte Berlebeck.

Ein besonderes Erlebnis

HERRSCHER DER LÜFTE

Mehr als 40 Greifvogelarten präsentieren sich in der **Adlerwarte Berlebeck**, der ältesten und größten ihrer Art in Europa (www.detmold-adlerwarte.de). Wie Adler, Bussarde, Habichte, Falken und sogar Geier sich in freier Wildbahn verhalten und welche Gefahren ihnen durch den Menschen drohen – oder für Kleingetier von ihnen ausgehen –, ist umfassend und bilderreich dokumentiert. Zum Erlebnis aber wird die Schau in der »Flugarena«. Angeleitet durch ihren Trainer zeigen die Tiere ihre Krallen, Schwingen und Flugfähigkeiten bei der »Jagd«, dicht über und vor dem staunenden Publikum. Am Ende landen sie jedoch immer auf dem Arm des Falkners. Das Freiflugprogramm findet von März bis November zweimal am Tag statt. Geruhsamer geht es im **Vogelpark Heiligenkirchen** (www.vogelpark-heiligenkirchen.de) zu. Neben heimischen Vogelarten können bunte Exoten aus Amazonien, Südostasien und Afrika in großen Volieren bewundert werden. Die Fütterung der Papageienbabys erfreut Groß und Klein.

Frühling zur Zeit der Kirschblüte im Tecklenburger Land; Hof in Holperdorp (Gemeinde Lienen) im Teutoburger Wald

17 Tecklenburger Land – Wohlfühltage zu Lande und zu Wasser

HIGHLIGHTS

Tecklenburg: historische Altstadt mit Fachwerkhäusern (16.–18. Jh.) und Schlossruine (Burg Tecklenburg), Freilichtbühne mit Musicalaufführungen (Mai–Sept.)

Dörenther Klippen: Felslandschaft und Naturdenkmal mit Hockendem Weib

Aasee: Erholungs- und Freizeitareal am Südeingang von Ibbenbüren mit Aaseebad

Wandern: auf den Rundwegen der Teutoschleifen und dem Hermannsweg

Radtouren: auf der 100-Schlösser-Route, der Friedensroute (einst Kurierweg der »Friedensreiter«) und dem Töddenland-Radweg (Münsterland–Emsland)

FESTE UND EVENTS

Mai: bunte Gartenträume auf dem Geranienmarkt in Tecklenburg – *September:* Leinen- und Handwerkermarkt, Tecklenburg – *September:* Ibbenbürener Großkirmes, traditionsreiches Volksfest in der Innenstadt – *September/Oktober:* Münsterland-Festival, vier Wochen Musik, Kunst und Ausstellungen

Das westfälische Bergstädchen Tecklenburg ist ein idyllischer Ort, der Ruhe und Behaglichkeit ausstrahlt. Doch ebenso erlaubt seine Lage eine fantastische Aussicht vom »Balkon des Münsterlandes« über Wald, Burg, Berg und Tal. Da ist der Alltag schnell vergessen!

Die kleine Grafschaft Tecklenburg, die sich 1707 die Preußen einverleibten, durchschneidet den **Iburger Wald** als Teil des nördlichen **Teutoburger Walds**. Malerisch in einen Hang gebaut wurde **Tecklenburg**. Über der Stadtanlage mit ihren eng stehenden, schwarz-weißen Fachwerkhäusern erhebt sich die **Schlossruine**. Ihre Attraktion ist Deutschlands größte **Freilichtbühne** für Musiktheater. Tecklenburg ist auch ein guter Ausgangspunkt zur Erkundung des abwechslungsreichen Hügellands im Wanderschuh oder mit dem Fahrrad.

Die Beschreibung der Landschaft als beschaulich greift aber zu kurz. Denn auf den **Teutoschleifen** eröffnet sich zuweilen ein umwerfender Fernblick. Und an den Felsen der **Dörenther Klippen** erhält die Landschaft einen dramatischen Zug; die Felsformation **Hockendes Weib** (153 m ü. NN) hat im wahrsten Sinne des Wortes sagenhafte Züge. Auch die Bezeichnung ländlich führt in die Irre. Die **Teutoburger-Wald-Eisenbahn** diente dem kostengünstigen Abtransport weithin geschätzter Rohstoffe: Ibbenbürener Sandstein aus den Steinbrüchen und Anthrazitkohle aus **Ibbenbüren**. Die Dampfloks des »Teuto-Express« fahren auf einigen Teilstrecken.

Hochwertiges Leinen haben die »Tödden« oder »Tüötten« bis in die Niederlande und nach Nordeuropa verkauft. Das Tecklenburger Land gehörte zu den Zentren der Flachsverarbeitung. Eine historische Qualitätsprüfstelle im Tecklenburger **Torhaus Legge** (in dem heute Kunstausstellungen gezeigt werden) legt davon Zeugnis ab. Aus **Mettingen** kommt eine der bekanntesten deutschen Unternehmerdynastien. Diese Erfolgsgeschichten sind auf einer gemütlichen Bootstour auf dem **Aasee** von Ibbenbüren aber weit weg. *HA*

Infos und Adressen

ANREISE
Bahn: IC bis Osnabrück oder Münster, weiter mit RB nach Lengerich oder »Freizeitbus« bis Tecklenburg (Mai–Sept.); **Auto:** A1 Lengerich/Tecklenburg, A30 Ibbenbüren oder Laggenbeck

SEHENSWERT
Wasserschloss Haus Marck: Führungen April–Okt., Schlosskonzerte im Rittersaal

Tüöttenmuseum Mettingen: über das Leben und Arbeiten der Wanderkaufleute, Fachwerkhäuser; Sunderstr. 2, www.mettingen-tourismus.de

ESSEN UND TRINKEN
Hubertushof: Hotel und Restaurant, klassische Fleisch- und Fischgerichte, große Außenterrasse; Münsterstr. 222, Ibbenbüren, www.hotelhubertushof.de

ÜBERNACHTEN
Jugendherberge Tecklenburg: auf dem Burgberg; Am Herrengarten 5, www.djh-wl.de

WEITERE INFOS
Tecklenburger Land Tourismus: Markt 7, Tecklenburg www.tecklenburger-land-tourismus.de; **Freilichtspiele Tecklenburg:** Schlossstr. 7, www.freilichtspiele-tecklenburg.de; **Tourist-Information Ibbenbüren:** Bachstr. 14, www.tourismus-ibbenbueren.de

Ein Minion als Motivboot beim „Badewannenrennen" 2015 auf dem Aasee in Ibbenbüren

Das Hockende Weib ist die auffälligste der Dörenther Klippen bei Ibbenbüren.

Ein besonderes Erlebnis

SOMMERRODELBAHN IBBENBÜREN
Ibbenbüren besitzt ein herrlich altmodisches Freizeitvergnügen: Auf einer etwa 120 m langen Rutsche sausen Holzschlitten den ganzen Sommer über den Hang hinunter. Die Sommerrodelbahn nahe den **Dörenther Klippen** ist die älteste noch betriebene Anlage ihrer Art in Deutschland und geht zurück auf einen Bergmann aus Ibbenbüren, der die zunächst abwegig erscheinende Idee vom Rodeln im Sommer in die Tat umsetzte. Die Bahn liegt außerdem eingebettet in einen **Freizeitpark**, der mit einem charmanten **Märchenwald**, mehreren Spielplätzen und diversen Fahrgeschäften wie »Reise um die Welt« ganz auf Familien zugeschnitten ist. Die Fahrt mit den traditionsreichen Holzschlitten startet von April bis Oktober an der Bergstation. Unten werden die Schlitten ganz bequem per Aufzug wieder zum Ausgangspunkt zurückgebracht. Münsterstr. 265, www.sommerrodelbahn.de

In Monschau säumen schmucke Fachwerkhäuser die Rur. Das Städtchen verdankt seinen Reichtum der Tuchindustrie.

18 Nationalpark Eifel – Wasser, Wald und Geschichte

HIGHLIGHTS

Wanderungen im Nationalpark: markierte Strecken- und Rundwanderwege

Nationalparktore: Informationshäuser des Nationalparks in Simmerath-Rurberg, Schleiden-Gemünd, Heimbach, Monschau-Höfen und Nideggen

Rurtalsperre: verschiedene Wassersportarten, Ausflugsschiffe der Rursee-Schifffahrt

Vogelsang Internationaler Platz: ehemalige nationalsozialistische Schulungsstätte, Führungen und Besucherzentrum

Monschau: historisches Fachwerkstädtchen an der Rur, mit zahlreichen Einkehrmöglichkeiten

FESTE UND EVENTS

Rursee in Flammen: Das riesige Höhenfeuerwerk über dem Wasser des Rursees wird von Konzerten begleitet und findet jährlich im Juli statt. www.rursee-in-flammen.de – *Weihnachtsmarkt Monschau:* einer der schönsten Weihnachtsmärkte Deutschlands im Schatten der Fachwerkhauskulisse von Monschau, Fr–So 11–20 Uhr

Gäbe es keine Menschen, wäre Mittteleuropa ein einziger Buchenwald. Der 2004 eingerichtete Nationalpark Eifel schützt jene ursprüngliche Waldform. Bäche und Felsen flankieren die schattigen Laubwälder. Ein Ausflug in die nördliche Eifel führt aber auch zu Deutschlands zweitgrößtem Stausee, der Rurtalsperre.

An den Eingängen des **Nationalparks** informieren »Nationalparktore« über den Park und seine Natur. Innerhalb des Nationalparks stehen zahlreiche ausgeschilderte Wanderungen zur Auswahl, u. a. Thementouren wie »Buchenhallen und Eichenhänge« oder »Schieferbrüche und Fledermäuse«. Für besonders Sportliche bietet sich der Wildnis-Trail an. Er führt in vier Tagesetappen von bis zu 25 km einmal quer durch das Schutzgebiet.

Die Buchen gedeihen in der Eifel nicht nur auf den Hochflächen. Auf trockenen Hängen stehen sie in Hangmischwäldern, in feuchten Abschnitten finden sie sich in Schluchtwäldern. Diese verschiedenen Waldformen bilden im Nationalpark ein kleinräumiges Mosaik.

Am Rand des Nationalparks erstreckt sich die Rurtalsperre, der zweitgrößte Stausee Deutschlands, mit seinem 72 m hohen Damm. Wer nicht nur wandern möchte, kann hier Wald und Wasser von einem Ausflugsschiff der Rursee-Schifffahrt aus betrachten.

Mitten im Nationalpark befindet sich ein Relikt aus nationalsozialistischer Zeit: die ehemalige **»Ordensburg«** Vogelsang. Hier sollte der »Führungsnachwuchs« geschult werden. Nach dem Zweiten Weltkrieg diente das Gebiet den belgischen Streitkräften als Truppenübungsplatz. Erst 2006 wurde die »Ordensburg« für eine zivile Nutzung freigegeben und dient heute als Ausstellungs- und Bildungszentrum mit eigenem Besucherzentrum.

Bei so viel Natur und Geschichte kommen auch die Liebhaber kulinarischer Gaumenfreuden nicht zu kurz. Die zahlreichen Eifel-Restaurants legen großen Wert auf Produkte direkt aus der Region. So lassen sich Eifel-Rind, Eifel-Lamm und Eifel-Schwein in verschiedenen Kreationen genießen.

HK

Infos und Adressen

ANREISE

Bahn: von Köln oder Trier zum Bahnhof Kall, von dort weiter mit dem **Bus**; ab Düren mit der Rurtalbahn nach Heimbach; **Auto:** A1 oder A4, Weiterfahrt auf Bundesstraßen ausgeschildert

SEHENSWERT

Historische Senfmühle: Familienbetrieb, der rund 20 verschiedene Senfsorten produziert. Laufenstr. 118, Monschau, Mo–Sa 8:30–18 Uhr, So und feiertags 10–18 Uhr, www.senfmuehle.de

ESSEN UND TRINKEN

Graf Rolshausen: uriges Restaurant mit rustikalen Speisen in einem 400 Jahre alten Gewölbekeller; Kirchstr. 33, Monschau, www.graf-rolshausen.de

ÜBERNACHTEN

Hotel Friedrichs: elegantes Hotel mit 23 Zimmern am Zusammenfluss von Urft und

Olef; Alte Bahnhofstr. 16, Schleiden-Gemünd, www.hotel-friedrichs.de

WEITERE INFOS

Nationalpark Eifel: Informationsportal, www.nationalpark-eifel.de

Rureifel-Tourismus Heimbach: An der Laag 4, Heimbach, www.rureifel-tourismus.de

Modernes Designobjekt auf der ehemaligen NS-Ordensburg Vogelsang

Alte Fachwerkvilla in Gemünd

Ein besonderes Erlebnis

EISENWANDERWEG

Die nördliche Eifel war vom 16. bis ins 19. Jh. eines der frühen Zentren der deutschen Industrialisierung. Seit etwa 1500 wurden hier unzählige Hochöfen und Hammerwerke, sogenannte Reidtwerke, errichtet. Der 2,7 km lange Eisenwanderweg erschließt ehemalige Standorte dieser Industrie. Er beginnt am **Nationalparktor Gemünd** und wird durch ein »E« markiert. Entlang des Weges informieren insgesamt acht Informationstafeln über die Geschichte der Reidtwerke. Der Weg führt u. a. zu den Resten des 1763 gegründeten **Gemünder Eisenwalz- und Schneidwerks**, der »Mariahütte«. Von einem 1845 errichteten Röhren- und Walzwerk in Mauel blieb nur die Villa der Fabrikantenfamilie Poensgen erhalten. Die Wanderung endet an einer Pinge, einer runden Vertiefung, die durch eine bergbauliche Abgrabung entstanden ist. Zurück geht man entweder die gleiche Strecke zu Fuß oder nimmt den Bus (die Fahrt dauert etwa 10 Minuten).

Zwischen dem Marktplatz und dem eigentlichen Schloss von Braunfels liegt die dicht bebaute Vorburg mit der Schlosskirche.

19 Fachwerkstadt Braunfels – vom Märchenschloss in die Grube

HIGHLIGHTS

Schloss Braunfels: auf gut erhaltenen mittelalterlichen Fundamenten errichtete Anlage mit zahlreichen Türmen

Marktplatz: nach dem Stadtbrand von 1679 angelegter Platz mit prächtigen Fachwerkhäusern

Grube Fortuna mit Feld- und Grubenbahnmuseum: Besucherbergwerk und Museum gehören zum Informationszentrum des Geoparks Westerwald-Lahn-Taunus

Kloster Altenberg: ehemaliges Prämonstratenserinnenstift und Grablege der Grafen von Solms oberhalb der Lahn mit gotischer Kirche

Wanderparadies Weihergebiet: idyllisches Refugium mit Teichsystem

FESTE UND EVENTS

Opern im Schlosshof: jährlich im Sommer stattfindende Open-Air-Vorführungen bekannter Opern im Innenhof des Braunfelser Schlosses – *Braunfelser Hugenottenmarkt:* Französische Spezialitäten im Kurpark erinnern alljährlich im April an das hugenottische Erbe der Lahn-Dill-Region.

König Drosselbart würde sich, wenn es ihn denn gegeben hätte, im Schloss von Braunfels wohlgefühlt haben. Das erkannten auch die Filmemacher des gleichnamigen Films, die einige Szenen vor der eindrucksvollen Kulisse drehten. In der Nähe wartet das Besucherbergwerk Fortuna mit unterirdischen Attraktionen.

Von seiner schönsten Seite zeigt sich **Schloss Braunfels** von der L3451, von Wetzlar kommend, aus. Ursprünglich als mittelalterliche Schutzburg im 13. Jh. auf einem Basaltkegel errichtet, wurde die Burg um 1700 zur barocken Residenz der Grafen von Solms ausgebaut und ab 1845 im neugotischen Stil umgestaltet. Das heutige Erscheinungsbild des Schlosses muss einen Vergleich mit Schloss Neuschwanstein nicht scheuen. Verschiedenste Führungen, auch in mittelhessischer Mundart, machen mit den Räumlichkeiten des Schlosses vertraut, vor allem dem Rittersaal, dem Tischbeinzimmer und der um 1501 geweihten **Schlosskirche**.

Vom Bergfried bietet sich ein atemberaubender Blick auf das **Lahntal** zwischen Taunus und Westerwald. Unterhalb des Schlosses laden die verwinkelten Gassen der halbkreisförmig angelegten inneren Altstadt zum Bummeln ein. Sehenswerte Fachwerkhäuser schmücken den abschüssigen **Marktplatz**, den eine mächtige Toranlage von der mittelalterlichen Vorburg trennt.

Einfahrt ins Erdmittelalter

1983 endete die Geschichte des Eisenerzbergbaus im **Lahn-Dill-Gebiet**. Schon die Kelten hatten das nahe der Erdoberfläche liegende Erz abgebaut und verhüttet. Eine Führung durch das Besucherbergwerk **Grube Fortuna** beginnt im Zechenhaus, in dem ein kleines Bergbaumuseum Informationen über die Arbeit unter und über Tage liefert. Durch das Stollenmundloch geht es zum Förderkorb, der die Besucher zur 150-Meter-Sohle bringt. Die kurvenreiche Fahrt mit der Grubenbahn führt zu einzelnen Stationen im Abbaubereich des Bergwerks.

Wieder am Tageslicht bietet die Gaststätte »Zum Zechenhaus« rustikale hessische Küche. **Geopfade** erschließen die übertägigen Anlagen und das Feld- und Grubenbahnmuseum, das 20-minütige Fahrten mit dem Kleinbahn- oder dem Grubenzug anbietet. *EA*

Mauern schützen das vieltürmige Schloss.

Infos und Adressen

ANREISE

Bahn: ab Wetzlar mit dem Bus; **Auto:** A5 (aus Frankfurt/Kassel), A45 (aus Dortmund), A3 (aus Köln)

BESTE REISEZEIT

Frühling, Sommer und Herbst

SEHENSWERT

Schloss Weilburg: weitläufige Anlage mit Schlossgarten; April–Sept. Mo–Fr 9–18:30 Uhr, Sa 10–13 Uhr, Okt.–März Mo–Mi 10–16 Uhr, Do 10–18 Uhr, Fr 10–12 Uhr; Schlossplatz 3, Weilburg

Stadtmuseum Obermühle: sehenswerte Sammlungen; März–Okt. 14–18 Uhr (1. und 3. So im Monat); Obermühle 1, Braunfels

Fachwerkhaus am Kornmarkt in Wetzlar

ESSEN UND TRINKEN

Ristorante Geranio: feinste italienische Küche im alten Fachwerkhaus; Am Kurpark 2, Braunfels, www.ristorante-geranio.de

Café Vogel: traditionsreiches Kaffeehaus; Fürst-Ferdinand Str.1, Braunfels, www.konditorei-vogel.de

ÜBERNACHTEN

Schlosshotel: komfortabel, in Schlossnähe; Hubertusstr. 2, Braunfels, www.schloss-hotel-braunfels.de

Im Alten Forstamt: B & B mit hübschen Themenzimmern; Wetzlarer Str. 5, Braunfels, www.im-alten-forstamt.de

WEITERE INFOS

Informationen zur Stadt und über die Umgebung: www.braunfels.de

Zum Staunen

INDUSTRIEKULTUR IN DER GOETHESTADT

Die Verhüttung von Eisenerzen, später die optisch-feinmechanische Industrie prägten viele Jahre die 12 km von Braunfels entfernt liegende Stadt **Wetzlar**. Mit Phänomenen der Optik und Mechanik machen der **Optikparcours** durch die Stadt, das Mitmachmuseum **Viseum Wetzlar** und das **Dunkelkaufhaus** vertraut. Einen Besuch wert ist auch das supermoderne Firmengebäude der Leica Camera AG mit Fotogalerie und Firmenmuseum. Panoramafenster ermöglichen einen Einblick in die Fertigung der Luxuskameras.

Vieles erinnert noch an Goethes Zeit am renommierten **Reichskammergericht** in Wetzlar. Seine unerfüllte Liebe zur Amtmannstochter Charlotte Buff und der Selbstmord seines Kollegen Karl Wilhelm Jerusalem fanden ihren Niederschlag in seinem ersten Roman »Die Leiden des jungen Werther«. Auf speziellen Führungen lernt man die Schauplätze der Weltliteratur und Goethes Lieblingsplätze in der malerischen Altstadt kennen.

Streuobstwiesen und lichte Wälder prägen das Bild des sanft gewellten nordwestlichen Odenwalds in Hessen.

20 Geopark Bergstraße-Odenwald – auf Entdeckungskurs

HIGHLIGHTS

Kloster Lorsch: Die Torhalle der ehemaligen Benediktinerabtei ist eins der wenigen Baudenkmäler aus karolingischer Zeit.

Altstadt von Zwingenberg: gut erhaltene Stadtmauer, Bergkirche, Walbrunner Hof, kleine Fachwerkhäuser und mehr

Grube Messel: Fundstätte von Fossilien aus dem Eozän von Weltrang

Altstadt von Michelstadt: Originelles Fachwerk-Rathaus von 1484; ältestes Bauwerk ist die Kellerei genannte Stadtburg (13. Jh.).

Felsenmeer bei Reichenbach: Granitblöcke überziehen die Hänge des Felsbergs.

EVENTS

Märkte in Michelstadt: besonders stimmungsvoller Weihnachtsmarkt in der mittelalterlichen Altstadt – *Bienenmarkt:* findet um Pfingsten statt; ist eines der größten Feste in Südhessen – *Bergsträßer Weinlagenwanderung:* führt am 1. Mai – auch in Teilstrecken – über 8 Stationen von Zwingenberg nach Heppenheim.

Der rund 3500 km² große Geopark vereint höchst unterschiedliche Kultur- und Naturlandschaften zwischen Darmstadt, Main und Neckar. Das Gebiet erstreckt sich von der Rheinebene über die Bergstraße bis zur Mittelgebirgslandschaft des Odenwalds. Ob geführt oder auf eigene Faust – zu entdecken gibt es vieles!

Besonders reizvoll sind die Bergstraße und der vordere Odenwald zur Zeit der Obstbaumblüte im Frühjahr. Die südliche Regionalschleife der **Hessischen Apfelwein- und Obstwiesenroute** erschließt die schönsten Obstgärten, urige Apfelweinlokale und traditionelle Apfelweinkeltereien. Das herbe »Stöffche«, wie der Apfelwein hier genannt wird, genießt man am besten mit herzhaften Gerichten, z. B. Handkäs oder Rippchen.

Die Fachwerkstädtchen **Weinheim**, **Heppenheim**, **Bensheim** und **Zwingenberg** laden zum Bummeln ein. Hier werden auch die fruchtigen Weine der Lage Hessische Bergstraße ausgeschenkt. Zahlreiche Burgen und Schlösser säumen die Bergstraße wie das barocke Jagdschloss Kranichstein bei Darmstadt mit Museen und Hotel, das mächtige Auerbacher Schloss oder die frühere Sommerresidenz der Landgrafen von Hessen-Darmstadt, das Fürstenlager bei Bensheim inmitten eines englischen Gartens.

Steinreicher Odenwald

Hinter der Bergstraße ragt der vordere Odenwald steil auf. Vom 517 m hohen **Melibocus**, beliebtes Ziel für Drachenflieger, Mountainbiker und Wanderer, bietet sich ein beeindruckender Blick auf die Rheinebene und den hinteren Odenwald. Weniger Sportliche erreichen den Gipfel auf einer Planwagentour. Eine Besonderheit im vorderen Odenwald sind die bei der Verwitterung von Granit entstandenen Blockschutthalden. Das **Felsenmeer von Reichenbach** wurde von den Römern und später von einheimischen Steinmetzen zur Steingewinnung genutzt.

Der hintere Odenwald ist eine sanftere Landschaft. Zentren sind **Erbach** mit Schloss und Elfenbeinmuseum und **Michelstadt** mit seinem unverwechselbaren Fachwerk-Rathaus. Im Norden warten exponierte Burganlagen wie Schloss Lichtenberg, Breuberg oder die auf einem erloschenen Vulkan thronende Veste Otzberg auf die Besucher. *EA*

2,5 km lang ist das Reichenbacher Felsenmeer.

Infos und Adressen

ANREISE
Auto: A5 und A67 oder B3 (Bergstraße) nach Lorsch

BESTE REISEZEIT
Ganzjährig

SEHENSWERT
Deutsches Elfenbeinmuseum: internationale Kunstwerke; März–Okt. Di–So 10–17 Uhr, Nov. und Dez. Di–Fr 13–17 Uhr, Sa/So 11.30–17 Uhr; Otto-Glenz-Straße 1, Erbach

Einhardsbasilika: Beispiel karolingischer Baukunst (9. Jh.); April–Okt. Di–So 10–17 Uhr, Nov., Febr., März Di–So 11–15 Uhr; Schlossstr. 17, Michelstadt-Steinbach

Torhalle von Kloster Lorsch

ESSEN UND TRINKEN
Goldschmidts Park: gute Küche in einer Gründerzeitvilla, Gartenterrasse, beliebter Sonntagsbrunch; Villastr. 11, Seeheim, www.goldschmidts-park.de

Krone in Hetschbach: Feinschmecker-restaurant, rustikale Gaststube, Gartenterrasse und Hotel; Rondellstr. 20, Höchst-Hetschbach, www.krone-hetschbach.de

ÜBERNACHTEN
Die Träumerei: Boutiquehotel mit Café in der Altstadt; Obere Pfarrgasse 3, Michelstadt, www.die-traeumerei.com

Fuchs'sche Mühle: Hotel mit Restaurant und Waldbiergarten in einer alten Mühle; Birkenauertalstr. 10, Weinheim, www.fuchssche-muehle.de

WEITERE INFOS
Infos zum Geo-Naturpark: www.geo-naturpark.net

Zum Staunen

WELTERBE IM GEOPARK

Zwei herausragende Sehenswürdigkeiten im Geopark zählen zum UNESCO-Welterbe. Die **Grube Messel** nördlich von Darmstadt hätte trotz aufsehenerregender Fossilienfunde, u. a. das »Urpferdchen«, beinahe ein trauriges Ende als Mülldeponie gefunden. Erst 1988 wurden diese Pläne aufgegeben. 1995 wurde Messel zum Weltnaturerbe erklärt. Gruppenbesichtigungen sind im Rahmen von Führungen möglich. Das neue Besucherzentrum stellt zahlreiche Exponate aus und informiert über die Entstehung der Ölschieferlagerstätte aus einem 47 Millionen Jahre alten Maarkratersee. Wahrzeichen des ehemaligen **Klosters Lorsch** ist die spätkarolingische »Königshalle«, seit 1991 Weltkulturerbe. 2014 wurde nach dreijähriger Umbauzeit das »Welterbe Areal Kloster Lorsch« eröffnet, zu dem neben dem Klosterhügel mit Königshalle, Kirchenfragment, Klostermauer und Kräutergarten die Grundmauern des noch älteren Klosters Altenmünster, ein Museumszentrum und das Freilichtlabor Lauresham gehören.

21 Von Limburg bis Lahnstein – romantisches Lahntal

HIGHLIGHTS

Limburg: Altstadt mit Fachwerk- und Bürgerhäusern aus sechs Jahrhunderten, Alte Lahnbrücke (14. Jh.) mit Brückenturm, Dom (13. Jh.) und Burg auf einem Kalkfelsen über der Lahn

Nassau: Stammsitz berühmter Adelsfamilien, Burg Nassau mit wiederaufgebautem Bergfried, Limeskastell bei Pohl

Weinstuben: in Obernhof und Weinähr

Ruppertsklamm: 1,5 km lange Felsenschlucht am Lahnwanderweg, nur für geübte Wanderer

Bad Ems: traditionsreiche Kurstadt mit Spielbank, Theater und Therme; Bergbahn (Kurwaldbahn) zur Bismarckhöhe

FESTE UND EVENTS

Blumenkorso Bad Ems: Dalienschau der Superlative, Höhepunkt und Abschluss des Bartholomäusmarkts am letzten Augustwochenende – *Rhein in Flammen:* Feuerwerk an der Lahnmündung (2. Augustsonntag) – *Rheingauer Weintage:* Riesling und Spundekäs in und um die Limburger Altstadt (Juli)

Das untere Lahntal zwischen Limburg und Lahnstein gehört zu den romantischsten Flusstälern Deutschlands. An steilen Hängen mit Buchenwald kleben Burgen, am Ufer erstrecken sich Fachwerkstädtchen und ein weltberühmter Kurort. Die Natur lässt sich zu Fuß, auf dem Rad oder vom Wasser aus erleben.

Der Höhepunkt kommt gleich am Anfang. Auf der langen Gefällstrecke **(Elzer Berg)** der A3 ins **Limburger Becken** hinab fahrend, leuchtet auf einem Felsplateau mehrfarbig der **Limburger Dom.** Einen starken Kontrast zur Weite der baumlosen Landschaft ist die kurvenreiche Landstraße von der Autobahnabfahrt Diez durch den dichten **Westerwald**. Zur Erkundung des unteren Lahntals gibt es aber bessere Möglichkeiten als das Auto: in überschaubaren Etappen auf dem 2012 fertiggestellten **Lahnwanderweg**, auf dem **Lahntal radweg** oder im Kanu durch Auen, an Wiesen, Kiesbänken und restaurierten Altstädten vorbei.

Energie tanken lässt sich mit dem berühmten Heilwasser in **Fachingen**, Genuss erleben mit Lahnwein vom Goetheberg in **Obernhof**, stilvoll Gesundheit schmecken in **Bad Ems**. Wer sich schonen will, nimmt die Lahntalbahn, die immer noch der Trasse von 1871 folgt. Kurven, Tunnel und Brücken sorgen am Fensterplatz für häufige Perspektivenwechsel.

Auf einem Kalksteinplateau erhebt sich der 1235 geweihte Limburger Dom; im Vordergrund die Alte Lahnbrücke (1315-41).

Die Lahn (Bild: Villmar) gehört zu den beliebtesten Paddelrevieren Deutschlands.

Bischöfe, Grafen und Freiherren

Grafen, Ritter, weltliche und geistliche Herren gaben der Region eine sehr kleinteilige historische Struktur, die auf nur 60 km ein vielgestaltiges Erbe hinterließ. Die gesamte Altstadt von **Limburg** ist denkmalgeschützt. Schmale Gassen mit **Fachwerkhäusern**, die zu den ältesten Deutschlands zählen, verbinden lebhafte Plätze mit Cafés und Restaurants. Der Blick fürs Detail wird reich belohnt: mit Holzschnitzereien wie am »Haus der Sieben Laster«, mit deftigen Skulpturen am

Historische Häuserzeile an der in zwei großen Schleifen durch Diez fließenden Lahn

Ein besonderes Erlebnis

KANUWANDERN AUF DER LAHN

Die **Lahn** ist beliebt bei Kanuwanderern. Auf rund 160 km strömt der Fluss meist ruhig dahin. Wasser ist genug unter dem Boot (Fahrverbote bei Hochwasser!). Es gibt zahlreiche Ein- und Ausstiegsstellen sowie Rastplätze. Nur selten muss einem Ausflugsschiff Platz gemacht werden. Und hinter jeder Flussschleife tut sich ein anderes Bild auf: Auen mit seltenen Wasserpflanzen und Vögeln, verträumte Dörfer, dichte Buchenmischwälder, malerische Altstädte, stolze alte Kirchen und romantische Burgen. Mit Ausnahme des unteren Lahntals dürfen die Kanuten an Schleusen selbst Hand anlegen. Bootsrutschen an Wehren bereiten Vergnügen. Ein besonders schöner Abschnitt zum Paddeln ist die Strecke zwischen **Weilburg** und Limburg. Gleich in Weilburg wird ein 195 m langer Schiffstunnel durchfahren. Nähere Informationen und Tourenvorschläge zum Kanuwandern gibt's bei den örtlichen Touristeninformationen oder Verleihunternehmen (auch Gruppenarrangements).

Das Schloss des 1386 ausgestorbenen Grafengeschlechts über der Altstadt von Diez

Zum Staunen

DREI HÖHENBURGEN

Die Region der unteren Lahn ist ein Burgenland par excellence. Drei große Anlagen mit Fernblick lassen das Mittelalter wiedererstehen – oder was die Romantik darunter verstand. **Schloss Schaumburg** südlich von **Balduinstein** geht auf eine Burg aus dem 10. Jh. zurück. Ein Habsburger Erzherzog machte aus der Dreiflügelanlage ein wohnliches Adelsnest. Die ehemals kurmainzische **Burg Lahneck** in Oberlahnstein an der Lahnmündung wurde ebenfalls im 19. Jh. im Stil der Neugotik wiederaufgebaut. Seit mehr als 100 Jahren in Privatbesitz, umweht sie eine traurig-tragische Geschichte. Etwas rheinaufwärts besitzt die niemals zerstörte **Marksburg** oberhalb von **Braubach** alle Zutaten, die Fans des Authentischen entzücken: Bastionen, Pforten, Zwinger und Kanonenbatterien gegen unbefugten Zutritt. Um den Hof der Hauptburg gruppieren sich ein Bergfried, ein Kapellenturm und ein Palais mit Rittersaal, Burgküche und Kemenaten. So haben Ritter gelebt, gebetet, geschmaust und geschlafen.

Hattsteinbrunnen oder mit filigranen Goldschmiedearbeiten auf den Reliquiaren im **Domschatz**. Der barocke **Walderdorffer Hof** verbirgt seine repräsentative Funktion nicht, im Unterschied zu einem Bischof, der zur eigenen Erbauung seine Residenz edelsanierte und viel Geld im Limburger Kalkstein versenkte. Die reich gegliederte Fassade des spätromanischen Doms St. Georg mit seinen sieben Türmen und der fast verspielt wirkenden Innenausstattung und die herrliche Aussicht auf den Fluss mit der Alten Lahnbrücke (1341) lassen irdische Sünden schnell vergessen.

Bescheidener und beschaulicher wirkt **Diez** mit dem **Grafenschloss** auf dem Bergkegel über der Altstadt. Es diente lange Zeit als Gefängnis und wurde behutsam zu einer Jugendherberge umgestaltet. Beherrscht wird die schiefergedeckte Anlage mit zwei Innenhöfen von einem Bergfried. Eine Aussichtsterrasse erlaubt einen weiten Blick über die Stadt.

Einen ganz anderen Charakter hat Schloss **Oranienstein**. Der Name des im Innern mit reichen Stuckarbeiten (1712) geschmückten Barockbaus weist auf eine Fürstendynastie hin, die nicht nur die Region prägte. Das weit verzweigte Haus Nassau-Oranien stellt seit 1815 die Monarchen der Niederlande. Sein wohl berühmtester Vertreter, Wilhelm I. (1533–1584), war als Generalstatthalter in Den Haag Gegenspieler des spanischen Königs. Ihn und seine erfolgreiche Familie lernt man im Museum Nassau-Oranien kennen. Stammsitz der einstigen Grafen ist aber **Burg Nassau** über dem Städtchen Nassau.

Der **Adelsheimer Hof**, ein prächtiger Fachwerkbau (1609) in der Innenstadt, ist seit mehr als 100 Jahren Rathaus. Im **Stein'schen Schloss** wurde der preußische Reformer Karl Freiherr vom und zum Stein geboren. Weiter lahnabwärts kurz vor Bad Ems lässt sich **Dausenau** auf seiner fast vollständig erhaltenen Stadtbefestigung aus dem 14. Jh. umrunden. Noch tiefer in die Geschichte eintauchen kann man im Limeskastell Pohl, einer beeindruckenden Rekonstruktion von 2011. An dem markanten Knick der befestigten römischen Grenzlinie in Obergermanien wachten in der Spätantike Legionäre.

Ein Hauch Weltgeschichte

In Bad Ems kurte im 19. Jh. die Welt; die Atmosphäre von damals verströmen **Kurhaus** (1913) und **Kursaalgebäude** (1839) an der Lahnpromenade noch heute. Gern kamen reiche und spielsüchtige Russen, darunter der Schriftsteller Fjodor Dostojewski. Für ihr Seelenheil durften die Sünder in der russisch-orthodoxen **Kirche St. Alexandra** beten.

1870 sprach der französische Botschafter König Wilhelm I. von der Seite an. Der berichtete von der ungehörigen Belästigung in der **Emser Depesche** nach Berlin. Ministerpräsident Otto von Bismarck machte daraus eine Staatsaffäre. Das bedeutete: Krieg! Umso friedlicher schippern heute die Ausflugsschiffe der Lahnmündung bei **Lahnstein** entgegen. Am Glücksspiel verdient der Staat immer noch, die Weltgeschichte hat Bad Ems aber verlassen. Im **Kurpark** wird die Erinnerung daran auf geharktem Kies bewahrt. *HA*

Infos und Adressen

ANREISE

Bahn: ICE von Frankfurt am Main Fernbahnhof oder Köln-Deutz bis Limburg-Süd, RE/RB (Lahntalbahn) von Koblenz;
Auto: A3 bis nach Diez oder Limburg

SEHENSWERT

Diözesanmuseum Limburg: Das Museum versammelt liturgische Kostbarkeiten aus 1000 Jahren, u. a. ein byzantinisches Kreuzreliquiar aus dem 10. Jh. (Staurothek). Domstr. 12, Limburg, www.staurothek.de

Schloss Oranienstein: ehemals barocker Jagd- und Sommersitz, heute in Obhut der Bundeswehr, Repräsentationsräume und Museum Nassau-Oranien; Diez, www.oranienstein.de

Balduinstein: Der romantisch gelegene Ort kann mit einem achteckigen Wehrturm im Ortskern (Port-Turm) und einer Burgruine aufwarten.

Goethepunkt: 1-a-Aussichtspunkt des Lahnwanderwegs über den Weinbergen von Obernhof

Dausenau: weitgehend erhaltene Stadtmauer aus dem 14. Jh., in die auch das Alte Rathaus (15. Jh.) einbezogen wurde

Kloster Arnstein: Das als Prämonstratenser-Abtei erbaute Kloster der »Arnsteiner Patres« liegt idyllisch auf einem Bergkegel bei Obernhof und verfügt über eine sehenswerte romanische Klosterkirche mit barocker Innenausstattung.

Stadtmuseum Lahnstein: ein hurtiger Ritt von der Steinzeit bis zum Industriezeitalter an drei Standorten (Hexenturm, Stadtmauerhäuschen, Altes Rathaus); www.lahnstein.de

ESSEN UND TRINKEN

Weinhaus Schultes: frische hessische Küche und gute Tropfen in uriger Holzatmosphäre, in der Altstadt von Limburg; Plötze 14, www.weinhaus-schultes.de

Das im neobarocken Stil 1912/13 erweiterte Kurhaus (Hotel und Veranstaltungszentrum) in Bad Ems liegt direkt an der Lahn.

Obermühle: Restaurant mit wiederaufgebautem historischen Mühlrad, unterhalb des Domfelsens, mit zwei Außenterrassen und Biergarten; www.obermuehle.info

Lahn-Weingut Haxel: Winzerstube mit Lahnwein aus eigenem Anbau; Arnsteiner Str. 1–2, Obernhof, www.lahnweingut-haxel.de

Restaurant Concordiaturm: freundliches Restaurant mit herrlichem Blick über Bad Ems; www.concordiaturm-badems.de

Historisches Wirtshaus an der Lahn: Fachwerk-Gasthaus, in dem schon viele illustre Gäste einkehrten und sich beim »Wirtinnenlied« Wein vom Mittelrhein schmecken ließen, mit historischem Zollturm; Lahnstr. 8, Niederlahnstein, www.wirtshaus-an-der-lahn.info

ÜBERNACHTEN

DOM-Hotel Limburg: elegante Vier-Sterne-Herberge in der Altstadt von Limburg, Restaurant de Prusse; Grabenstr. 57, www.domhotellimburg.de

Bad Emser Hof: frisch renoviertes Haus mit drei Sternen nahe dem Kurpark; Lahnstr. 6–7, www.bad-emser-hof.de

Grafenschloss-Jugendherberge: originelle und komfortable Familienzimmer in ritterlicher Atmosphäre; mit Stadtmuseum (www.museumdiez.de); Schlossberg 8, Diez, www.jugendherberge.de

Bett und Bike: vom ADFC betriebene Internetseite mit Informationen über Häuser, die besonders für Fahrradfahrer geeignet sind; www.bettundbike.de

WEITERE INFOS

Tourist-Information Limburg: Bahnhofsplatz 2, www.limburg.de
Tourist-Information Diez: Wilhelmstr. 63, www.urlaub-in-diez.de
Touristik-Information Nassauer Land: Oberhof 9a, Nassau, www.nassau-touristik.de
Lahntal-Tourismus: Brückenstr. 2, Wetzlar, www.daslahntal.de
Lahnwanderweg: www.lahnwanderweg.de
Touristinformation Bad Ems: Bahnhofsplatz, www.bad-ems.info

Detail aus dem Hattsteinbrunnen in Limburg

22 Wiesbaden und Rheingau – kuren und wandern, mal nobel, mal romantisch

HIGHLIGHTS

Kaiser-Friedrich-Therme: Das irisch-römische Bad aus dem Jahr 1913 zählt zu den stilvollsten Europas. www.wiesbaden.de/mattiaqua

Opelbad: nobles Waldbad auf dem Neroberg; www.wiesbaden.de/mattiaqua

Kurhaus und Spielbank: 1907 wurde der prunkvolle Bau mit prachtvollen Sälen und Salons von Kaiser Wilhelm II. eingeweiht. Das Wiesbadener Casino ist eines der ältesten in Deutschland. www.casino-gesellschaft.de

Rheingauer Dampferfahrt. Köln-Düsseldorfer Rheinschifffahrt, ab Wiesbaden-Biebrich; www.k-d.com

KULINARISCHE SPEZIALITÄTEN

Handkäs mit Musik: durchgereifter, marinierter Harzer Käse – *Forelle:* aus dem nahen Wispertal – *Rüdesheimer Kaffee:* Kaffee mit Schlagsahne und einem Schuss Asbach Uralt – *Worschtsupp:* Kochbrühe bei der Wurstherstellung – *Spundekäs:* sahniger Frischkäse mit Kräutern – *Frankfurter Grüne Sauce:* Joghurt-Sahnesauce mit frischen Kräutern

Ob Wiesbadens VIPs – auf der Liste stehen Sting, Goethe, Joe Cocker, Brahms, Elton John, Dostojewski, Kaiser Wilhelm II., Richard Wagner, John F. Kennedy und Queen Elizabeth II. – die Bäder dieser Perle des Historismus und Klassizismus besuchten, ist unbekannt. Gut abtauchen lässt es sich in Aquis Mattiacis auf jeden Fall.

Wie Balsam legt sich die heimelige Bürgerlichkeit der herzoglich-nassauischen Residenzstadt und des Tores zum Rheingau auf die Seele – weshalb Börsianer, Banker und andere Großkopferte aus dem nahen »Mainhatten« ihre aufregende Frankfurter Skyline gerne auf Zeit gegen das kurstädtische Ambiente Wiesbadens tauschen oder gleich den Wohnsitz in der Kongress- und Badestadt nehmen: in prachtvollen Jugendstilpalästen, zwischen Monumentalbauten und weitläufigen Parks.

Schon immer herrschte hier eine beruhigende Atmosphäre. Warum sonst lebten um 1900 die meisten Millionäre Deutschlands genau hier? Seit 1888 schafft die mit Wasserballast funktionierende Nerobergbahn unermüdlich Besucher aus aller Welt auf den städtischen Haushügel, den **Neroberg**, der mit seinen Rebhängen vorzügliche Rieslinge in die Flaschen der Hessischen Staatsweingüter bringt. Von hier oben hat man den schönsten Blick über die Stadt, der sich zur Sommerzeit im noblen **Opelbad**, das ein Geheimrat Dr. Wilhelm von

Ein Besuch im Opelbad lohnt sich wegen der Aussicht über die ganze Stadt auch für Nichtschwimmer.

Aussichtspunkt am Rheinsteig bei St. Goarshausen mit Blick auf St. Goar

Opel 1934 im Bauhausstil mitten in die Weingärten setzte, am besten genießen lässt.

Bäckerbrunnen, Faulbrunnen, Kochbrunnen: Zu Ende des 14. Jh. priesen bereits 16 Badehäuser ihre Dienste an, heute zählt die irisch-römische **Kaiser-Friedrich-Therme** aus dem Jahr 1913 zu den stilvollsten Thermalbädern Europas.

Die Quellen der Mattiaker

Nur einen Steinwurf vom prominenten Opelbad treibt die **Russische Kirche**, Jahrgang 1855, fünf goldglänzende Zwiebelturmkuppeln aus dem Taunuswald, auf dem **Russischen Friedhof** gleich nebenan ruhen bei bester Aussicht der berühmte expressionistische Maler Alexej von Jawlensky und andere Größen der russischen Gemeinde.

Der multifunktionelle Kurpark hinter dem Kurhaus präsentiert Open-Air-Festivals aller Art.

Besondere Ausflüge

RHEINGAUER AUSSICHTEN

Rheinsteig: Bei Kloster Eberbach startet der 320 km lange Rheinsteig, einer der schönsten Wanderwegen der Welt – mit malerischen Ausblicken auf den Rheingau und das UNESCO-Welterbe Oberes Mittelrheintal. Ein Sahnestück führt von Rüdesheim über Niederwalddenkmal und Jagdschloss Niederwald nach Assmannshausen. Zurück geht es auf dem Rüdesheimer Fußweg mit Aussicht auf Rhein und Nahe. www.rheinsteig.de

Historienweg: Durch steile Weinlagen rund um Rüdesheim und Assmannshausen führt der gut ausgebaute Rundwanderweg durch die Geschichte der Region. www.rheingau.de

Hildegard-Weg: Durch die Weinberge um Rüdesheim geht's zur Pfarr- und Wallfahrtskirche **Eibingen** und zur Abtei St. Hildegard. ww.landderhildegard.de

Rheinromantik-Route: Burgen und Schlösser und traumhafte Ausblicke ins **Rheintal** kennzeichnen die 12 km lange Route, die kräftige 424 Höhenmeter überwindet. www.ruedesheim.de

Zollstation Binger Mäuseturm: Früher wurden hier Flussschiffer zur Kasse gebeten.

Ein besonderes Erlebnis

BÜHNE DER KLASSIK

Vor der mittelalterlichen Kulisse des kurfürstlichen Weinstädtchens **Eltville** entfaltet sich die rheinische Flusslandschaft in hochromantischen Bildern: Ritterburgen, alte Zollstationen, historische Residenzen und Weingüter wie **Schloss Rheinhartshausen**, **Kloster Eberbach** und **Schloss Johannisberg** zogen schon vor über 100 Jahren Maler, Musiker und Komponisten, etwa Richard Wagner, magisch an. Da sich im Sommer der Verkehr hier nicht selten staut, probieren wir es antizyklisch, also abends, wenn sich die roten Rücklichterbänder zurück Richtung Rhein-Main-Metropolen bewegen, und da steht vor der Basilika Kloster Eberbachs, hochoffiziell Gäste eines Kammerkonzerts begrüßend, Michael Herrmann, Begründer und Intendant des Rheingau Musik Festivals, das allsommerlich 150 Konzerte an über 40 Spielorten auf die Bühnen bringt. Unermüdlich schafft er seit vielen Jahren international renommierte Künstler und Sponsoren heran, um Klassik vom Feinsten zu zelebrieren.
www.rheingau-musik-festival.de

»The Winner gets it all« könnte die Überschrift für das sublimierte Lebensgefühl der Badestadt sein, die selbst ambitionierten Zockern ans Adrenalin geht: bei Black Jack und Roulette in der geschichtsträchtigen Spielbank des neoklassizistischen **Kurhauses**. Schon Fjodor Dostojewski ließ sich vom Flair der historischen Glücksfalle begeistern – und ruinieren –, aber immerhin hat ihm der Selbstversuch »faites vos jeux« 1865 Rahmen und Inspiration für den weltberühmten Roman »Der Spieler« verschafft.

In der Nachbarschaft des kurhäuslichen Kuppelbaus aus dem Jahr 1907 thront ein noch viel monumentaleres **Staatstheater**, das die Wiener Architekten Fellner und Helmer 1894 im Auftrag Kaiser Wilhelms II. ins städtebauliche Ensemble einfügten. Wiesbadens Internationale Maifestspiele (1886 von Kaiser Wilhelm II. als »Kaiserspiele« gegründet und nach Bayreuth das älteste Festival Deutschlands) bringen Ensembles aus aller Welt auf die Bühne, die edle Flaniermeile **Wilhelmstraße**, im Volksmund »die Rue«, bringt zum Theatrium-Sommer Hunderttausende auf die Beine.

Feine Traditionsherbergen wie Nassauer Hof und Schwarzer Bock sowie die weltbekannte Klinik für Diagnostik haben die Hessische Landeshauptstadt auf der Rangliste der teuersten Immobilienstandorte nach ganz oben gebracht. In die Aufzählung der Attraktionen gehören das **Alte Rathaus** (1610), der **Schlossplatz** mit seinem historischen Marktbrunnen (1753), das **Stadtschloss** Herzog Wilhelms von Nassau (1840), die 98 m hohe neogotische **Marktkirche** (1862) aus Backstein sowie die **Kurhaus-Kolonnade** mit der längsten Säulenhalle Europas.

Teuflische Tropfen der Winzer

Gleich neben der verwinkelten Altstadt und ihrer quirligen gastronomischen Szene finden Sterne-Gourmets die »Ente vom Lehel«, die mit exquisiter Cuisine im Entenkeller am Kaiser-Friedrich-Platz 3 Weltrang genießt. Vor Wiesbadens Stadttoren, zwischen **Eltville** und **Rüdesheim**, zeigt sich die zweite Seite der kurstädtischen Medaille – der weinhaltige Rheingau. Als Höhepunkt krönt das »Internationale Rheingau Musik Festival« rund um das Zisterzienserkloster Eberbach, Schloss Johannisberg, Schloss Vollrads sowie die Kurfürstliche Burg in Eltville die sinnlichen Aktivitäten.

Wer nach großartigen Bildern sucht, fährt an Bord eines Rheindampfers flussabwärts und erlebt ein UNESCO-Weltkulturerbe aus romantischen Ritterburgen, idyllischen Schloss- und Klosteranlagen zwischen Wein- und Rheinstädtchen wie St. Goar, St. Goarshausen, Bacharach oder Boppard. Das Flussparadies ist für Wanderfreunde die pure Magie: Der **»Rheinsteig«**, einer der schönsten Wandertracks Deutschlands, produziert hier auf halber Höhe des Rheintals zwischen Rüdesheim und **Lorch** die schönsten Bilder. Wer nicht geizen muss, könnte eine Wandernacht im Eltviller Schloss Reinhartshausen verbringen, was nur einen Nachteil hat: Das schlosseigene Weingut wird das Fortkommen am nächsten Morgen erschweren. *RFK*

Infos und Adressen

ANREISE
Flug: Rhein-Main-Flughafen oder Frankfurt-Hahn; **Bahn:** über Mainz/Frankfurt; **Auto:** A66 Wiesbadener/Frankfurter Kreuz

BESTE REISEZEIT
Ganzjährig, Festivalzeit: Mai bis September

SEHENSWERT
Staatstheater: Prachtbau aus dem Jahr 1894 neben den Kurhaus-Kollonaden; www.staatstheater-wiesbaden.de.

Biebricher Schloss: von 1744 bis 1866 Residenz der Herzöge von Nassau; www.schloss-biebrich.de

Russische Kirche: Der Zwiebelturmbau aus dem Jahr 1855 ist mit seinen fünf goldglänzenden Kuppeln weithin sichtbar.

Römertor: Die Heidenmauer ist Wiesbadens ältestes Bauwerk aus der Römerzeit, das benachbarte Römertor selbst stammt aus dem Jahr 1902.

Hauptbahnhof: 1906 von Kaiser Wilhelm II. eingeweihter Monumentalbau

Altes Rathaus: ältestes Gebäude der Stadt (1610), fungiert heute als Standesamt

Stadtschloss: 1842 Residenz des Herzogs Wilhelm von Nassau, seit 1946 Sitz des Hessischen Landtags

Marktkirche: Der neugotische Ziegelbau mit fünf Türmen stammt aus dem Jahr 1862.

ESSEN UND TRINKEN
Käfer's im Kurhaus: Pariser Brasserie-Stil mit Biergarten im Wiesbadener Kurpark; Kurhausplatz 1, www.kurhaus-gastronomie.de

Ente vom Lehel: Wiesbadens Gourmet-Tempel Nummer eins; Nassauer Hof, Kaiser-Friedrich-Platz 3–4, www.nassauer-hof.de

Gastronomische Instutition: Burg Crass am Eltviller Rheinufer mit Gästeterrasse unter Platanen

Café Maldaner: stilvolles Wiener Kaffeehaus in der Fußgängerzone; Marktstr. 34, www.cafe-maldaner.de

Lumen: gläsernes Café-Bistro-Restaurant am historischen Marktplatz; Marktplatz, www.lumen-wiesbaden.de

Schloss Johannisberg: Kulinarische Genüsse aus der Region in der Gutsschänke; in Geisenheim-Johannisberg, www.schloss-johannisberg.de

Schloss Vollrads: Der Wein des Gutsrestaurants im Kavaliershaus kommt vom eigenen Weingut; Vollradser Allee, Oestrich-Winkel, www.schlossvollrads.com

Kloster Eberbach: bodenständige Rheingauer Küche in der Klosterschänke; Kloster Eberbach, Eltville, www.kloster-eberbach.de

SHOPPING
Wiesbadener Wochenmarkt: jeden Mi und Sa im historischen Dreieck Marktkirche, Rathaus, Stadtschloss

Geschäfte und Boutiquen: Für Haute Couture und Accessoires wird die Wilhelmstraße sogar aus Frankfurt gerne besucht.

Antiquitäten: Ausgefallener Trödel und feines Mobiliar finden sich in Taunusstraße und Saalgasse.

ÜBERNACHTEN
Nassauer Hof: Fünf-Sterne-Hotel mit eigenem Thermalschwimmbad vis-à-vis dem Kurhaus und Casino; Kaiser-Friedrich-Platz 3–4, Wiesbaden, www.nassauer-hof.de

Schwarzer Bock: im historischen Zentrum; Kranzplatz 12, Wiesbaden, www.radissonblu.com

Hotel Bären: in der Altstadt; Bärenstr. 3, Wiesbaden, www.baeren-hotel.de

Landhaus Diedert: mit ausgezeichnetem Restaurant; Am Kloster Klarenthal 9, Wiesbaden, www.landhaus-diedert.de

Hotel Krone Assmannshausen: Das historische Gebäude in der Rheinuferstraße 10, Assmannshausen, geht auf das Jahr 1541 zurück. www.hotel-krone.com

Burg Crass Eltville: inmitten der Weingärten und direkt am Rhein; in Eltville, Freygäßchen 1, www.burgcrass.de

Kloster Eberbach: malerische Klosteranlage, Gästehaus in den ehemaligen Stallungen; Kloster Eberbach, Eltville, www.klostereberbach.com

Burg Schwarzenstein Johannisberg: erlesenes Ambiente in der Rosengasse 12 in Johannisberg, www.burg-schwarzenstein.de

Hotel Kloster Johannisberg: im ehemaligen Nonnenkloster der Benediktiner; Johannisberg, Badpfad 1, www.kloster-johannisberg.de

WEITERE INFOS
Touristeninformation Wiesbaden: Marktplatz 1, www.wiesbaden.de
Tourist Center Rüdesheim: Rheinstr. 29a, www.ruedesheim.de
Touristeninformation Eltville: Burgstr. 1, www.eltville.de

Der mächtige Kaiserdom thront auf einer Terrasse zwischen dem Rheinufer und der Stadt Speyer.

23 Welterbestadt Speyer – 1000-jährige Geschichte trifft Moderne

HIGHLIGHTS

Kaiserdom: größter rheinischer Kaiserdom, ein Höhepunkt der romanischen Architektur

Judenhof: Zentrum des mittelalterlichen jüdischen Viertels mit gut erhaltener Mikwe, Resten der Synagoge und des jüdischen Friedhofs und einem neuen Museum

Altstadt: malerisch um den ehemaligen Fisch- und Holzmarkt gelegen

Maximilianstraße: zentrale Achse der Stadt mit historischen Gebäuden

Technikmuseum: unzählige Exponate aus allen Bereichen der Technik, auch mechanische Musikinstrumente und Künstlerpuppen (Wilhelmsbau)

FESTE UND EVENTS

Kaisertafel: Seit 1990 verwandeln Speyrer Gastronomen die Maximilianstraße Anfang August in eine Genussmeile. – *Zeltfestival Kulturbeutel:* vom Kinder- und Jugendtheater im Juni veranstaltetes Kleinkunstfestival – *Altstadtfest:* Im September rockt die Altstadt zwischen Fischmarkt und Sonnenbrücke.

Fährt man auf der Salierbrücke von Baden-Württemberg aus über den Rhein nach Rheinland-Pfalz, bietet Speyer zwei spektakuläre Ansichten. Rechts erhebt sich der mächtige sechstürmige Dom, Symbol der mittelalterlichen Reichstradition, links grüßt als Zeichen der Gegenwart eine aufgebockte Boeing 747.

Der **Kaiser- und Mariendom** war bei seiner Weihe 1061 die größte Kirche der westlichen Christenheit. Das Weltkulturerbe ist heute noch die größte erhaltene romanische Kirche. Noch 20 Jahre älter ist die gut erhaltene **Krypta**, Grablege von acht salischen, staufischen und habsburgischen Kaisern, Königen und Königinnen. Von der neu geschaffenen Aussichtsplattform bietet sich in 60 m Höhe ein grandioser Rundblick über die Stadt. Deren Hauptachse bildet die breite **Maximilianstraße**, Speyers Flanier- und Einkaufsmeile mit zahlreichen Cafés, die vom Dom zum mittelalterlichen **Altpörtel** führt, einem der höchsten deutschen Stadttore. Sehenswert sind der **Judenhof** mit einem Ritualbad und den Resten der Synagoge aus dem 11. Jh., die barocke **Dreifaltigkeitskirche** und die pittoreske **Altstadt** mit ihren anheimelnden Weinstuben.

Ein weiterer Publikumsmagnet ist das **Technikmuseum Speyer**. Die bis in den Frachtraum begehbare Boeing 747 ist nicht der einzige Höhepunkt des Museums, aber ein besonders auffälliger. Auf dem 100 000 m²

Die Schätze lagern in großen Holzfässern.

großen Freigelände und in der 25 000 m^2 großen Ausstellungshalle, der ehemaligen Fertigungshalle für die Pfalz-Flugwerke, sind u. a. mehr als 70 Flugzeuge und Hubschrauber, ein U-Boot und die sowjetische Raumfähre »Buran« zu besichtigen. Den Museumsbesuch kann eine Filmvorführung im IMAX DOME Filmtheater abrunden, Deutschlands einzigem IMAX-Kino, in dem die Filme auf eine riesige Kuppel projiziert werden. Mit spektakulären Ausstellungen lockt auch das **Historische Museum der Pfalz** die Besucher nach Speyer. Zum Bestand des Museums gehören der Speyrer Domschatz und der älteste, flüssig erhaltene Wein aus dem 3. Jh. n. Chr. im Weinmuseum. *EA*

Infos und Adressen

ANREISE
Bahn: aus allen Richtungen gut erreichbar; **Auto:** über A61

BESTE REISEZEIT
Ganzjährig

SEHENSWERT
Historisches Museum der Pfalz: ständige Sammlungen: Urgeschichte, Römerzeit, Domschatz, Neuzeit und Weinmuseum; täglich 10–18 Uhr, Domplatz 4, Speyer

Elwedritsche Museum: alles über das pfälzische Fabelwesen; Mo–So 14–22 Uhr, Antoniengasse 3, Speyer

ESSEN UND TRINKEN
AvantGarthe: moderne Küche im historischen Wittelsbacher Hof; Ludwigstr. 2, Speyer, avantgarthe.de

Weinstube Feuerbachhaus: regionale Küche in Anselm Feuerbachs Geburtshaus; Allerheiligenstr. 9, Speyer, www.feuerbachhaus.de/weinstube

ÜBERNACHTEN
Domhof: historisches Gebäude mit Innenhof am Dom; Bauhof 3, Speyer, www.hoteldomhof.de

Goldener Engel: Boutiquehotel in zentraler Lage, gehobene Pfälzer Küche; Mühlturmstr. 5-7, Speyer, www.goldener-engel-speyer.de

WEITERE INFOS
Infos über Speyer und Umgebung: www.speyer.de/sv_speyer/de/Tourismus/

Der begehbare Jumbo-Jet ist ein Blickfang des Technikmuseums.

Zum Genießen

ESSIGPROBE IM DOKTORENHOF
Beliebte Ausflugsziele sind von Speyer aus die malerischen Dörfer und Städtchen an der **Deutschen Weinstraße**. Weinproben bieten viele Winzer in der Pfalz an, doch eine Essigverkostung ist schon etwas Besonderes. Unweit von Edenkoben lädt der prächtige Doktorenhof in **Venningen** zur Essigweinprobe ein. Die eigenen Weinberge liefern den Grundstoff für mehr als 60 Edelweinessige – vom »Tau der Trauben« über die »Träne der Kleopatra« bis zur »Essenzia der Liebe« –, die in edle Flakons abgefüllt werden. Ein besonders stimmungsvolles, gar nicht so saures Erlebnis ist eine Essigdegustation mit Kellerführung und Kräuterkammerrundgang. Angeboten werden Aperitifessige, Digestifessige und ein Essig für die Gesundheit, dazu werden Essiggebäck und Essigpralinen serviert. Essig zum Kochen gibt es natürlich auch. Im Hofladen kann man neben den edlen Wässerchen auch hausgemachten Senf, Chutneys und filigrane Probiergläser erwerben.

Lieblich reihen sich die Orte zu Füßen der Weinhänge an die schmalen Ufer der Mosel und sind Ziel von Ausflugsschiffen.

24 Wein- und Burgenregion Mosel – eine Reise für Augen und Gaumen

HIGHLIGHTS

Trier: Porta Nigra, Amphitheater und Thermen zeugen von römischer Vergangenheit.

Traben-Trarbach: das Brückentorhaus von Bruno Möhring (Ende 19. Jh.), auffälliger Jugendstilbau

Burg Eltz: Im Tal der Elz, südlich von Wierschem, erhebt sich die schöne Burg Eltz aus dem 12. Jh.

Koblenz, Bundesgartenschaugelände: Seit Eröffnung der Buga 2011 bringt eine Kabinenseilbahn Besucher über den Rhein zur Festung Ehrenbreitstein.

Saarburg: Inmitten der Altstadt stürzt der Leukbach wie ein Wasserfall in die Saar.

DAS SOLLTEN SIE PROBIEREN

Wein: Riesling ist der klassische Begleiter deftiger Moselgerichte – *Moselfische:* Aal, Forelle, Hecht und Zander in gebratener, gedämpfter und geräucherter Form – *Kartoffeln:* Rezeptklassiker sind Kartoffelsuppe, Schoales (Kartoffelauflauf mit Speck), Reibekuchen oder Dippelabbes (überbackener Kartoffelauflauf).

In einer Flusslandschaft von einzigartiger Schönheit thronen auf sonnenverwöhnten Hängen zahlreiche Burgen. An die Ufer des Flusses reihen sich malerische Weinorte. Die Fruchtbarkeit und das milde Klima machen das Moselland zu einer Genussregion, die so manche kulturelle Überraschung bereithält.

Die Mosel ist mit über 500 km der längste Nebenfluss des Rheins und hat zwischen Trier und Koblenz ein tiefes Tal mit engen Windungen geprägt. Wer durch die stillen Gassen der liebenswerten alten Weinorte wie **Alken, Dieblich, Echternach, Klüsserath, Kröv, Löf, Piesport, Trittenheim** oder **Zeltingen** schlendert, entdeckt Fachwerkarchitektur und idyllische Gärten. Über den Orten thronende Burgen wie die Burg Arras bei **Alf** oder Burg Thurant bei Alken sind typisch für die Mosellandschaft.

Die älteste Stadt Deutschlands liegt im Mitteltal der Mosel und wurde von den Römern als »Augusta treverorum« gegründet: Das Wahrzeichen von **Trier**, die **Porta Nigra**, fügt sich in das heutige Stadtbild ein. Die Überreste der Kaiserthermen und das imposante Amphitheater etwas außerhalb der Stadt vermitteln einen Eindruck der römischen Lebensweise. Ein Gang durch den Palastgarten führt zum Kurfürstlichen Palais, nicht weit davon umfasst die Konstantinsbasilika den größten Einzelraum der Antike. Im 5. Jh. zerstört, wurde aus der Ruine ein schmuckloses Gebäude wiedererrichtet, das seit Mitte des 19. Jh. als erste protestantische Kirche im katholischen Trier genutzt wird.

Einen Abstecher wert ist **Bernkastel-Kues** mit seinen hübschen Giebelfachwerkhäusern auf dem mittelalterlichen Marktplatz. Im 2000 Jahre alten Weinort **Zell** lockt die Barockkirche St. Peter und Paul, aber auch die Verkostung des Lagenweines »Schwarze Katz«. Bei **Koblenz** fließen Rhein und Mosel am **Deutschen Eck** zusammen. Ende des 19. Jh. wurde ein Denkmal Kaiser Wilhelms I. auf der Landzunge errichtet. Das Gegengewicht auf der anderen Seite des Flusses bildet die wuchtige Festung Ehrenbreitstein. *SD-H*

Zu jeder Spezialität passt ein Riesling.

Infos und Adressen

ANREISE
Bahn: IC/ICE bis Koblenz, weiter mit Bussen; **Auto:** über B255 Richtung Koblenz

BESTE REISEZEIT
April bis Oktober

SEHENSWERT
Trier, Rheinisches Landesmuseum: Imposante Exponate vermitteln ein Bild des städtischen Lebens zur Römerzeit. www.landesmuseum-trier.de

Traben-Trarbach, Festungsruine Mont Royal: Ludwig XIV. ließ im 17. Jh. die riesige Vauban-Festung errichten. Es gibt Führungen.

ESSEN UND TRINKEN
Zum Domstein: Hier wird nach römischen Rezepten gekocht. Hauptmarkt 5, Trier, www.domstein.de

Landhaus Schnee: autentische moselländische Gerichte; Moselstr. 1, Alken, www.landhaus-schnee.de

ÜBERNACHTEN
Burg Arras: Wohnen wie ein Burgherr auf einer der schönsten Burganlagen der Mosel, Blick über Fluss und Weinberge; www.arras.de

Ferienweingut Klaus Thiesen: direkt beim Weinbauern wohnen, verkosten und einkaufen; Auf Mertesborn 22, Ellenz-Poltersdorf, www.mosel-ferienweingut.de

WEITERE INFOS
www.mosel.de; www.mosellandtouristik.de

Zum Genießen

IM GEIST DES WEINES

Vor der Tür des gediegenen Gutshauses neben dem Palais **Kesselstatt** steht eine steinerne Nachbildung des Neumagener Weinschiffs und lässt schon erahnen, was den Gast im Innern erwartet. Heimelig ist es in der historischen Weinstube Kesselstatt. Warmes Holz, ungezwungene Behaglichkeit und verführerische Düfte aus der Küche vermitteln sofort den Eindruck, im Wohlfühlurlaub angekommen zu sein. Die stilvolle Einrichtung ist ganz vom Weinbau inspiriert. Die Tagesgerichte stehen auf einer großen Schiefertafel über der wuchtigen Theke, hier gibt es auch die passenden feinen Rieslingweine des VDP-Weinguts Reichsgraf von Kesselstatt dazu – Fragen dazu sind ausdrücklich erwünscht! Im Sommer sitzt man im malerischen Garten unter den alten Bäumen, nur die Glocke des Doms am schönen Hauptmarkt unterbricht gelegentlich die Stille. Weinstube Kesselstatt, Liebfrauenstr. 10, Trier, www.weinstube-kesselstatt.de

Die Weinstube Kesselstatt mit einer Nachbildung des Neumagener Weinschiffs davor

Einen umfassenden Panoramablick verspricht die auf Buntsandsteinfelsen errichtete Wegelnburg bei Nothweiler.

25 Burgenland Wasgau – Wandern, Wein und spektakuläre Aussichten

HIGHLIGHTS

Fleckenstein: vielbesuchte Felsenburg im Unterelsass nahe der Grenze, Themenführungen

Biosphärenhaus: Naturerlebnis- und Informationszentrum in Fischbach mit Baumwipfelpfad

Dahn: Zentrum des Wander- und Kletterparadieses Dahner Felsenlands mit Burgen und bizarren Buntsandsteinfelsen

Trifels: In der ehemaligen Reichsburg bei Annweiler sind Nachbildungen der Reichskleinodien des Heiligen Römischen Reichs ausgestellt.

Donon: zweithöchste Erhebung (1001 m) der Nordvogesen mit Überresten keltischer und römischer Tempelanlagen

FESTE UND EVENTS

Übernachtung auf dem Baumwipfelpfad im Sommer: Nachtlager in 18 m Höhe. – *Deutsch-französische Biosphärenbauernmärkte an sechs Standorten von März bis Oktober:* Kulinarisches aus der Region vom Ziegenkäse bis zum Bio-Wein wird geboten.

Der Wasgau liegt im Biosphärenreservat Pfälzerwald-Nordvogesen. Nördlich und südlich der deutsch-französischen Grenze scheinen kühne Burganlagen mit dem rötlichen Buntsandstein verwachsen zu sein. Unweit des Wanderparadieses locken Weinstuben und Schlemmerlokale an der Deutschen und der Elsässer Weinstraße.

Die vier malerischsten Burgruinen lassen sich auf einer rund sechsstündigen Tour mit leichten Steigungen erwandern. Ausgangspunkt ist ein großer Wanderparkplatz in **Nothweiler** direkt an der Grenze. Schon vor Beginn der Wanderung lohnt sich eine Besichtigung des Besucherbergwerks der alten Eisenerzgrube Sankt-Anna-Stollen. Erstes Ziel ist die **Wegelnburg**, die mit 571 m höchstgelegene Burg der **Pfalz**. In unmittelbarer Nähe, aber schon im **Elsass**, liegen die **Hohenburg**, deren Gebäudereste sich um einen Felsen gruppieren, und der auf zwei Sandsteinfelsen erbaute **Löwenstein**. Höhepunkt der Tour ist die auch mit dem Auto erreichbare Felsenburg **Fleckenstein**. Spektakuläre Aussichten in die **Nordvogesen** und zum Teil in die **Rheinebene** bieten alle Burgen. Unterwegs oder in Nothweiler bieten Ausflugslokale eine lokale Spezialität an – knusprig dünner Flammkuchen, belegt mit Speck, Zwiebeln und Schmand oder mit Äpfeln und Zimt.

Auf dem Baumwipfelpfad

Die Attraktion des Biosphärenhauses im pfälzischen **Fischbach** ist der 270 m lange und 12 bis14 m hohe **Baumwipfelpfad**, der teilweise auch für Rollstuhlfahrer zugänglich ist. Abenteuer versprechen drei Wackelbrücken und die Wendeltreppe zum 40 m hohen Aussichtsturm. Das Biosphärenhaus und Erlebnisrundwege informieren über die umgebende Kulturlandschaft. Fischbach liegt nahe dem Städtchen **Dahn**, das ebenfalls mit vier Felsenburgen – Altdahn, Grafendahn, Tanstein und Neudahn – aufwarten kann. Über der Stadt erhebt sich der markante **Jungfernsprung**, einer der beliebtesten Kletterfelsen im **Dahner Felsenland**. Spektakulär ist der **Teufelstisch** bei Hinterweidenthal. Der 14 m hohe Pilzfelsen ist eines der Wahrzeichen des Wasgaus. *EA*

Infos und Adressen

ANREISE

Bahn: nach Wissembourg oder Hinterweidenthal; **Auto:** über die A65

BESTE REISEZEIT

Frühling, Sommer und besonders Herbst

SEHENSWERT

Musée du Verre de Meisenthal: im ehemaligen Verwaltungsgebäude der Glasfabrik; Ostern–Okt. Mi–Mo 14–18 Uhr, Nov.–Dez. täglich 14–17 Uhr; Place Robert Schuman, Meisenthal

Musée Lalique: Glas- und Schmucksammlungen; April–Sept. und Dez. täglich 10–19 Uhr, sonst Di–So 10–18 Uhr; Rue du Hochberg, Wingen-sur-Moder

ESSEN UND TRINKEN

Au Cheval Blanc: Sternerestaurant mit Gästezimmern; 4 Rue de Wissembourg, Lembach, www.au-cheval-blanc.fr/de/

Ferme Auberge Moulin des Sept Fontaines: idyllischer Bauernhof mit Elsässer Küche und Gästezimmern; Drachenbronn-Birlenbach, www.auberge7fontaines.com

ÜBERNACHTEN

Felsenland: Wellness in Dahn; Im Büttelwoog 2, Dahn, www.hotel-felsenland.de

Cheval Blanc: romantisches Ambiente; 11 Rue Principale, Niedersteinbach, www.hotel-cheval-blanc.fr

WEITERE INFOS

www.dahner-felsenland.net

Grafendahn bildet mit Altdahn und Tanstein die größte Burganlage der Pfalz.

Lampe von Émile Gallé im Museum von Nancy

Zum Staunen

GLASKUNST IM JUGENDSTIL

Die dichten Wälder im Wasgau lieferten schon vor langer Zeit Holz für zahlreiche Glashütten. Einige Hütten in **Lothringen** genießen nach wie vor Weltruhm in der künstlerischen Glasherstellung. Das nahe gelegene **Nancy** entwickelte sich um 1900 zu einer Hochburg des französischen Jugendstils. Bekannte Vertreter wie Émile Gallé oder René Lalique ließen in **Meisenthal** und in **Wingen-sur Moder** prachtvolle Vasen und Schmuck herstellen. Die Glashütte Meisenthal (seit 1704) beherbergt heute ein Museum und ein Internationales Zentrum für Glaskunst. Im 2011 eingeweihten Musée Lalique sind neben Schmuckstücken die Parfümflakons und Dekorationsstücke ausgestellt. Nachbildungen werden bis heute produziert. In **Saint-Louis-lès-Bitche** steht die älteste Kristallmanufaktur Europas, in die das Kristallmuseum **La Grande Place** integriert wurde. Die Straße des Kristalls führt von den Glasmanufakturen um **Bitche** nach **Baccarat**, das für die Herstellung von Kronleuchtern bekannt ist.

26 Hinterzarten – Belle Époque im Hochschwarzwald

HIGHLIGHTS

Schluchsee: bildschöner See mit Wassersport, Bootsverleih, Freizeitbad AquaFun

Ravennaschlucht und Ravennabrücke: führt wildromantisch von Breitnau ins tiefer gelegene Höllental

Wutachschlucht: Wanderabenteuer der besonderen Art durch eine Urlandschaft aus romantischen Schluchten und urwüchsigen Wäldern

Titisee: Besuch des Städtchens Titisee-Neustadt und Seerundfahrt auf dem größten Natursee des Schwarzwaldes

Triberger Wasserfälle: Deutschlands höchste Wasserfälle rauschen in sieben Stufen 163 m in die Tiefe.

DAS SOLLTEN SIE PROBIEREN

Lachs aus der Buchenbacher Räucherkammer: kommt mit Dillschmand und Reibekuchen – *Zwiebelrostbraten aus dem Naturpark Südschwarzwald:* mit Speckbohnen und handgeschabten Spätzle – *Lauchringer Schwarzwaldforelle:* »Blau« oder in Mandelbutter gebraten – *Gebackene Apfelküchle:* mit hausgemachtem Vanilleeis

Die Heimat der berühmtesten Kirschtorte der Welt, der schwärzeste Wald der Republik, lockt mit zahlreichen Highlights Urlauber jeglicher Couleur: mit Wandern, Wellness oder Wintersport, der sich zum Beispiel beim Sommerskispringen auf der Hinterzartener Sprungschanze sogar in die warme Jahreszeit verirrt.

Zuweilen belagern dann bis zu 20 000 Besucher den verschwiegenen Winkel im Hochschwarzwald, in dem, so wird erzählt, um 1770 Marie Antoinette, die Tochter Maria Theresias und künftige Königin Frankreichs, genächtigt habe, als sie sich mit ihrer Kutsche auf Brautfahrt nach Paris im tiefen Schwarzwald befand – in der Wildnis unendlicher Wälder, zwischen Hochmooren, tief eingekerbten Tälern, düsteren Felswänden, sprudelnden Bächen und verhexten Heidelandschaften. Die Eindrücke von damals geben die beiden Naturparks des Schwarzwalds, von denen der südliche der größte Deutschlands ist, auch heute noch wieder.

Mit Pomp, Spa und Belle Époque schreibt Deutschlands dienstälteste Herberge im Familienbesitz, das »Adler-Wirtshus« in Hinterzarten, seit 1446 Geschichte. Damals als Poststation mit Gaststube und Mansarden unter dem großen Giebeldach, heute als verwunschener Ort aus einer anderen Zeit. Große Namen lesen sich im Adler-Gästebuch ganz beiläufig: Bekannte Politiker und Literaten wie Erich Kästner sind darunter, Chick Corea und Miles Davis, auch Udo Jürgens und Herbert Grönemeyer

Nur einen Katzensprung entfernt von der Freiburger City liegt der malerische Höhenluftkurort Hinterzarten im Südschwarzwald.

Der Schwarzwälder Höhenradweg führt auf 68 km um Schluch-, Titi- und Feldsee

waren da und Joe Cocker. Selbst Altrocker Udo Lindenberg kam vom hohen Norden her: »Spitze hier, ahoi!«, lautet sein hanseatischer Eintrag, bevor er sich in Deutschlands dienstältester Herberge in Familienbesitz zwischen Rüschen und Plüsch ablegte. Im denkmalgeschützten »Adler Wirtshus«, das bis zum Jahr 1446 als Poststation diente, »In einem der Giebelzimmer hat meine Urgroßmutter das Zeitliche gesegnet«, plaudert Urenkelin Katja, die den geschichtsträchtigen Familienbetrieb in der 16. Generation leitet, aus der Familiengeschichte, und das war die Olga: Stilecht sei sie gestorben, mit einer Zigarette zwischen den Lippen und einem Rotweinglas in der Hand. Die 96-Jährige sei ein starkes Vorbild gewesen: »Streng war die, eisern und vom herben Schlag. Wenn's der zu laut in der Gaststube wurde, hat die oben ungeniert mit dem Gehstock so lange den Dielenfußboden malträtiert, bis unten Respekt und Ruhe herrschten.« 1890 kam dann der Adler-Neubau in den 40 000 m^2 großen Adlerpark, der bis heute als eine der edelsten Fünf-Sterne-Herbergen des Hochschwarzwalds dient.

Malerischer Blick vom Hochfirst auf Titisee und Feldberg nahe Neustadt/Schwarzwald

Sportliche Ausflüge

RAUS IN DEN SCHWARZWALD

Südschwarzwald-Radweg: mit geringen Steigungen und guten Aussichten über Seen, Täler und Schluchten auf 270 km Länge; www.hochschwarzwald.de
Schwarzwälder Genießerpfade: 27 zertifizierte Premiumwanderwege, die als Halbtages- oder Tagestouren kulturelle oder kulinarische Höhepunkte integrieren; www.geniesserpfade-schwarzwald.info.
Mountainbiking: Die Hochschwarzwälder Hüttentour und die Feldbergtour führen in die schönsten Ecken. Trainieren lässt es sich in Deutschlands ältestem Bikepark in Todtnau am Hasenhorn. www.hochschwarzwald.de
Die Ochsentour: 450 km lange Mountainbikestrecke für Profis, die als Bike-Crossing-Schwarzwald einmal längs durchführt, aber auch in Etappen zu fahren ist; www.hochschwarzwald.de
Nordic Walking: Die bis zu 9 km langen Strecken aller Schwierigkeitsgrade, Scheibenfelsen, Kesslerhöhe-Winterhalde und Windeck, starten in Hinterzarten. www.parkhoteladler.de

Spektakulärer Blick vom Feldberg auf den Feldsee

Ein besonderes Erlebnis

RAUF AUF DEN BERG

Die Qual der Wahl: Von Hinterzarten aus 12 km hinauf zum **Feldberg** oder doch lieber bis **Feldberg-Ort** fahren, um von dort aus den berühmten Panoramaweg zu laufen? Der als schwer eingestufte **Feldbergsteig** macht das Rennen! In der ersten von vier Stunden geht's ziemlich bergauf, insgesamt sind 1000 Höhenmeter im Auf und Ab zu überwinden. Dabei geht die Fernsicht bis in die Vogesen und die Schweizer Alpen hinein. Nach dem anstrengenden Aufstieg zum Bismarckdenkmal kommt die Bergstation der Feldbergbahn auf 1450 m in Sicht – wir hätten es also auch einfacher haben können! Aber weiter geht's durch den **Grüble-Sattel** zum Feldberggipfel auf 1493 m, danach bergab über die St. Wilhelmer Hütte, die Zastler Hütte und die Baldenweger Hütte, und der eigentliche Steig über schmale Pfade und abenteuerliche Hängebrücken beginnt. Zwischen steil aufragenden Feldberghängen und dem Ufer des **Feldsees** geht es zum Ausgangspunkt zurück. www.feldberg-steig.de, www.naturpark-suedschwarzwald.de

Wellness zum Abwinken

Was lässt sich hier tun? Sich im Spa-Palast der Entspannung zuwenden. Im lichtdurchfluteten gläsernen Schwimmtempel mit allen erdenklichen Sprudel-Finessen, Finnische Sauna, Römische Dampfgrotte, Kneippkur, Fitnessstudio, Infrarot-Lichtbad und Solarium inklusive, die Gesundheit vornehmen. In 37 Grad warmem Wasser durch den Adlerpark schwimmen oder morgen schon schöner als gestern sein: In der zum Adler gehörenden Beauty-Farm mit Produkten von Babor, in der Wellness-Abteilung mit Thalasso- und Physiotherapie, Feng-Shui und Ayurveda, Wahrnehmungsübungen und energetischem Balancieren sowie Ganzkörperpeelings mit fein gemahlener Macadamianuss, Stressbewältigungsprogrammen und Körpermassagen mit Pflaumenholzstäben. All das wäre der urigen Olga todsicher nur grausig gewesen, und was für ein Unsinn die Investition in ein 180 000 Euro teures Oktagon aus finnischem Keloholz, sieben Meter Durchmesser, hundert Kubikmeter Rauminhalt, vierzig Sitzplätze, mit einem prasselnden Holzfeuer in der Mitte, das sich Feuer- und Erdsauna nennt und als höhlenartiger Schwitzraum komplett »underground« ist.

Das Zusammenwirken des Adler-Spa mit der benachbarten VillaMed, Hinterzartens Zentrum für Präventivmedizin und Naturheilverfahren, und mit der Freiburger Erich-Lexer-Klinik, wo sich Adler-Gäste physisch modernisieren lassen können durch Chirurgen des Universitätsklinikums, machen den »Adler« zu einem Wellness-Retreat erster Güte. Wem die Disziplin zu weit geht, dem setzen das Marie-Antoinette-Restaurant und das denkmalgeschützte Wirtshus den Genuss hilfreich dagegen. Seltener durch Schäufele oder Hirschgulasch mit Knödeln, den gerne bestellten Schwarzwälder Spezialitäten, seit sterneverdächtige Köche das kulinarische Regiment führen, schon häufiger mittels Schwarzwälder Kirschtorte im Kaffeehaus »Diva« gleich nebenan. Im gläsernen Schmuckstück des Wiener Jugendstils arbeitet die von VIP-Gastronom Gerd Käfer nach Hinterzarten versteigerte Baranlage des »Käfer's Am Hofgarten« in München aus dem Jahr 1890 einwandfrei. Eine Wiener Mélange oder einen Einspänner mit Schlagobers sollte man sich auf der Thonet-Kaffeehaus-Bestuhlung gönnen.

RFK

Der Adler. Seit 1446 betreibt Deutschlands dienstälteste Herberge im Familienbesitz Hinterzartener Geschichte.

Infos und Adressen

ANREISE
Bahn: ab Freiburg Hbf. nach Hinterzarten 30 Minuten Fahrzeit (mit der Konus-Karte sind Busse und Bahnen in der gesamten Ferienregion Schwarzwald gratis); **Auto:** von Freiburg nach Hinterzarten 20 Minuten Richtung Donaueschingen

BESTE REISEZEIT
Frühjahr und Herbst, aber auch im verschneiten Winter des Hochschwarzwalds ein Genuss

SEHENSWERT
Maria in der Zarten: Der Grundstein zur katholischen Pfarrkirche mit dem markanten Zwiebelturm wurde 1460 gelegt, die einstige Wallfahrtskapelle aber mehrfach erweitert. www.gemeinde-hinterzarten.de

Hinterzarten mit der Pferdekutsche: im Halbstundentakt mit 2 PS um Maria in der Zarten herum; Buchung über die Toristeninformation, www.hinterzarten.de.

Schwarzwälder Skimuseum: Im über 300 Jahre alten Schwarzwaldhaus des Hugenhofs in Hinterzarten wird die Entwicklung des Skilaufens seit den Anfängen am Feldberg um 1890 dokumentiert. www.schwarzwaelder-skimuseum.de

Spielzeugmuseum Hinterzarten: Spielzeug aus zwei Jahrhunderten präsentiert das Spielzeugmuseum und gibt interessante Einblicke in die spielerische Welt von damals, auch durch wechselnde Ausstellungen wie beispielsweise »Spielzeugwünsche der Ur- und Großeltern«. www.spielzeugmuseum-hinterzarten.de

ESSEN UND TRINKEN
Schwarzwaldhaus: rustikal in der originellen Gaststube Wirtshus, stilvoll im Abendrestaurant Marie Antoinette, historisch in der »Stube« mit Originalausstattung aus dem Jahr 1639 speisen; Adlerplatz 3, Hinterzarten, www.parkhoteladler.de

Die Hexenlochmühle ist seit 1839 in Familienbesitz, die Mühlräder treibt Heubach wie zu ewigen Zeiten heute noch an.

Restaurant Zur Esche: regionale Kräuterküche mit Schwarzwälder Spezialitäten im Hinterzartener Waldhotel Fehrenbach; Alpersbach 9, Hinterzarten, www.waldhotel-fehrenbach.de

Prüfer's Gasthaus: Prüfer's Weinbistro und Restaurant in Hinterzarten bietet regionale, frische Küche sowie Weine und Weinverkauf. Freiburger Str. 30, Hinterzarten, www.pruefers-restaurant.de

Café Diva: Trüffel und erlesene Kuchen zu exotischen Tee-, Kaffee- und Schokoladensorten sowie die weltberühmte Schwarzwälder Kirschtorte im Wiener Kaffeehausstil; Adlerplatz 3, Hinterzarten, www.parkhoteladler.de

SHOPPING
Marder Edelbrände: Genuss aus dem Südschwarzwald; Fichtenweg 5, Albbruck-Unteralpfen, www.marder-edelbraende.de

Das Möbelkabinett: handgefertigte Kleinmöbel und Wohnaccessoires; Adlerplatz 3, Hinterzarten, www.moebelkabinett.de

The Monkey Drum: »Max the Monkey – Schwarzwald Dry Gin«, kuriose Destillerie in Loßburg-Betzweiler, Oberwiesachstr. 3, www.monkey47.com

Naturprodukte Ottmar Thoma: Honig, Schinken, Schnaps; Kirchplatz 2, Hinterzarten

Hinterzarten Bauernmarkt: großes Angebot an Schwarzwälder Honig, Schinken, Obst und Gemüse sowie andere Schwarzwälder Spezialitäten, immer mittwochvormittags vor dem Rathaus

ÜBERNACHTEN
Parkhotel Adler: Der dienstälteste Familienbetrieb Deutschlands liegt mit seinem Adler-Wirtshus zwischen Adlerschanze und dem hübschen Zwiebelturm der Kirche Maria in den Zarten im Adlerpark. Adlerplatz 3, Hinterzarten, www.parkhoteladler.de

Individuell: Zahlreich bieten Pensionen, Gästehäuser, kleinere Hotels und Appartmenthäuser sowie Privatunterkünfte Übernachtungen an. www.hinterzarten.de

WEITERE INFOS
Touristeninformation Hinterzarten: Freiburger Str. 1, Hinterzarten, www.hinterzarten.de

Tiefenentspannung in der Feuersauna des »Adler«

Die barocke Anlage des Schlossgartens von Schwetzingen geht in einen weitläufigen englischen Landschaftsgarten über.

27 Schwetzingen – Spargel, Wein und Schlösser

HIGHLIGHTS

Schloss und Schlossgarten Schwetzingen: Barockschloss mit außergewöhnlichem Schlossgarten

Burg Steinsberg: teilweise restaurierte Ruine einer Höhenburg mit markantem Bergfried

Fachwerkpfad Eppingen: Einblicke in den Stilwandel im deutschen Fachwerkbau vom 15.–17. Jh.

Schlosspark Eichtersheim: Wasserschloss (16. Jh.) in einem weitläufigen Park mit Skulpturen des Künstlers Jürgen Goertz

Kloster Maulbronn: Das ehemalige Zisterzienserkloster gilt als die am besten erhaltene mittelalterliche Klosteranlage nördlich der Alpen.

FESTE UND EVENTS

Schwetzinger SWR Festspiele im April und Mai: Opern und klassische Konzerte mit weltbekannten Interpreten – *Spargelfeste:* Alle zwei Jahre gibt es in Schwetzingen ein großes Spargelfest, alljährlich eine Spargelwanderung. – *Lichterfest:* Schlossgartenbeleuchtung mit Rahmenprogramm (alle zwei Jahre im Juli)

Das Schwetzinger Schloss und vor allem sein Schlossgarten sind schon eine Reise in das ehemalige Residenzstädtchen wert. Kulinarische Genüsse gesellen sich von Mitte April bis Mitte Mai hinzu, wenn der begehrte Spargel gestochen wird. Die passenden Weine findet man in den Weingütern des Kraichgaus oder der Pfalz.

Schloss Schwetzingen in seiner heutigen Form wurde im 17. Jh. als Sommerresidenz der pfälzischen Kurfürsten errichtet. Kunstgeschichtlich weitaus bedeutender als das Barockschloss ist der im 18. Jh. gestaltete **Schlossgarten**. Mit seiner Kombination aus barockem geometrischen Stil französischer Schule und englischem Landschaftsgarten zählt er zu den Höhepunkten der europäischen Gartenkunst. Auf einer Fläche von mehr als 70 ha präsentieren sich Blumenrabatten, Skulpturen und Brunnen, die auf einer Mittelachse zum Großen Weiher führen. Zu beiden Seiten verstecken sich im englischen Landschaftsgarten Tempel, künstliche Ruinen, ein Badhaus, eine prachtvolle **Moschee** und das »Ende der Welt«, ein illusionistisches Perspektiv. Zentrum der Residenzstadt ist der weitläufige **Schlossplatz** mit zahlreichen Restaurants und Kaffeehäusern.

In und vor allem um Schwetzingen wird auf sandigen Böden der begehrte Spargel gezogen. Die Stadt ist nördlicher Ausgangspunkt der 136 km langen **Badischen Spargelstraße**. Im späten Frühjahr wird der

Spargel überall zum Verkauf und zum Verzehr angebotenen. Um die passenden Weine zu finden, lohnt sich ein Abstecher in das benachbarte badische Weinbaugebiet Kraichgau. Die Weingüter in der fruchtbaren Hügellandschaft zwischen Odenwald und Schwarzwald erzeugen vorwiegend weiße Burgunder und kräftige Rotweine. Sehenswert sind die Wasserschlossanlagen von **Michelfeld** und **Eichtersheim**, Burg **Steinsberg**, auch der »Kompass des Kraichgaus« genannt, das **Melanchthonhaus** in Bretten, der **Fachwerkpfad Eppingen** und natürlich **Kloster Maulbronn**. Die Seele baumeln lassen kann man in der luxuriösen Badewelt **Sinsheim**. *EA*

Infos und Adressen

ANREISE

Bahn: über Mannheim oder Karlsruhe;
Auto: über die A6, A5 oder A61

BESTE REISEZEIT

Frühling und Frühsommer

SEHENSWERT

Karl-Wörn-Haus: Museum der Stadt Schwetzingen auf historischem Firmengelände; So 11–17 Uhr; Marstallstr. 51, Schwetzingen

Melanchthonhaus: Museum zur Reformationsgeschichte; Febr.–Nov. Di–Fr 14–17 Uhr, Sa und So 11–13 und 14–17 Uhr; Melanchthonstr. 1, Bretten

ESSEN UND TRINKEN

Schlossrestaurant Lachers: gehobene Gastronomie im Flügelbau des Schwetzinger Schlosses; Im Schlosshof, Schwetzingen, www.schlossrestaurant-schwetzingen.de

Heckerstuben: Leckereien im historischen Ambiente des Wasserschlosses

Eichtersheim; Schlossstr. 1, Angelbachtal, www.heckerstuben.de

ÜBERNACHTEN

Heitlinger Hof: modernes Hotel, Golfplatz, Weingut und Restaurant; Am Mühlberg 1–3, Östringen-Tiefenbach, www.heitlingerhof.de

WEITERE INFOS

Schwetzingen: www.schwetzingen.de
Kraichgau: www.leben-im-kraichgau.de

Die chinesische Brücke im Schlossgarten wird auch Lügenbrückel genannt.

Verwaltungsgebäude des Klosters Maulbronn

Zum Genießen

BIER IN EINER WEINLANDSCHAFT

Flaschenvergorene belgische Luxusbiere in der Weinlandschaft des Kraichgaus – das Gasthaus Loewenthor in **Gondelsheim**, eine ehemalige Herberge und Kutschenstation auf der »Thurn-und-Taxis-Strecke« Mechelen–Wien aus dem Jahr 1701 macht es möglich. Die Anlage mit ihren überschwänglich eingerichteten Gasträumen und der malerische Innenhof sind einmalig. Seit einigen Jahren ist dem Gasthof ein Hotel in einer Jugendstilvilla angegliedert. Bei einem Spaziergang durch die Gemeinde fällt das1857 im romantisierenden Stil erbaute, später um einen Jugendstilanbau erweiterte Schloss Gondelsheim auf. Im Schlosspark des heutigen Kultur- und Tagungszentrums befindet sich noch ein mittelalterlicher Bergfried.
Über die Melanchthonstadt **Bretten** und die Fauststadt **Knittlingen** ist es nur ein Katzensprung nach **Maulbronn** mit seinem weltberühmten Kloster, Baden-Württembergs erstem UNESCO-Weltkulturerbe. Für die Besichtigung sollte man einige Stunden einplanen.

Burg Hohenzollern bei Hechingen wurde auf einem isolierten Zeugenberg vor dem Trauf der Schwäbischen Alb errichtet.

28 Schwäbische Alb – eine raue Schönheit

HIGHLIGHTS

Schloss Lichtenstein und Nebelhöhle: Württembergs Märchenschloss liegt neben der Nebelhöhle und nahe der Bärenhöhle.

Blautopf: sagenumwobene tiefblau erscheinende Karstquelle mit verzweigtem Höhlensystem

Burg Hohenzollern: aussichtsreicher Stammsitz der Hohenzollern am Albtrauf

Laichinger Tiefenhöhle: Über Eisentreppen geht es in die bis 80 m tiefe Schachthöhle, mit höhlenkundlichem Museum.

Uracher Wasserfall: Bei Bad Urach stürzt im Maisental das Wasser 37 m über eine Tuffsteinkante in die Tiefe.

SPEZIALITÄTEN

Uracher Schäferlauf: alle zwei Jahre im Juli, heute ein großes Volksfest mit Festzug und Schäferlauf – *Marbacher Hengstparade:* Im Herbst präsentiert das Haupt- und Landgestüt Marbach Pferde verschiedener Rassen. – *Schwäbisches Hanami:* Veranstaltungen rund um die Streuwiesen, inspiriert vom japanischen Kirschblütenfest (März–Juni)

Stuttgart und Ulm sind die großen Eingangstore in das Mittelgebirge im Südwesten Deutschlands. Bis 400 m ragt der steile, von Burgen gekrönte Albtrauf im Nordwesten aus dem Vorland auf, im Südosten dacht sich die Albhochfläche sanft zur Donau hin ab. Felsen, Höhlen, Seen und Wacholderheiden machen den Reiz dieser herben Landschaft aus.

Die fast 200 km lange Schwäbische Alb ist der mehr als 150 Millionen Jahre alte, Stein bzw. Kalk gewordene Überrest eines tropischen Jurameeres und heute das größte zusammenhängende Karstgebiet Deutschlands. Im wasserlöslichen Kalkgestein haben sich faszinierende Karsterscheinungen erhalten. Klettermöglichkeiten an schroffen Felsen bieten u. a. das **Eselsburger Tal** und der **Rosenstein**. Mehr als 2000 Höhlen locken die Besucher in die Unterwelt, die **Wimsener Höhle** ist sogar mit einem Boot befahrbar. Die meisten sind allerdings erfahrenen Höhlenforschern vorbehalten.

Mit den Fossilien der Jurazeit machen der **Urweltsteinbruch Holzmaden**, das **Fossilienmuseum Dotternhausen** und das SchieferErlebnis in **Dormettingen** bekannt. Reizvolle Wacholderheiden, die von Schafherden offen gehalten werden, säumen das beliebte Wandergebiet **Großes Lautertal** auf der kargen Albhochfläche. Bei **Hohenstein** durchstreifen Wasserbüffel die Heidelandschaft. Sie liefern die Milch für den beliebten Albzarella.

Die Steinernen Jungfrauen im Eselsburger Tal

Frühe Künstler

Die vielen Höhlen und Felsüberhänge waren in der Eiszeit Rast- und Überwinterungsplätze für die Menschen der Steinzeit. Sie hinterließen die vielleicht ältesten Kunstwerke der Menschheit wie den aus einem Mammutzahn geschnitzten, fast 40 000 Jahre alten Löwenmenschen aus dem **Lonetal**. Im Hohlefels bei Schelklingen fanden Forscher neben einer Venusfigur aus Elfenbein eine mehr als 35 000 Jahre alte Knochenflöte.

Später hinterließen die Kelten auf der **Heuneburg** und dem **Ipf** ihre Spuren. Wachttürme, Kastelle und Gutshöfe zeugen in **Aalen** und **Hechingen** von der römischen Vergangenheit. Im Mittelalter bot der steile Albtrauf günstige Plätze für mächtige Burganlagen mit Weitblick. Die Staufer und die Hohenzollern haben hier ihre Stammburgen. *EA*

Infos und Adressen

ANREISE

Bahn: Regionalzüge ab Stuttgart und Ulm; **Auto:** über A7, A81, A6 oder A8

BESTE REISEZEIT

Frühling, Sommer und Herbst

SEHENSWERT

Limesmuseum Aalen: modernes Museum auf dem Gelände des ehemals größten römischen Reiterkastells nördlich der Alpen; Di–So 10–17 Uhr, St.-Johann-Str. 5, Aalen

Schloss und Burg Hellenstein: Heidenheims Wahrzeichen; April–Okt. Di–Sa 10–12 Uhr, So 10–17 Uhr; Heidenheim an der Brenz

Bunte Wanderwege im Großen Lautertal

ESSEN UND TRINKEN

Herrmann: kreative regionale Küche, Hotel im Fachwerkhaus; Am Marktplatz 1, Münsingen, www.hotelherrmann.de

Landgut Untere Mühle: schwäbische Küche; Mühlstr. 36, Straßberg, www.landgut-untere-muehle.de

ÜBERNACHTEN

Graf Eberhard: Wellnesshotel mit Restaurants; Bei den Thermen 2, Bad Urach, www.hotel-graf-eberhard.de

Hotel Restaurant Hirsch: behaglich, mit Sternerestaurant, Dorfstube und Wintergarten; Im Dorf 12, Sonnenbühl-Erpfingen, www.restaurant-hotel-hirsch.de

WEITERE INFOS

www.schwaebischealb.de

Zum Staunen

ZU BESUCH BEI TÜFTLERN

In der abgelegenen unfruchtbaren Region hat nach dem Motto »Not macht erfinderisch« früh die Industrie, besonders die Textilindustrie, Einzug gehalten. Zeugen dieser frühen Industrialisierung sind einige sehenswerte Museen auf und am Rand der Schwäbischen Alb. 1880 gründete die Schneiderin Margarete Steiff mit ihrer Familie in **Giengen an der Brenz** die Manufaktur Steiff. 1902 »erfand« die junge Geschäftsfrau anlässlich der Leipziger Spielwarenmesse den Teddybär und legte damit den Grundstein für ein bis heute erfolgreiches Unternehmen. Seit 2005 führt das Steiff-Museum die Besucher in die Welt der Stofftiere mit dem Knopf im Ohr.

Im **Heubacher Schloss** wartet ein Miedermuseum, das einzige seiner Art, auf die Besucher, in **Albstadt Tailfingen** das Maschenmuseum. In **Albstadt** und in **Metzingen** locken bekannte Firmen-Outlets viele Kauflustige an. Heute hat sich die noch ansässige Textilindustrie zunehmend auf die Herstellung von technischen Textilien spezialisiert.

29 Bodensee –
Stadt- und Inselhopping über drei Grenzen

HIGHLIGHTS

Konstanz: barock ausgestattetes Münster Unserer Lieben Frau: Krypta mit 1000 Jahre alten Goldscheiben, einzigartiger Blick vom Turm

Bregenz: Seefestspiele im Juli/Aug. auf der größten Seebühne der Welt

Meersburg: Städtchen mit Altem und Neuem Schloss zu Füßen der Meersburg

Insel Mainau: unvergleichlicher Garten aus Tulpen, Rhododendren und 12 000 Rosenarten, Palmen- und Schmetterlingshaus

St. Gallen/Schweiz: Klosterbezirk mit großer Kathedrale und Stiftsbibliothek in einem der schönsten Rokokosäle Europas; hübsche Altstadt

DAS SOLLTEN SIE PROBIEREN

Weine: Überall gibt es Weißburgunder, Müller-Thurgau und Spätburgunder. – *Bodenseefelchen:* schmecken gegrillt, gedünstet und geräuchert im Brötchen – *Innereien und Hausmacherwurst:* Deftig geht es zu am Bodensee. – *Obst und Gemüse:* die deutsche Apfelanbauregion – *Höri-Bülle:* feine Zwiebel von der schweizerischen Halbinsel im See

Mit einer gemächlichen Schiffsfahrt, einem guten Tropfen und kulinarischen Höhepunkten lädt die Bodenseeregion zu genussreicher Erholung in paradiesischer Landschaft ein. Ein Blütenmeer lockt im Frühjahr, die reiche Ernte im Herbst. Vor allem aber ziehen die malerischen, geschichtsträchtigen Städtchen und Inseln in den Bann.

Nicht umsonst wird er auch das »schwäbische Meer« genannt, auf dem von Könnern gesegelt und gesurft wird: Der Bodensee, bestehend aus dem großen **Obersee** mit **Überlinger See** und dem kleineren **Untersee**, ist mit einer beachtlichen Fläche von 540 km² der größte See Deutschlands. Seine Ufer liegen zum größten Teil im deutschen **Baden-Württemberg**, auch **Bayern** hat einen Anteil am Seeufer. Die schweizerischen Kantone **Thurgau**, **St. Gallen** und **Schaffhausen** stoßen ebenso wie das österreichische Bundesland **Vorarlberg** nur über wenige Kilometer ans Seeufer.

Das übers Jahr milde, nahezu subtropische Klima um den Bodensee ermöglicht den Anbau von Obst, Gemüse und vor allem Wein von höchster Qualität; das Seegebiet ist aufgrund vieler intensiver Sonnenstunden eine der wärmsten und zugleich auch fruchtbarsten deutschen Regionen. Die Römer brachten den Weinbau hierher, ihnen folgten die Alemannen, nach deren Christianisierung Klöster und Bischofssitze errichtet wurden. Deren Bewohner legten üppig gedeihen-

Das Schloss Spetzgart bei Überlingen heißt als International Summer School Schüler aus aller Welt willkommen.

Das Konzilgebäude aus dem 15. Jh. (rechts) begrüßt die Gäste im Konstanzer Hafen.

de Gemüse- und Kräutergärten an. Auf Ländereien der Klöster **Reichenau**, **St. Gallen**, **Salem** und anderer wurde der Weinbau weiter ausgebaut, schließlich benötigten die Mönche Messwein. Alte Handelsrouten, zum Beispiel für Salz, führten zum Bodensee und gewährleisteten die Versorgung der Seestädte darüber hinaus. Kurz gesagt: die besten Voraussetzungen für das Gedeihen einer Genussregion!

Leider können wir hier aufgrund der Fülle lohnender Ziele nur einigen wenigen kulturgeschichtlich so reichen wie reizvollen Städte einen Kurzbesuch abstatten. Die Altstadt von **Konstanz** etwa ziert die barocke Stephanskirche mit ihren Fresken, und auf der herrlichen Seepromenade, die gesäumt ist von eleganten Villen, fühlt man sich gleich wie in südlicher Sommerfrische. Den Hafen ziert die zeitgenössische Figur einer römischen Kurtisane, Imperia, die auf Händen Papst- und Kaiserfiguren trägt – sie erinnert damit an das Konstanzer

Auf Gartenkunst und Blütenpracht trifft der Reisende auf der Insel Mainau.

Ein besonderes Erlebnis

NIMM MICH MIT, KAPITÄN

… auf die Reise, und das heißt am Bodensee zu Wasser und in der Luft. Personen- und Autofähren bieten sich schlicht zur Verknüpfung zweier Ausflugsziele an. Die Bodenseeschifffahrt wartet aber auch mit Erlebnissen auf: Bei einer Fahrt mit dem nostalgischen Schaufelraddampfer Hohentwiel erfährt man den Bodensee im wahrsten Sinne des Wortes auf besondere Art. Die Hochrheinfahrt von **Schaffhausen** nach **Stein am Rhein** führt vorbei an der Insel Reichenau, malerischen Örtchen und in unberührte Flusslandschaften. Der Clou hier in der Region ist natürlich ein Flug mit dem Zeppelin NT: In 300 m Höhe gleitet die »Zigarre« auf diversen Routen über den See. Dabei kann man aus der verglasten Gondel über den See und die Landschaft blicken oder dem Piloten über die Schulter schauen. Wer sich zunächst einmal nur inspirieren lassen will: Hangar, Werft und Zeppelin-Museum in Friedrichshafen bieten den Stoff für Träume vom Fliegen.

Insel Reichenau: ein Kloster, drei Kirchen, viel Gemüse – und viel Ruhe

Zum Staunen

AUF DER GEMÜSEINSEL

Ruhe. Sattes Grün und bunte Blüten vor altehrwürdigen Klostermauern – im Spätsommer und Herbst versprechen lange Gemüse- und Salatreihen reiche Ernte. Wer eine Auszeit in fruchtbarer Landschaft, wer besinnliche Momente in harmonischem Tageslauf oder meditative Einkehr in klösterlicher Architektur sucht, sollte sich aufmachen zum UNESCO-Welterbe der Insel Reichenau. Die Kirchen der Insel legen Zeugnis ab vom Leben in Benediktinerklöstern des Mittelalters. Wer mag, erfährt im mustergültig angelegten Kräuter- und Küchengarten des **Klosters Reichenau** viel über Heil-, Würz- und Zierpflanzen. Gerne geben auch die Gärtner der vielen Gemüse- und Kräuteranbaubetriebe bei Führungen ihr Wissen an Besucher weiter. Zu kontemplativer Betrachtung laden die älteste Kirche der Insel, das **Münster St. Maria und Markus** mit Ausmalungen aus dem 16. Jh., die Kirche **St. Georg** mit acht riesigen Wandbildern aus dem 10. Jh. und **St. Peter und Paul**, die zweitälteste Kirche der Insel, mit Malereien aus dem 12. Jh. ein.

Konzil (1414–1418), dessen hochrangige Teilnehmer sich wohl nicht nur mit kirchenpolitischen Fragen beschäftigt haben. **Bregenz** wird überragt vom Hausberg Pfänder und ist vor allem wegen seiner Open-Air-Festspiele auf der größten Seebühne der Welt ein Begriff.

Kleine Verschnaufpause gefällig? Eine mittelalterliche Burg und das barocke Neue Schloss von Balthasar Neumann krönen das Panorama **Meersburgs** am nördlichen Seeufer, umgeben von idyllischen Weinbergen. Zeppeline, die größten Luftschiffe der Welt, wurden zu Beginn des 20. Jh. in **Friedrichshafen** gebaut und eroberten für eine kurze Zeit den Himmel – ein Blick von oben auf den Bodensee aus einer »fliegenden Zigarre« ist heute noch möglich. **Lindau** mit einer Gartenstadt auf dem Festland und dem historischen Zentrum mit reich dekorierten Häusern auf einer Insel wird nicht zu Unrecht als »Venedig am Bodensee« bezeichnet. Beim Spazierweg um die Insel kommt der Besucher an den Wahrzeichen der Stadt, dem riesigen Bayerischen Löwen und dem Neuen Leuchtturm an der Hafeneinfahrt, vorbei.

Inseln und Klöster, Blumen und Fruchte

Der schwedische Graf Lennart Bernadotte schuf auf der **Insel Mainau** eine der eindrucksvollsten europäischen Gartenanlagen, die auch heute noch zahlreiche Besucher aus aller Welt anlockt.

Die **Insel Reichenau** ist die größte Insel des Bodensees und bietet ein wahres Füllhorn nicht nur für die hoch geschätzte Küche der Region: Fischteiche, Obst- und vor allem Weinfelder garantieren guten Fang und reiche Ernte. Gemüseanbau erfolgt auf beinahe der halben Fläche der Insel. Diese Erfolge sind dem milden Klima, aber auch dem Engagement berühmter Anwohner geschuldet – schrieb doch auf der Insel im frühen Mittelalter Walafried Strabo, Abt des Klosters Reichenau, das Werk »Hortulus«, das als die erste Lehrschrift für den Gartenbau gilt. Im Kloster St. Gallen, dessen Klostergarten heute noch der ältesten erhaltenen Architekturzeichnung Europas folgt, kann der Gartenfreund eindrucksvoll erleben, wie kenntnisreich hier bereits in früheren Zeiten für Hausapotheke und Küche gegärtnert wurde. *SD-H*

Im Pfahlbaumuseum Unteruhldingen wird die Stein- und Bronzezeit wieder lebendig.

Infos und Adressen

ANREISE
Flug: Zum Bodensee-Airport Friedrichshafen gehen Flüge von vielen großen Flughäfen – bei der Reiseplanung ist ggf. der Transport ans andere Seeufer z. B. per Schiff einzuplanen. **Bahn:** Nach Konstanz, Bregenz oder Friedrichshafen gelangt man mit ICE/IC/RE – häufiges Umsteigen. **Auto:** ab Autobahnkreuz Hegau auf die B33 Richtung Konstanz

BESTE REISEZEIT
März bis Oktober

SEHENSWERT
Rheinfall von Schaffhausen: Bei Neuhausen stürzen die gigantischen Wassermassen des Rheins auf etwa 150 m Breite 25 m tief!

Wollmatinger Ried: Iris- und Orchideenarten, seltene Vogelarten und Sumpflandschaften sind im Naturschutzgebiet auf dem Bodanrück zu beobachten.

Stein am Rhein: Wie in eine andere Zeit versetzt fühlt sich der Besucher angesichts der Erker, Türmchen, Giebel, des Schnitzwerks und der Bilderreigen der bunten Fassaden.

Marienschlucht: Von Wallhausen, Langenrain oder Bodman geht es über Stiegen und Brücken durch die kühle Bergbach-Schlucht auf dem Bodanrück.

Salem: Schloss (heute befindet sich dort das bekannte Internat) und Klosterkirche beherbergen überbordende barocke Pracht.

ESSEN UND TRINKEN
Markgräfliche Badische Weinstube: Die Weinstube mitten in der historischen Altstadt von Meersburg bietet regionale Küche (tolle Fisch- und Pilzgerichte) in gemütlicher Atmosphäre. www.badische-weinstube.com

Zum Goldenen Schäfli: uriges St. Gallener Restaurant mit vielfach ausgezeichneter Küche und Bar in jahrhundertealtem Gebäude; www.schorensg.ch

Die Wallfahrtskirche Birnau erhebt sich in barocker Pracht am Überlinger See.

Landgasthof zum Adler: Feinschmeckerküche mit Niveau in zwangloser Atmosphäre: traditionelle Gerichte neu interpretiert genießt man im Bauerngarten oder »Stüble«. www.adler-lippertsreute.de

Konditorei Popp in Überlingen: Die süßen Kreationen sind fast zu schön zum Verzehren, doch zu lecker, um sie zu verschonen. www.konditorei-popp.de

SHOPPING
Spitalkellerei Konstanz: Deutschlands älteste Stiftskellerei aus dem 13. Jh. bietet edle Tropfen zum Verkauf, Verkostungen in der Weinboutique sowie Führungen und Weinproben. www.spitalkellerei-konstanz.de

Bregenzerwälder Käsehaus: Direkt an der Bregenzerwälder Käsestraße liegt die Schaukäserei mit Shop/Online-Shop und bietet in der Verkostung rund 60 Käsespezialitäten aus heimischer Produktion an. www.kaesehaus.com

Keltereien mit Saftverkauf: Direkt vom Baum frisch in die Flaschen kommen hocharomatische Säfte von den Obstwiesen rund um den See – ein saftiges Souvenir für Zuhause. Auf www.streuobst-bodensee.de stehen die Adressen dazu.

ÜBERNACHTEN
Hotel Graf Zeppelin: Am St. Stephansplatz inmitten der Konstanzer Altstadt liegt das Hotel aus dem 19. Jh. mit elegantem Ambiente. www.hotel-graf-zeppelin.de

Berggasthof und Hotel Höchsten: Von der Biergartenterrasse mit der alten Kastanie hat man den schönsten Blick über den Bodensee, auf das Deggenhausertal und die Alpen. Typische Bodenseegerichte gibt es auch: Jeden Donnerstag wird im Holzbackofen die herzhafte oder süße »Bodenseepizza«, Dinnele, frisch zubereitet. www.hoechsten.de

WEITERE INFOS
Bodensee-Tourismus: Hafenstr. 6, Konstanz, www.bodensee.eu
Bodensee-Schifffahrt: www.bsb-online.de

Der südlichste Leuchtturm Deutschlands in Lindau

Bei Wertheim reicht der Blick von der Burg auf den Main, der in gemütlichen Kurven durch sein idyllisches Tal fließt.

30 Im Maintal – Idylle am großen Fluss

Zwischen Gemünden und Aschaffenburg schmiegt sich der Main in einem rund 100 km langen Viereck an die südlichen Ausläufer des Spessarts. Im lieblichen Maintal findet man romantische Klöster, Burgruinen, Fachwerkstädte und Weinseligkeit bei guten Tropfen aus den fränkischen Weingärten.

Das Mainviereck bietet viele hübsche Orte und eine Landschaft, der ein großer Fluss besonderen Zauber verleiht. Hier kann man radeln, wandern, durch Weingärten stromern, auf dem **Main** spazieren fahren und die Weine Frankens genießen. Wer hier sucht, findet ziemlich sicher einen ähnlich guten Tropfen wie 1927 der Dichter Kurt Tucholsky, den er als »tief wie ein Glockenton, das ganz große Glück« beschrieb.

Ein schöner Wanderweg ist beispielsweise der Wein-Tauber-Wanderweg, der rund um **Wertheim** zu kultur- und weinhistorisch bedeutsamen Zielen führt. In Wertheim selbst kann man von der malerischen Burg über den Main und in das **Tal der Tauber** blicken, die hier in den großen Strom mündet. Mainabwärts scharen sich in **Miltenbergs** Altstadt die Fachwerkhäuser am Marktplatz um einen Renaissancebrunnen, darüber thront seit 900 Jahren die **Mildenburg**. Das ganze Ensemble scheint einem Bilderbuch entsprungen. In der romantischen **Rotweinstadt Klingenberg** wird schon seit mindestens 1261 Wein angebaut, der wegen seiner Qualität beliebt war und ist.

HIGHLIGHTS

Wertheim: Auf der sehenswerten Burg finden von April bis Oktober zahlreiche Kulturveranstaltungen statt.

Miltenberg: Die Mildenburg beherbergt ein Museum für Ikonen und moderne Kunst.

Klingenberg: Der Esskastanien-Lehrpfad führt in eine Spezialität der Region ein.

Aschaffenburg: Der Staatsgalerie im Schloss Johannisburg gehört eine bedeutende Cranach-Sammlung sowie Werke von Rembrandt und Rubens.

Aschaffenburg: Die Stiftskirche St. Peter und Alexander wurde um 950 gegründet und besitzt herrliche Kunstwerke.

PROBIEREN UND ERLEBEN

Weinspezialitäten: Traditionell ist der Silvaner Frankens Traube, seit einiger Zeit wird er von Müller-Thurgau überflügelt. Weiße Rebsorten machen hier rund 80 Prozent des Anbaus aus. *Fränkischer Rotwein-Wanderweg:* führt durch die besten Lagen des »roten« Anbaugebiets von Großwallstadt nach Bürgstadt

»Ein gar kleines Städtlein«, schrieb Matthäus Merian 1646, »so dass herrlichen Weinwachses halber berühmt, welch köstlicher Wein weithin verführet wird.«

Entspannte Residenzstadt

Aschaffenburg schließlich bietet Kunst und Kultur im Überfluss und ist schon allein wegen des riesigen Renaissanceschlosses Johannisburg und dessen Kunstmuseen einen Besuch wert. Der Schlossgarten entlang des Mains gibt sich nicht steif, sondern lässig mediterran mit vielen südländischen Pflanzen. Leger ist auch das Lebensgefühl der rund 1500 Jahre alten Residenzstadt: Fast nirgendwo ist die Gasthausdichte so hoch wie hier. *BR*

Infos und Adressen

ANREISE

Bahn: Von Aschaffenburgs fährt die Maintalbahn bis Wertheim. **Auto:** über die A3 und B469

BESTE REISEZEIT:

Mai bis Oktober

SEHENSWERT

Pompejanum in Aschaffenburg: Die nachgebaute römische Villa versetzt einen in die Antike.

Mainschifffahrt: Zwischen Wertheim und Miltenberg verkehren Ausflugsboote auf dem Main.

ESSEN UND TRINKEN

Oechsle: Traditionelle Gastwirtschaft mit moderner Regionalküche. Karlstr. 16, Aschaffenburg, www.zumgoldenenochsen.de

Gasthaus zum Riesen: In dem vielleicht ältesten Gasthof Deutschlands soll Kaiser Barbarossa eingekehrt sein. Hauptstr. 99, Miltenberg, www.riesen-miltenberg.de

ÜBERNACHTEN

Schmuckkästchen: romantisches Hotel in einem 500 Jahre alten Fachwerkhaus; Marktplatz 185, Miltenberg

Tauberhotel Kette: direkt an der Tauber in der Altstadt gelegen; Lindenstr. 14, Wertheim, www.tauberhotel-kette.de

WEITERE INFOS

Tourismusverband Franken e.V., Wilhelminenstr. 6, 90461 Nürnberg, www.frankentourismus.de

Typisch für das Maintal sind malerische Fachwerkbauten wie hier in Wertheim.

Im himmlischen Garten von Kloster Bronnbach

Ein besonderes Erlebnis

ZU BESUCH IM KLOSTER

Kultur, Romantik und Tiefenentspannung findet man rund zehn Kilometer südlich von Wertheim im **Taubertal** in der Klosteranlage Bronnbach. Der Sage zufolge wurde die ehemalige Zisterzienserabtei vor über 850 Jahren von fränkischen Edelleuten an jener Stelle gegründet, an der sie auf der Suche nach einem geeigneten Platz für ein Kloster drei weiße Lerchen aufflattern sahen. Die Vögel sind auf dem Wappen des Klosters zu sehen. Dessen romanisch-gotische Kirche wurde im 12./13. Jh. aus rotem Sandstein erbaut und im 17. Jh. barockisiert. Zur Klosteranlage gehören auch ein Gasthof mit Biergarten, eine zierliche Orangerie, wunderschöne Gärten und natürlich eine Vinothek. Während des ganzen Jahres wird hier ein vielfältiges Kulturprogramm geboten, mit Konzerten, Vorträgen, kulinarischen Entdeckungen und Ausstellungen zeitgenössischer Künstler. Wer länger bleiben möchte, kann auch übernachten. www.kloster-bronnbach.de

Das Renaissanceschloss Mespelbrunn gehört zu den schönsten Sehenswürdigkeiten im Spessart.

31 Spessart – Heimat der Märchenerzähler

HIGHLIGHTS

Tropfsteinhöhle Steinau an der Straße: Hessens älteste Schauhöhle

Wallfahrtskirche Hessenthal: Die Kirche schmücken eine Beweinung Christi von Tilman Riemenschneider (um 1485) und eine Kreuzigungsgruppe von Hans Backoffen (1519).

Spessartmuseum: Das Museum in Lohr am Main erzählt anschaulich die Kulturgeschichte der Region.

Hammerschmiede Hasloch: Die mit Wasserkraft betriebene Hammerschmiede von 1779 ist noch heute voll funktionstüchtig.

Erlebnispark Steinau: Freizeitpark mit Fahrgeschäften und Streichelzoo

DAS SOLLTEN SIE PROBIEREN

Lakefleisch: So bereiteten die Waldarbeiter ihr Essen zu: Das Fleisch wurde in einer gewürzten Pökellake haltbar gemacht und in nassem Papier eingepackt in der Glut verbrannter Baumkronen langsam gegart. Heute wird es, fest in Alufolie eingewickelt, in großen Gluthaufen bevorzugt bei Festen zubereitet.

Im dichten Wald des Spessarts hausten einst die Räuber, so heißt es zumindest in den Sagen der Region. Heute birgt das idyllische Mittelgebirge auf jeden Fall keine Gefahren mehr für Leib und Leben. Ganz im Gegenteil: Im Spessart kann man sich in schöner Natur erholen und kulinarisch verwöhnen lassen.

Im Spessart lässt sich ein vergnügliches Wochenende verbringen, eine sportliche Woche oder ein erholsamer Jahresurlaub, genug zu tun gibt es allemal. Das sanfte Mittelgebirge ist von den Flüssen **Main, Sinn, Saale** und **Kinzig** umschlossen, an denen beschauliche Städte mit adretten Fachwerkhäusern liegen. Im romantischen **Steinau an der Straße** wuchsen die Brüder Grimm auf. Hier gibt es nicht nur eine märchenhafte Burg, sondern auch ein Märchenmuseum im ehemaligen Wohnhaus der Grimms.

In der ganzen Region kann man wandern, reiten und Rad fahren, mit dem Kanu die idyllischen Flusstäler von Sinn und Saale erkunden und im Winter durch die verschneite Landschaft langlaufen. Wer es abenteuerlicher liebt, lässt sich von wiesenbewachsenen Höhen mit dem Gleitschirm durch die Lüfte tragen. Ansonsten ist man vorwiegend in Deutschlands größtem zusammenhängenden Laubmischwaldgebiet unterwegs, das im Herbst in fantastischen Feuerfarben erstrahlt. Die Eichen in den tiefen Wäldern sind von französischen Winzern heiß begehrt, weil sie das beste Fassholz liefern.

Eine Landschaft wie ein Streichquartett

Mitten im dichten Wald des Mittelgebirges steht auch das Renaissance-Wasserschloss **Mespelbrunn** komplett mit Türmchen, Ahnengalerie und gräflicher Familie. Es ist so versteckt gelegen, dass es in seinem 600-jährigen Bestehen Kriege und Katastrophen fast unbeschadet überstand. Fans des deutschen Nachkriegskinos wissen, dass hier 1958 vor traumhafter Kulisse »Das Wirtshaus im Spessart« gedreht wurde.

Ein besonders idyllisches Fleckchen ist zudem im **Hochspessart** die **Lichtenau**. Dort kehrte 1927 der Schriftsteller Kurt Tucholsky in das Gasthaus im Hochspessart ein, stritt sich zusammen mit seinen Freunden mit dem Wirt darüber, ob der Wein korke, und verliebte sich in die Region: »Wenn Landschaft Musik macht: dies ist ein deutsches Streichquartett …« Über diesen Vergleich freut sich das Tourismusmarketing noch heute. *BR*

Herbstliche Stimmung bei Weibersbrunn

Infos und Adressen

ANREISE
Bahn: z. B. nach Aschaffenburg oder Miltenberg; **Auto:** von Frankfurt/Main über A3, A66 und B26, von Würzburg über A3 und B27

BESTE REISEZEIT
Mai bis Oktober

SEHENSWERT
Königer Eichen: Von Wiesen führt der Wanderweg W2 zu diesem 1,1 ha großen Hutewald aus über 400 Jahre alten Eichen.

Natürlich führt der Weg ins Wirtshaus.

ESSEN UND TRINKEN
Spechtshaardt Spezialitäten: im Winter Lakefleisch am Lagerfeuer, Wild der Saison; Rolandstr. 34, Rothenbuch, www.spechtshaardt.de

Waldgaststätte Echterspfahl: rustikales Ambiente, frische Wild- und Pilzgerichte; An der Staatsstr. 8, Weibersbrunn, www.forsthaus-echterspfahl.de

ÜBERNACHTEN
Schlosshotel Mespelbrunn: beim Schloss, gediegene Atmosphäre; Schlossallee 2, Mespelbrunn, www.schlosshotel-mespelbrunn.de

Panoramahotel: großer Wellnessbereich, direkt an Wanderwegen; Am Eichenberg 1, Heimbuchenthal, www.panoramahotel.de

WEITERE INFOS
Tourist-Information Spessart-Mainland: Bayernstr. 18, Aschaffenburg, www.spessart-mainland.de

Ein besonderes Erlebnis

AUF DICHTERSPUREN

Der Spessart ist eine uralte Kulturlandschaft, in der schon vor rund 8000 Jahren Menschen ansässig waren. Zu historisch, kulturell und naturwissenschaftlich interessanten Zielen führt durch die ganze Region ein dichtes Netz von sogenannten Kulturwegen, die das Archäologische Spessartprojekt (ASP) initiiert hat. Besonders reizvoll ist der Europäische Kulturweg durch das idyllische **Hafenlohrtal**. Er führt von **Hafenlohr** rund 25 km hinauf in die ehemalige Glasstadt **Weibersbrunn** und nach **Rothenbuch** mit seinem Jagdschloss aus dem 16. Jh. Die Route kann auch in einzelnen Etappen erwandert werden. Unterwegs unterhalten an zwölf kulturhistorisch bedeutenden Stationen Tafeln mit Spessart-Zitaten bekannter Schriftsteller von Hans Sachs über Kurt Tucholsky bis Robert Gernhard. Gernhard ist in der **Lichtenau** auch eine Linde gewidmet. Weitere Kulturwanderwege des Archäologischen Spessartprojekts findet man unter www.spessartprojekt.de.

32 Bayerischer Wald –
ursprüngliche Natur, reiche Kultur

HIGHLIGHTS

Nationalparkzentrum Lusen: Zu dem Informationszentrum in Neuschönau gehören ein Tierfreigelände und der größte Baumkronenpfad der Welt.

Glasmuseum Frauenau: Das hervorragende Glasmuseum hat überregionale Bedeutung.

Burg Falkenstein: Die schönste Burg im Bayerischen Wald steht in Markt Falkenstein.

Passauer Dom: Der riesige barocke Dom St. Stephan ist herrlich ausgestattet, die Orgelkonzerte sind phänomenal.

Gäubodenmuseum Straubing: Glanzstück des Museums ist der berühmte Straubinger Römerschatz.

FESTE UND EVENTS

Pfingstmontag: Der Pfingstritt in Bad Kötzting ist eine Wallfahrt mit 900 Reitern und geschmückten Pferden. – *August:* Zum Gäubodenfest in Straubing kommen jährlich 1,4 Millionen Besucher. – *10. November:* Beim »Wolfauslassen« in Richnach wird's zum Ende der Hütesaison laut mit Glockenschlagen und Peitschenknallen.

Ein schier unendliches grünes Meer von Fichten, Buchen, Tannen – der Bayerische Wald fasziniert mit unberührter Natur in einem der größten Waldgebiete Mitteleuropas. Die Region in Bayerns Osten bietet Abenteuerfeeling in rauer »Wildnis«, aber auch Kulturschätze in den uralten Städten entlang der Donau.

Das »wilde Herz« der Region schlägt im **Nationalpark Bayerischer Wald.** »Natur Natur sein lassen« lautet in dem riesigen Schutzgebiet seit 1970 das Motto. In kaum einer Region in Europa darf sich die Natur so ungestört entwickeln wie in dem 240 km² großen Nationalpark. Deshalb sind hier wieder seltene Tierarten wie Luchs und Wanderfalke heimisch, die zuvor im Bayerischen Wald nicht mehr zu finden waren. Auf tschechischer Seite schließt sich übergangslos der **Nationalpark Böhmerwald** an. Zusammen bilden die beiden Parks als das größte zusammenhängende Waldgebiet Mitteleuropas das »Grüne Dach Europas«. Urlauber können hier Wochen verbringen, um auf insgesamt Hunderte Kilometer langen Wander- und Radwegen, Loipen und Schneeschuhstrecken die urwüchsige Landschaft zu erkunden.

Die bekanntesten Tore zu dieser urwüchsigen Waldlandschaft mit Mooren, Seen und rauschenden Bergflüssen sind das Städtchen **Freyung** sowie die alte Glashüttengemeinde **Spiegelau** und der Luftkurort **Grafenau.** Von dort ist es nur ein Katzensprung zu den tiefen Wäl-

Die von italienischen Baumeistern gestaltete Barockstadt Passau prägen ein südliches Flair und Lebensgefühl.

Im Abendrot bezaubert der Blick von der Hindenburgkanzel auf den Lamer Winkel.

dern, in deren sanftem Licht auch gestresste Großstädter schnell entspannen. Erholung findet man hier schon nach kurzer Zeit, dafür sorgt schon die würzige Luft. Weiter oben bieten die steinernen Gipfel des Mittelgebirges Ausblicke über das grüne Meer der Bäume. Von den granitenen »Polstern« des **Dreisessels** (133 m) im Süden reicht die Aussicht weit über bayerisches Gebiet, bis nach Österreich und Tschechien. Dort sieht man auch, wo Borkenkäfer und Windbruch den alten Bäumen zugesetzt haben. Was auf den ersten Blick wie reine Zerstörung wirkt, ist auf den zweiten Blick eine in Europa einmalige Landschaft: Hier entsteht ein artenreicher, echter Urwald, den unsere Enkel in Jahrzehnten mit mächtigen Baumriesen erleben werden.

Auf den **Großen Falkenstein** (1315 m) im Norden des Gebiets führt ein romantischer Weg über die mit Urwald bewachsenen Felsen der Schlucht Höllbachgespreng, in der die Gischt des Höllbachwasserfalls

Bad Griesbach bildet mit Bad Füssing und Bad Birnbach das Bäderdreieck.

Erleben und genießen

Südwestlich von Passau kann man im Bäderdreieck **Bad Griesbach**, **Bad Füssing** und **Bad Birnbach** den Körper verwöhnen und die Seele baumeln lassen. Unterwegs lohnt ein Abstecher nach **Rotthalmünster** in die Benediktinerabtei Asbach aus dem 12. Jh. Dort birgt die klassizistische Klosterkirche von François Cuvilliés dem Jüngeren aus den 1770er-Jahren großartige Kunstschätze.

Auf der tschechischen Seite der Region gehört die beeindruckende Altstadt von **Český Krumlov** (Krumau) zum Welterbe der UNESCO. Sie liegt unterhalb des mächtigen Schlosses Český Krumlov, des nach der Prager Burg größten historischen Gebäudes des Landes. Die »Perle des Böhmerwaldes« ist auf jeden Fall einen Ausflug wert!

Für Wassersportler bietet der **Schwarze Regen** einen besonderen Genuss. Zwischen Zwiesel und **Regensburg** findet man hier eine der schönsten Kanuwanderstrecken Deutschlands. Unterwegs entdeckt man hier unberührte Natur in »Bayerisch Kanada«.

An die Dichterin Emerenz Meier erinnert in Passau eine Statue.

die Luft angenehm kühlt. Am Gipfel reicht der Blick auf die Charakterberge der Region: **Großer Arber**, **Großer Osser** und **Großer Rachel**.

Vom gläsernen Wald zur Donau

Vom Großen Falkenstein sieht man auch **Zwiesel**. Die heimliche Hauptstadt des Bayerischen Waldes ist ein Luftkurort und bedeutendes Zentrum der Glasindustrie. Hier steht die höchste Kristallglaspyramide der Welt – rund 8 m hoch und aus über 93.000 Gläsern gestapelt. Im nahen **Regen** künden am Fuß der Burgruine Weißenstein die schimmernden Bäume des **Gläsernen Waldes** von der jahrhundertealten Glaskunst in der Region, in **Frauenau** die sensationellen Exponate im Glasmuseum, das überregionale Bedeutung besitzt.

Ein breites kulturelles Angebot findet man schließlich in der Dreiflüssestadt **Passau**. Dort, wo **Inn** und **Ilz** in die **Donau** münden, gestalteten italienische Baumeister im 17. Jh. die barocke heutige Altstadt auf einer Landzunge. Südliche Leichtigkeit verspürt man hier in den steilen, schmalen Gassen mit den vielen gemütlichen Lokalen und Cafés, denen die Studenten der Universität buntes Leben einhauchen.

Flussaufwärts lädt **Deggendorf** zu einem Bummel ein. Das Städtchen mit dem Donauhafen liegt nicht weit von den Auen der Isarmündung entfernt, gleich nördlich des »Tors zum Bayerischen Wald« geht es hinauf in die Berge. Das Alte Rathaus von 1535 mit dem Stufengiebel und einem mächtigen Turm aus dem 14. Jh. steht mitten auf dem breiten Straßenmarkt, der die hübsche Altstadt mit dem merkwürdig birnenförmigen Grundriss durchzieht. Die beiden Steinkugeln am Rathaus sind keine Knödel, wie manche behaupten, sondern stellen wohl Schandkugeln dar. Als solche wurden sie im Mittelalter vor allem »unzüchtigen« Frauen am Pranger umgehängt.

Straubing schließlich ist als Schauplatz des Mordes an der Baderstochter Agnes Bernauer bekannt, die 1453 auf Befehl Herzogs Ernst von Bayern-München vom Henker in der Donau ertränkt wurde, damit sein Sohn eine »ordentliche« Adelige zur Frau suchte. Romantiker legen heute noch Blumen auf das Epitaph der »Bernauerin« auf dem sehenswerten historischen Friedhof von St. Peter. Zu der beeindruckenden romanischen Basilika gehört auch die Seelenkapelle mit den Totentanzfresken des Straubinger Malers Felix Hölzl aus dem 18. Jh. *BR*

Im Nationalpark Bayerischer Wald leben seit einigen Jahren wieder Luchse.

Ein besonderer Ausflug

BORN IN SCHIEFWEG

In **Schiefweg** bei Waldkirchen wurde 1874 die Schriftstellerin Emerenz Meier geboren, die in ihren Werken die Menschen und das Leben im Bayerischen Wald jener Zeit beschrieb. Nachdem 1893 ihre erste Erzählung, »Der Juhschroa«, erschienen war, stieg die junge Frau zu einer Berühmtheit auf, leben konnte sie von der Schriftstellerei jedoch nicht. Aus wirtschaftlichen Gründen wanderte sie im Jahr 1906 zusammen mit ihrer Familie nach Chicago aus. Im »Land, wo Grabsch und Humbug blüh'n/ Die Herzen einzig für den Dollar glüh'n,« wurde sie vom Elend der modernen Industriegesellschaft gebeutelt und braute während der Prohibitionszeit im Hinterzimmer ihr eigenes Bier. 1928 verstarb Emerenz Meier als arm gebliebene Einwanderin. Unter dem Motto »Born in Schiefweg« erzählt in ihrem Geburtshaus ein sehenswertes Museum die Geschichte der Dichterin, aber auch der Auswanderung aus der im 19. und 20. Jh. bitterarmen Region.

Infos und Adressen

ANREISE

Bahn: Der ICE fährt bis Plattling oder Passau, in der Region fährt die Waldbahn von Plattling über Zwiesel zum Grenzbahnhof Bayerisch Eisenstein und nach Grafenau. Die Ilztalbahn verkehrt von April bis Oktober samstags und sonntags zwischen Passau, Waldkirchen und Freyung. In der Region kommt man mit den RBO-Igelbussen gut voran. **Auto:** Der Bayerische Wald ist über die A3 bis Deggendorf oder Passau leicht zu erreichen. Von dort führen Landstraßen in die Region.

BESTE REISEZEIT

Juni bis September zum Wandern, Biken, Schwimmen und für sonstige Outdoor-Aktivitäten, Januar bis März zum Skifahren und Langlaufen, ganzjährig für Wellness im Bäderdreieck

SEHENSWERT

Museumsdorf Bayerischer Wald: In dem Freilichtmuseum in Tittling sind rund 150 restaurierte historische Gebäude aus dem Bayerischen Wald versammelt. www.museumsdorf.com

Scharfrichterhaus Passau: Das Scharfrichterhaus in der Passauer Altstadt ist eine der berühmtesten Bühnen für politisches Kabarett in Deutschland. www.scharfrichter-haus.de

Kloster Niederaltaich: Die Geschichte des Klosters reicht ins 8. Jh. zurück, von hier aus wurde der Bayerische Wald besiedelt. An der imposanten Basilika St. Mauritius und Nikolaus ziert ein in Stein gemeißeltes Horoskop aus der Renaissance den südlichen Kirchturm. www.abtei-niederaltaich.de

Gierseilfähre an der Donau: Zwischen Stephansposching und Mariaposching fährt eine der letzten Gierseilfähren Bayerns lautlos ohne Motorkraft über den Strom.

Die gotische Hallenkirche von Niederaltaich ist im Inneren prächtig barockisiert.

ESSEN UND TRINKEN

Zur Waldbahn: Gegenüber der Waldbahn in Zwiesel serviert der Traditionsgasthof mit Hotelbetrieb hervorragende Küche aus Produkten der Region und dem eigenen Kräutergarten. Bahnhofsplatz 2, Zwiesel, www.zurwaldbahn.de

Heilig-Geist-Stiftschenke: Zur guten Küche gesellt sich hier ein einmaliges Ambiente in jahrhundertealten Räumen in der Passauer Altstadt, hinzu kommt das verträumte Wachauer Weingarterl für den Genuss im Freien. Heiliggeistgasse 4, Passau, www.stiftskeller-passau.de

Zum Fliegerbauer: Bio-Produkte aus der Region verarbeitet das Bio-Wirtshaus am Stelzlhof in Passau zu leckeren regionalen und modernen Gerichten. Stelzlhof 1, Passau, www.biowirtshaus.de

SHOPPING

Glas: Hochwertige Glasprodukte erhält man in den Glashütten und Manufakturen entlang der Glasstraße durch den Bayerischen Wald, nebenbei darf man auch bei der Produktion zusehen. Große Werksverkäufe gibt es in Zwiesel bei der Kristallglas AG, in Bodenmais bei Joska, im Glaszentrum Spiegelau sowie bei Poschinger in Frauenau. Eine Besonderheit ist die international renommierte Galerie Hermann in dem kleinen Ort Drachselsried. Hier stellen rund 150 Glaskünstler aus aller Welt ganzjährig ihre Studioglaskreationen aus.

ÜBERNACHTEN

Wellnesshotel Jagdhof: Das hochklassige Hotel punktet mit der größten Wellnessanlage Bayerns. Putzgartenstr. 2, Röhrnbach, www.jagdhof-roehrnbach.de

Gut Riedelsbach: Das Hotel besitzt einen Gasthof mit preisgekrönter regionaler Küche und eine Brauerei. Riedelsbach 12, Neureichenau, www.gut-riedelsbach.de

WEITERE INFOS

Tourismusverband Ostbayern e.V.: Im Gewerbepark D 04, Regensburg, www.bayerischer-wald.de

Der Baumwipfelpfad bei Neuschönau

Das (jugend-)stilvolle Müller'sche Volksbad ist eins der schönsten Badehäuser Deutschlands.

33 München – Entdeckungen entlang der Isar

HIGHLIGHTS

Flaucher: wunderschön renaturierte Isar-Kiesbänke zum Relaxen, Picknicken und Baden

Glockenbachviertel: Kultshopping und Galerien mit angesagten Gastronomiebetrieben links der Isar

Müllersches Volksbad: Ein absolutes Muss für alle, die auf die Kombination von Architektur und Baden stehen!

Muffathalle: toller Veranstaltungsort fast direkt an der Isar mit schwer angesagtem Biergarten

Naturbad Maria Einsiedel: Das perfekte Hochsommer-Bade-Erlebnis für naturverbundene Wasserratten

FESTE UND EVENTS

Isarinselfest: Am ersten Septemberwochenende gibt es zwischen Ludwigs- und Maximiliansbrücke verschiedene Veranstaltungen. Anknüpfend an die historische Flaniermeile der Münchner um die Jahrhundertwende wird drei Tage lang ein kulturell breit gefächertes Programm organisiert. www.isarinselfest.de

Dass der Englische Garten und das Deutsche Museum direkt an der Isar liegen, ist bestimmt kein großes Geheimnis. Doch nur wenige Urlauber, die Bayerns Landeshauptstadt München besuchen, wissen auch, dass man dem herrlichen Fluss unbedingt weiter nach Süden folgen sollte.

Nach der Jahrtausendwende hat sich München große Mühe gegeben, die Isar so weit wie möglich zu renaturieren. Auf dem besonders hübschen Isar-Abschnitt zwischen der **Wittelsbacher Brücke** und der **Thalkirchner Brücke** lassen sich drei sehr interessante Punkte Münchens in einem wunderschönen Uferspaziergang verbinden. Während in den Themengärten der **Städtischen Baumschule** vor allem Pflanzenliebhaber auf ihre Kosten kommen (Highlight ist der Giftgarten), sind die ökologisch wertvollen **Flaucher-Inseln** und das **Naturbad Maria Einsiedel** ein absolutes Muss für naturverbundene Wasserratten. Letzteres wird von einem Seitenkanal der Isar gespeist und hat daher genau die richtige Temperatur für heiße Sommertage.

Cafés, Shops und Galerien

Nachmittags darf man keineswegs das unweit der Reichenbachbrücke gelegene **Glockenbachviertel** verpassen. Der zwischen Fraunhofer Straße im Norden, Thalkirchener Straße im Westen, Lagerhausstraße im Süden und der Isar im Osten gelegene Stadtteil verfügt bis heute über einen sehr schönen Altbaubestand ... vor allem aber über eine lebendige Stadtteilkultur, die in interessanten Galerien, besonderen Läden und angesagten Einkehrmöglichkeiten zum Ausdruck kommt.

Wer eher auf Wellness als auf Shoppen steht, muss nur der Isar flussabwärts bis zur nächsten Brücke folgen. Die dortigen Schwimm- und Dampfbäder des **Müllerschen Volksbades** sind nicht nur gesund, sondern stechen in Sachen Jugendstil auch noch so ziemlich jedes Schwimmbad Deutschlands aus.

Nur einen Katzensprung entfernt liegt übrigens das **Deutsche Museum** ... aber das kennt wie gesagt ja jeder. *MP*

Infos und Adressen

ANREISE

Bahn: von allen deutschen Bahnhöfen gute Verbindungen; **Auto:** über die A8, A9, A95 und A96

BESTE REISEZEIT

April bis Oktober

SEHENSWERT

Deutsches Museum: ein Muss für Technikbegeisterte – an Regentagen hoffnungslos überlaufen

Englischer Garten: grüne Lunge entlang der Isar mit Monopterus und Chinesischem Turm

ESSEN UND TRINKEN

Cooperativa, Glockenbachviertel: mediterrane Kost ohne Sperenzchen in lockerer Atmosphäre

Straßencafé im Glockenbachviertel

Turmstüberl, Isartor: einzigartiges Café – ob mit Kaffee und Kuchen oder Weißbier und Weißwürscht

Bergwolf, Glockenbachviertel: Kultkneipe mit Currywurst und Pommes in der Weißwursthauptstadt!

ÜBERNACHTEN

The 4 You Hostel: günstiges Hostel am Hauptbahnhof; Hirtenstr. 18, München

The Flushing Meadows Hotel & Bar, Glockenbachviertel: erstaunlich preiswertes Designhotel

Hotel Eder, Ludwigvorstadt: vergleichsweise günstig, Zentrallage

WEITERE INFOS

München Tourismus: www.muenchen.de

Immer frische Blumen für Karl Valentin am Viktualienmarkt

Zum Staunen

KARL VALENTIN MUSÄUM

Unweit der Isar befindet sich seit 1957 im Isartor das »Karl Valentin Musäum« – ein kleines, aber wirklich sehr feines Museum für Menschen mit Humor. Leben und Werk des 1882 in München geborenen Ausnahmekünstlers werden hier auf kreative und spannende Weise präsentiert. Die witzigen Exponate reichen vom Nagel (an den Valentin seinen Schreinerberuf hängte) über den Winterzahnstocher bis zur (geschmolzenen) Eisskulptur. Im zweiten Stock des Museums befindet sich eine Ausstellung über Valentins kongeniale Partnerin Liesl Karlstadt. Hier gibt es auch zahlreiche Filme zu sehen und originale Tondokumente zu hören. Das im dritten Stock befindliche Turmstüberl schließlich ist perfekt geeignet, um den Tag an der Isar bei Weißbier und Weißwurst stilgerecht ausklingen zu lassen.

Übrigens: 99-Jährige haben im Valentin Musäum in Begleitung ihrer Eltern freien Eintritt!

Morgenstimmung am herbstlichen Starnberger See nahe Starnberg.

34 Fünfseenland – wer ist der Schönste?

HIGHLIGHTS

Buchheim Museum: umfangreiche Kunstsammlung des berühmten Künstlers in großartigem Ambiente

Ilkahöhe: Wiesenrücken mit großartiger Aussicht auf den Starnberger See und die Bayerischen Alpen

Kloster Andechs: Pilgerstätte von Gläubigen und Bierliebhabern, die man am schönsten von Herrsching oder Seefeld erwandert

Ammersee Raddampfer: Rundfahrt auf nostalgischem Wassergefährt; www.seenschifffahrt.de

Villa Rustica: sehenswerte Ausgrabung eines römisches Landhauses im schönen Leutstettener Moor

FESTE

Fünf Seen Filmfestival. Ende Juli/Anfang August organisiert das Kino Breitwand ein besonderes Filmfest, das in kurzer Zeit zu einem der wichtigsten Filmfestivals Bayerns geworden ist. Besondere Highlights sind die Open-Air-Aufführungen am Wörthsee und am Starnberger Schloss. www.fsff.de

Die Bezeichnung Fünfseenland ist bei genauem Hinsehen sogar noch untertrieben. Denn im oberbayerischen Landkreis Starnberg gibt es neben den fünf großen Gewässern noch weitere, wunderschöne Wasserflächen, die man mit einer herrlichen Wanderung verbinden kann.

Starnberger See, Ammersee, Wörthsee, Pilsen See oder doch lieber **Wesslinger See**? Bei einem solch reichhaltigen Angebot wie hier im Fünfseenland fällt die Wahl eines Ausflugsziels wirklich nicht leicht. Ein großartiger Tipp für wanderlustige Urlauber ist die Uferwanderung von Herrsching nach Breitbrunn, auf der nicht nur schöne Badestellen auf dem Weg liegen, sondern mit dem Platzhirsch auch noch eine echt empfehlenswerte Einkehrmöglichkeit den Abschluss bildet. Zudem kann man von Breitbrunn aus mit dem Schiff wieder nach **Herrsching** zurückfahren.

Kulturinteressierte sollten hingegen unbedingt das Westufer des Starnberger Sees ansteuern und dort dem lohnenswerten **Bernrieder Buchheim-Museum** der Fantasie einen Besuch abstatten. Anschließend können sie im hübschen Bernrieder Park in die Fluten springen.

Klein, aber oho

Um dem Trubel an schönen Ferienwochenenden zu entgehen, stellen die unbekannteren Seen in der Region eine gute Alternative dar. Unter diesen sind vor allem der **Maisinger See**, der von **Starnberg** aus auf einer schönen Wanderung durch die Maisinger Schlucht erreicht wird, oder der **Obere Weiher** südlich von **Andechs** besonders zu empfehlen. Letzterer kann einmal mehr mit einer aussichtsreichen Rundtour auf dem Andechser Höhenrücken kombiniert werden.

Eine runde Sache

Wer einen See komplett umrunden möchte, sollte das zu Fuß oder mit dem Fahrrad am **Wörthsee** tun. Start und Ziel der gut beschilderten Seeumrundung ist die große Badewiese vom Ort **Wörthsee**, wo man zum Abschluss den Sonnenuntergang bei einer italienischen Pizza am »Kiosko« genießen und so einen schönen Tag gemütlich ausklingen lassen kann. *MP*

Infos und Adressen

ANREISE

Bahn: von München mit der S6 oder S8; **Auto:** von München über A95 und A952 nach Starnberg, weiter auf B2 nach Berbried; zum Ammer-, Wörth- und Pilsensee auf der A96 bis Oberpfaffenhofen, weiter Richtung Herrsching

BESTE REISEZEIT

Mai bis Oktober

SEHENSWERT

Schloss Seefeld und Kloster Andechs: östlich des Ammersees, schöne Wandermöglichkeit

Votivkapelle Berg: eindrucksvolles »Wald-Mausoleum« König Ludwig II. in einem Schlosspark mit schönen Badeplätzen liegt

ESSEN UND TRINKEN

lPlatzhirsch, Breitbrunn: Kombination aus urig-bayrisch und modern, gutes Preis-Leistungs-Verhältnis, www.platzhirsch-am-see.de

Il Kisko, Wörthsee: gute Pizza am Wörthsee mit Liegewiese und Spielplatz

Bayerische Brandung, Herrsching: Kultkiosk mit traumhaften Sonnenuntergängen und Bademöglichkeit am Kiesstrand, www.bayrischebrandung.de

ÜBERNACHTEN

Chalet am Kiental, Herrsching: charmantes Hotel in ruhiger Lage, www.gourmetchalet.de

WEITERE INFOS

Tourismusverband Starnberger Fünf-Seen-Land: www.sta5.de

Auch von außen sehenswert: das Buchheim-Museum

Abendstimmung am Ammersee bei Breitbrunn

Ein besonderes Erlebnis

HERBSTSTIMMUNG AM KÖNIGSBERG

Einen ganz besonders bezaubernden Ort im Fünfseenland sollte man idealerweise Mitte Oktober aufsuchen. Dann reicht die Fernsicht vom oberhalb von Breitbrunn gelegenen **Königssee** über den Ammersee bis zu den Ammergauer und Allgäuer Alpen. Bei günstigen Windverhältnissen kann man hier oben auch ideal Drachen steigen lassen. Von Breitbrunn führt außerdem ein schöner Wiesenpfad die Wiesenhänge hinauf. Nachdem man die großartige Aussicht in vollen Zügen genossen hat, kann man am nördlich des Höhenrückens gelegenen Waldrand entlang wieder nach Breitbrunn absteigen, wo zum krönenden Abschluss die Einkehr im »Platzhirsch« wärmstens empfohlen wird.
Wer im Hochsommer unterwegs ist, sollte wiederum erst in Breitbrunn einen Badenachmittag einplanen und zum Sonnenuntergang auf den Königsberg steigen.

Malerisch breitet sich das ehemalige Benediktinerkloster St. Mang am Lechufer aus.

35 Füssen – Königsstadt am Alpenrand

HIGHLIGHTS

Hohes Schloss: mittelalterliche Burganlage hoch über der Altstadt; www.stadt-fuessen.de/hohesschloss.html

Schwansee: versteckt gelegener Berg-Badesee auf dem Weg zu den Königsschlössern

Lechfall: beeindruckender Steg über sprudelndem Wasserfall, fußläufig vom Ortszentrum

Tegelberg: mit oder ohne Seilbahnhilfe zu genialem Aussichtspunkt; www.tegelberg-bahn.de

Walderlebniszentrum Ziegelwies: Naturbildung, wie es besser nicht geht (ganzjährig geöffnet); www.walderlebniszentrum.eu

FESTE UND EVENTS

Historische Gerichtstage: Im Sommer weilt Kaiser Maximilian I. mit seinem Hofstaat in Füssen. Bei den »Gerichtstagen« kann man in die Zeit vor 500 Jahren eintauchen. In der Altstadt findet zudem ein Mittelaltermarkt statt. Es wird ein umfangreiches Rahmenprogramm geboten. www.tourismus-fuessen.de

Während sich die Besuchermassen im benachbarten Neuschwanstein drängeln, kann man das Hohe Schloss, welches als eine der am besten erhaltenen Burganlagen Bayerns gilt, selbst an schönen Sommerwochenenden in Ruhe genießen … und vor und nach der Schlossbesichtigung durch die wunderschöne Altstadt bummeln.

Auf der Reichenbachstraße und somit auf den Spuren der Römer, da diese teilweise mit der antiken Via Claudia Augusta identisch ist, gelangt man zum **Marktbrunnen**, an dem der Schutzpatron Füssens, der heilige Magnus, dargestellt ist. Dieser gilt auch als Gründer und erster Abt des Klosters St. Mang. Indem man in die gleiche Richtung weiter und dann nach rechts bergan geht, kommt man zum zwischen dem Kloster St. Mang und dem **Hohen Schloss** gelegenen **Magnusplatz**. Über drei Torbögen ist der hervorragend restaurierte **Schlosshof** zu erreichen – eine der bedeutendsten spätgotischen Schlossanlagen. Besonders der beeindruckende Rittersaal mit seiner großartig verzierten Holzdecke ist äußerst sehenswert. Im obersten Geschoss des Torturms befinden sich die verrußte Kochnische des ehemaligen Türmers sowie dessen Kammer. Keinesfalls darf man sich hier die wunderschöne Aussicht auf die Altstadt und die umliegenden Berge, die Ammergauer und Allgäuer Alpen, durch das Erkerfenster entgehen lassen.

Vom Kloster zum Bier

Nach der Schlossbesichtigung steht das **Kloster St. Mang** an. Die Krypta des ehemaligen Benediktinerklosters ist das älteste Bauwerk Füssens und besitzt eine der ältesten Wandmalereien Bayerns. Der Legende nach soll der Heilige Magnus, der schon zu Lebzeiten zahlreiche Wunder vollbracht haben soll, in der Krypta seine letzte Ruhestätte gefunden haben.

Nach der Kultur empfiehlt sich ein weiterer Bummel durch die Altstadt, wobei man über die Lachhalde links zum Brotmarkt abbiegen kann, an dem sich nette Läden und Einkehrmöglichkeiten befinden. In der unweit gelegenen Schrannengasse findet zudem samstagvormittags ein kleiner, qualitativ jedoch hervorragender **Bauernmarkt** statt. Die Einkehr in einer der zahlreichen Traditionsgaststätten der Altstadt runden den Füssen-Ausflug ab. *MP*

Wie ein Vogel im Nest: Schloss Hohenschwangau

Infos und Adressen

ANREISE

Bahn: von München mit Umsteigen in Kaufbeuren nach Füssen; **Auto:** auf der A96 bis Ausfahrt Landsberg Nord und weiter auf der B17 über Schongau und Steingaden nach Füssen; von Westen auf der A7 direkt nach Füssen

BESTE REISEZEIT

April bis Oktober

SEHENSWERT

Königsschlösser: Wenige Kilometer östlich von Füssen liegt mit Neuschwanstein die (von den Besucherzahlen her) Hauptsehenswürdigkeit des Ostallgäus. www.neuschwanstein.de

Forggensee: Wenige Kilometer weiter nördlich bietet der aufgestaute Lech alle nur erdenklichen Freizeitmöglichkeiten rund ums Thema Wasser.

ESSEN UND TRINKEN

Aquila, Füssen: Der Schweinebraten mit Kartoffelknödel und Rotkraut zergeht auf der Zunge. Sehr freundliche Bedienung. Brotmarkt 9, www.aquila-fuessen.de

ÜBERNACHTEN

Hotel Sonne, Füssen: empfehlenswertes Wellnesshotel direkt am Forggensee. Prinzregentenpl. 1, www.hotel-fuessen.de

WEITERE INFOS

Füssen Tourismus und Marketing: www.fuessen.de

Ein stilles, romantisches Plätzchen am Schwanensee

Ein besonderer Ausflug

WANDERUNG ZU DEN KÖNIGSSCHLÖSSERN

Unweit der Lechbrücke beginnt eine empfehlenswerte Tour nach **Hohenschwangau**. Indem man der Beschilderung **Kalvarienberg** folgt, ersteigt man über einen Kreuzweg denselben und geht auf der Rückseite zum versteckt gelegenen **Schwansee** hinab, wo wunderschöne Uferplätze zum Verweilen und im Sommer auch zum Baden einladen. Ein Stück nach dem See kommt man im Wald über Serpentinen bergauf zu einer Wegkreuzung. Hier folgt man dem Schild »Hohenschwangau/Brenzenkopf« und quert die Bergflanke nach Osten. Schließlich trifft man auf die Straße zum Schloss. Auch ohne Ticket lohnt es sich, durchs Tor zu gehen und einen Blick auf den Vorplatz und die Südterrasse des Schlosses zu werfen.

Auch im Winter, vor allem nach klaren Frostnächten, ist die Tour ein ganz besonderes Erlebnis, wenn Eisnadeln auf dem gefrorenen Schwansee glitzern.

Das Freiluftmuseum Glentleiten bezaubert Jung und Alt.

36 Blaues Land – Maler-Winkel an Seen mit Bergblick

HIGHLIGHTS

Münter-Haus, Murnau: Inspirations- und Wirkungsstätte von Münter und Kandinsky

Murnauer Moor: gut beschilderte Rundwanderung, deren Natur-Highlight der Bolhelnweg in den Langen Filzen ist

Franz Marc Musuem, Kochel: Neben Werken des Blauer-Reiter-Künstlers gibt es hier interessante Wechselausstellungen.

Jochberg: großartiger Aussichtsgipfel hoch über dem Kochelsee

Glentleiten: Hunderte von Jahren alte Bauernhäuser im am schönsten gelegenen Freilichtmuseum Deutschlands; www.glentleiten.de

FESTE UND EVENTS

Seefeste: von Ende Juni bis Mitte August finden am Staffelsee alljährlich verschiedene stimmungsvolle Seefeste mit Fischerstechen, bayerischer Musik und teilweise auch mit Feuerwerk statt. Die genauen Termine und Abläufe sind unter www.dasblaueland.de zu finden.

Direkt am Bayerischen Alpenrand gelegen, verdankt das Blaue Land seinen Namen Franz Marc. Seine Lieblingsfarbe Blau inspirierte den Maler hier besonders, sei es durch den tiefblauen Himmel, durch die oft bläulich erscheinenden Berge oder durch die glitzernden Seen mit ihrer stimmungsvollen Färbung.

Um diesem künstlerischen Hintergrund gerecht zu werden, startet man einen Ausflug ins Blaue Land am besten in **Murnau** – und zwar im Münter-Haus, wo die Malerin Gabriele Münter und ihr berühmter russischer Lebensgefährte Wassily Kandinsky längere Zeit lebten und arbeiteten. Nachdem man unter anderem die von Künstlerhand bemalten Treppengeländer und Möbel sowie die teilweise großartigen Bilder bewundert hat, bietet sich ein Abstecher zum **Murnauer Moor** an. Dieses erwandert man am besten über die schöne Kottmüllerallee und kehrt dann im empfehlenswerten »Ähndl« ein, wo es gute bayerische Küche und noch besseren Bergblick gibt. Der anschließende Verdauungsspaziergang im Moor ist freilich ein Muss!

Vom See zum Berg

Auch die Südostecke des Blauen Landes ist künstlerisch bedeutend. Angeblich kamen Kandinsky und Franz Marc in einer Gartenlaube in **Sindelsdorf** auf die Idee, ihrer neuen Künstlervereinigung den Namen

»Der Blaue Reiter« zu geben, wie Kandinsky in seinem Rückblick erzählte: »Beide liebten wir Blau, Marc – Pferde, ich – Reiter. So kam der Name von selbst.«

Am unweit davon gelegenen **Kochel** steht zudem das ebenfalls sehenswerte Franz Marc Museum, wo man keine 200 m von der Kultur entfernt in den meist recht frischen **Kochelsee** springen kann. Und wenn man schon einmal in Kochel ist, dann sollten wanderfreudige Urlauber unbedingt noch zum **Kesselbergsattel** hinauffahren. Dort beginnt die sehr beliebte und vergleichsweise leichte Bergwanderung auf den **Jochberg**, der ein unschlagbares Verhältnis in Sachen Höhenmeter zu Panorama zu bieten hat. Traumblicke aufs Blaue Land inklusive!

MP

Im Moor gibt es viel zu entdecken.

Infos und Adressen

ANREISE
Bahn: von München direkt nach Murnau, nach Kochel: in Tutzing umsteigen; **Auto:** über die A95 bis Murnau oder Kochel

BESTE REISEZEIT
April bis Ende Oktober

SEHENSWERT
Murnau: Nach einem Besuch im Schlossmuseum kann man in der schönen Altstadt im traditionsreichen Gries- oder Kargbräu einkehren.

Walchenseekraftwerk: kostenloses Muss für alle technikinteressierten Urlauber

Kloster Benediktbeuern: beeindruckende Klosteranlage mit Naturkundemuseum und Wandermöglichkeiten

ESSEN UND TRINKEN
Griesbräu und Kargbräu: traditionsreiche Brauereigaststätten in der Murnauer Altstadt

Bauerncafé zum Giggerer, Kochel: großartige selbst gemachte Kuchen in urgemütlichem Ambiente

Ähndl, Murnauer Moor: qualitätsvolle bayerische Küche in Traumlage direkt am Moor

ÜBERNACHTEN
Seehotel Grauer Bär, Kochel: gutes Essen mit Traumlage direkt am See

WEITERE INFOS
Tourismusgemeinschaft Das Blaue Land: www.dasblaueland.de

Das Frank-Mark-Museum in Kochel

Ein besonderer Ausflug

HERBSTLICHE MOORTOUR NACH KOCHEL

Vom Kloster Benediktbeuern aus kann man der **Loisach** durch eine wunderschöne Moorlandschaft hindurch zum Kochelsee folgen. Besonders reizvoll ist diese Tour im Spätherbst, wenn die glasklare Luft beste Blicke auf die umliegenden Berge beschert, die um diese Jahreszeit oft schon weiß überzuckert sind. Nach dem Aufenthalt in Kochel geht es bequem mit dem Zug zurück. Nicht nur um eine eventuelle Wartezeit auf diesen zu verkürzen, ist zuvor die Einkehr im netten Bauerncafé zum Giggerer zu empfehlen. Dieses erreicht man, indem man sich an der Hauptkreuzung nach rechts wendet und ein Stück der Mittenwalder Straße folgt. Dann biegt man nach links in die Kalmbachstraße ein, die direkt zum Giggerer hinführt.

Auf 1165 m liegt die Taubenseehütte und lädt seit über 100 Jahren Gäste zur Brotzeit ein.

37 Chiemgauer Alpen – urige Almen auf grünen Bergen

HIGHLIGHTS

Steinlingalm: mit Seilbahnhilfe leicht zu erreichender Berggasthof in Traumlage

Hochfelln: uriges Gipfelhaus unweit einer Seilbahn mit sagenhaftem Blick vom Chiemsee bis zum Watzmann

Samerberg: schönes Hochtal im Westen der Chiemgauer Alpen mit herrlichen Almwanderungen

Nußdorfer Mühlenweg: geschichtsträchtiger Themenweg über die in den Bergen schon immer genutzte Kraft des Wassers; www.nussdorf.de

Heuberg: tolle Rundtour am Samerberg mit großartigen Ausblicken auf das Inntal

FESTE UND EVENTS

Michaeli Markt, Grassau: Traditioneller Vieh- und Warenmarkt mit Musik, immer am letzten Samstag im September – das Besondere ist, dass hier im Gegensatz zu vielen anderen Märkten noch mit Vieh und Kleintieren gehandelt wird. Die Ortsmitte ist an diesem Tag ganztägig für den Verkehr gesperrt.

Die sanfte Bergwelt zwischen Inn und Salzach ist auch für Alpen-Anfänger dazu geeignet, auf Schusters Rappen Almen und Gipfel zu erobern. Idealerweise tut man dies im Herbst, wenn die Bergahorne golden in der Sonne leuchten und die Fernsicht bis zu den Gletschern des Alpenhauptkamms reicht.

Die **Steinlingalm** mit dem darüber aufragenden Felskamm der **Kampenwand** stellt ein besonders beeindruckendes Intro in die Chiemgauer Bergwelt dar, das zudem sehr bequem erreicht werden kann. Von der Bergstation der geradezu nostalgisch anmutenden Kampenwandseilbahn führt ein leichter Panoramaweg zu einer Einkehrmöglichkeit, die großartige Aussichten auf den **Chiemsee** bietet. Trittsichere Wanderer können hier natürlich die Besteigung der Kampenwand noch anhängen.

Gefangen in der Schmankerlfalle

Etwas weiter östlich bieten die **Grassauer Almen** weitere Gelegenheiten, Augen wie Gaumen ausgiebig zu verwöhnen. Besonders zu empfehlen ist hierbei die Hefter Alm, die (wie übrigens viele der örtlichen Berggasthöfe) leckere Produkte aus eigener Herstellung bzw. aus regionaler Direktvermarktung anbietet. Ein absolutes Alm-Muss ist auch der ganz im Westen der Chiemgauer Alpen gelegene Samerberg.

Von den vielfältigen Alm-Touren ist die Rundwanderung auf den **Heuberg** besonders zu empfehlen, die am Duftbräu startet und endet und an den herrlichen Daffnerwald-Almen vorbeiführt. Vom Heuberggipfel selbst bietet sich ein großartiges Panorama, das vom tief unterhalb fließenden Inn bis zu den Dreitausendern der **Hohen Tauern** reicht.

Feuer mit Fernblick

Die zweithöchste Einkehrmöglichkeit der Chiemgauer Alpen kann man wiederum bequem mit der Seilbahn erreichen. Das 1674 m hohe Gipfelhaus **Hochfelln** sollte man, wenn möglich, zur Sonnenwende besuchen. Es ist ein unvergessliches Erlebnis, wenn im bereits dunklen Alpenvorland nach und nach die einzelnen Sonnwendfeuer aufleuchten und bei Einbruch der Dunkelheit dann das große Gipfelfeuer entzündet wird. *MP*

Auf dem Gipfel der Kampenwand

Infos und Adressen

ANREISE

Bahn: nach Aschau oder Bernau, von dort mit dem Bus nach Grassau; zum Samerberg bis Rosenheim, weiter mit dem Bus; **Auto:** A8 bis Achenmühle für den Samerberg, bis Bernau für Touren bei Aschau und Grassau, bis Bergen für den Hochfelln

BESTE REISEZEIT

Mai bis Oktober

SEHENSWERT

Mammut-Museum, Siegsdorf: tolles Naturkundemuseum; www.museum-siegsdorf.de

Schloss Hohenaschau: gut erhaltene Burg, Falken-Flugvorführungen; www.falknerei-burghohenaschau.de

Schwindelblick auf die Entenlochklamm

Taubensee: herrliche Wanderung von Kössen zu einem Naturjuwel, am Weg schöner Berggasthof mit Blick zum Wilden Kaiser

ESSEN UND TRINKEN

Natürlich auf den Almwirtschaften!

ÜBERNACHTEN

Hotel Edeltraud, Aschau: günstiges Hotel mit Familien-Atmosphäre und Kampenwand-Blick

Hotel Seiseralm und Hof, Bernau: gepflegtes Hotel mit Blick auf den Chiemsee

WEITERE INFOS

Chiemgau Tourismus: www.chiemgau-tourismus.de.

Seilbahnen: www.kampenwand.de, www.hochfelln-seilbahnen.de

Ein besonderer Ausflug

AUF DEM SCHMUGGLERWEG DURCH DIE ENTENLOCHKLAMM

Im schönen **Achental** beginnt an der Talstation der ehemaligen Geigelsteinbahn eine wunderschöne Talwanderung, die über frühere Schmugglerwege zum engsten Einschnitt der **Tiroler Ache** führt. Diese wird mittels einer Hängebrücke überwunden. Und als Schlussschmankerl erreicht man auch noch einen wahrlich sagenhaften Ort. Der riesige gespaltene Klobenstein (»kloben« heißt auf Tirolerisch spalten) wurde der Legende nach von übernatürlichen Kräften auseinandergerissen, um einer alten Wanderin den Weg durch das Tal zu ermöglichen.
Zudem liegt mit dem Gasthaus Klobenstein auch noch eine empfehlenswerte Einkehrmöglichkeit auf der Tour.

Abendstimmung am Chiemsee

38 Chiemsee –
Erlebnisse zu Wasser, per pedes und Pedale

HIGHLIGHTS

Schifffahren auf dem Chiemsee: die Seele baumeln lassen mit grandiosem Bergblick – das ganze Jahr über

Schloss Herrenchiemsee: beeindruckende Schlossanlage im Herzen des »Bayerischen Meers«

Wandern am Nordufer: schöne Wege zu versteckten Badebuchten und Rückfahrmöglichkeit via Schiff

Bootfahren auf der Alz: Ab 30.6. ist das Befahren des idyllischen Chiemsee-Ausflusses erlaubt. www.seeon-seebruck.de

Prienavera: ein auch architektonisch sehr ansprechendes Erlebnisbad in bester Lage; www.prienavera.de

FESTE UND EVENTS

Tassilofest, Rimsting: Mittelalterspektakel am Südufer des Chiemsees (1. oder 2. Maiwochenende) – *Chiemsee Summer:* legendäres fünftägiges Open Air Festival am Ostufer (Mitte August) – *Christkindlmarkt auf der Naueninsel:* der von seiner Lage her vielleicht schönste Weihnachtsmarkt Deutschlands

»Klein Versailles im Bayerischen Meer« – dass König Ludwig II. für seine größte Schlossanlage eine Chiemsee-Insel wählte, hat einen guten Grund: Zwischen schönen Moorlandschaften im Norden und den Felsgipfeln der Kampenwand im Süden gelegen, ist das größte bayerische Gewässer ein wunderschöner Fleck.

Der nette Ort **Prien** am Westufer ist der perfekte Ausgangspunkt, um den Chiemsee zu erkunden. Vom Anlegesteg fahren das ganze Jahr über Ausflugsschiffe zur gegenüberliegenden **Herreninsel** mit dem berühmten Königsschloss und weiter zur benachbarten **Naueninsel**, deren Hauptsehenswürdigkeit ein mittelalterliches Kloster ist. Allein der Weg dorthin lohnt sich – bei der Überfahrt spiegeln sich bei windstillem Wetter die Gipfel der **Chiemgauer Alpen** auf der Wasseroberfläche. Empfehlenswert ist auch die »Große Rundfahrt«, die unter anderem am hübschen Norduferort **Gstaadt** haltmacht.

Dorthin können Wanderlustige auch per pedes gelangen, indem sie von Prien aus immer dem sehr schönen und gut beschilderten **Chiemsee-Rundweg** nach Gstaadt folgen, wobei im Sommer wunderschöne Badebuchten mit Bergblick auf dem Weg liegen. Ist das Wasser noch zu kalt, sollten Wasserratten nach dem Baden oder Boot fahren unbedingt ins Priener Erlebnisbad »Prienavera«, wo man im beheizten, direkt am Ufer gelegenen Außenbecken fast das Gefühl hat, im Chiemsee selbst zu sein.

Ab ins Moor ... auf den Spuren der Römer

Wer sich für Geschichte interessiert, sollte am Nordufer keinesfalls **Seebruck** auslassen. Dort befindet sich mit dem **Römermuseum** eine der wichtigsten römischen (und auch keltischen) Ausgrabungsstätten Bayerns. Mit dem Fahrrad kann man dort zudem auf dem »Archäologischen Rundweg« durch 4000 Jahre Menschheitsgeschichte strampeln. Auf dem Hin- oder Rückweg nach Seebruck bietet sich ein kleiner Abstecher zu den bezaubernden Moorlandschaften der **Eggstätter oder Seeoner Seen** an, wo ebenfalls gut beschilderte Rundwege durch wunderschönen Mischwald zu idyllischen Moorgewässern führen. *MP*

Infos und Adressen

ANREISE

Bahn: von München über Rosenheim nach Prien **Auto:** auf der Salzburger Autobahn (A8) bis Ausfahrt Bernau, weiter nach Prien

BESTE REISEZEIT

Mai bis Oktober

SEHENSWERT

Natur bei Übersee: tolle Naturführungen zum Kendlmühlfilz und Achendelta; www.uebersee.de

Aussichtsturm Ratzinger Höhe: schöne Blicke auf See und Berge von einem hübschen Höhenrücken westlich des Chiemsees

ESSEN UND TRINKEN

Ess.Schmiede, Aschau: Kulinarische Kreationen in entspannter Atmosphäre; die Preise sind nicht ganz billig, aber angemessen.

Winklfischer, Prien: Wenn der Wirt selbst das Essen aus dem See holt, dann muss es einfach schmecken!

ÜBERNACHTEN

Landgasthof Schalchenhof, Gstadt: hochwertig renovierter Bauernhof mit großartigem Blick auf Chiemsee und Berge

WEITERE INFOS

Tourismus Chiemsee Alpenland: www.chiemsee-alpenland.de

Schifffahrpläne und Preise: www.chiemsee-schifffahrt.de

Blick auf das Kloster Frauenchiemsee

Eine Schifffahrt gehört dazu.

Ein besonderer Ausflug

AUF DEM WASSER

Da die Chiemsee-Schiffe zu allen vier Jahreszeiten unterwegs sind, sollte man die Gelegenheit nutzen und auch außerhalb der Sommersaison ans »Bayerische Meer« fahren. Wer noch Argumente braucht, wird sich hierdurch überzeugen lassen: Erstens geht es hier im Herbst um einiges ruhiger zu, zweitens hat man wegen der klareren Luft einen noch viel besseren Bergblick, und drittens kann man selbst Ende Oktober oft noch einen Sprung ins Wasser des vergleichsweise flachen und daher noch warmen Chiemsees wagen.
Ach, und auch der Winter ist als Ausflugszeit für den Chiemsee sehr zu empfehlen ... vor allem dann, wenn die königliche Schlossanlage von einer weißen Schneedecke verzaubert ist und einen noch märchenhafteren Anblick als sonst bietet oder wenn auf dem traumhaft schönen Christkindlmarkt auf der Fraueninsel dampfender Glühwein ausgeschenkt wird.

Als sehr besonderen Zauber setzt die Natur ihren Barmsee bei Krün ins Licht, die Zacken des Karwendelgebirges im Blick.

39 Karwendel – sagenhaftes Bergidyll in Oberbayern

HIGHLIGHTS

2-Seen-Wanderung: vom Kranzberg-Gipfelhaus Abstieg zum Ferchen- und zum Lautersee (mit Biergarten) und bis nach Mittenwald hinunter

Buckelwiesenweg: Höhenweg von Krün aus durchs Biotop der »Buckelwiesen« bis nach Mittenwald

Leutaschklamm: Koboldpfad, Hexenkessel und Höllbrücke heißen die Zutaten der bizarren Gebirgsklamm, durch die im Frühjahr das Schmelzwasser zur Isar rauscht. www.alpenwelt-karwendel.de

Traumpfade und Fahrradtouren: gut beschrieben in den Broschüren der Touristeninformation; www.alpenwelt-karwendel.de

KULINARISCHE SPEZIALITÄTEN

Bierbradl: gegrillter Schweinebauch mit Kruste – *Schlachtschüssel:* Blut- und Leberwurst, Wellfleisch, Sauerkraut – *Hausmacher Schlachtplatte:* Rauchfleisch, Schweinsbratwürstel und Schweinebraten auf Sauerkraut, mit Salzkartoffeln – *Innereien:* mit Semmelknödeln – *Bayerische Brotzeit:* Pressack mit Zwiebeln, Essig und Öl

Die oberbayerische Karwendelregion bietet Bilder bergumzingelter Seen und den Traumpfad »Isartaler Rundweg« Traumblicke von der Krüner und der Wallgauer Alm. Gleich daneben nutzt das Bilderbuchstädtchen Mittenwald seinen Kranzberg, um mit noch mehr grandiosen Naturbildern zu protzen.

Bulliges Rindvieh grast auf saftigen Wiesen, der Blick geht über geleerte Weißbierkrüge, dann kommt der Wald, dahinter die Seen, das Bild der statischen Ruhe krönt ein Bergring mit spitzen Zacken. Die Bedienung des abseits der kleinen, aber feschen Karwendelgemeinde **Krün** gelegenen Biergartens Café Einkehr räumt ab, es ist Spätherbst, sie schließen, sie macht Urlaub. Und wo geht's hin? Der ausgestreckte Arm des Madl im Dirndl, sie lacht, beschreibt mit der Hand, an der ein Bierkrug hängt, 180 Grad in der Luft: Wohin? Bei dem da – da ginge nur Hongkong, sagt sie, weil's den Kontrast hat. Sie bleibt in Krüns oberbayerisch gestylter Krottenkopfstraße, wo sie »dahoam« ist.

Wer dort ein Ferienquartier bezieht, mit Blick ins Paradies, dem brennt sich das Bild ein auf alle Zeit, denn die 1800-Seelengemeinde schöpft Sahne mit dicken Löffeln: Weit spannen sich fruchtbare Matten durchs Tal, das die Isar als Wildfluss durchströmt. Ringsherum ragen die Spitzen des **Karwendelgebirges** auf, zwischen denen abends die Sonne als glutroter Ball versinkt. Bergseen wie im Märchen liefern kanadische Impressionen: der **Barmsee**, der **Grubsee**, der **Geroldsee**, dazwischen sprudelnde Bächlein, die Wälder und Wiesen durchschneiden.

Entspannungswert: Rad fahren, wandern und joggen, natürlich im Sommer baden. Ein Ausflug zu Fuß führt durch urtypische Buckelwiesen ins oberbayerische Bilderbuchstädtchen **Mittenwald** hinüber, das Besucher mit der Kranzberg-Sesselbahn nach **St. Anton** und weiter bis auf 1391 m zum Gipfel des **Hohen Kranzbergs** bringt. Da oben ist das Bergpanorama ergreifend: nur felsige Zacken ringsum, an die 90 Gipfel bei klarer Sicht, Deutschlands **Zugspitze** mit fast 3000 m inklusive. *RFK*

Mittenwalds Sankt Peter und Paul vor der Karwendelkulisse

Infos und Adressen

ANREISE

Flug: München; **Bahn:** nach Klais und Mittenwald, Regionalbus nach Krün und Wallgau; **Auto:** über Garmisch nach Krün, Wallgau und Mittenwald

BESTE REISEZEIT

September

SEHENSWERT

Geigenbaumuseum Mittenwald: Ballenhausgasse 3, Mittenwald, www.geigenbaumuseum-mittenwald.de

Naturmuseum Haus der Steine: Geo-Trip, Finzbachstr. 1, Krün, www.geo-trip.de

ESSEN UND TRINKEN

Café Einkehr: Maximilianshof in der Krottenkopfstraße, Krün, www.cafe-einkehr.de

Gasthof Schöttlkarspitz: mit Pension und Metzgerei; Karwendelstr. 10, Krün, www.gasthof-schoettlkarspitz.de

ÜBERNACHTEN

Hotel Alpenhof: Edelweißstr. 11, Krün, www.alpenhof-kruen.de

Ferienwohnungen: Infos über die Touristeninformationen (s. u.) und www.alpenwelt-karwendel.de

WEITERE INFOS

Touristeninformationen Krün: Schöttlkarspitzstraße 15, www.kruen.de

Mittenwald: Damkarstr. 3, www.mittenwald.de

Wallgau: Mittenwalder Str. 8, www.wallgau.de

Krüns Krottenkopfstraße, echt oberbayerisch wie aus dem Bilderbuch

Besondere Ausflüge

UM DIE ECKE

Garmisch-Partenkirchen: Um die Ecke der Karwendelgemeinden liegt die weltberühmte Zwillingsstadt, die sich ins beschauliche Pfarrdorf Partenkirchen und ins urbane Garmisch teilt. Partenkirchen punktet mit der Ludwigstraße und wunderschönen Altbauten im Maximiliansstil, das größere Garmisch mit Kaufhäusern, Boutiquen und Souvenirläden. www.gapa.de

Murnau: Das Marktstädtchen am Staffelsee entstand im 12. Jh. um die Burg Murnau und ist heute Ziel fotografiersüchtiger Touristen; tatsächlich ist die Liste der bildhübschen und deshalb denkmalgeschützten Baudenkmäler zwischen Ober- und Untermarkt lang. www.murnau.de

Oberammergau: Die seit 1634 stattfindenden Passionsspiele haben das oberbayerische Städtchen im Ammertal weltweit bekannt gemacht, für touristischen Auftrieb sorgen die »Herrgottsschnitzer« und die mit Lüftlmalerei verzierten historischen Hausfassaden. www.gemeinde-oberammergau.de

Am Marienplatz von Schongau mit dem unverwechselbaren Ballenhaus, das im 15. Jahrhundert ein Warenlager war

40 Im Pfaffenwinkel – Mittelalter trifft Barock mit Bergblick

HIGHLIGHTS

Schongauer Altstadt: verwinkelte Gassen umrahmt von einer uralten Stadtmauer

Gipfelglück am Laber: mit einer nostalgisch anmutenden Seilbahn zu wunderschönen Aussichtsgipfel

Paffenwinkler Milchweg: auch für Erwachsene sehr empfehlenswerte Rundtour, auf der man alles Wichtige über Kühe, Käse & Co. erfährt; www.pfaffenwinkler-milchweg.de

Wieskirche: schlicht und einfach die Mutter aller Pfaffenwinkler Rokokobauten

Staffelsee: baden, Boot fahren oder wandern mit sagenhaftem Bergblick

DAS SOLLTEN SIE PROBIEREN

Im hügeligen Voralpenland hat die Milchproduktion aus der Gründlandwirtschaft überragende Bedeutung, woraus erstklassige Molkereiprodukte resultieren. Die schönste Möglichkeit, die *vielen Käsesorten* zu goutieren, bietet die urige Schönegger Käsealm am Paffenwinkler Milchweg.
www.schoenegger.com

Die von einer hervorragend erhaltenen Stadtmauer eingerahmte Altstadt Schongaus, dem »Tor zum Pfaffenwinkel«, versprüht mit ihren verwinkelten Gassen mittelalterlichen Charme. Im Anschluss geht es zum wunderschönen Oberbayerischen Alpenrand, der wegen der vielen Sakralbauten Pfaffenwinkel genannt wird.

Durch das Frauentor durchquert man die uralte Stadtmauer der oberbayerischen, mit knapp 12 000 Einwohnern beschaulichen Stadt Schongau, um am Rathaus das Herz der entzückenden Altstadt zu erreichen. Deren besondere Highlights sind die barocke, mit wunderschönem Stuck und Fresken ausgestattete Stadtpfarrkirche **Mariae Himmelfahrt** mit dem angrenzenden Marienplatz, das spätgotische **Ballenhaus**, in dem sich heute eine Gastwirtschft befindet, der Südturm des **Alten Einlass** und das gut erhaltene, denkmalgeschützte Stadtmauerensemble am **Kasslturm**.

Keinesfalls verpassen darf man hier außerdem das **Steingadener Richterhaus** sowie die reich ausgestattete **Heiliggeist-Spitalkirche** mit ihrem schönen Klosterhof und die daran angrenzende 1626 m lange **Stadtmauer**. Diese ist die einzige weitgehend erhaltene Ringmauer im deutschsprachigen Raum südlich der Donau. Die ältesten Teile stammen aus dem 13. Jh.

Kirchen in Traumlage

Nach der Stadtbesichtigung haben Besucher im südlich anschließenden **Voralpenland** die Wahl zwischen einem Ausflug zu idyllischen Seen (beispielsweise dem **Staffelsee** oder dem **Bayersoierner See**), Wanderungen auf gut konzipierten Naturlehrpfaden (wie dem Pfaffenwinkler Milchweg) oder einem Trip zu aussichtsreichen Berggipfeln, wie dem Hörnle bei **Bad Kohlgrub** oder dem Laber bei **Oberammergau**, die man sowohl mit der Seilbahn als auch aus eigener Muskelkraft erreichen kann.

Ein absolutes Highlight für Naturliebhaber ist der wunderschöne »Brettlesweg«, der von **Steingaden** aus durch eine herrliche Landschaft zu einer kulturellen Perle, nämlich zur im Rokokostil erbauten **Wieskirche**, führt. Sie ist die Mutter aller Pfaffenwinkler Sakralbauten. *MP*

Unverkennbar: die Kapelle am Hegradsrader See bei Halblech

Infos und Adressen

ANREISE

Bahn: von München oder Kempten nach Schongau; **Auto:** A95 bis Landberg am Lech, weiter auf B17 nach Schongau

BESTE REISEZEIT

Ende April bis Ende Oktober

SEHENSWERT

Hoher Peißenberg: großes Gipfelkino – Starbesetzung: Pfaffenwinkel und Ammergauer Alpen, auch mit KFZ erreichbar

Murnau: wunderschöner Stadtkern mit traditionsreichen Brauerei-Gaststätten und interessantem Schlossmuseum

Das Maxtor in der Schongauer Stadtmauer

Schloss Linderhof: gilt als Lieblingsschloss König Ludwigs II., im idyllischen Ammertal

ESSEN UND TRINKEN

Schongauer Brauhaus, Schongau: bayerische Küche, abwechslungsreiches Kulturprogramm

Schönegger Käsealm, Schönegg/Rottenbuch: Verkaufsladen mit leckeren Molkereiprodukten, kleiner Biergarten mit Bergblick

ÜBERNACHTEN

Alte Post, Schongau: traditionsreiches Hotel am Hauptplatz, günstige Preise

WEITERE INFOS

Tourist Info Schongau: www.schongau.de

Tourismusverband Pfaffenwinkel: www.pfaffen-winkel.de

Ein besonderer Ausflug

MIT DEM BUS ZUR HÜTTE

Mit einem traditionsreichen Shuttlebus, der mehrmals täglich von **Halblech** zur Kenzenhütte hinauffährt, kann man ohne Anstrengungen in eine der schönsten Ecken der **Ammergauer Alpen** gelangen. Die urige Kenzenhütte, die von drei sehr netten Schwestern geführt wird, ist Ausgangspunkt vieler traumhafter Bergtouren. Für Einsteiger geeignet ist vor allem die technisch unkomplizierte Tour auf den **Grubenkopf**, der eine tolle Aussicht sowohl auf die Ammergauer Gipfel und Grate als auch auf den vorgelagerten Pfaffenwinkel bietet. Hin und zurück sind etwa 3 ½ Stunden Gehzeit einzuplanen. Infos zu Bus und Hütte: www.kenzenhuette.de

Besuch im nördlichen Europa

NYHAVN 17

Früher waren die Eilande Festungsinseln, die sich als Schutz um Helsinki legten, heute ist hier die feine Lebensart angesagt.

41 Inselhüpfen vor Helsinki – finnische Romantik am Meer

HIGHLIGHTS

Pihlajasaari: wild bewachsen, Kiefer- und Ebereschenwälder, Sandstrände, mit felsigen stahlblauen Buchten; www.pihlajasaari.net

Uunisaari: typische Saunainsel – aus dem finnischen Schwitzkasten direkt in die offene See; www.uunisaari.com

Tervasaari: Typische Restaurantinsel; im historischen Teerlager aus rustikalen Blockbohlen gibt es vor allem Krebse und Fisch. www.ravintolasavu.fi

Soumenlina: Festungsinsel aus dem 18. Jh.; www.suomenlinna.fi

Korkeasaari: die Zooinsel Helsinkis; www.korkeasaari.fi

Vasikkasaari: naturbelassene Paradiesinsel; www.vasikkasaari.org

KULINARISCHE SPEZIALITÄTEN

Lachssuppe: mit Baguette und gesalzener Butter – *Gebeizter Lachs:* an Senfsoße mit Salzkartoffeln – *Sprotten:* an Tomatensoße mit Kartoffeln – *Frische Flusskrebse:* Juli–Sept., mit verschiedenen Saucen, Knoblauchbutter, Salat und Baguette

Über dreihundert Inseln und Inselchen bietet Helsinkis Schärenarchipel auf, mit zungenbrecherischen Namen wie Soumenlina, Sirpalesaari, Korkeasaari oder Vasikkasaari – mit Laub- und Nadelwäldern sowie idyllischen Buchten, an denen romantische Blockhäuser das finnische Klischee von der hölzernen Datscha mit Sauna beschwören.

Gegen sieben macht die »Natalia« die Leinen los und schiebt sich zügig aus der Hafenbucht. Schnell werden die Saxophonklänge einer Rock-Jazz-Band, die auf der Bühne an **Helsinkis** Esplanade ein Livekonzert gibt, leiser, und die aus der beeindruckenden Jugendstilkulisse der finnischen Hauptstadt ragenden Türme, der Dom und die Uspenski Kathedrale, kleiner. Im Schiffsrestaurant kommt frischer norwegischer Lachs auf den Tisch, danach finnischer Wodka, und das Inselzählen beginnt, während die Abendsonne schilfbewachsene Buchten mit schmalen Bootsstegen, helle Sandstrände und rot gestrichene Holzhäuschen in sanfte Farben taucht. Ob es tatsächlich 315 sind, wird sich nicht zweifelsfrei klären lassen, aber grob einteilen nach der praktischen Verwertung in Saunainseln, Zooinseln, Badeinseln, Restaurant- und Museumsinseln sowie Naturinseln zum Erholen.

Im 20. Jh. waren die hübschesten Inseln ausschließlich privat, Dampfer fuhren planmäßig und brachten die vornehmen Herrschaf-

Viel Betrieb zwischen Helsinki und seinen Inseln

ten zu den luxuriösen Sommervillen auf den Schären. Es verwundert nicht, dass die Finnen bei ihrer geografischen Ausstattung komplett wasserverrückt sind: 1550 m Küstenlinie produzieren romantische Bilder am laufenden Band, und zwar direkt vor der Haustür, dazu kommen bei knapp über fünf Millionen Einwohnern statistische 60 m finnisches Seeufer pro Person.

Als der Sonnenball glutrot im Meer versinkt, haben 15 Minuten Fährüberfahrt die Welt verändert: im Blick zurück Werftkräne und Kreuzfahrtschiffe und die venezianisch anmutende Kulisse der Metropole, während sich ums Fährschiff eine Optik verbreitet, die schöner nicht sein kann. *RFK*

Infos und Adressen

ANREISE

Flug: nach Helsinki

BESTE REISEZEIT

Frühjahr bis Herbst

SEHENSWERT

Design Forum Finland: Helsinkis Designviertel und -forum; www.designforum.fi

Kiasma Contemporary Art Museum: Teil der Nationalgalerie; www.kiasma.fi

Ateneum Art Museum: bedeutendste Kunstsammlung des Landes; www.ateneum.fi

ESSEN UND TRINKEN

Villa Hällebo: Sommerrestaurant auf Pihlajasaari in einer Privatvilla von 1883

Panimo: Restaurant auf Suomenlinna; www.panimoravintola.fi

Ravintola Savu: Restaurant auf Tervasaari, Tervasaarenkannas 3, www.ravintolasavu.fi

Juuri: modernes Restaurant in Helsinkis City, Korkeavuorenkatu 2, www.juuri.fi

HELSINKIS NACHTLEBEN

Juttutupa: www.juttutupa.com
Andorra: www.andorra.fi
The Tiger: www.thetiger.fi
Apollo: www.apolloliveclub.fi

ÜBERNACHTEN

Hotel Haven: im Zentrum Helsinkis, Unioninkatu 17; www.hotelhaven.fi/en

WEITERE INFOS

Fremdenverkehrsamt Helsinki: Am Marktplatz/Hafenkai, Pohjoisesplanadi 19, Helsinki, www.visithelsinki.fi

In die verzweigte Wasserwelt geht's nur im eigenen Boot – oder im Aqua-Taxi.

Ein besonderes Erlebnis

AQUATISCHE TAXIS

Wer in der finnischen Traum- und Designhauptstadt weilt, muss zwischendurch raus: Drei Schiffslinien bieten Rundfahrten durch Helsinkis Schärenarchipel an, die »Natalia« gehört zur Royal Line (www.royalline.fi), die ein abendliches Dinner-Cruise anbietet. Vom Hafenkai am großstädtischen Marktplatz aus sind einige Inseln fahrplanmäßig mit dem Wasserbus zu erreichen, wie beispielsweise die **Festungsinsel Soumenlinna** (www.soumenlinna.fi, mit Restaurants, Cafés und Museum). Zur urigen **Restaurantinsel Tervasaari** geht es zu Fuß über einen schmalen Verbindungsdamm. Die Fährboote zur **Saunainsel Uunisaari** (www.uunisaari.com) und der hübschen **Badeinsel Pihlajasaari** (www.pihlajasaari.net) legen an der Stadtpromenade Merisatamanranta ab, während der Sommermonate sind auch Ausflüge zur **Leuchtturminsel Söderskär** möglich (www.soderskar.fi). Wer individuell zu den Inseln will, nimmt ein Wassertaxi (www.watertaxi.fi).

42 Floßfahrt durch Värmland –
das Leben ist ein langer Fluss

HIGHLIGHTS

Vildmark i Värmland: Floßbau unter Anleitung sowie Ausflugsprogramme für mehrtägige Touren auf dem Klarälven

Fryken Strand Sauna: tolles Erlebnis eines entspannten Dampfbades mitten auf dem See

Herrenhaus Mårbacka: ehemalige Wohnstatt der Schriftstellerin Selma Lagerlöf

Skitunnel Torsby: sommerliches Wintersportvergnügen bei -3° Celsius mit Langlauf auf echtem Schnee in der Skiröhre

Picasso-Skulptur: seit 1965 Pilgerziel für kunstinteressierte Touristen am Kunstmuseum Kristinehamn

PROBIEREN UND ERLEBEN

Mårbackakuchen: Kuchen aus geröstetem Hafermehl, mit Sahne und frischen Beeren – *M/S Storholmen:* Krabbenkreuzfahrt durch den Vänern mit Verkostung delikater Meeresfrüchte, Besuch der Insel Västra Långholmen (http://online.citybreak.com) – *Mittsommerfeier:* zünftige Feierlichkeiten unter dem Maibaum am Heimatmuseum Ransäter, Freilufttheater

Der Fluss Klarälv war in seinem unteren Verlauf bis 1991 der letzte Wasserlauf Schwedens, auf dem industriell geflößt wurde. Heute ist es ein Riesenspaß für Touristen, auf selbst gebauten Flößen in Richtung Süden zu treiben, und pure Erholung, derart entschleunigt die Landschaft zu genießen.

Vor der müßigen Erholung steht aber zunächst einmal körperliche Arbeit an: Da heißt es nämlich ordentlich in die Hände gespuckt und kräftig zugepackt. Baumstämme müssen sortiert, ausgewählt und fein säuberlich zu einem Floß zusammengebaut werden. Damit das jedoch nicht in einem feuchten Fiasko aus lauter Einbäumen und reichlich nassen Füßen endet, gibt es die fachkundige Anleitung gleich dazu.

Zunächst werden den Amateur-Floßbauern auf dem Trockenen die Bauweise, die Konstruktion und vor allen Dingen die entscheidenden Knotentechniken mittels einer quadratisch, mit runden Balken umrahmten Leere erklärt. Das sieht ein wenig so aus wie ein einfaches Holzschiff mit Pool. Ein komplettes Floß von 3 x 3 m wiegt fast so viel wie ein Volvo, deshalb fertigt man das rustikale Wasserfahrzeug im seichten Wasser am Flussufer an. Viel Sachkunde ist vor allem beim Fixieren der Seile vonnöten, die nach bestimmten Vorgaben und einem ausgeklügelten System zu verknoten sind.

Nach etwa zwei Stunden intensiven Bauens schwimmt das fertige, hölzerne Transportgefährt dann tatsächlich und muss nun selbst gut

Bevor man in See stechen kann, muss noch die Reling angebracht und fest verknotet werden.

Auf den Regenschauer folgt im mittleren Schweden stets auch wieder Sonnenschein.

gesichert werden, um nicht in die Strömung zu geraten. Sind alle Packstücke wasserfest an Deck verstaut, heißt es Entern und **Leinen los**! Mit einer Geschwindigkeit von etwa 3 km/h treibt es nun flussabwärts, wobei es sinnvoll ist, immer in der Hauptströmung zu bleiben. Das mitgeführte Paddel hilft bei der Steuerung und rudimentären Navigation und dient zudem als Beschleunigungshilfe.

Erholung für Geist und Körper

Fast unmerklich treibt das Floß auf den **Klarälven** hinaus und allmählich entdecken die Passagiere das ungewohnte Gefühl der Langsamkeit und erkennen tatsächlich eine Fortbewegung, obwohl die dräuenden Wolken am Firmament irgendwie schneller zu sein scheinen.

Hier bereiteten sich die jungen Pilzköpfe auf den ersten Auslandsauftritt vor

Ein besonderes Erlebnis

BEATLES ON TOUR

Eingefleischte Beatles-Fans wissen es natürlich: Das erste öffentliche Konzert der Fab Four außerhalb des Vereinigten Königreichs fand in Karlstad am Nordende des großen Sees **Vänern** statt. Es war im späten Oktober des Jahres 1963, und leichter Schnee fiel schon, ganz so, wie der meist etwas kindlich-naive Ringo es sich gewünscht hatte. Die vier Jungmusiker residierten im altehrwürdigen Stadshotellet, jeweils zu zweit in einem Zimmer, und benahmen sich ausgesprochen brav, wie der Hotelmanager damals zu seiner Verwunderung feststellen musste. Ihr Konzert in der Neuen Aula der Sundsta-Schule war nicht ausverkauft und dauerte nur 20 Minuten, dann ging das Mikro bei der Zugabe in die Brüche. Zu schwach war es für Johns heftige Intonation von »Twist and Shout«, und ein Ersatz ließ sich in der gebotenen Eile dann auch nicht auftreiben. Im Stadshotellet findet sich heute noch der »Beatlesrummet«, beinahe unscheinbar die Aufschrift auf der Tür von Zimmer 130 in der ersten Etage.

Ihre schriftstellerische Arbeit ließ Selma Lagerlöf selbst beim Porträtmaler nicht los.

Zum Staunen

DIE MUTTER NILS HOLGERSSONS

Selma Lagerlöf, die erste Frau, die den Literaturnobelpreis erhielt, sitzt erhaben und etwas großmütterlich im Schatten mächtiger Bäume gegenüber der Oper von Karlstad. Mit der wunderbaren Reise des Gänsejungen Nils Holgersson brachte die einstige Lehrerin den Kindern Schwedens das eigene Land nahe. Geografie und Geschichte verpackt in einem Kinderbuch, eine wahrhaft geniale Idee. Selma Lagerlöfs Ruhm begründet sich aber mehr auf ihrem weltliterarischen Werk, wie etwa das Epos um das Schicksal Gösta Berlings in der värmländischen Heimat. Eine Stunde nördlich liegt der Herrensitz **Mårbacka**, in dem Lagerlöf 1858 geboren wurde und bis 1882 lebte. 1907 erwarb sie das Haus zurück und lebte fortan dort. Heute ist es ein Museum und öffentlich zugänglich. Beim Rundgang durch die Räumlichkeiten sind Atem und Geist der Zeit zu spüren. Am kleinen Tisch im Schlafzimmer liegen noch Zwickel und Patiencekarten, so, als wenn sie nur gerade einmal den Raum verlassen hätte.

Die auf diese Weise erlebte Ruhe ist ein unvergleichlicher Genuss, der Blick auf das Ufer, auf den Gleichmut der Natur, auf die zunächst unsicheren, später hastigen Reaktionen der Wasservögel ob des urigen Gefährtes, das ihnen bedrohlich nahe kommt.

Für mehrtägige Ausflüge bekommt das Floß zusätzlich einen Zeltaufbau als Schutz vor Wetter und Wind, sodass auch einsetzender, prasselnder Dauerregen – wenn die imposanten Wolkengebilde ihre Schleusen öffnen – den positiv entspannten Eindruck nicht zu schmälern vermögen. Die Landung am Ufer zum Ende der Floßreise gestaltet sich zuweilen wegen der spröden Form des Wasserfahrzeugs etwas problematisch, dann ist erneut Geschick gefragt und keine Scheu vor nassen Füßen.

Sauna und Sonnenwende

Nach einer unfreiwilligen Sommerdusche wirkt ein ausgiebiger **Saunagang** wahre Wunder. Doch selbst hierfür sind einige Mühen erforderlich, denn es kann sein, dass die holzbefeuerte Sauna mit einem Anker gehalten ebenfalls auf dem Wasser schwimmt. Statt Steg muss also nach Aufladen des Brennholzes mittels Ruderboot der ersehnte Weg in die Hitze zurückgelegt werden. Und wieder schwitzt man auf Planken, die auf dem **Frykensee** mehr schaukeln als auf dem Fluss. Ein Fenster gewährt unverstellten Blick auf die Weite des Sees, in dem sich die Wolkenbildung der hereinbrechenden Nacht sinnlich spiegelt. Der abschließende Sprung ins kühlende Nass erfrischt nachhaltig, und obwohl die Sonne längst untergegangen ist, liegt jetzt nur eine kaum merkliche Dämmerung über dem mittsommerlichen **Värmland**.

Zur Feier des höchsten und wichtigsten Festes der Sommersonnenwende in Schweden führt das Heimatmuseum von **Ransäter** in einer kleinen Freiluftarena das klassische Singspiel »Der Värmländer« auf. Darin geht es, wie fast immer in folkloristischen Darbietungen, um Reich und Arm, um Liebe, um Generationenkonflikte und Ähnliches. Selbst wer nicht der schwedischen Sprache mächtig ist, erkennt schnell den Handlungsstrang. Doch auch der ausgelassene Tanz der Kinder und junger Mädchen um den Maibaum, Gesang und kleine Umzüge werden auf dem weitläufigen Gelände vorgeführt. Für das leibliche Wohl ist bei einem kleinen Festbankett gesorgt, an dem die Teilnehmer stolz die diversen Trachten der Region vorführen. *UH*

Der aufgeräumte Schreibtisch einer Nobelpreisträgerin

Infos und Adressen

ANREISE
Flug: nach Göteborg, Weiterfahrt mit dem Mietwagen in die Region Värmland (ca. 2–3 Std.)

BESTE REISEZEIT
Mai bis Oktober

SEHENSWERT:
Värmlandsmuseum: lokalhistorische Sammlung und Wechselausstellungen zu moderner Kunst; www.varmlandsmuseum.se

Alsters Herrgård: Villa in lieblicher Landschaft, Geburtshaus des schwedischen Dichters Gustav Fröding, Ausstellung, Shops, Café; http://karlstad.se/alstersherrgard

Clarion Collection Hotel Bilan: ehemaliges Gefängnis, das erste mit einzelnen Zellen in Schweden, das zum Hotel umgebaut wurde; www.choicehotels.com/sweden/karlstad/clarion-hotels/se024

Galleri Bergman: zeitgenössische skandinavische Kunst in modernem Ambiente; www.galleribergmankarlstad.se

Domkyrkan: Die Stadtkirche von Karlstad erhielt ihr heutiges Aussehen 1865 nach dem letzten großen Feuer in der Stadt. www.svenskakyrkan.se/karlstad

Alster's Kyrkan: malerische Holzkirche mit barocken Stilelementen von 1695; www.svenskakyrkan.se/alster-nyedsbygden

Christine af Bro: Ausflüge auf dem Nachbau eines historischen Holzsegelschiffs, das früher für den Export von Holz und Eisen vom Vänern aus eingesetzt wurde; www.bojorten.se

Klarälven: Bootsausflug und Sightseeing auf dem Fluss mit Wasserbus; www.sjotrafik.com

Opernhaus Karlstad: Veranstaltungshaus mit Bronzebüste für UFA-Star Zarah Leander, die auf Tingvallar geboren wurde; www.wermlandopera.com

Mädchen und Frauen tragen an Mittsommer liebevoll geflochtene Blumenkränze im Haar.

Solsta Hästcamp: geführte Reitausflüge auf Islandpferden durch die värmländische Landschaft; www.hastcamp.se

Straßenmarkt Karlstad: internationaler Straßenmarkt mit kulinarischen Angeboten, Kunsthandwerk und Ausstellungen; www.centrumkarlstad.se

Konstnärsgården Vägsjöfors: idyllisches Kunstzentrum am Fryken mit Galerie, Glas- und Textilwerkstatt; www.gallerinaturnara.se

Heidruns Bok & Bildcafé: Das Herrenhaus von 1901 vereint kulinarische und literarische Genüsse. www.heidruns.se

Torsby Fordonsmuseum: Ausstellung historischer Fahrzeuge, darunter ein restaurierter LKW, der 50 Jahre im Fryken See lag; www.varmland.nu/fordonsmuseum

Utmarksmuseet: 40 m langer, handgeknüpfter Wandteppich »Pilgrimstapeten« und Ausstellung zur Heimatgeschichte; www.utmark.se

Östmarks Kyrka: hölzerne kleine Kirche von 1765 im norwegischen Stil; www.fryksandepastorat.se

Sola: Denkmal für die immer freundliche und hilfsbereite Kellnerin des Stadthotels, Eva-Lisa Holtz

ÜBERNACHTEN:
Stadtshotell Karlstad: erstes Haus am Platz in der Stadt am Nordende des Vänern; Kungsgatan 22, 651 08 Karlstad www.elite.se/en/hotels/karlstad/stadshotellet

Hotell Fryken Strand: zauberhaft idyllisch gelegenes, typisches Schwedenhaus am See Fryken; By 80, 686 93 Sunne, www.frykenstrand.se

Vägsjöfors Herrgård: als einfaches Gästehaus hergerichtetes Herrenhaus bei Torsby; Vägsjöfors, 685 94 Torsby, www.vagsjoforsherrgard.com

ESSEN UND TRINKEN:
Bishops Arms: uriger Pub im Stadthotell Karlstad, mit typisch schwedischen Gerichten, Kungsgatan 22, 651 08 Karlstad

Sillegården: Café und Restaurant in historischem Ambiente mit schönem Garten und Terrasse, kreative Küche mit regionalem Einschlag, Brunnsvägen 21, 686 95 Västra Ämtervik, www.sillegarden.se

WEITERE INFOS:
Schweden: www.visitsweden.com

Värmland: www.visitvarmland.se

Karlstad: www.visitkarlstad.se

Eine Fahrt durch die Häfen und Kanäle von Kopenhagen mit dem Wassertaxi besitzt Sightseeing-Qualitäten.

43 Kopenhagen – entspanntes Großstadterlebnis am Meer

HIGHLIGHTS

Frelsers Kirke: schöner Rundumblick über die Stadt

Kajak-Tour: Abseits der Touristenströme eine interessante Alternative, die Stadt zu entdecken, Boote kann man bei Kayak Republic leihen.

Frederiksberg Have: wunderschöne an den Zoo angrenzende Parkanlage

Ny Carlsberg Glyptotek: perfektes Ensemble aus Palmen, Café und Kunstausstellung

Rundetårn: Den Turm des ehemaligen Observatoriums kann man ohne Treppensteigen sogar mit dem Kinderwagen erklimmen und von der Glasbodenplattform über die Altstadt blicken.

DAS SOLLTEN SIE PROBIEREN

Sol over Gundhjem: fangfrischer Hering mit Eigelb und Salat, serviert auf Smørrebrød oder Rugbrød (dänisches Weizenbrot) – *Torsk:* Dorsch in Senfsoße – *Ris à l'amande:* Reispudding mit Mandeln, Sahne und einem Schuss Portwein oder süßem Cherry – *Pølser:* knallrotes Würstchen im Brötchen, ein Klassiker!

Was kann man sich Schöneres vorstellen, als von einer Meerjungfrau in Versuchung gebracht zu werden und den Alltag einfach für einige Tage hinter sich zu lassen? Die Lille Hafrue lockt mit Bronze schimmerndem Antlitz in eine der schönsten und lebendigsten Städte am Meer, das Venedig des Nordens.

Wassertaxis eignen sich bestens für eine Sightseeing-Tour durch den Hafen, auf den Kanälen und im **Øresund**, um sich einen ersten Überblick über die Stadt zu verschaffen. Wer lieber zu Fuß geht, folgt der Hafenpromenaden bis zu den Grünanlagen und wehrhaften Mauern des Kastells zum **Østre Anlæg**, einem 12 ha großen Park, der das **Statens Museum for Kunst** beherbergt. Ein Abstecher in den botanischen Garten und **Schloss Rosenborg** sorgt schließlich dafür, dass die am Schreibtischstuhl eingerosteten Gelenke auf entspannte Art und Weise wieder geschmeidig werden.

Von dort ist es nur ein Katzensprung zurück in die Innenstadt, dem Sitz des Parlamentes in **Schloss Christiansborg** oder zur **Amalienborg**. Jeden Tag um 11:30 Uhr erfolgt dort die Wachablösung der königlichen Leibgarde mit ihren schmucken Bärenfellmützen. Wer einen Einkaufsbummel bevorzugt, dem seien neben der klassischen Fußgängerzone in der Strøget die kleinen Läden in den Seitenstraßen wie der Læderstræde oder Kompagnistræde empfohlen.

Die Stadt am Meer

Sicherlich ist Kopenhagen reich an Attraktionen. Seinen eigentlichen Charme entwickelt die Stadt allerdings durch seine Lage an der Ostsee und das maritime Flair, das es einem ermöglicht, binnen weniger Stunden dem Alltag zu entfliehen und sich von einer steifen Brise an dem 6 km langen **Strand von Køge**, 30 Minuten südlich vom Zentrum Kopenhagens, den Kopf durchpusten zu lassen. Sobald man genügend frische Luft getankt hat, kehrt man in die City zurück, lässt den Tag in einem der Restaurantschiffe bei einem leckeren Fischgericht ausklingen oder von der Ausgelassenheit in einem der Pubs und Musikkneipen im historischen Nyhavn anstecken. *CD*

Infos und Adressen

ANREISE

Flug: über Kopenhagen-Kastrup; **Auto:** von Flensburg über die 13 km lange Storebæltsbroen nach Seeland (ca. 300 km); **Fähren:** in Putgarden auf die Fähre nach Rødby (Fahrtzeit ca. 45 Min.), weiter über E45; von Rostock nach Gedser (Fahrtzeit knapp 2 Std.), von dort ca. 150 km auf E47

BESTE REISEZEIT

Juni bis August

Das wohl bekannteste Wahrzeichen von Kopenhagen: die bronzene Meerjungfrau

SEHENSWERT

Nyhavn: »die längste Bar Skandinaviens«, gerahmt von historischen Gebäuden

Kødbyen: Szeneviertel mit Galerien, Bars und Restaurants; www.xn--kdbyen-bya.dk/

ESSEN UND TRINKEN

Smørrebrød in Aamanns: øster Farimagsgade 10, www.aamanns.dk

Restaurant Krebsegaaden: Restaurant und Galerie; Studiestrade 17, www.krebsegaaden.dk

ÜBERNACHTEN

71 Nyhavn Hotel: im Zentrum mit Blick aufs Wasser und die Oper; Metro Kongens Nytorn, www.71nyhavnhotel.dk

Coppenhagen Island: auf einer künstlichen Insel im Hafen; Kalvedbod Brygge 53, www.copenhagenisland.com

WEITERE INFOS

www.visitcopenhagen.de

Die chinesische Pagode im Tivoli-Park

Ein besonderes Erlebnis

PARTY STATT POLITIK

Der **Tivoli-Freizeitpark** inmitten der Stadt entführt seine Besucher in eine bunte Welt aus funkelnden Lichtern, wenn dort zum Jahresende die Tannenbäume geschmückt werden und der würzige Duft von Glögg, der skandinavischen Variante des Glühweins, in die Nase zieht. In den Sommermonaten kreisen die Karussells und Riesenräder, spielen Livebands von Rock bis Jazz und von Bigbands bis zu klassischen Orchestern. Es ist der älteste Vergnügungspark der Welt und gilt als die meistbesuchte Attraktion Dänemarks. Um die 4 Millionen Besucher verzeichnet das parkähnliche Gelände mit Achterbahnen, Kettenkarussells und vielen anderen Fahrgeschäften jedes Jahr. Die Anlage konnte seit ihrer Eröffnung am 15. August 1843 allen Bestrebungen, die Fläche mit Hotels oder Shoppingzentren zu bebauen, widerstehen. Einst erbaut, um das Volk von der Einmischung in die Politik abzuhalten, lenkt es bis heute von den großen und kleinen Alltagssorgen ab.

44 Bornholm – die etwas andere Insel

HIGHLIGHTS

Wackelsteine: Tonnenschwere Findlinge (Rokkesten) lagern auf kleinen Kieseln.

Bornholms Middelaldercenter: Leben wie vor mehr als 700 Jahren; www.bornholms-middelaldercenter.dk

Bornholms Kunstmuseum: Hervorragende Sammlung Bornholmer Maler in ungewöhnlicher Architektur; www.bornholms-kunstmuseum.dk

Dueodde: traumhafte Strandspaziergänge, danach am Kamin oder in der Sauna entspannen

Arnager: hübscher Strand neben dem vorgelagerten Hafen von Arnager, dessen Holzsteg mit skurrilen Eiszapfen verziert ist

DAS SOLLTEN SIE PROBIEREN

Sol over Gudhjem: traditionell zubereiteter goldener Räucherhering auf Brot, serviert mit Zwiebelringen, grobem Salz und Eigelb – eine kulinarische Offenbarung! – *Svaneke:* fangfrischer Ostseelachs direkt vom Fischkutter

Bornholm war bereits ein beliebtes Reiseziel, als Urlaub noch Sommerfrische hieß. Nächtigen die Gäste heute im Ferienhaus, dienten damals Hotels in mondäner Seebäderarchitektur als Unterkunft. Im Winter bietet die Insel angenehme Ruhe, wärmende Gemütlichkeit, reinste Meeresluft und märchenhafte Ansichten.

Wenn über Bornholm die Sonne aufgeht, dann schlummert das übrige Dänemark noch. Rein geografisch gehört **Bornholm** nämlich als östlicher Vorposten des kleinen skandinavischen Königreiches viel eher zum großen Nachbarn Schweden, der nur eine knappe Stunde Fährüberfahrt entfernt ist. Doch das Schicksal einer höchst wechselhaften Geschichte der naturschönen Insel und ihrer Bewohner wollte es anders. Immer wieder belagert und besetzt als Spielball der umliegenden Mächte, machten sich die Bornholmer schließlich 1658 selbst dem dänischen König zum Geschenk. Ein Attentat, ausgeführt von mutigen Bornholmer Bürgern, die noch heute wegen ihres Heldentums verehrt werden, brachte den schwedischen Gouverneur mitten in der Hauptstadt Rønne zur Strecke. Damit war die letzte Besatzung durch Schweden beendet.

Perle der Ostsee, Capri des Nordens – das sind die Attribute, mit denen die beliebte Ostseeinsel gern euphorisch beschrieben wird. Ein Grund dafür ist sicher die Anzahl der Sonnenstunden im Jahr, die weit über dem Durchschnitt des Mutterlandes liegt. Zu allen Jahreszeiten

Am kleinen Kanal, der die Erbseninseln Christiansø und Frederiksø trennt, legen die Passagierdampfer und Freizeityachten an.

Hammershus gilt als größte Burgruine Skandinaviens in eindrucksvoller Lage oberhalb der Klippen an der Westküste Bornholms.

locken die besonderen Farben, die beschaulichen Dörfer, das abwechslungsreiche Landschaftsbild mit allen typischen Elementen eines romantischen Andersen-Märchens, die Wälder und Strände und das sehr spezielle Licht, das besonders im Winter mit ganz eigentümlichen Nuancen aufwartet. Unter einem bleischweren Firmament wirkt die unvergleichliche Ruhe noch bedeutend nachdrücklicher. Frisch gefallener Schnee sorgt für intensive Kontraste, selbst wenn die Sonne sich nicht zeigen will. Auch das Bürgertum aus der Hauptstadt Kopenhagen kam und kommt gerne auf die Sonneninsel, um die Atmosphäre zu genießen, die ganz besonders »hyggelig« ist. Der unübersetzbare dänische Begriff für besonders gemütliche Gemütlichkeit hat auf Bornholm absolute Berechtigung. In den Dörfern **Svaneke** oder **Gudhjem** beispielsweise scheint die Zeit stehen geblieben zu sein.

Bei frostigen Außentemperaturen ist die Kühlung fangfrischen Fisches fast überflüssig.

Ein besonderer Ausflug

DIE ERBSENINSELN

Der Schärenarchipel **Ertholmene** (Erbseninseln) liegt 18 km nordöstlich Bornholms. Bei klarem Wetter ist er als sanfte Erhebung am Horizont erkennbar. Knapp 100 Menschen leben permanent auf den beiden größten Inseln, **Frederiksø** und **Christiansø**. Ansonsten bevölkern Seevögel die sieben felsigen Schären. 1684 als Festung zum Schutz vor den Schweden angelegt, jedoch nie zum Einsatz gekommen, sind die gelb getünchten, langgestreckten Kasernengebäude, der Hafen und die urigen Häuser der ranghöheren Offiziere mit entzückenden Gärten ein lohnenswertes Ziel. Spezielles Mikroklima erlaubte den Soldaten zum Zeitvertreib die Aufzucht von botanischen Raritäten wie etwa Maulbeerbäumen. Ausflugsschiffe verkehren von **Gudhjem** und **Allinge**, der Spaziergang um die Inseln dauert eine gute Stunde. Nehmen Sie sich Zeit zur Besichtigung des kleinen Heimatmuseums im Lille Tårn und der Kirche. Sechs Zimmer bietet das Dorfgasthaus, und die Atmosphäre, wenn die Tagesgäste die Inseln verlassen haben, ist schlicht einzigartig.

Frisch gefallener Schnee verwandelt die feinen Sandstrände in eine surreale Farbwelt.

Ein besonderes Erlebnis

SKIFAHREN

Seit 2007 gibt es auf der Insel den Verein der Freunde des Wintersports, der sich – ausreichende Schneemengen vorausgesetzt – um das Spuren von Langlaufstrecken kümmert. Die Grundlagen für Loipen sind prinzipiell vorhanden, denn das gut ausgebaute und ausgeschilderte Radwegenetz bietet dafür vorzügliche Möglichkeiten, nicht nur im ausgedehnten Waldgebiet von **Almindingen**, sondern auch um **Østerlars** herum. Auf dem dortigen **Lensklint** am **Slettegård** befinden sich auch die einzigen Skilifte Bornholms (gefördert von der EU), die Skilauf auf drei Pisten ermöglichen. Die längste davon geht über 250 m und überwindet dabei einen Höhenunterschied von 38 m. Vom Startpunkt in 100 m Höhe bietet sich eine Aussicht über die Ostsee und auf die Erbseninseln. Das Bornholmer Alpincenter verfügt über Schneekanonen, eine Skihütte und einen Verleih von Skiern und notwendiger Ausrüstung. Sollten die Temperaturen es zulassen, werden die Loipen rund um Lensklint künstlich angelegt und gespurt.

Farben und Formen in weißer Kulisse

Kopfsteinpflastergassen, bunte, manchmal auch schiefe Fachwerkhäuser in verwinkelten Gassen gruppieren sich um kleine Häfen. Charakteristisch ragen die eckigen Schornsteine der zahlreichen, zumeist ehemaligen Fischräuchereien aus dem Gewirr von niedrigen Hausdächern heraus. Für die dort goldgelb geräucherten Heringe genießt die Insel überregionalen Ruhm. Diese Art der Zubereitung des populären Speisefisches geht auf schottische Soldaten zurück, die einst auf den **Erbseninseln** stationiert waren. Sie räucherten die Fische langsam über schwelendem Erlenreisig, wodurch diese ihre charakteristische Färbung annahmen. Nach gut sechs Stunden werden sie noch warm verzehrt. Den unvergleichlichen Genuss eines solchen Herings an der winterlich klaren Luft schätzen sowohl die Bornholmer wie auch jeder Besucher der Insel bis heute. Von den neun noch aktiven Räuchereien sind im Winter einige geöffnet.

Bornholm ist anders als das Mutterland Dänemark. Die Menschen sind ruhiger, etwas ausgeglichener, vielleicht auch etwas sturer, was sie natürlich weit von sich weisen. Ihre Sprache weist Ähnlichkeiten zum Schwedischen auf, der eigene Dialekt, das »Bornholmsk«, wird von den Dänen gern als Ersatzschwedisch bezeichnet. Auffällig in der Landschaft sind vor allem die vier strahlend weißen Rundkirchen aus dem 13. Jh., deren Türme zwischen Höfen, Feldern und Wäldern aus winterlichem Weiß herausstechen. Sehr geräumig im kreisrunden Inneren dienten sie neben dem religiösen Zweck auch als wehrhafte Fluchtburg. Kleine Öffnungen in den oberen Turmgeschossen konnten zur Beobachtung anrückender Feinde ebenso genutzt werden wie als Schießscharten. Der Aufstieg heute gestaltet sich wegen der Enge recht beschwerlich. Die hölzernen Glockentürme stehen jeweils einige Meter von den eigentlichen Kirchen entfernt.

Mit **Hammershus** erhebt sich an der Westküste Bornholms oberhalb felsiger Klippen eine imposante Burgruine, die größte Nordeuropas. Erbaut durch den Bischof von Lund, spielte Hammershus ab Mitte des 13. Jh. eine gewichtige Rolle bei den stetig wechselnden Befehlsgewaltigen. Die Burg galt als uneinnehmbar, wer dort residierte, hatte die Macht. Sie harrte aus im Wechselspiel der Gewalten, bis sie schließlich 1743 nicht mehr von Nutzen war. Zusehends verfiel das stolze Gebäude, dessen Bewahrung letztlich der Denkmalschutz sicherte, erstaunlich früh schon im Jahre 1822. Ihre große, eigentümliche Mystik offenbart die Burg Hammershus insbesondere in der abendlichen Dämmerung. *UH*

Der kleine Turm auf Fredriksø dient heute als rustikales Heimatmuseum der Erbseninseln.

Infos und Adressen

ANREISE
Flug: Rønne wird täglich von Kopenhagen aus angeflogen. **Auto:** Mietwagen bei lokalen wie internationalen Anbietern; **Fähre:** von Travemünde oder Rostock über Nacht nach Trelleborg/Schweden und dann weiter von Ystad nach Rønne

SEHENSWERT
Almindingen: weitläufiges Waldgebiet mit Aussichtsturm Rytterknægten, vorzeitliche Relikte, geologische Besonderheiten

Andersen Nexø Museum: Geburtshaus des Schriftstellers Martin Andersen Nexø (»Pelle, der Eroberer«); www.andersennexoe.dk

Bornholms Automobilmuseum: Sammlung historischer Fahrzeuge und zum Verkehrswesen; www.bornholmsautomobilmuseum.dk

Bornholms Museum: Inselhistorie einst und jetzt; www.bornholmsmuseum.dk

Brændesgårdshaven/Joboland: Freizeitpark mit Tierpark und Wasserwelt; www.joboland.dk

Døndal: höchster Wasserfall Dänemarks

Erichsensgård: Bornholmer Bürgertum im 19. Jh.; www.bornholmmuseer.dk/erichs

Granit Værkstedet: Holländerwindmühle und Steinschleiferei; www.aarsdalemoelle-granitvaerkstedet.dk

Grønbechs Gård: Ausstellungen hochwertigen Kunsthandwerks; www.groenbechsgaard.dk

Helligdomsklipperne: bizarre Felsformation an der Nordküste bei Rø

Helligpeder: lauschiges Fischernest an der Westküste

Jons Kapel: sagenumwobene Felshöhle an der Westküste

Madsebakke: Felszeichnungen aus der Bronzezeit

Selbst an kalten Wintertagen lässt sich ein starker Kaffee im eigenen Garten genießen.

Melstedgård: lebendiges Landwirtschaftsmuseum; www.bornholmsmuseer.dk/melstedg

Oluf Høst Museum: Atelier und Wohnhaus des berühmten Malers; www.ohmus.dk

NaturBornholm: modernes Natur- und Erlebniszentrum; www.naturbornholm.dk

ESSEN UND TRINKEN
Louisekroen: hervorragende Steaks im beschaulichen Fachwerkhaus des Dorfkrugs; Bølshavn 22, Svaneke, Tel. +45/56 49 62 03

Gudhjem Røgeri: Geräuchertes vom Allerfeinsten in authentischer Atmosphäre am Hafen; www.smokedfish.dk

Restaurant Kadeau: Zweigstelle des Kopenhagener Gourmettempels; www.kadeau.dk/kadeaubornholm.php

Restaurant Le Port: gelungene Kombination aus französischer und dänischer Küche; www.leport.sk1.dk

SHOPPING
Pia Stæremose: Modedesign vom Feinsten; www.scandicwear.com

Vingården: Bornholmer Wein, Likör und Whisky; www.a7.dk

Bornholmer Aquavit: Variationen des beliebten dänischen Getränks; www.bornholmersnaps.dk

Bornholmer Ure: edle mechanische Standuhren; www.bornholmerure.dk

Hjorths Fabrik: traditionelle Bornholmer Keramik; www.bornholmsmuseer.dk/hjorths

Lakrids by Johan Bülow: skandinavische Spezialitäten; www.lakrids.nu

Pernille Bülow: preisgekrönte Glaskunst; www.pernillebulow.dk

Østerlars Sæbemageriet: Seifensiederei bei der Rundkirche; www.saebemageriet.dk

AUSGEHEN
Saisonangebote in Hotels, Restaurants und Pubs

ÜBERNACHTEN
Hotel Balkastrand: modernes Haus, Schwimmbad und Tagungsmöglichkeiten nahe des Strandes; www.hotelbalkastrand.dk

Christiansø Gæstgiveri: urige Unterkunft auf den Erbseninseln; www.christiansoekro.dk

Birkelund: Ferienwohnungen im alten Bauernhof, deutsche Besitzer; www.birkelund.info

Hotel Siemsens Gaard: gemütliches Dorfhotel direkt am Hafen; www.siemsens.dk

WEITERE INFOS
Dänisches Fremdenverkehrsamt: Visit Denmark, www.visitdenmark.de

Freizeitkapitäne mit ihren Yachten bestimmen heute das Bild im Hafen Nykøbings. Gewerbliche Fischerei spielt keine große Rolle mehr.

45 Seeland –
sanft geschaukelt im Haus auf dem Wasser

HIGHLIGHTS

Hempels Glasmuseum: große private Glassammlung, Glaswerkstatt für eigene kreative Ideen

Sejerø Bugt: langgezogene Bucht mit zauberhaften Sandstränden und beeindruckender Dünenlandschaft

Dragsholm Slot: eines der ältesten Schlösser des Landes, Geopark-Museum, Restaurant, Hotel

Malergården: alter Bauernhof, gilt als beliebtes, kreatives Künstlerdomizil, Atelier, Radiozimmer, Gartenstube

Klint: Strand der Steinsäulen, öffentliches Kunstprojekt von 2010 mit unzähligen kleinen Steintürmen

PROBIEREN UND ERLEBEN

Makrelfestival: kulinarisches Fest (Mitte Aug.) in Sjællands Odde rund um die Makrelenfischerei – *Kræmmermarked Rørvig:* populärer Trödelmarkt am Hafen mit Kunsthandwerk und Antiquitäten (April–Okt., So 9–14 Uhr) – *Ulvsborg historisk Værksted:* lebendiges Mittelalter im nachgebauten Fort mit Markttagen und Ritterturnier (www.ulvsborg.dk)

Es ist gut 100 Jahre her, dass in Dänemark die ersten Ferienhäuser an noch weitgehend unberührten Stränden errichtet wurden. Die unmittelbare Nähe zum Meer entschädigte für die Schlichtheit des Quartiers. Heute ist man im doppelten Sinne einige Meter weiter: sehr viel komfortabler und direkt im Wasser.

Die ersten, eher einfachen Hütten in **Odsherred** im Nordwesten der Insel Seeland sind längst Geschichte, kaum zählbar der mittlerweile umfangreiche Bestand an familiengerechten, hochwertigen Ferienhäusern. Ein neuer Trend bringt die populäre Unterkunft aufs Wasser, allerdings fest vertäut und ohne Motor oder Steuerruder. Nur das leichte Schaukeln und ein Bullauge in der Eingangstür sorgen für maritimes Feeling. Ansonsten bietet das Haus alle Ausstattungsmerkmale auf hohem Niveau, vom Kaminofen über Whirlpool und Mikrowelle bis zum Jacuzzi auf der riesigen Dachterrasse. Ein Glas Sekt bei sprudelnder Wassermassage in der Abenddämmerung oder Sonnenaufgänge von der Schlafkajüte aus genossen krönen die Romantik.

Alte, nicht mehr genutzte Hafenanlagen von **Nykøbing** werden so zu modernen, innovativen Feriensiedlungen. Die Kinder genießen den Sprung ins saubere Ostseewasser. Im Wohnzimmer zeugen leichte Pendelbewegungen davon, dass hier auf Wasser gebaut wurde, und sorgen für das heimelige Gefühl einer statischen kleinen Kreuzfahrt in einer von der Eiszeit modulierten Region. Markante Grabhügel zeugen von ihrer frühen bronzezeitlichen Besiedlung. Auch der legendäre Sonnenwagen wurde hier entdeckt.

Ganz auf die bedeutende Kultur- und Naturgeschichte ausgerichtet ist der Geopark Odsherred, der alle Facetten der erstaunlichen Entwicklungen in der Landschaft über die Jahrhunderte beleuchtet und seit 2014 Unterstützung durch die UNESCO bekommt. Am Schloss **Dragsholm** gibt ein kleines Infozentrum Auskunft. Aktives Unterhaltungsprogramm für Jung und Alt hält das Sommerland Seeland in **Nørre Asmindrup** bereit, das eine eigene Bahnstation besitzt oder zum Goldgraben animiert. *UH*

Zum Sankt-Hans-Fest erleuchten zahllose Feuer die endlosen dänischen Küsten.

Infos und Adressen

ANREISE

Auto: über die Vogelfluglinie Puttgarden-Rødby oder über Jütland und Fünen und die Brücke über den Großen Belt

BESTE REISEZEIT

Mai bis Oktober

SEHENSWERT

Sommerland Seeland: Spaß und beste Unterhaltung für die ganze Familie im Freizeitpark; www.sommerlandsj.dk

Feuerwehrmuseum: die Geschichte des Brandwesens mit zahlreichen historischen Fahrzeugen; www.odsherredbrandmuseum.dk

ESSEN UND TRINKEN

Kuberts Fisk: Fischverkauf und Restaurant in einem, Empfehlung: Lars' Fischburger; www.kubertsfisk.dk

Rørvig Perlen: malerisches Restaurant mit Strohdach, deutscher Koch, üppiges Mittagsbüffet am Sonntag; www.rørvig-perlen.dk

ÜBERNACHTEN

Hausboot-Ferienhäuser: für 6 Personen, Preis je nach Saison ab 820 Euro pro Woche; www.feriepartner-odsherred.dk

WEITERE INFOS

Region Odsherred: www.visitodsherred.dk

Ein Whirlpool auf dem Dach sorgt für großen Badespaß und für gute Aussichten.

Ein besonderes Erlebnis

EIN FEUER AM STRAND

Das dänische Mittsommerfest, das Sankt-Hans-Fest, wird alljährlich am 23. Juni am Vorabend des Johannistages gefeiert. Kleine Feuerstellen entlang der ganzen Küste des Landes markieren dieses rituelle Ereignis, das nach traditioneller Vorstellung böse Geister fernhalten soll. Noch lange nach Einbruch der Dämmerung schwelen die verglühenden Holzscheite, die am Nachmittag zuvor fein säuberlich aufgestellt wurden. Zuweilen finden selbst gebastelte Strohpuppen darin ihr dämonisches Ende. Selbst von der Terrasse des Hausbootes aus sind die Feuer zu sehen, welche die Dänen zum Anlass nehmen für geselliges Beisammensein mit gegrilltem Fisch, frischem Brot, Salaten, Bier und Aquavit. Es wird fröhlich und ausgelassen rund um die wärmende Feuerstelle getanzt und überwiegend volkstümliches Liedgut gesungen, selbst die Besucher sind eingeladen, sich an der stimmungsvollen Feier zu beteiligen, jedoch mit Abstrichen in der Sangeskunst …

46 Glasgow – kosmopolitisches Flair

HIGHLIGHTS

Glasgow School of Art: Führungen zur Zeit nicht möglich, Shop, kleine Ausstellung. www.gsa.ac.uk

Kelvingrove Art Gallery & Museum: jegliche Kunststile auf verschiedenen Ebenen, Café, www.glasgowlife.org.uk/museums/kelvingrove

Glasgow Cathedral: der Heilige Mungo gründete hier die Stadt; www.glasgowcathedral.org.uk

Glasgow Central Station: geführte Touren hinter den Kulissen des ikonischen Bahnhofs, www.glasgowcentraltours.co.uk

Riverside Museum: tolle Sammlung historischer Verkehrsmittel am Clyde, www.glasgowlife.org.uk/museums/riverside/Pages/default.aspx

PROBIEREN UND ERLEBEN

Willow Tea Rooms: Kult-Teehaus mit Mackintosh-Interieur, Shop, Ausstellung, www.willowtearooms.co.uk – *Tunnock's:* populäre Backwaren, Familienbetrieb, seit 120 Jahren in Uddingston, www.tunnock.co.uk – *West End Festival:* internationaler Karneval auf der Byres Road im Juni, www.westendfestival.co.uk

Als Glasgow mit dem Slogan »Scotland with Style« warb und zuvor bereits als bevölkerungsreichste Metropole Schottlands zu Europas erster Kulturhauptstadt erkoren wurde, konnte sie endlich einem breiten Publikum die wundersame Metamorphose vom schmuddeligen Aschenputtel zur strahlenden, weltoffenen Prinzessin präsentieren.

Modern, kosmopolitisch und kulturell wertvoll ist das **Glasgow** des 21. Jh. Die äußerlichen Veränderungen haben die Glaswegians, die Bürger Glasgows, toleriert und mitgetragen, ohne dabei ihre offene Herzlichkeit und sprichwörtliche Gastfreundschaft aufzugeben. Keine Taxifahrt, sei sie auch noch so kurz, vergeht, ohne das halbe Leben des Fahrers diskutiert zu haben. Glasgow lächelt viel und gern – das ergab eine Untersuchung, die das Lächeln der Einheimischen pro Stunde studierte. Ein Übermaß an typischen Klischees, wie sie in der schottischen Hauptstadt **Edinburgh** überall lauern, reduziert Glasgow auf ein sehr angenehmes Niveau. Auf den Shoppingmeilen Buchanan Street, Sauchiehall Street und Argyle Street kann man kultiviert einkaufen in Boutiquen, edlen Geschäften oder dem eleganten Princes Square, historisch und zeitgemäß gleichermaßen. Das kulinarische Angebot lässt ebenfalls nur wenige Wünsche offen.

Der Einfluss des **River Clyde** begleitet die soziale und ökonomische Entwicklung Glasgows über Jahrhunderte. Schiffe aus den Glasgower Werften dominierten die Seefahrt, die ihre Krönung mit dem Bau des

Die gewagte Architektur des Riverside-Museums am River Clyde markiert die industrielle Zeitenwende der größten Stadt Schottlands.

In den City Halls präsentieren jeden Sonntag Künstler und Kunsthandwerker ihre Kreationen.

Luxuskreuzfahrtschiffes QE II fand. Über den Clyde kamen Waren in die Stadt, über den Clyde brachen viele Schotten auf in eine ungewisse Zukunft – der Clyde ist der Schlüssel zur kosmopolitischen Weltoffenheit der Stadt. Ähnliches gilt für den Bahnhof **Central Station**. An langen Bahnsteigen unter dem riesigen, gläsernen Dachgewölbe mag sich manch schicksalhafte Begegnung abgespielt haben. Von stilvoller edwardianischer Eleganz sind die ovalen, dunkel verkleideten Gebäude mit Ladenlokalen und Gastronomiebetrieben in der luftigen Wartehalle. Einen Teil davon macht die Bar des altehrwürdigen **Grand Central Hotels** aus, das selbst ausgesprochen glamouröse Geschichten zu erzählen weiß. Von hier aus sendete John Logie Baird 1927 die ersten Fernsehbilder nach London, hier stiegen alle Hollywoodgrößen, alle Politiker der Nachkriegszeit ab. Legendär ist der Auftritt des Filmpferdes Trigger auf der Hoteltreppe. In den Fluren hängen viel alte Fotodokumente.

Studenten setzen schottische Musiktraditionen in den Einkaufsstraßen fort.

Besonderer Ausflug

KATHEDRALE DER KUNST

Kunst für jedermann, Kunst für das Volk lautet das Credo und Ausstellungskonzept von Kelvingrove Art Gallery & Museum am Ufer des **Kelvin**. Der Eintritt in das Museum der Stadt Glasgow ist folgerichtig frei. Kelvingrove ist populäres Ausflugsziel nicht nur bei Touristen, auch die Glaswegians finden gern den Weg in ihr Museum. Sie genießen die besondere, ungestelzte Atmosphäre. Die Zusammenstellung der Exponate verwundert zunächst: Da schwebt ein Spitfire-Flugzeug von 1944 über einer Menagerie ausgestopfter Wildtiere, allen voran Sir Roger, der Zirkuselefant, der zu den Museumsstücken der allerersten Stunde gehört. Etwas jünger sind 50 schwebende weiße Köpfe, jeder mit einem anderen Ausdruck, welche die Halle des Ostflügels beherrschen. Eine dezente farbige, stetig wechselnde Beleuchtung erzeugt zusätzliche Mystik. Die untere Ebene ist Wechselausstellungen vorbehalten, zudem liegen hier eine Cafeteria, die kleine Gerichte anbietet, sowie ein gut sortierter Shop.

Der George Square ist kultureller Treffpunkt im Herzen Glasgows.

Kunst, Design, Architektur

Im Südwesten der Stadt bildet der **Pollok Park** eine der zahlreichen grünen Lungen Glasgows. Das historische **Pollok House** verfügt über eine exzellente Sammlung spanischer Meister und einen sorgsam gepflegten Garten. Highlight des Parks, der neben zwei Golfplätzen freilaufende Hochlandrinder beherbergt, ist jedoch das Museum »The Burrell Collection«. 1983 eröffnet, präsentiert das nur zu diesem Zweck errichtete, lichtdurchflutete Gebäude die beeindruckende Kollektion des Reeders William Burrell (1861–1958), der seine fast 9000 Exponate umfassende Sammlung an Kunstschätzen aus aller Welt dem Museum schon 1944 vermachte, mit der Auflage, sie für die Öffentlichkeit aufzubereiten. Das stolze Reiterstandbild des Duke of Wellington bewacht das monumentale Portal zur **Gallery of Modern Art**. Auf dem Kopf trägt der Edelmann üblicherweise einen orangenen Verkehrskegel, in der Kunst ist der Weg vom Ulk zum Kult bisweilen kurz. Auf mehreren Galerieebenen zeigt das GoMA wechselnde, oft provokante zeitgenössische Ausstellungen.

Der **George Square** vor der eindrucksvollen Kulisse der **City Chambers** ist traditioneller Treffpunkt von Bürgern und Besuchern der Stadt. Bedeutende und geschichtsträchtige Ereignisse fanden hier unter den Denkmälern und Statuen berühmter Schotten sowie Königin Victoria zu Pferde statt, so erst jüngst zum Referendum zur Unabhängigkeit im Herbst 2014. Stilistisch lehnen sich die City Chambers an die italienische Renaissance und sind ein gutes Beispiel für die optimistische Stimmung des viktorianischen Zeitalters. Das prunkvolle Innere dominiert ein wundervolles Treppenhaus aus Carrara-Marmor. Diverse Monumente, Standbilder von James Watt und Lord Nelson, zieren die Fläche des weitläufigen **Glasgow Green**; das mit Abstand eindrucksvollste ist jedoch der Brunnen »Doulton Fountain«, der größte aus Terrakotta gefertigte Brunnen der Welt. Erbaut für die glamouröse Glasgow Exhibition 1888 und bereits zwei Jahr später zum Glasgow Green umgesiedelt, besteht er aus figurativen Darstellungen von Menschen aus den britischen Kolonien und symbolisiert in seiner warmen Farbgebung die Gemeinschaft des Empire. *UH*

Eine Skulpturengalerie im Kunstpalast Kelvingrove Art Gallery & Museum

Zum Staunen

GENIALER JUGENDSTIL

Glasgow als Dorado des Jugendstils zu beschreiben wäre angesichts einer unübersichtlichen städtebaulichen Vielfalt übertrieben. Gleichwohl ist es die Heimatstadt des berühmtesten schottischen Architekten überhaupt. Charles Rennie Mackintosh begründete mit zukunftsweisender Gestaltung nicht nur den Jugendstil Schottlands, sondern inspirierte Designer und Architekten auf dem Kontinent, etwa Gustav Klimt. Das Meisterwerk Mackintoshs ist wohl die **Glasgow School of Art**, die komplett nach seinen Entwürfen entstand. Ein Feuer im Mai 2014 macht ihren Besuch derzeit leider unmöglich. Dafür kann man einen gepflegten Cream Tea in den Willow Tea Rooms genießen. Kate Cranston begründete 1902 eine Teehaus-Kultur mit diversen Räumlichkeiten im Stadtgebiet, wovon zwei erhalten werden konnten. Die Umsetzung des House for an Art Lover im **Bellahouston Park** erfolgte nach den durchdachten Vorlagen des Meisters erst im Jahr 1996 und atmet dennoch mit allen typischen Stilelementen den Geist des Künstlers.

Infos und Adressen

ANREISE
Flug: schnellste Reisemöglichkeit: Direktflüge von Düsseldorf nach Glasgow (www.germanwings.com)

SEHENSWERT
Hunterian Art Gallery: Kunstausstellung und Nachbau der Wohnung von Mackintosh, Eintritt frei; www.gla.ac.uk/hunterian

Queens Cross Church: einzige Kirche von Mackintosh, Sitz der Charles Rennie Mackintosh Society; www.crmsociety.com/mackintoshchurch.aspx

House for an Art Lover: Nachbau eines Hauses nach Mackintoshs Vorlagen, Shop, Café, Wechselausstellungen; www.houseforanartlover.co.uk

The Lighthouse: Architektur- und Designzentrum, Shop und Café; www.thelighthouse.co.uk

Scotland Street School Museum: Schulgebäude mit vielen Mackintosh-Details, Eintritt frei; www.glasgowlife.org.uk/museums/scotland-street/Pages/default.aspx

Glasgow University: eindrucksvolles Universitätsgebäude; www.gla.ac.uk

Kibble Palace: graziler Glaspalast mit großer Pflanzensammlung; www.glasgowbotanicgarden.com

Pollok House: alte Kunst in historischem Gebäude; www.nts.org.uk

Burrell Collection: private Kunstsammlung mit Exponaten aus aller Welt, Eintritt frei

Pollok Country Park: zauberhafte Gartenanlage; www.glasgowlife.org.uk

Gallery of Modern Art: moderne, junge Kunst, Eintritt frei; www.glasgowlife.org.uk

Glasgow Science Centre: Wissenschaft anschaulich zu vermitteln ist Credo im ufoartigen Gebäude neben dem Glasgow Tower. www.glasgowsciencecentre.org

Die stets belebte Buchanan Street gehört zu den wichtigsten Einkaufsstraßen der Stadt.

SECC Scottish Exhibition & Conference Centre: Neben dem als Armadillo bekannten Clyde Audtorium liegen die Multifunktionshalle The Hydro Arena und das Messezentrum SECC. www.secc.co.uk

ESSEN UND TRINKEN
Rogano: Das Innere des edlen Lokals entspricht dem Ambiente eines eleganten Kreuzfahrtschiffes der 1930er-Jahre. www.roganoglasgow.com

West Brewery: Wer schon immer einmal typisch schottische Currywurst und Spätzle essen wollte, ist in dem Brauereiausschank richtig. Die Portionen sind groß, das Bier klasse. www.westbeer.com

Tchai Ovna: uriges kleines Teehaus, beliebt bei Studenten mit vielen alternativen Speiseangeboten. www.tchaiovna.com

Ubiquitous Chip: mehrfach ausgezeichnetes Lokal im betriebsamen Studentenviertel mit tollen Wandmalereien und fantastischer Küche; www.ubiquitouschip.co.uk

SHOPPING
Caledonia Books: kleiner Laden mit sensationeller Auswahl lokaler Secondhandliteratur; www.caledoniabooks.co.uk

Princes Square: mondänes Einkaufszentrum; www.princessquare.co.uk

Argyle Arcade: Passage mit großer Auswahl an Schmuckgeschäften; www.argyle-arcade.com

AUSGEHEN
Òran Mór: Kirche als Pub und Konzertsaal im West End; www.oran-mor.co.uk

ÜBERNACHTEN
Hotel du Vin One Devonshire Gardens: Hinter hellen viktorianischen Fassaden verbirgt sich das elegante Haus mit dem ausgezeichneten Restaurant. www.hotelduvin.com

Blythswood Square: Das Fünf-Sterne-Haus bietet stilvollen Komfort an einem ruhigen Platz abseits der Shoppingmeilen. www.townhousecompany.com/blythswoodsquare

Grand Central Hotel: Die Zimmer sind recht klein, die glamouröse Atmosphäre des Hauses jedoch unvergleichlich. www.thegrandcentralhotel.co.uk

WEITERE INFOS
Informationen zu Glasgow: www.peoplemakeglasgow.com

Detail an der Glasgow School of Art

47 Aberdeen – Citytrip mit Strandvergnügen

HIGHLIGHTS

Footdee: im Karree angelegtes Hafendorf an der Mündung des Dee

Hafenrundfahrt: imposante Eindrücke von Bord eines Schiffes der Clyde Cruises auf die riesigen Hafenanlagen

King's College: altehrwürdiges Studentenviertel von 1495 mit großem Campus und historischen Gebäuden

St. Machar's Cathedral: bedeutendes Kirchengebäude in Old Aberdeen mit toller Holzdecke und 48 Wappen aus dem 16. Jh.

Castle Gate: Platz mit Zitadelle und kunstvollem Mercat Cross von 1686 am Anfang der Union Street

PROBIEREN UND ERLEBEN

Mad Hatters Tea Party: Im Carmelite Hotel wird der obligatorische Nachmittagstee mit Live-Entertainment verbunden – *Cullen Skink:* Die typische, gehaltvolle Fischsuppe besteht aus geräuchertem Schellfisch und wird mit Zwiebeln, Kartoffeln und Milch angereichert.

Der Nordosten Schottlands vereint alle typischen und beliebten Merkmale des Landes. Wenige Kilometer hinter der Nordseeküste beginnt das sagenumwobene Hochland. Mit Aberdeen liegt hier Schottlands drittgrößte Metropole, die zugleich durch die Nähe zum britischen Nordseeöl als boomende Energiehauptstadt Europas gilt.

Grau, trist, langweilig – die Attribute für **Aberdeen** tendieren zumeist ins Negative. Wegen ihres architektonischen Erscheinungsbildes in überwiegend schlichtem Grau ist sie auch als Granite City bekannt, die zudem den zweifelhaften Ruf genießt, in einer Schlecht-Wetter-Region zu liegen. Doch die Sonne wagt sich sehr häufig hervor über Aberdeen und der Region **Aberdeenshire**, die schon Queen Victoria in ihren Bann zog. Die Granitfassaden jedenfalls glänzen und glitzern sogleich glamourös und edel, machen aus dem vermeintlichen Aschenputtel eine strahlende Schönheit, eine Silver City.

Das Delta des **River Don**, der nach eleganten Schwüngen in die Nordsee mündet, markiert die natürliche nördliche Grenze des Stadtzentrums. Der Blick übers Meer verrät sogleich die maritime Betriebsamkeit Aberdeens, angesichts diverser, auf Einfahrt wartender Frachtschiffe. Ein langgestreckter Sandstrand öffnet sich hier gen Süden. An dessen Ende ragt der Navigationsturm des Hafens in den Himmel. Sanft rauscht die Brandung heran, der feine Sand knirscht

Ein weißes Einhorn krönt die Säulenspitze am Tollcross Square zu Beginn der Union Street mit den typischen silbergrauen Fassaden.

Der Spaziergang durch Footdee entführt den Besucher in eine andere Welt.

bei der Strandwanderung unter den Schuhen. Je näher der Innenstadtbereich rückt, desto betriebsamer werden die Aktivitäten am Strand, Beachvolleyball und Tennis gleich an der Strandpromenade, Kinder wagen gar das Bad im Meer, Eltern genießen dasselbige in der Sonne.

Weiter oben locken unterschiedlichste Vergnügungsangebote, das Ganze überragt ein gewaltiges Riesenrad. Von der alten Festungsanlage Torry Battery und dem Leuchtturm von Aberdeen auf dem gegenüberliegenden Ufer des **Dee-Deltas** und des Hafens im Süden bietet sich eine zauberhafte Aussicht über die Hafenanlagen und auf die Skyline der Stadt, auf das Kleinod Fittie und die schier endlose

Voll verspielter Unbekümmertheit gestalten die Bewohner Footdees ihre kleinen Behausungen

Zum Staunen

DAS UNGEWÖHNLICHE HAFEN-DORF

Wohnidylle im Schatten mächtiger Hafenanlagen: Das ist das ehemalige Fischerdorf **Footdee**, von den Aberdonians liebevoll »Fittie« genannt. Es liegt direkt am alten Tower des Hafens, mittlerweile ersetzt durch ein modernes, wesentlich höheres Exemplar landauswärts. Streng im Karomuster angelegt, von einer »seawall« geschützt vor stürmischer See, mit Grünflächen dazwischen, gibt es hier verspielte Kleingärten samt Gartenhäuschen im Reihenhausstil. Katzen schleichen schnurrend um die Ecken, Wäsche flattert lustig im Wind, Gartenzwerge grinsen herüber, eine kleine Kapelle bildet stolz den Mittelpunkt des untypischen Ensembles. In den Fenstern prangt maritimer Nippes aus Porzellan, leuchten bunte Blumensträuße. John Smith, der Architekt und Stadtplaner Aberdeens, begann um 1810 mit dem Bau Fitties. Sein Sohn William baute später Balmoral Castle, den schottischen Sommersitz des britischen Königshauses in Aberdeenshire.

Malerisch schmiegen sich die kleinen Häuser Crovies zwischen Steilküste und Brandung.

Besonderer Ausflug

EINSAME IDYLLE

Das Dorf an der Nordküste Aberdeenshires, etwa eine Stunde von Aberdeen, besteht nur aus einer langen Reihe von kleinen Häusern unterhalb der Klippen – so schmal angelegt, dass keine Straße, sondern nur ein schmaler Fußweg bis zum Ende führt. Vorbei an geduckten Giebelfassaden aus Feldstein, kultig-kitschigen Fensterdekorationen, winzigen, aber liebevoll gepflegten Gärten und maritimen Devotionalien; vom südwestlich gelegenen Parkplatz muss der Ort, den eine friedvolle Atmosphäre am Auslauf der Brandung umgibt, also per pedes erkundet werden. **Crovie** ist ein malerisch verklärtes Resultat der **Highland Clearances**. Großgrundbesitzer, die die Schafzucht favorisierten, siedelten enteignete Kleinbauern hierhin um, die fortan der Fischerei zum Broterwerb frönten. Nach einer verheerenden Sturmflut im Jahr 1953 verließen die Bewohner Crovie, das seither zu einer idyllischen Ansammlung ruhiger Ferienunterkünfte gedieh. Der Strand ist eine Fundgrube für Freunde des Steinesammelns.

Strandpromenade. Mit Glück lassen sich Delfine ohne Fernglas beim neckischen Spiel beobachten. Aber Vorsicht: Hier oben pfeift der Wind ordentlich.

Kleinodien hinter silbergrauen Granitfassaden

Am **Tollcross Square** ragt eine antike Säule in die Höhe. Auf deren Spitze thront ein weißes Einhorn, das stolz die Union Street hinunterblickt. Imposant sind auch die Türme des Townhouse und des Marischal College, vor dem Robert the Bruce, schottischer König und Volksheld, mitsamt Pferd Wache schiebt. Einen Abstecher in der Innenstadt lohnt die **Aberdeen Art Gallery**, ein Kunstmuseum mit ausgezeichneter Gemäldesammlung schottischer Maler aus früheren Zeiten über die Periode der renommierten Glasgow Boys bis zu Jack Vettriano, dem umstrittenen Vertreter zeitgenössischer Malerei in Schottland.

Die kleine Parkanlage **Union Terrace Gardens**, einer von vielen gepflegten Parks und Gärten im Zentrum, liegt gegenüber His Majesty's Theatre zwischen den beiden innerstädtischen Hauptverkehrsadern und bildet einen reizvollen Farbkontrast zum vorherrschenden Grau georgianischer Architektur. Sie stellt gleichzeitig eine Verbindung in die historische Unterstadt dar, der **Merchant Quarter**. Dieser mittelalterliche Stadtteil mit seinen Kopfsteinpflastergassen, The Green, Keimzelle des ursprünglichen Aberdeen, besitzt eine ganz eigentümliche Atmosphäre. Kleine Bars, Pubs und Restaurants sind besonders bei den Studenten beliebt.

Das **Maritime Museum** in der Ship Row beschäftigt sich mit der großen Historie der Seefahrt an der Nordostküste Schottlands und deren Bedeutung für die Wirtschaft und Gesellschaft Aberdeens. Im Zentrum des Gebäudes steht ein Modell einer Ölplattform, die selbst im kleinen Maßstab einen atemberaubenden Eindruck macht und Bewunderung all jenen zollt, die an einem solch exponierten Ort auf offener See ihr Tagwerk verrichten.

Aberdeens **Old Town** wird beherrscht vom **Kings College**, der drittältesten Universität Schottlands. Signifikant ist die offene Kronenkuppel der Kirche auf dem Campus. Die High Street flankieren historische Gebäude aus dunklem Sandstein. Sie bilden einen starken Kontrast zum modernen würfelförmigen Gebäude der Sir-Duncan-Rice-Bibliothek, die sich in Sichtweite mit ihrer urwaldähnlichen Fassade erhebt und schon einige Architekturpreise einheimsen konnte. Einen genaueren Blick lohnt auch die ehrwürdige St. Machar's Cathedrale mit ihrer eindrucksvollen Kassettendecke und danach eine kurze Wanderung durch den weitläufigen Seaton Park mit hohen alten Bäumen und sorgsam angelegten farbenprächtigen Blumenbeeten hinüber zur **Brig o'Balgownie**. Die älteste mittelalterlichen Brücke Schottlands wölbt sich inmitten dichten Baumbestandes hoch über den Don. Studenten feierten hier oft ihre bestandenen Examina mit einem Sprung aus 17 m in den Fluss. Dieser Übermut wollte mit so manchem Knochenbruch bezahlt sein. *UH*

Infos und Adressen

ANREISE

Flug: Lufthansa bedient die Route Frankfurt–Aberdeen zweimal täglich (www.lufthansa.com), Mietwagen am Flughafen verfügbar, Taxi ins Stadtzentrum: ca. 15 Euro.

SEHENSWERT

Aberdeen Art Gallery: Kunst in jeglichen Spielarten am School Hill; www.aagm.co.uk

Maritime Museum: Geschichte der Seefahrt und deren Bedeutung für die Stadt; www.aagm.co.uk

Marischal College: beeindruckendes Granitbauwerk im neugotischen Stil von 1905, Denkmal für Robert the Bruce

Queens Links Leisure Park: typisch britische Kurzweil zwischen Spielautomaten und Riesenrad, Treppen zum Strand; www.queenslinkaberdeen.co.uk

Union Terrace Gardens: viktorianischer Park inmitten der Stadt; www.aberdeencity.gov.uk

Duthie Park: 1880 der Stadt gestiftet und 1883 eröffnet, dient er als Ort der Ruhe und für Open-Air-Events, großer Kakteengarten. www.friendsofduthiepark.co.uk

Victoria Park: älteste Parkanlage Aberdeens von 1871 mit historischem Springbrunnen aus 14 verschiedenen Granitsorten; www.aberdeencity.gov.uk

Hazlehead Park: großzügige Rosengärten in hübscher Gartenanlage; www.friendsofhazlehead.co.uk

Seaton Park: weitläufige Parkanlage mit altem Baumbestand; www.aberdeencity.gov.uk

Provost Skene's House: historische Bürgermeisterei; www.aagm.co.uk

Satrosphere: Die familienfreundliche, interaktive Erlebniswelt gibt spielerisch Einblick in Naturwissenschaften. www.satrosphere.net

Welche Großstadt kann schon von sich behaupten, eine Strandpromenade zu besitzen?

His Majesty's Theater: traditionsreiches Theater- und Konzerthaus; www.aberdeenperformingarts.com

Royal Aberdeen Golf Club: renommierter Golfplatz nördlich der Dee-Mündung, gehört zu den besten Links-Kursen der Welt; www.royalaberdeengolf.com

Brig o'Balgownie: älteste Steinbrücke Schottlands mit gotischem Spitzbogen über dem Don, dörfliche Umgebung

ESSEN UND TRINKEN

The Silver Darling: renommiertes Lokal in Footdee, prima Aussicht über Hafenausfahrt und Meer; www.thesilverdarling.co.uk

Café 52: kultiges Studentencafé im Merchant Quarter mit regionalen Spezialitäten, moderate Preise; www.cafe52.net

Triple Kirks: uriges Pub-Ambiente in ehemaligem Kirchengebäude; www.thetriplekirksaberdeen.co.uk

SHOPPING

Union Street: internationale Ketten auf der Haupteinkaufsstraße und Einkaufsgalerien dicht an dicht, individuelle kleine Geschäfte in den Nebenstraßen

ÜBERNACHTEN

Ardoe House Hotel & Spa: (ab 2016 MGallery Hotel & Spa) 119 komfortable Zimmer im traditionellen Stil, angenehme Atmosphäre und gutes Essen, mit Restaurant und Bar; www.mercure.com/gb/hotel-6626-mercure-aberdeen-ardoe-house-hotel-and-spa/index.shtml

B&B The Jays: Bed and Breakfast (4 Sterne) in der Kings Street, nahe Old Aberdeen – Wirtin Alice verwöhnt mit original schottischem Frühstück. www.jaysguesthouse.co.uk.

Chester Hotel: stilvolles Fünf-Sterne-Hotel in der Queens Road; www.chester-hotel.com

Malmaison: Über mehrere hochherrschaftliche Stadthäuser verteilt besitzt das elegante Haus eine gut sortierte Whisky-Bar. www.malmaison.com

Besonderes Aberdeen-Phänomen: Zwischen Mo und Do ist es so gut wie unmöglich, zeitnah ein Hotelzimmer zu bekommen; Grund sind die Beschäftigten der Ölindustrie.

WEITERE INFOS

Aberdeen: www.visitaberdeen.com

Strandbummel unter der Torry Battery

48 Dumfries & Galloway – südschottische Romantik

HIGHLIGHTS

Kunst in der Landschaft: Skulpturenpfad von Andy Goldsworthy auf den Höhen bei Moniaive

Mill on the Fleet: ehemalige Baumwollspinnerei mit Café, kulturhistorischer Ausstellung und Antiquariat in Gatehouse of Fleet

7 Stanes: attraktive Routen und Pfade für Mountainbiker; www.7stanesmountainbiking.com

Broughton House: imposantes Wohnhaus des Künstlers E. A. Hornel mit verwunschenem Garten in Kirkcudbright

Port Logan: malerisches Fischerdorf hinter breitem Sandstrand der Port Nessock Bay

FESTE UND EVENTS

Arts & Crafts Trail: moderne Kunstausstellungen und -aktionen an einem langen Augustwochenende in Kirkcudbright – *Wigtown Book Festival:* populärer antiquarischer Büchermarkt in Wigtown – *Dark Sky Park:* Von den Höhen des Galloway Forest Parks ist der Blick in den nächtlichen Sternenhimmel besonders intensiv.

Der südwestliche Zipfel Schottlands ist schon von seiner Form her ein wahrer Hammer und gleichzeitig noch immer ein Geheimtipp. Eine charakterstarke und reizvolle Landschaft sowie eine zauberhaft entspannte Urlaubsregion voller Kleinodien präsentieren Dumfries and Galloway und das nahe Umland.

Drei Leuchttürme bilden die markanten Eckpfeiler der gut 50 km langen Halbinsel **Rhinns of Galloway**: Corsewall Point, heute ein stilvolles Vier-Sterne-Hotel, im Norden, Killantringan Lighthouse an der Westküste, etwas nördlich von **Portpatrick** – das Wohnhaus der Leuchtturmwärter ist nun ein Ferienhaus. Am ultimativen südlichen Ende Schottlands befindet sich das Leuchtfeuer am **Mull of Galloway**, das der National Trust for Scotland ebenfalls in seinem Unterkunftsportfolio offeriert.

Pittoreskes Zentrum an der Westküste ist das Örtchen Portpatrick, das der Heilige Patrick der Legende nach als Ausgangspunkt tur seine Reise nach Irland benutzte. Die Nähe zur großen Nachbarinsel prädestinierte den Hafen für die ersten planmäßigen Fährdienste, die bereits 1616 nach Donaghdee, County Down, führten. Strenge westliche Winde und die geologische Beschaffenheit des Meeresabschnitts vor Portpatrick führten immer wieder zu Havarien und gefährdeten den Schiffsverkehr für größere Wasserfahrzeuge erheblich. Schließlich verlegte man den Fährbetrieb ins geschütztere **Stranraer** im Loch Ryan.

Den drohenden Niedergang Portpatricks zur Jahrhundertwende verhinderte der Einsatz der Familie Orr-Ewing, die daraus ein hübsches,

Portpatrick war früher das Einfallstor nach Schottland für Reisende aus der Irischen See und wichtiger Warenumschlagplatz.

Der Leuchtturm Mull of Galloway markiert den südlichsten Punkt Schottlands.

familienfreundliches Seebad machte. Das elegante Portpatrick Hotel im Baronialstil liegt oberhalb der Bucht mit schönem Ausblick über Ort und Hafen. Hier beginnt der Langstreckenwanderweg Southern Upland Way, der längste Wanderweg Schottlands, der über knapp 340 km bis nach **Cockburnspath** an der Küste **Berwickshires** führt.

Entlang der früheren Bahntrasse und der Klippenkante führt ein schmaler Pfad vom Ort aus südwärts bis zur Burgruine des mittelalterlichen Dunskey Castle. Die wechselvolle Geschichte des Hauses endete abrupt um 1684, als der Laird seine Heimstatt aufgab. In den düsteren Mauern in exponierter, windumtoster Lage soll ein Geist sein Unwesen treiben. Noch weiter südlich, der Weg schlängelt sich zwischen den Klippen und **Criagoch Moor**, öffnet sich die versteckte Bucht der **Spittal Bay** zum Meer hin. An diesem beschaulichen Platz trafen sich Dwight D. Eisenhower und Winston Churchill während des Zweiten Weltkrieges zu geheimen Unterredungen. Die Badewanne des amerikanischen Präsidenten steht noch immer in einem Badezimmer der Villa Knockinaam Lodge, heute eine luxuriöse Hotelunterkunft.

Die sieben Bassets von Portpatrick beim entspannten Abendspaziergang

Ein besonderes Erlebnis

SCHOTTLANDS SÜDLICHSTE LANDMARKE

Auf gut 90 m hohen Klippen thront der strahlend weiße Leuchtturm von Mull of Galloway, bekannt als Stevenson Tower, der sich selbst nochmals 26 m in die Höhe schraubt. Nach dem Erklimmen von 115 Stufen gibt es zunächst pfeifenden Wind, dann aber perfekte Aussicht. Im ehemaligen Wohngebäude des Leuchtturmwärters zeigt die Mull of Galloway Experience Interessantes rund um die Historie des zwischen 1828 und 1830 errichteten Turmes. Unterhalb, über einen schmalen Pfad zu erreichen, steht das imposante Nebelhorn. Eine schmale Terrasse erlaubt von hier die gefahrlose Beobachtung des geschäftigen und reichen Vogellebens an den Klippen. Das Naturerlebnis schließt zudem eine große Zahl seltener Pflanzen ein. Auskunft gibt das RSPB-Besucherzentrum im weißen Cottage. Freiwillige Helfer der schottischen Vogelschutzorganisation beantworten die Fragen der Besucher und zeigen die schönsten Standorte der Orchideen. www.mull-of-galloway.co.uk

Glenluce Abbey liegt verwunschen in den Flussauen des Water of Luce.

Künstler und Bücher

Das Städtchen **Kirkcudbright** am Scheitelpunkt der gleichnamigen Bucht, einem Ausläufer des **Solway Firth**, gilt als einer der am besten bewahrten Schätze des Landes überhaupt. Umschmeichelt vom Golfstrom, gerühmt von vielen Künstlergenerationen wegen des ganz besonderen, etwas anderen Lichtes, verströmen die gemütlichen Gassen und Straßen eine entspannte Atmosphäre. Zwei bedeutende Namen der schottischen Kunstszene sind mit dem Ort untrennbar verbunden: Edward Atkinson Hornel (1864–1933) und Jesse Marion King (1875–1949). Beide kamen ursprünglich aus Glasgow und lösten mit ihrer Umsiedlung in den Süden des Landes einen regelrechten Boom aus. Jeder Maler und Zeichner dieser Zeit pilgerte in die Region, um neue Inspiration zu bekommen. Das Attribut als »Stadt der Künstler« findet seit 2003 alljährlich mit dem Art & Crafts Trail Anfang August eine gelungene organisierte Fortsetzung.

Der **Galloway Forest Park** nimmt den größten Teil der Berglandes der **Galloway Hills**, »the Highlands of the Lowlands«, ein, die hervorragende Möglichkeiten für Wanderungen und ambitionierte Klettertouren bieten. Heidegebiete, nette Strände, kleine Dörfer, Kunst und beeindruckende Historie runden den lieblichen Eindruck des schottischen Südens ab.

Seit 1997 trägt **Wigtown** den Titel als Schottlands Bücherstadt. Antiquariate beherrschen das vornehmlich georgianische Zentrum rund um Main Street und High Street. Manche haben sich auf bestimmte Fachgebiete spezialisiert, andere kombinieren ihr literarisches Mekka mit Cafeteria und B&B-Möglichkeiten. Den Vogel schießt jedoch The Book Shop ab, der unbestritten größte Gebrauchtbuchladen Schottlands. Zwischen den hohen Regalen ist es utopisch, die Übersicht zu behalten, geschweige denn etwas ganz Bestimmtes zu finden. Hier muss man einfach Zeit mitbringen zum Stöbern. Ende September steigt das große Buch-Festival. Wigtown liegt auf einem Hügel über dem **River Bladnoch**, welcher der südlichsten Whiskybrennerei Schottlands seinen Namen gab. Vor fast 200 Jahren begann die Produktion des »Spirit of the Lowlands« gleich neben der ikonischen Bogenbrücke. *UH*

Threave Estate umgibt ein herrlicher Landschaftspark mit vielen seltenen Pflanzen.

Zum Staunen

KLOSTER MIT GEHEIMNIS

Unter den Klosterruinen in Schottlands Süden nimmt Glenluce Abbey keine bedeutende Position ein. Dennoch verbirgt sich im Inneren des halbverfallenen Gebäudes ein ganz besonderer Schatz. Gegründet wurde Glenluce 1192 in einer Biegung des Water of Luce als Schwesterabtei, wie auch die in der Nähe gelegene Sweetheart Abbey, des Zisterzienserklosters Dundrennan Abbey, östlich von Kirkcudbright. Dort verbrachte die legendäre schottische Königin Mary Queen of Scots ihre letzte Nacht auf heimatlicher Krume, bevor sie in englische Gefangenschaft ging. Glenluce jedoch war bereits zu Beginn des 17. Jh. dem allmählichen Verfall preisgegeben. Lediglich der quadratische Kapitelsaal im Zentrum der Anlage blieb völlig intakt. Eine einzelne Säule trägt die hohe Gewölbedecke. Wer es wagt, sollte die Türe schließen und seine Stimme zu einem Lied erheben. Selbst unmusikalische Zeitgenossen erleben dann eine akustische Sensation.
www.historic-scotland.gov.uk

Infos und Adressen

ANREISE
Flug: Nach Glasgow; von dort ist der Südwesten Schottlands in ca. 1 Std. zu erreichen.

SEHENSWERT
MacLellan's Castle: imposante Burgruine im Herzen Kirkcudbrights; www.historic-scotland.gov.uk

Tolbooth Art Centre: Geschichte der Kunst und der Künstler Kirkcudbrights, Wechselausstellungen

Mull of Galloway Experience: trotz nur 26 m Höhe tolle Aussichten vom südlichsten Punkt des Landes nach England und Irland, kleines Museum über Leuchtturmtechnik und lokale Historie; Café, Shop und Naturschutzzentrum; www.mull-of-galloway.co.uk

Ardwell Gardens: wunderschöne und üppige Gartenanlage mit der Blütenpracht von Rhododendren, Azaleen und Camelien; Ardwell House

Castle St. John: vierstöckiges Turmhaus aus dem 15. Jh., Stranraer, davor Brunnen für Königin Victoria zum goldenen Thronjubiläum 1887

Dundrennan Abbey: Klosterruine und letzter schottischer Standort von Mary Queen of Scots

Sweetheart Abbey: gut erhaltene Klosterruine bei New Abbey

Wickerman Festival: großes, populäres Musikfest Ende Juli nahe Dundrennan

Post Office: Schottlands erste und letzte Poststation, Drummore

Caerlaverock Castle: mittelalterliche Burg mit ungewöhnlicher dreieckiger Anlage, am Naturschutzgebiet

Threave Castle: zauberhafte Gartenanlage mit vielen exotischen Pflanzenarten und Skulpturenausstellung

Die Terrassen an der Promenade Portpatricks gewähren einen Blick über den Hafen.

Red Kite Trail: Naturwanderpfad auf den Spuren des bedrohten Greifvogels Roter Milan

Nith Bridge: rote Backsteinbrücke mit sieben Bögen, älteste ihrer Art in Schottland, Dumfries

ESSEN UND TRINKEN
The Hole I' The Wa' Inn: uriger Robert-Burns-Pub aus dem 18. Jh. voller Lokalkolorit; High Street, Dumfries

Cream o'Galloway: Besonders cremige Eisspezialitäten direkt vom Erzeuger, Kinder bekommen Einblick in bäuerliches Leben. www.creamogallow

Torrs Warren Country House Hotel: Im hübschen Wintergarten des Familienbetriebes servieren Jim und Cindy Produkte der Saison. Stoneykirk, Stranraer, www.torrswarrenhotel.co.ukay.co.uk

Castle Restaurant: frische lokale Produkte in nettem Ambiente, manchmal begleitet von Livemusik; Castle Street, Kirkcudbright, www.thecastlerestaurant.net

ÜBERNACHTEN
Cally Palace Hotel: imposantes Herrenhaus mit 18-Loch-Golfplatz, Restaurant mit regionalen Produkten der Saison; Gatehouse of Fleet, www.mcmillanhotels.co.uk/cally-palace-hotel

Creebridge House Hotel: familiär geführtes Landhaus von 1760 mit zauberhaftem Garten; Newton Stuart, www.creebridge.co.uk

The Greengate: B&B, charakterstarkes, ehemaliges Gästehaus für Künstler mit toller Atmosphäre und traumhaftem Garten; Kirkcudbright, www.thegreengate.co.uk

The Portpatrick Hotel: wunderbarer Ausblick vom stilvollen Haus oberhalb des Ortes; www.coastandcountryhotels.com/our-hotels/the-portpatrick-hotel-portpatrick

Hotel Knockinaam Lodge: luxuriöse Villa mit eigener Bucht, fantastische Küche; Portpatrick, www.knockinaamlodge.com

Corsewall Lighthouse Hotel: stilvolle Unterkunft in den früheren Räumen des Leuchtturmwärters; Kirkcolm, www.lighthousehotel.co.uk

WEITERE INFOS
Dumfries & Galloway Tourist Board: www.visitdumfriesandgalloway.co.uk

Der Green Man von Glenluce Abbey

Im Palace of Westminster, dem neugotischen Wahrzeichen der britischen Hauptstadt, tagt das Parament. Der älteste Teil stammt aus dem 11. Jh.

49 London – Sightseeing mit Teatime

HIGHLIGHTS

Twinings Tea Shop and Museum: 216 Strand, London, WC2R 1AP, www.twinings.co.uk

The Shard: London von oben mit Blick auf Big Ben, St. Paul's Cathedral und Buckingham Palace bietet der höchste Wolkenkratzer der Stadt; www.the-shard.com

Kostenlose Stadtführungen mit den London Greeters: die Stadt mit den Augen von Einheimischen kennenlernen, z. B. nach Greenwich oder ins East End; www.londongreeters.org

Schlüsselzeremonie vor dem Tower of London: schriftliche Anmeldung nötig; www.hrp.org.uk/TowerOfLondon

DAS SOLLTEN SIE PROBIEREN

Legendär sind das herzhafte *englische Frühstück* mit Eiern, Speck und Würstchen und der *Afternoon Tea*, der traditionell in den Londoner Hotels eingenommen werden kann, mit Minisandwiches oder den süßen *Scones*, ein Buttergebäck, das mit Marmelade gegessen wird, und gerne auch mit einem Gläschen Sekt.

Die britische Hauptstadt hat viele Gesichter: Finanzmetropole, Multikulti-Megacity, elegante Shoppingmeile und Ort der 1001 Sights wie St. Paul's Cathedral und Buckingham Palace. Wenn man nur ein paar Tage hier verbringt, ist die Entdeckertour zu Wasser ideal – auch als Appetizer für Wiederholungsbesuche.

Auf ihrem Weg durchs Zentrum fließt die **Themse** an vielen Sehenswürdigkeiten vorbei. Auf den Schiffen der City Cruise kann man sich vom Wasser aus einen Überblick verschaffen. Los geht's am Westminster Pier gleich bei **Westminster Abbey**. Wer das Eintrittsgeld sparen möchte, besucht sie wochentags um 17 Uhr zum kostenlosen Chorkonzert. Die Boostour führt vorbei an **Big Ben** und den **Houses of Parliament** zu **London Eye**, dem größten Riesenrad Europas. Weiter geht es Richtung **Shakespeare's Globe Theatre**. Bei einer geführten Tour erfährt man alles über Leben und Wirken des »englischen Nationalheiligtums«. In der Nähe liegt die **Tate Modern**, eine Sammlung internationaler moderner Kunst von Meistern wie Picasso, Matisse und Miró. Die letzte Etappe führt zur **Tower Bridge**, die mit ihrem Glasboden eine spektakuläre Attraktion hinzugewonnen hat. Der **Tower of London** lohnt eine Besichtigung, der abendlichen Schlüsselzeremonie kann man nach Reservierung kostenlos beiwohnen.

Am Tee kommt man hier nicht vorbei. Im **Twinings Tea Shop and Museum** gibt es eine Auswahl an Teesorten zum Verkosten und Informationen rund um den Tee. Wenn einen das englische Wetter einholt, kann man sich in eines der Museen zurückziehen. Die hochkarätigen Sammlungen sind alle kostenlos – etwa das **British Museum**, das die Kulturgeschichte der Menschheit dokumentiert, oder das **Natural History Museum** mit seiner Dinosaurierausstellung.

Entlang der **Oxford Street** und der Regent Street kommen Shoppingfans auf ihre Kosten. Wer Trödel und Antiquitäten mag, sollte die Portobello Road und **Notting Hill** oder den **Camden Market** ansteuern, der u. a. auf Retromode und Souvenirs spezialisiert ist. *BG*

Infos und Adressen

ANREISE
Flug: von allen größeren deutschen Flughäfen in 1 bis 2 Stunden erreichbar; **Bahn:** via Brüssel oder Paris und durch den Kanaltunnel

BESTE REISEZEIT
Ganzjährig, schön ist die Vorweihnachtszeit.

SEHENSWERT
Kensington Palace: Spektakulär ist die Sammlung königlicher Kleider. Kensington Palace Gardens, London W8 4PX, www.hrp.org.uk

ESSEN UND TRINKEN
The Rock & Sole Plaice: DER Platz für Fish & Chips; 47 Endell Street, Covent Garden, WC2H 9AJ

ÜBERNACHTEN
Holiday Inn Express: Hotelkette mit bezahlbaren Preisen; www.hiexpress.com

Ibis Styles London Southwark Rose: direkt an der Tate Modern; 43–47 Southwark Bridge Road, SE1 9HH, www.accorhotels.com

WEITERE INFOS
Bootstour: mit Einzelfahrschein oder Hop-on-hop-off-Ticket; www.citycruises.com

London Pass: Vergünstigter oder freier Eintritt für Sehenswürdigkeiten; www.londonpass.com

Per Ausflugsboot kann man in London an bedeutenden Orten vorbeifahren – hier am Tower.

Einladung zum »five o'clock tea« in Notting Hill

Ein besonderer Ausflug

SCHAUBERGWERK CHISLEHURST CAVES
Unweit der City, im Vorort **Kent**, liegt ein gut 30 km langes Höhlenlabyrinth, das einst Kreide- und Feuersteinbergwerk war. 1830 wurde das Bergwerk stillgelegt und ist seitdem Touristenattraktion. Es war schon Kulisse für Filme und Veranstaltungsort für Popkonzerte. Eine einstündige, leicht gruselige Führung im Schein von Petroleumlampen versetzt Sie in die Zeit der Druiden und Römer und bringt Sie zu einer Höhlenkirche, dem verwunschenen Teich und den Luftschutzbunkern, die während des Zweiten Weltkriegs dort angelegt wurden. Wer danach Lust auf frische Luft hat, kann im nahe gelegenen **Naturreservat Scadbury Park** einen Spaziergang unternehmen. Mi–So 10–16 Uhr. Freier Eintritt mit dem London Pass. Anfahrt: Linien 162, 269 nach Chislehurst oder Southeastern ab London Bridge. Linie 269 führt auch zum Naturreservat. Chislehurst Caves Caveside Close, Old Hill Chislehurst, Kent BR7 5NL, www.chislehurstcaves.co.uk

Das urbane Schmuckstück von Wales, Criccieth, und seine hochmittelalterliche Burgruine Criccieth Castle auf einem Hügel mit Blick auf die See

50 Wales – Landschaftserlebnis mit Schafen

HIGHLIGHTS

Menai Straits: Eine über 20 km lange Meerenge mit starkem Tidenhub, Strömungen und Stürmen; darüber spannt sich die 323 m lange Menai Suspension Bridge aus dem Jahr 1826.

Penmons Lighthouse: Der Leuchtturm bietet eine fantastische Aussicht auf Puffin Island, im geschützten Vogelparadies tummeln sich Papageientaucher, Trottellummen und manchmal sogar Robben. www.penmon.org

Lleyn-Halbinsel: Golfer freuen sich über drei Golfplätze, Küstenwanderer und Naturfreunde finden hier ihr Paradies.

DAS SOLLTEN SIE PROBIEREN

Tatws Pum Munud: traditioneller walisischer Eintopf mit Kartoffeln, Gemüse und Schinken – *Faggots:* Waliser Fleischklößchen aus Lamm- oder Schweineleber, Zwiebeln und Getreide – *Shepherd's Pie:* Auflauf aus Lammfleisch mit Kartoffelbrei – *Cawl:* Eintopf mit Lamm und Lauch – *Crempog:* Pfannkuchen aus Buttermilch

Während der Fahrt mit der Cambrian Railway von Aberystwyth nach Pwllheli reihen sich spektakuläre Ausblicke auf traumhafte Gebirgs- und Küstenlandschaften wie Perlen auf der Kette! Kurz vor dem Ziel zieht mit dem Städtchen Criccieth das urbane Schmuckstück von Wales vorbei, friedlich und bildschön.

Mächtig thront über der Bucht Criccieth Castle, das Prinz Llywelyn I. als Wächterburg für die **Lleyn-Halbinsel** (Pen Llŷn) auf einen steilen Felsen gesetzt hat. Hier startet für uns ein unerwartetes Paradies, und wie von selbst stellt sich eine innere Ruhe ein. Eine Stille, durch die nur der Wind zieht und – gelegentlich – das Blöken klettertechnisch begabter Schafe. Die walisischen Wollträger balancieren geschickt wie Steinböcke auf zerfurchten Steilklippen.

In **Land's End**, der westlichen Halbinselspitze, ziehen sich die Ausläufer der Inselbergketten weit in die **Irische See**. Dort, im Nirgendwo zwischen **Pwllheli** und diesem seltsam schönen Stück Ende der Welt, ließ sich um 1780 William Glynne Griffith nieder und einen georgianischen Landsitz errichten, schließlich war der Sheriff von Caernarvonshire auch noch Mitglied des Parlaments. Das prachtvolle Manor House nannte er Plas Bodegros (»Y Groes« heißt auf Walisisch »das Kreuz«), was auf ein Ruhelager für Pilger auf dem Weg nach **Ynys Enlli** (Bradley Island), einem vorgelagerten Eiland, schließen lässt.

Land's End zeigt die Insel der starken Strömungen im Dunst der See. Drei nicht ungefährliche Reisen vom Festland hinüber, so geht hier die Legende, wurden gläubigen Katholiken damals als Pilgerfahrt nach Rom angerechnet, was einen heftigen Besucherstrom in Gang setzte: 20 000 Heilige sollen auf dem meerumtosten Felsblock Ynys Enlli begraben sein. Weiter heißt es, dass auf Ynys Enlli die Menschen ausschließlich an Altersschwäche stürben. Heute gibt es dort 400 Schafe, eine Handvoll Menschen, den Leuchtturm auf den Klippen und zahllose Seevögel, die den topfitten Insulanern lautstark Gesellschaft leisten. *RFK*

Infos und Adressen

ANREISE
Flug: nach Cardiff

BESTE REISEZEIT
Frühjahr und Herbst

SEHENSWERT
Cearnarfon Castle: Prunkstück des Burgenrings von Eduard I.

Barmouth: Hier rattert die Talyllyn Railway über die Mawddach-Brücke. www.barmouth.org.uk

Welshpool: Startpunkt für Fahrten mit der Welshpool & Llanfair Light Railway

Beddgelert: Dorf am Fuß des Snowdon-Massivs

Llandudno: viktorianisches Seebad; www.visitllandudno.org.uk

Fairbourne –Schmalspurbahn bei Barmouth

ESSEN UND TRINKEN
Plas Bodegroes: Gourmetrestaurant; Nefyn Road, Pwllheli, Gwynedd, www.bodegroes.co.uk

The Crown Inn: histortisches Restaurant in Corwen in Nord-Wales, www.the-crowninn.co.uk

ÜBERNACHTEN
Bodysgallen Hall: Schloss; The Royal Welsh Way, Llandudno, www.bodysgallen.com

Ye Olde Bull's Head Inn: historisch; Castle Street, Beaumaris, www.bullsheadinn.co.uk

Yr Hen Fecws: Guesthouse; 16 Lombard Street, Porthmadog; www.henfecws.com

Plas Bodegroes: Parkanwesen; Nefyn Road, Pwllheli, www.bodegroes.co.uk

Gales of Llangollen: georgianisches Stadthaus; 18 Bridge Street, Llangollen, www.galesofllangollen.co.uk

WEITERE INFOS
Wales Tourist Information Centre: Library Building, Mostyn Street, Llandudno, www.visitwales.com

Café und Ice Cream Shop am Strand bei Barmouth

Zum Genießen

RESTAURANT WITH ROOMS
Gunna Chown kam vor einem halben Jahrhundert als Au-Pair-Mädchen von den dänischen Färöer-Inseln nach **Lleyn**, um Englisch zu lernen. Sie blieb und heiratete ihren Chris. »Als wir das Schild ‚For Sale' an diesem Manor House Plas Bodegros sahen, mit fast drei Hektar feinstem Parkland«, erklärt der waschechte Walise seinen Traum, auf einem historischen Landsitz zu residieren, »mussten wir das Experiment einfach wagen!« Abenteuer der extravaganten Art verschlingen Geld. Viel Geld. Um genug davon aufzutreiben, machte der gelernte Koch aus **Plas Bodegros** das Restaurant with Rooms und avancierte zu einem der distinguiertesten Gourmettempel in ganz Wales. Die beiden haben es nicht bereut, auf Lleyn gesetzt zu haben: »It's the most beautiful landscape in the world!« Die wunderschöne, naturbelassene Lleyn-Halbinsel auf dem **Wales Coastal Path** zu erwandern, zählt zu den absoluten Highlights in der Region. www.walescoastpath.gov.uk

Unzählbar scheint manchmal die ankernde Armada bunter Fischer- und Sportboote bei Polruan im Mündungsgebiet des Fowey River zu sein.

51 Cornwall – romantische Küstenlandschaft für Genießer

HIGHLIGHTS

Royal Regatta: eine der bekanntesten Segelregatten Großbritanniens (jährlich im Aug.), umfangreiches Rahmenprogramm; www.foweyroyalregatta.co.uk

Festival of Words and Music: Inspiriert durch Daphne du Maurier findet in Fowey jeden Mai dieses kulturelle Festival statt. www.foweyfestival.com

The Eden Project: botanischer Garten mit dem größten Indoor-Regenwald weltweit bei Bodelva; www.edenproject.com

The Lost Gardens of Heligan: wunderschöner Garten bei Mevagissey; www.mevagissey.net/heligan.htm

DAS SOLLTEN SIE PROBIEREN

Cornish Cream Tea: Tee, dazu Scones mit clotted cream – *Cornish Pasty:* gefüllte Teigtasche mit Rindfleisch, Kartoffeln, Zwiebeln und Rüben – *Stargazey Pie:* Fischauflauf mit Sardinen – *Cornish Splits:* süße Hefebrötchen mit clotted cream – *Baked Mackerel with Gooseberry Sauce:* gebackene Makrele mit Stachelbeersauce

Landschaftsenthusiasten ist Cornwall ein Begriff: endlose Sandstrände, felsige Buchten, bizarre Kliffformationen und wogende Felder mit Blick auf die See produzieren Filmszenen wie von Rosamunde Pilcher konstruiert. Malerische Landsitze, idyllische Fischerdörfer und verwunschene Gärten sind immer mit im Bild.

Auf atemberaubenden Küstenpfaden oder durch geheimnisvolle Moore zu wandern, um nur zu schauen: Das ist der Stoff, aus dem **Cornwall**-Geschichten sind, der Hektik und urbanen Stress vergessen lässt. Deshalb entschied sich auch die britische Schriftstellerin Daphne du Maurier (1907–1989) für **Fowey** als Lebens- und Schaffensmittelpunkt.

Auch die benachbarten Küstenenklaven **Polperro**, **Mevagissey** und **St. Mawes** sind bilderbuchhafte Standorte zur Erkundung des Cornwall-Szenarios. Am Town Quay des pittoresken Hafenstädtchens Fowey geht es immer geschäftig zu, was dem beliebten Segelrevier in der Mündung des **River Fowey** und der umliegenden Channel-Gewässer zuzurechnen ist; Hunderte von Segel- und Motorbooten liegen hier in den Marinas oder ankern in den weit bis ins Inland greifenden Flussarmen und in verschwiegenen Buchten.

Mit prächtigen viktorianischen Fassaden ziehen sich Villen und Landhäuser über dem alten Ortskern die Hänge hinauf, Kopfsteinpflaster und gusseiserne Laternen zeichnen ein archaisches Bild, und ja, im Mittelalter war Fowey Schauplatz der wildesten Seeräuberaktionen, bei denen so manches französische und spanische Handelsschiff englischgeführten Enterhaken anheimfiel.

Daphne du Maurier kam, suchte und wurde fündig: Auf einem Spaziergang rund um Fowey entdeckte sie ein romantisches Manor House aus dem 16. Jh., heiratete den Besitzer, Sir Fredrick Browning, und schrieb dort ihren weltberühmten Bestseller »Rebecca«. Spirituelle Orte wie diese ziehen Maler und Schriftsteller ohnehin magisch an, auch George Bernard Shaw kam gerne her, verbrachte den Sommer im benachbarten Mevagissey, wo das Stück »The Doctor's Dilemma« entstand. *RFK*

Infos und Adressen

ANREISE
Flug: nach Newquay

BESTE REISEZEIT
Frühjahr bis Herbst

SEHENSWERT
Polruan: beschauliches Örtchen, Personenfähre ab Fowey

Mevagissey: hübsches Fischerdorf, Personenfähre ab Fowey

Pendennis Castle und St. Mewes: Festungsanlagen in Falmouth Bay und die Falmouth

Truro: Hauptstadt von Cornwall, georgianische Architektur, neogotische Kathedrale

ESSEN UND TRINKEN
The King of Prussia: atmosphärischer Pub in Fowey, www.kingofprussiafowey.co.uk

The Galleon: orginäre Taverne in Fowey, www.galleon-inn.com

Food for Thought: bestes Restaurant in Foweys Hafenviertel; foodforthought.foweyrestaurants.com

The Three Pilchards: 400 Jahre alter Pub in Polperro; www.threepilchardspolperro.co.uk

Blue Peter Inn: Fischerkneipe in historischem Haus, Polperro, www.polperro.org

Wits End: Restaurant, auch vegetarische Küche, in Mevagissey, www.mevagissey.net

The Watch House: Hafenrestaurant in St. Mawes, www.watchhousestmawes.co.uk

ÜBERNACHTEN
Talland Bay Hotel: ländlich-luxuriös; Porthallow, www.tallandbayhotel.co.uk

Cotehele House: Tudor-Anwesen bei Plymouth; www.nationaltrust.org.uk/cotehele

The Old Ferry Inn: 400 Jahre altes Freehouse, Fähre ab Fowey; Bodinnick, www.oldferryinn.co.uk.

The Old Quay House: historisches Hotel am Wasser; 28 Fore Street, www.theoldquayhouse.com.

WEITERE INFOS
Fowey Tourist Information: 5 South St, Fowey, www.fowey.co.uk; www.visitcornwall.com

Romantische Szene: die Hafenbucht Foweys

Zum Staunen

SIGHTSEEING FOWEY

Die Pfarrkirche **St. Fimbarrus Church** stammt aus dem 15. Jh., das stattliche Manor House **Place House** gleich dahinter dient als Wohnhaus der alteingesessenen Familie Treffry – seit dem 13. Jh.! Auf dem Weg nach Fowey ist der mit Inschriften versehene **Tristan Stone** zu besichtigen, ein mächtiger Monolith aus Granit, 6. Jh., der ein Grabstein Tristans, Sohn von König Mark of Cornwall, gewesen sein soll. **St. Catherine's Castle**, eine kleine Küstenbefestigung aus dem 16. Jh., bewacht Foweys Hafenzufahrt, das stattliche Herrenhaus **Menabilly** oberhalb des Städtchens war zwischen 1943 und 1969 Wohnsitz der Schriftstellerin **Daphne du Maurier** und die Vorlage für das Anwesen Manderley in ihrem Bestseller-Roman »Rebecca«. Die Mündungen der Flüsse **Fowey** und **Pont Pill** bilden Foweys Tiefwasserhafen, der Heimathafen von ca. 1500 heimischen Booten und natürlich ein beliebtes Ziel für Jachtensegler ist. Durch die nur 200 m breite Hafeneinfahrt laufen auch **Kreuzfahrtschiffe** in den Seehafen ein.

52 Guernsey & Jersey – maritimer Charme der Kanalinseln

HIGHLIGHTS

Elizabeth Castle und Hermitage Rock: Schutzfestung aus dem 16. Jh. auf einer kleinen Insel in Jerseys St. Aubin's Bay

Klippenpfade an der Südküste Guernseys: Wanderparadies mit Traumbuchten zwischen Fermain Bay, Jerbourg Point und Saint's Bay

Herm: Guernseys strandintensive Nachbarinsel (20 Min. Bootsfahrt), Umrundung auf Küstenwanderwegen in 2 Std.

Lihou Island: bei Ebbe Wattwanderung auf das romantische Inselchen möglich

Alderney: beschauliches Eiland mit der einzigen Eisenbahnlinie der Kanalinseln

DAS SOLLTEN SIE PROBIEREN

Frische Austern: aus Herm, mit Essig-Zwiebel-Vinaigrette – *Taschenkrebs-Risotto:* mit Safran und gebratenen Jakobsmuscheln – *Lammcarré:* speziell aus Sark – *Guernsey-Hummer:* mit Tomaten, Sherry und Portwein – *Jersey Plaice:* kleine Schollenart – *Jersey Royal Potatoes:* Kartoffeln in Meerwasser und Butter

Jersey, die größte und zugleich wärmste Kanalinsel: Bizarre Felsbuchten wechseln mit feinen Stränden, seeumtoste Klippen mit Dünengebirgen, Fischereihäfen mit edlen Marinas, Steineichen mit Palmen, manchmal auch Regen mit Sonne, was auf die kleinere Schwester Guernsey in gleichem Maß zutrifft.

Das sich nur selten auf 20 Grad Celsius erwärmende Wasser hat einen nennenswerten Badetourismus verhindert, weshalb die Attraktivität der Channels in ihrer homogenen Naturschönheit liegt. Dazu legt das Geschwisterpaar Jersey und Guernsey mit ihren urbanen Perlen **Helier** und **St. Peter Port** historische Inselhauptstädtchen in die Waagschale, und eine Fahrt durchs berauschende Landschaftsbild macht beinahe an jeder Straßenbiegung einen Tritt auf die Bremse nötig: mächtige Ritterburg gefällig, reetgedeckte Fischerkaten mit bunten Booten und blauer See gleich dahinter? Galoppierende Reiter bei Ebbe am Strand, das Spritzwasser wirbelnder Hufe als roséfarbener Perlensprühnebel gegen die absackende Sonne? Der mystische Friedhof St. Brelade's Church auf Jersey, 11. Jh., im aufsteigenden Morgendunst über der Bucht?

So mancher Besucher mag sich der seltsam verklärten Stimmung wegen in der keltischen Kapelle neben dem Gotteshaus finden und durch den Bildband »The German Cemetery at St. Brelade's Church« blättern, der von der Kirchenverwaltung ausgelegt ist: Auf histori-

St. Peter Port: Inselhauptstadt mit ankernden Jachten, Kirchtürmen und Castle Cornet, der Zitadelle aus dem Jahr 1206

Menschenleer erscheint Jerseys St. Ouen's Bay, Glockenheide und Wildblumen sorgen für besonderen Zauber.

schen Schwarz-Weiß-Fotos marschiert General Otto von Stülpnagel mit seiner Truppe martialisch auf den jetzt so friedlichen Kieswegen des Kirchhofs. Andere Bilder zeigen Gräber und Holzkreuze der Gefreiten Ernst Wolf und Walter Herwig, Zweite Panzerjägerdivision, Abteilung 652, gestorben 1941. Bis heute pilgern Kriegsveteranen von weit her auf diesen in der Geschichte des Zweiten Weltkriegs bedeutsamen Friedhof.

Schöner wohnen auf Guernsey

Die zweitgrößte Kanalinsel liegt rund 120 km von der englischen Südküste und 43 km von der französischen Nordküste entfernt und bildet zusammen mit einer Handvoll kleinerer Inseln und dem fernen **Alderney** eine Verwaltungseinheit. Rund 60 000 Einwohner bezahlen hier stolz mit dem Guernsey Pound (obgleich auch das britische Pfund akzeptiert wird), was ihr sehr eigenes Inseldasein in diesem bilderbuchhaften Ambiente unterstreicht.

Wer im Feinschmeckerrestaurant Le Nautique einen Fensterplatz ergattert, speist priviligiert: mit Blick über einen Wald aus wogenden Masten, unter denen luxuriöse Segeljachten schaukeln, auf Castle Cornet, St. Peter Ports historische Zitadellenanlage aus dem Jahr 1206 sowie auf die vorgelagerten Eilande **Herm**, **Sark**, **Jethou** und **Brecqhou**. An guten Tagen kommt sogar Frankreich in Sicht. »Wer einmal hier gelebt hat«, schwärmt Gunter Botzenhardt, der schwäbische Eigner und Küchenchef des Nautique in St. Peter Port, »kann gar nicht mehr weg!«

Zu bieten hat Guernsey Attraktionen ohne Ende – vor allem eine gediegene Lebensqualität: Feine Sandstrände liegen direkt vor der Haustür, man lebt mit Blick aufs Meer, im südenglischen Landhausstil –

Zum Genießen

DIE SCHÖNSTEN STRÄNDE

Guernsey

Bordeaux Beach: nördlich von St. Sampson's, Schauplatz in Victor Hugos Roman »Das Teufelsschiff«

Pembroke Bay: Windsurfen an der Nordostküste mit Ausblick auf Herm und Sark

Grand Havre und Ladies Bay: am Braye-du-Valle-Kanal, herrliche Sandstrände

Bucht von Cobo: mit Strandhafer bewachsene Sanddünen für friesische Impressionen

Vazon Bay: weiter Sandstrand mit Wassersportzentrum für Windsurfer, Kajakfahrer und Kiter

Portelet: bezaubernde Südküstenbucht mit Sand und Fischerbooten

Jersey

St. Ouen's Bay: Paradies für Wellenreiter, Surfer und Windsurfer

St. Brelade's Bay und Ouaisné Bay: Strandleben mit Promenaden, Hotels und Restaurants

Portelet Bay: stille Bucht mit der kleinen Insel Île au Guerdain

Beauport Bay: verschwiegene Bucht im Süden, über einen steilen Pfad vom oberen Parkplatz aus zu erreichen; Geheimtipp!

Einlaufendes Kreuzfahrtschiff und Leuchtturm an der Pier von St. Peter Port

noch schöner wohnen ist kaum möglich. Und speisen lässt es sich hier wie Gott in Frankreich, schließlich kommen Meeresfrüchte und Fisch täglich frisch auf den Tisch.

Exil-Geschichten

»Wer all das zu Genüge gekostet hat«, erklärt der Exschwabe, der seit Jahrzehnten an Guernsey klebt, »der schlendert zum Hafen, besteigt ein Schiff und sucht sich ein anderes Eiland aus!« In einem Kanal wie diesem zu liegen, kann nicht folgenlos bleiben. Seit 1066 der Herzog der Normandie England eroberte, wurden die Inseln zum Spielball der Großmächte. Heute hat sich aus der wechselvollen Geschichte ein sehr spezieller Mix ergeben, dessen multikureller Charme noch jeden Besucher in den Bann schlägt: etwas Französisch (erkennbar an den meisten Straßennamen und einer exzellenten Cuisine), ein wenig Britisch (die Amtssprache, gelassene Lebensart, Linksverkehr, die Queen als Staatsoberhaupt) sowie ein selbstbewusster Schuss Channel Islands (politische Autonomie, eigene Gesetzgebung). Die reizvolle Architektur, eine überschwängliche Natur und das milde Golfstromklima tun ihr Übriges, um Einwohnern wie Touristen ein herrliches Gefühl zu vermitteln.

Es ist also kein Wunder, dass die Liste der VIPs von jeher lang ist. Victor Hugo blieb 15 Jahre auf Guernsey, Auguste Renoir malte, die Beatles spielten und Oliver Reed lebte auf den Channel Islands. Prinz Gebhard Lebrecht Blücher von Wahlstatt schaffte sogar 30 Jahre auf Herm, einer benachbarten Kanalinsel, die er 1891 kaufte, weil ihm die preußische Enge zuwider war; beinahe drei Jahrzehnte lebte der Urenkel des berühmten Feldmarschalls Blücher auf Herm sein ganz persönliches Paradies, bis ihn der Erste Weltkrieg daraus vertrieb. *RFK*

Ein besonderes Erlebnis

RADELN AUF GUERNSEY

Auf 16 km kommt unsere Fahrradtour, die an der Nordostküste Guernseys durch die sanft modellierte Landschaft der Region **Vale** führt. Neben einem grandiosen 18-Loch-Golfplatz bietet das leichtgängige Paradies für Biker verwunschene Buchten, bunte Fischerboote und historische Wehranlagen zur Besichtigung an: Vale Castle aus dem 15. und die Küstenfestung Fort Le Merchant aus dem 18. Jh. Die Pfarrkirche St. Michel du Valle geht mit kunstvoll bleiverglasten Fenstern sogar auf das 12. Jh. zurück! Unser Insel-Sightseeing, das seinen Ausgangspunkt im Hafen Les Armarreurs hat, führt am Naturschutzgebiet Vale Pond vorbei, dessen moorige Areale zahlreichen Vogelarten ein geschütztes Habitat bieten; bis 1805 war der abseits gelegene Landzipfel bei Flut selbst noch eine Insel. Wer beim Golfplatz an der Ladies Bay auf den Abschlag mit Seeblick verzichtet, stößt möglicherweise auf das Ganggrab La Varde oder das Megalithgrab Les Fouaillages, deren Alter auf mindestens 3000 v. Chr. geschätzt wird.

Guernseys hübsche Domizile aus Naturstein protzen mit überquellenden Blumengärten

Infos und Adressen

Jerseys bekanntester Pub »The Ha'Penny Bridge« residiert im Zentrum der Inselhauptstadt Saint Heliers.

ANREISE

Flüge: im Sommerhalbjahr Direktflüge nach Jersey und Guernsey; **Auto:** Autofähre von St. Malo nach Jersey (www.condorferries.com)

BESTE REISEZEIT

Mai/Juni oder September

SEHENSWERT

Fort Grey, Guernsey: Inselfestung und Schiffswrack-Museum aus dem 19. Jh.

Victor Hugo Museum: Hauteville House No. 38 in St. Peter Port, mit Interieurs aus dem 19. Jh. und Relikten des berühmten Autors

Castle Cornet, Guernsey: Festung mit Blick auf St. Peter Port und das Meer, drei tolle Museen

St. Brelade's Church und Fishermen's Chapel, Jersey: Kirchenschiff, Kapelle aus dem 11 Jh.

Jersey Museum, St. Helier: Geschichte und Leben Jerseys

Mount Orgueil Castle: Wehrburg über dem Hafen von Gorey auf Jersey, erbaut im frühen 13. Jh. gegen die Angriffe der Franzosen

La Hougue Bie: neolithisches Ganggrab (ca. 6000 Jahre alt) mit zwei jahrhundertealten Kapellen auf Jersey

St. Matthew's Church, Jersey: »Glass-Church« mit Kreuz, Altar, Taufbecken und Engel aus ungefärbtem Glas von René Lalique

ESSEN UND TRINKEN

Le Nautique: Fischrestaurant mit Hafenblick, Qualitätsfleisch aus Schottland sowie vegetarische Küche; St. Peter Port

Le Petit Bistro: gemütlich, französische Küche; St. Peter Port

Da Nello: italienische Spezialitäten und Fisch; St. Peter Port

Red Grill Steak House: St. Peter Port

Faulkner Fisheries: vor einem Bunker am Strand Jakobsmuscheln, Hummer und Austern genießen; Etacquerel, St. Ouen

Corbière Phare: heimische Gemüse, Fisch und Fleischspezialitäten mit grandioser Aussicht auf den Leuchtturm; Corbière, St. Brelade

The Crab Shack: maritim eingerichtetes kleines Restaurant mit hervorragender Küche, Blick auf Mont Orgueil Castle, Gorey, Grouville

Bohemia: kulinarische Genüsse in einem von insgesamt vier Restaurants mit Michelin-Stern auf Jersey, St. Helier

La Cantina: italienische Spezialitäten, heimische Produkte, St. Helier

SHOPPING

Old Quarter: in St. Peter Ports malerischer Altstadt aus dem 15. Jh. in den French Halles gleich neben der mittelalterlichen Kirche St. Peter einkaufen

Miss Nob Ladies und Little Red Ladies Fashion: feine Modeboutiquen in St. Peter Port

Farmers and Plantsmans Market: Gemüse- und Obstmarkt (Sa), St. Peter Port

ÜBERNACHTEN

La Grande Mare: Strandlage an der Vazon Bay; Guernsey, www.lagrandemare.com

St. George's Guesthouse: St. Peter Port, Guernsey, www.stgeorges-guernsey.com

La Fregate Hotel: St. Peter Port, Guernsey, www.lafregatehotel.com

The Farmhouse Hotel: renoviertes Bauernhaus aus dem 15. Jh., St. Saviour, Guernsey, www.thefarmhouse.gg

Atlantic: St. Ouen's Bay mit Blick aufs Meer; Jersey, www.theatlantichotel.com

Somerville Hotel: schöne Lage über dem Hafen; St. Aubin, Jersey, www.dolanhotels.com

L'Horizon: St. Brelade's Bay, Jersey, www.handpickethotels.co.uk/lhorizon

Beausite: Grouville Bay, Jersey, www.southernhotels.com

The Panorama Guesthouse: St. Aubin, Jersey, www.panoramajersey.com

Romantische Landsitze und Pensionen: Infos bei den Fremdenverkehrsämtern (s. u.)

WEITERE INFOS

Fremdenverkehrsamt VisitGuernsey-Herm-Sark-Alderney: North Esplanade, St. Peter Port, www.visitguernsey.com
Jersey Tourism: Liberation Place, St. Helier, www.jersey.com

Die Temple Bar ist seit jeher ein Garant für beste musikalische Unterhaltung, gutes Bier und stets überfüllt.

53 Dublin – Stadt der Pubs und Geschichten

HIGHLIGHTS

Rugby: etwas anders als Fußball in der Bundesliga

Kajak-Tour: die Stadt aus einem anderen Blickwinkel; geführte Touren auf www.citykayaking.com

The Irish Dance Party: in der Gruppe Tanzen lernen wie Kate Winslet und Leonardo DiCaprio im Bauch der Titanic

Dublin Fringe Festival: Musik-, Tanz-, Theater- und Comedyfestival im September

Rundetårn: Den Turm des ehemaligen Observatoriums kann man ohne Treppen steigen zu müssen erklimmen und wird auf der Glasbodenplattform mit der Aussicht über die Altstadt belohnt.

DAS SOLLTEN SIE PROBIEREN

Irisch Stew: Ein irisches Nationalgericht, das man probiert haben sollte; gerade weil es als Arme-Leute-Essen gilt, schmeckt der Eintopf aus Lamm, Kartoffeln, Zwiebel und Petersilie überall, wo er serviert und oft raffiniert variiert wird. – *Porter Cake:* gebacken mit Trockenfrüchten, braunem Zucker und Mehl

Wie Bienen, die aus dem Nest ausschwärmen und kostbaren Nektar sammeln, strömen aus der Guiness-Brauerei mitten in die Dublin die Laster aus, um die zahlreichen Pubs in der Stadt mit dem begehrten Gerstensaft zu versorgen. Die urigen Pubs sind einer der Gründe, diese Stadt im Nordosten Irlands zu besuchen.

Bereits früh am Nachmittag dringen die ersten Klänge live gesungener Balladen auf die mit Leben erfüllten Gehsteige hinaus und locken mit irischen Weisen. Die »Dubs« gelten als große Geschichtenerzähler. Das spiegelt sich nicht nur in ihren Liedern wider. So kommt es nicht selten vor, dass ein wildfremder Mensch aus heiterem Himmel fragt: »Where are you from? Did you know that …« Der Vortrag dauert meist nicht lang, und man erfährt mehr Dinge über das alte Gefängnis **Kilmainham Gaol, St. Patrick´s Cathedral** oder **Dublin Castle**, als man in jedem Reiseführer nachlesen könnte. Eine umfangreiche Sammlung derartiger Geschichten birgt die **Trinity College Library** in der von der UNESCO zur »City of Literature« ernannten Stadt. Die Reihen jahrhundertealter Bücher in dem altehrwürdigen Gemäuer sind wie das »Book of Kells« immens reich an Geschichte(n).

Am Abend sausen genauso viele Musiker von Auftritt zu Auftritt wie am Morgen Laster von Pub zu Pub. Die Rhythmen der Livemusik gehen mindestens so schnell ins Blut wie der Alkohol. Um sich von einem solchen Abend bierseliger Gemütlichkeit in sardinenbüchsenähnlichen Verhältnissen auszulüften, wartet das Umland mit den wildromantischen **Wicklow Mountains** oder die Ruinen der Klosterruinen **Glendalough** auf. Wer nach Dublin reist, hat natürlich auch die Vorstellung einer Stadt am Meer im Gepäck. Mit öffentlichen Verkehrsmitteln gelangt man schnell zu dem Fischer- und Badeort **Howth** im Norden. Ein langer Strand, das Watt oder der **Cliff-Walk** laden zu ausgedehnten Spaziergängen ein. Den Hunger stillt man in einem der zahlreichen Restaurants am Hafen mit fangfrischem **Fish** und **Chips**. *CD*

Infos und Adressen

ANREISE
Flug: nach Dublin, Bustransfer ins Zentrum 10–20 Min., Autovermietung am Flughafen; **Bahn:** Collony Station, Anschlüsse nach Belfast, Cork, Limerick und Galway; **Auto:** über den Hafen Dun Laoghaire, weiter über N11

BESTE REISEZEIT
Juli und August

SEHENSWERT
Guinness Storhouse: Verkostung und Besichtigung der Guiness-Brauerei; St. James Gate, www.guinness-storehouse.com

St. Stephen's Green: herrlicher Park mitten in Dublin

Die Liberty Bell im St. Patrick's Park neben der gleichnamigen Kathedrale.

ESSEN UND TRINKEN
The Vintage Kitchen: traditionelle irische Küche; 7 Poolbeg Street, Dublin www.thevintagekitchen.ie

The Winding Stair: kleines Restaurant mit Blick über den Fluss; 40 Lower Ormond Quay, Dublin, www.winding-stair.com

ÜBERNACHTEN
Number 31: zentral gelegenes Hotel mit Garten; 31 Leeson Close, www.number31.ie

The Gresham Hotel: im Stadtzentrum, gutes Preis-Leistungs-Verhältnis; 23, Upper O'Connell Street, www.gresham-hotel-dublin.com

WEITERE INFOS
www.visitdublin.com

Natur pur: das Hinterland von Dublin

Ein besonderer Ausflug

BRAY – MUSIK LIEGT IN DER LUFT
Das Temple-Bar-Viertel und der gleichnamige Pub bestechen sicherlich durch die pulsierende Rhythmik der vielen Livemusiker, die dort jedes Wochenende auftreten. Doch nur 40 Auto- und 50 Bahnminuten entfernt vom Zentrum Dublins liegt mit knapp 30 000 Einwohnern der kleine Ort **Bray**, ein Schmelztiegel aus Musik, Lebensfreude und einer grandiosen Landschaft. Sinéad O'Connor und Bono Vox sind nur zwei der illustren Persönlichkeiten der Musikszene, die hier Immobilien besitzen. Der Sandstrand, der **Brayhead Greystones Cliff Walk** – mancher mag darauf spekulieren, dem ein oder anderen Hollywoodstar wie Meryl Steep, Julia Roberts oder Tom Cruise zu begegnen, die hier in den Ardmore Filmstudios drehten oder sich wie Peter O'Toole in der Harbour Bar betranken. Ein ganz anderes Highlight ist jedes Jahr die Bray Air Show, wenn Flugzeuge im Tief- oder Formationsflug die Küste entlangdonnern und ein Feuerwerk vom Flieger aus entfachen.

54 Irlands »West Coast« –
spektakuläre Küstenblicke mit Märchenschloss

HIGHLIGHTS

Achill Island: Die geografischen Requisiten des Irischen Tagebuchs selbst zu entdecken schließt das Heinrich-Böll-Cottage in Doogort mit ein. www.heinrich-boell.de

Halbinsel Mullet: bombastischer Blick vom Friedhof der Schwesterinsel auf die mächtigen Felswände Achills jenseits der Bucht, vorgelagerte Eilande inklusive

Coastal Drive: Wer vom irischen Seebad Clifden aus die Küsten-Panoramastraße fährt, steht mehr auf der Bremse als auf dem Gas.

Galway Festivals: Oyster Festival, www.galwayoysterfestival.com; Pferderennen, www.galwayraces.com; Arts Festival, www.giaf.ie

Great Western Greenway: längster Wander- und Radweg Irlands zwischen Westport und Achill Island, www.greenway.ie

DAS SOLLTEN SIE PROBIEREN

Irish Stew: Gemüseeintopf mit Hammel- oder Rindfleisch – *Colcannon:* Eintopf aus Stampfkartoffeln, Zwiebeln und Grünkohl – *Seafood Chowder:* cremige Fischsuppe mit Meeresfrüchten – *Black Pudding:* Achtung, ein Blutwurst-Pfannengericht!

Der Nobelpreisträger Heinrich Böll schrieb auf Achill Island »Das Brot der frühen Jahre« und, im »Irischen Tagebuch«, über Moorbauern und Torfstecher, tragische Fischerschicksale, den unbändigen Ozean und sehr finstere Naturgewalten. Irlands »West Coast« zeigt sich hier ziemlich wild.

Zwei Stunden braucht es auf der Autobahn von **Dublin** bis nach **Galway**. In der umtriebigen Hauptstadt der Westküste gibt es auch eine Rushhour, und natürlich: Es regnet. Irgendwann zeigt sich ein Abzweig nach **Ballynahinch**, vor die Wagenfenster kommt jetzt viel Landschaft mit Flüssen und Bächen in Hochmoorvegetation, sprudelnde Wasserfälle stürzen von Felsklippen herab, fahles Mondlicht schimmert zwischen Wolkenbänken.

In einem Schloss zu erwachen, das einmal einem indischen Maharadscha gehörte, nämlich His Highness the Maharaja Jam Sahib of Nawanagar, das hat was! Der Blick aus der Suite Elephant Walk auf den **Salmon River**, der sich unterhalb von **Ballynahinch Castle** silbrig durchs saftiggrüne Naturparadies zieht, weckt Alaska-Impressionen. »Der Kasten ist aus dem 16. Jahrhundert«, grinst Patrick O'Flaherty, General Manager. Der Nachfahre des Clans der Erbauer zapft gerade eine Reihe tiefschwarzer Guinness-Biere im hoteleigenen Pub und spult dazu die abenteuerliche Ballynahinch-Geschichte ab, die mit jedem Schluck spannender wird. Das lauschige Schlossdomizil, gefüllt mit Antiquarischem und Ku-

Transportiert exakt den irischen Landschaftstraum, den die Lachsforellen alltäglich leben: Ballynahinch Castle am Salmon River.

Am Ende der Welt: Einfahrt des Fährbootes in die Hafenbucht von Claire Island

riosem, dient jetzt, in modernen Zeiten, als edle Landhaus-Absteige, gerne für Jäger und Angler. Einen 19 Pfund schweren Lachs, lässt sich im Gästebuch nachlesen, zog ein Herr Hompesch from Germany aus dem glasklaren Wasser. Prinz Leopold von Bayern, Kathleen Turner und Alec McGuiness stehen auch drin, merkt Mister O'Flaherty an, um dann die Eric-Clapton-Geschichte zu erzählen. Der Star kam inkognito nach Ballynahinch, fing dort den ersten Lachs seines Lebens und griff sich abends, nach einigen dieser kraftvollen irischen Biere, die Gitarre. Da wurde den Anwesenden schnell klar, das konnte nur er sein.

Fahrspaß am Abgrund

Anderthalb Fahrstunden nordwestlich biegt hinter der Brücke, die **Achill Island** mit dem Festland verbindet, der legendäre **Atlantic Drive** ab. Beim Anblick des Szenarios könnte dem Fahrer schnell mal das Lenkrad entgleiten: Gewaltige Felssteilwände stehen zerklüftet und umtost von grünlich brodelnden Strudeln und schäumender Brandung im Stahlblau der See. Selbst wenn es nicht regnet, braucht ein Fotograf hier schnelle Entschlusskraft: Lichtverhältnisse wechseln innerhalb von Sekunden, wer da einen Moment zögert, verliert sein Motiv. Allerdings gibt es davon ausreichend. Jede Kurve liefert eine neue Sensation. Dort also, wo der Blick bis zum Horizont reicht, sind sie hin, die irischen Emigranten, nach Nordamerika, weil die Kartoffelpest sie forttrieb.

Dann und wann durchkreuzt ein einsamer Fischtrawler das manchmal auch friedliche Bild, akustisch unterlegt vom Blöken der Schafe, die sich auf saftig grünen Wiesen fett fressen. In der nächsten Bucht erinnert die Achill Life Boat Station, welche Dramen da draußen spielen, wenn der Himmel nicht blau, sondern schwarz ist.

Ein besonders Erlebnis

WEST COAST ISLANDS

Claire, die Wirtin der urigen Kneipe Hoban's in **Westport**, ist beeindruckt vom deutschen Reinheitsgebot. Für sie ist Pils vom Fass einsame Spitze und Guinness, the black stuff, nur »dicke Suppe«. Die meisten der Iren im Pub trinken deutschen Gerstensaft – verkehrte Welt. »Geht auf die Inseln«, mischt sich einer, der Jack heißt, am Tresen ein, vielleicht nach **Inishturk**. Er selbst bevorzuge **Inishbofin**, wegen der Strände. 150 Einwohner teilen sich das 5 x 8 km große Eiland (www.inishbofin.com) mit Kühen und Schafen. Die Wirtin wiederum empfiehlt **Clare** – schön felsig dort. Zur Wahl stehen auch noch die **Aran Islands** mit **Inishmaan**, **Inisheer** und der größten, **Inishmore**, wo das prähistorische **Fort Dun Aengus** auf einem 100 m hohen Steilufer steht (www.discoverireland.ie/islands). Oder, nur mit dem Fischerboot zu erreichen, **Caher Island**: »A magic place to be«, meint Jack, »eine Kirche, ein paar Ruinen, ein Opferstock voll Geld und, wenn ihr mich fragt, eine gruselige Art von Einsamkeit.«

Felsungetüme wie diese säumen den Atlantic Drive. Im Bild: das Kliff von Moher

Viel Action im Tagebuch

Böll schreibt: »An diesem Punkt der Küste, dessen Schönheit wehtut, weil man an sonnigen Tagen dreißig, vierzig Kilometer weit blicken kann, ohne eines Menschen Haus zu sehen: nur Bläue, Inseln, die nicht wahr sind, und die See. Hinter dem Haus steigt der kahle Hang auf, vierhundert Fuß hoch, und dreihundert Fuß steil ab; schwarzes, nacktes Gestein, Schluchten, Höhlen, die fünfzig, siebzig Meter tief in den Felsen gebohrt sind; aus denen an stürmischen Tagen der Schaum drohend aufsteigt, wie ein weißer Finger, dessen Glieder der Sturm einzeln wegträgt.« Touristen, setzt der Autor hinzu, würden die kurvige Fahrt an sonnigen Tagen mit einem Schaudern genießen: Eine Unachtsamkeit auf der schmalen Fahrstraße, und das Auto erleide Schiffbruch an den Klippen tief unten, wo manches Schiff schon zerschellt sei.

Orte heißen hier draußen **Polrunni**, **Dooega** oder **Geesala**. In **Doogort**, zu Füßen des **Slieve More**, 700 m, der wie ein Vulkankegel aus der See sticht, wohnt Böll heute irgendwie immer noch; zumindest sein Geist schwebt ganz sicher über seinem reetgedeckten Cottage in Doogort, die heute durch die Kölner Heinrich-Böll-Stiftung an junge Künstler vermakelt wird. Einen Steinwurf entfernt liegt das »Deserted Village«, die verlassene Stadt, deren Ruinen an harte irische Zeiten erinnern. Ein Traum sind diese irischen West-Coast-Landschaften aus Bergketten, Fjorden und Seen, fetten Moorfeldern, in denen Torfstecher ihre Torfziegel zum Abtransport an den Straßenrand schleppen, und diese endlose Weiten! Wer einmal hier war, findet nur schwer den Weg nach Hause zurück. *RFK*

Ein besonderer Ausflug

AB NACH CLARE

In **Louisburgh** legt vormittags das Fährschiff am Roonagh Pier ab, nur 15 Minuten dauert die Überfahrt. Am späten Nachmittag geht es zurück – ein perfekter Tagesausflug also. **Clare** ist ein Felsklotz. Spektakuläre Höhenwege führen an bizarren Steilküsten vorbei, tief unten brodelt die Brandung, sonst hört der Naturfreund nur den Wind – und das Blöken Tausender Schafe. Die Zivilisation findet auf einem Hochplateau statt. Einer der 170 Einwohner hat den Schlüssel zum Kirchbau aus dem 12. Jh., den man hier nur **The Abbey** nennt. Clares Wahrzeichen heißt **The Lighthouse**. Der Leuchtturm balanciert an der schwindelerregendsten Steilküstenabbruchkante und ist das meistfotografierte Motiv. Die Herberge hier nennt sich nur The Hotel, weil es kein anderes gibt, und wir würden sofort in diesem Bay View Hotel bleiben: Panoramascheiben geben den Blick frei auf den Hafen tief unten, einlaufende Fähren, die Fischkutter und Gebirgsketten des Festlands.
www.mayohotels.com
www.omalleyferries.com

Unvergleichlich einladend: der Eingang eines typischen georgianischen Hauses in Westport

Infos und Adressen

ANREISE

Flug: Aer Lingus und Lufthansa fliegen direkt von Frankfurt nach Dublin, weitere Flüge von anderen deutschen Flughäfen mit Zwischenstops.

BESTE REISEZEIT

Mai bis September

SEHENSWERT

Galway: alte Hafenstadt mit schmalen Gassen und malerischen Brücken – lebhaft und mit Flair; www.galwaytourism.ie

Kylemore Abbey: Die Nonnen des Benediktinerklosters betreiben Connemaras Touristenattraktion Nummer eins so professionell wie ihr Pensionat für junge Mädchen: www.kylemoreabbeytourism.ie

Connemara National Park: Gleich neben Kylemore ist der Benbaun mit knapp 1000 m der höchste der Twelve Pins. www.connemaranationalpark.ie

Clifden: Ferienort in traumhafter Lage an der Clifden Bay westlich von Galway; www.clifden.galway-ireland.ie

Westport: bildschönes maritimes Städtchen zwischen Carrabawn River und Clew Bay; www.westporttourism.com

ESSEN UND TRINKEN

The Malt House: Austern, fangfrischer Fisch und andere Seafood-Leckereien; Olde Malte Mall, 15 High Street, Galway, www.themalthouse.ie

Ballynahinch Castle: Im rustikalen Fisherman's Pub oder im feinen Hotel-Restaurant: Frisch gefangener irischer Lachs und Forellen sind hier neben Lammfleisch das kulinarische Thema. www.ballynahinch-castle.com

Rizzuto's Restaurant & Bar: italienischer Gourmettempel mit Schwerpunkt Seafood; 540 Riverside Avenue, Westport, www.rizzutos.com

Am besten mit Übernachtung: Galways Pubs liefern frischgezapftes Guiness so schnell, wie man trinken kann.

Mitchell's Seafood Restaurant: Fischgerichte vom Feinsten in der Market Street, Clifden, www.mitchellsrestaurantclifden.com

Bayside Bistro: Seafood-Leckereien im Inselörtchen Keel auf Achill Island, www.baysidebistro.ie

SHOPPING

Kennys Bookshop: Das größte Antiquariat Irlands verbirgt sich hinter der Adresse Liosbaun Retail Park, Tuam Road, Galway City. www.ireland.com

Kylemore Abbey & Victorian Walled Garden: Mitbringsel aller Art im gut bestückten Shop des Klosters, auch hochwertige Stücke wie Gestricktes aus Wolle, Handgefertigtes aus Ton und Keramik, Schokolade und Marmeladen; www.kylemoreabbeytourism.ie

Westport Country Market: Frische Farm- und Gartenprodukte gibt es jeden Donnerstag vormittags in der James Street in Westport.

The Gaiety Antique and Vintage Store: tolles Antiquitätengeschäft mit großer Auswahl; Westport, www.thegaiety.ie

Alan Gaillard Stoneware Pottery: Keramikkunststudio mit Verkauf; Clifden, www.alangaillard.com

ÜBERNACHTEN

The House Hotel: angenehmes Boutiquehotel im Zentrum; Spanish Parade, Galway, www.thehousehotel.ie

Ballynahinch Castle: Das Schloss liegt in Recess auf der Route zwischen Galway und Clifden. www.ballynahinch-castle.com

The Quay House: außergewöhnliche Übernachtungsgastronomie, Boutiquehotel; Clifden Harbour, www.thequayhouse.com

The Clew Bay Hotel: im historischen Zentrum von Westport; www.clewbayhotel.com

Gray's Guesthouse: oldfashioned, aber in Heinrich-Böll-Nähe, in Dugort auf Achill Island

Brooks Hotel: zentral gelegenes Stadthotel; Drury Street, Dublin, www.sinnotthotels.com

Bed & Breakfast: Irische Gastfreundschaft pur gibt's im privaten Übernachtungsbereich. www.discoverireland.ie/connemara

WEITERE INFOS

Tourism Ireland: Gutleutstraße 32, Frankfurt/Main, www.ireland.com

Die üppige Sonnenanbeterin räkelt sich im Liegestuhl. Sie gehört zu den begehrtesten Objekten der Parkbesucher.

55 Durbuy – Zauber der Ardennen

HIGHLIGHTS

Durbuy Adventure: Kajak fahren, Klettern im Hochseilgarten, Mountainbiken, Bogenschießen – alles ist möglich.

Labyrinth von Barvaux: liebevoll arrangierter Irrgarten mit jährlich wechselnden Themen, dazu Minilabyrinthe, Barfuß- und Blindparcours

Grotten von Hotton: spektakuläre Tropfsteinhöhlen zwischen Durbuy und La Roche en Ardenne

Weihnachtsdorf: heimelige Atmosphäre in der weihnachtlich dekorierten Altstadt Durbuys an den Adventswochenenden

DAS SOLLTEN SIE PROBIEREN

Ziegenkäserei Ozo: große Variationsbreite der Spezialität aus Ziegenmilch – *Li Terroir:* kulinarisch vielfältiger Markt an der Grand'Rue in Barvaux – *Konfitürenmanufaktur Saint-Amour:* Das Handwerk der Marmeladenherstellung kann in der Werkstatt bestaunt, die Produkte im Laden probiert und erworben werden.

Mit dem Titel »kleinste Stadt der Welt« kokettiert das Dörfchen Durbuy oft und gern. Gelegen im Tal der Ourthe im Norden der belgischen Ardennen bekam es bereits 1331 Stadtrechte verliehen und erlebte danach eine Zeit wirtschaftlicher Blüte. Ein langes Wochenende entführt in grüne Kunst und mittelalterliche Dorfromantik.

Große Gartenkunst in kleiner Stadt

Bänke und wohlgeformtes Gebüsch sind in einem angelegten Park nichts Ungewöhnliches. Im **Parc des Topiaires** am Ourthe-Ufer jedoch gehört die Bank zu den ausgestellten Kunstwerken: Sie ist geformt, gestutzt mit der Heckenschere. Auf ihr sitzen ein Mann und eine Frau in angeregter Unterhaltung, beide ebenfalls ganz in Grün, aus Laub und Geäst, überlebensgroß. Schon über 120 Jahre alt sind sie und nur eines von vielen Objekten aus beschnittenen Formbäumen, die Albert Navez seit 1996 in seiner weitläufigen Parkanlage der Öffentlichkeit zugänglich macht.

Die Kunst des Baumbeschnitts geht Jahrtausende zurück bis in die Blütezeit Vorderasiens. Sie fand sogar Einzug in die römische Mythologie und lebte seit dem 17. Jh. wieder auf in französischen und englischen Landschaftsgärten. Die figürlichen Darstellungen in **Durbuy** unterscheiden sich in ihrer Originalität allerdings stark von ihren aristokratischen Vorbildern. Da kariolt ein Zirkuselefant auf den Hinterbeinen herum, räkelt sich eine üppige Schöne auf einem Liegestuhl, überqueren Ross und Reiter ein Hindernis, paddeln Sportler in ihren Kajaks über die Wiese – eine Reminiszenz an eine der beliebtesten Freizeitbeschäftigungen in den Ardennen.

Am gegenüberliegenden Ufer des schmalen Flusses liegen der alte Kern Durbuys mit den rustikalen, etwas schiefen Häusern aus grobem Feldstein und die engen, schmalen Kopfsteinpflastergassen, in denen nicht selten das Hufgetrappel von Pferdekutschen widerhallt. Das Mittelalter scheint wiedergekehrt zu sein. Wilder Wein und üppiger Efeu umranken die Fenster, auf deren Balustrade dösende Stubentiger gelangweilt in die Sonne blinzeln. Romantik zum Lustwandeln! *UH*

Infos und Adressen

ANREISE
Bahn: bis Bomal, dann Bus oder Taxi; **Auto:** über A44 (E40) Richtung Lüttich, dann auf E25 Richtung Spa bis Aywaille und über N86 nach Durbuy

BESTE REISEZEIT
April bis Oktober

SEHENSWERT
Parc des Topiaires: zauberhafter Formbaumgarten mit über 250 Objekten und kunstvoll geschnittenen Naturskulpturen, kleine Ausstellung zur Topiarien-Gestaltung, Cafeteria mit wechselnden Kunstausstellungen; Mitte Feb.–Ende Nov. täglich, Dez. nur am Wochenende, Eintritt: 4,50 Euro; Rue de la Haie Himbe 1, Durbuy, www.topiaires.durbuy.be

ÜBERNACHTEN
Les Clos des Recollets: charmantes, kleines Haus aus dem 17. Jh. inmitten der

Altstadt mit toller Atmosphäre; www.closdesrecollets.be

ESSEN UND TRINKEN
Clos des Recollets: Das Restaurant im Hotel bietet erstklassige französische Cuisine unter Chefkoch Frédéric Bruneel.

WEITERE INFOS
Tourismusbüro: 24 Grand'Rue, Barvaux, www.durbuy.be

Durbuy hat für Freunde gepflegter Kulinarik mancherlei zu bieten.

Die drei stehenden Steine von Oppagne bei Wéris sind Teil der neolithischen, noch immer geheimnisvollen Grabanlagen.

Zum Staunen

ZU BESUCH IN WERIS
Zu den bezauberndsten Dörfern der **Wallonie** zählt das Örtchen **Wéris** etwas östlich von Durbuy, das sich malerisch an einen Waldrand kuschelt. Überragt von der Burganlage Château-Ferme und dem Turm der romanischen Pfarrkirche Sainte-Walburge dominieren Fachwerk, üppige Bauerngärten und grober, blassgrauer Feldstein den ländlichen Charakter des Weilers, der zu den Vorzeigemitgliedern der Vereinigung der schönsten Dörfer der Wallonie (Les Plus Beaux Villages de Wallonie) gehört. Bekannt ist Wéris aber vor allen Dingen durch die für Belgien besonders bedeutenden, jungsteinzeitlichen Megalithanlagen. Die insgesamt sechs Galeriegräber unterschiedlicher Größe und Menhire aus mächtigen Findlingen dehnen sich hier aus auf einer Länge von gut 7 km und dürften Teil eines offenkundig religiösen Komplexes sein. Über ihre Bedeutung wird jedoch noch heute gerätselt. www.beauxvillages.be

56 Brügge – Kleinod aus dem Mittelalter

HIGHLIGHTS

Brugse Reien: befahrbares Kanalsystem rund um und durch den Stadtkern, »Venedig des Nordens«

Flandern-Rundfahrt: internationaler Radsport-Klassiker, über 250 km mit Startpunkt auf dem Grote Markt, Anfang April

Chocolatier Dumon: die besten Schokoladenkreationen der Stadt

Kunst- und Antiquitätenmarkt: jedes Wochenende am Dijver mit skurrilen Stücken, Glas, Schmuck und historischen Souvenirs

Magic Ice World: Zauberwelt aus kunstvollen Eisskulpturen in der Vorweihnachtszeit auf dem Bahnhofsvorplatz

PROBIEREN UND ERLEBEN

Heilig-Blut-Prozession: Dieses große Ereignis findet alljährlich an Christi Himmelfahrt statt, eine Tradition, die bis ins Jahr 1304 zurückreicht. – *Halve Maan:* Die älteste Brauerei der Stadt (1546) bietet Besichtigungen, Verkostungen und beherbergt ein Biermuseum.

Schon seit dem Jahr 2000 steht der Innenstadtbereich Brügges im belgischen Westflandern auf der Liste schützenwerten Weltkulturerbes und ist deshalb fester Bestandteil des Besuchsprogramms von Gästen aus Übersee. Dabei bietet das Städtchen weitaus mehr, als der Tagesbesucher auf den ersten Blick erkennt.

Schmale, enge Gassen, Kopfsteinpflaster, Hausfassaden aus rotem Backstein, überladende Treppengiebel, weitläufige, lebhafte Plätze, gotische und barocke Stilelemente an den öffentlichen Gebäuden, Kanäle, idyllische Wasserwege und kleine Parks – all das gehört zum malerischen, mittelalterlichen Erscheinungsbild der Stadt, die sich während der letzten Jahrhunderte kaum verändert zu haben scheint. Wären da nicht Autos, Hightech-Parkautomaten, Minibusse und die unvermeidlichen kulinarischen Begegnungsstätten des 21. Jh. Dabei verdankt **Brügge**, das schon 1128 Stadtrechte erhielt und einstmals, zu Zeiten der Hanse, in voller Blüte als Textilzentrum und wohlhabende wirtschaftliche Metropole stand, seinen nun optischen Reichtum einer zeitweisen Armut in früheren Jahrhunderten, als der florierende Handel sich allmählich verlagerte. Schließlich blieb es auch weitgehend verschont von Zerstörungen durch Brände oder kriegerische Auseinandersetzungen.

Ganz charakteristisch im Stadtgebiet zwischen Wallgräben, Windmühlen und hinter den Stadttoren ist das schallende Hufgetrappel

Die Terrassen der Restaurants rund um den großen Marktplatz sind stets gut besucht.

Pferdekutschen und Fahrräder dominieren die Straßen und Gassen der Stadt

und das Knarren der Wagenräder unzähliger **Pferdekutschen** auf ihren touristischen Erkundungstouren. So fällt bisweilen ein leichter, jedoch nur kaum wahrnehmbarer Stallgeruch auf, der sich durch die engen pittoresken Straßenfluchten zieht. In der Gesamtheit der Düfte ergibt sich ein wohliges Gemenge in der Nase: eine ganz besondere Mischung, die bestimmt ist von Kakao- und Nougatnoten, von Sahne- und Pralinenaromen. Denn Brügge, das optisch durchaus dem Skizzenblock eines kreativen Zuckerbäckers entstammen könnte, ist vor allem anderen die Stadt der Chocolatiers und der Schokolade.

Hinter zahllosen, hochglänzenden Schaufensterscheiben locken die edelsten, die süßesten Versuchungen, die man sich nur vorstellen kann. Fein und mit Hingabe drapierte Pralinen, »Meeresfrüchte«, Marzipan in einem unerschöpflichen Ozean aus Schokolade, gigantische Tafeln Zartbitter, Vollmilch-Nuss oder Weiß. Widerstand ist schlicht

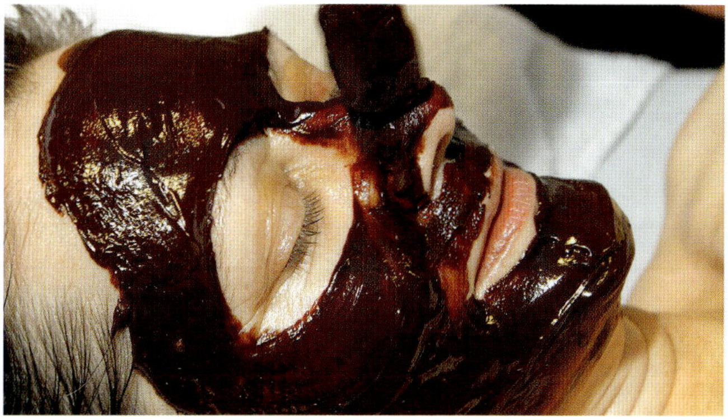

Der Vorteil einer Schokoladenmaske besteht auch in ihrer nachträglichen Verzehrbarkeit

Zum Genießen

BAD IN SCHOKOLADE

Eigentlich stellen Wellness und Schokolade ja einen Widerspruch dar, angedenk des Kalorienreichtums der köstlichen Süßware. Jedoch besteht ein gesundheitlicher Aspekt, denn Schokolade enthält Proteine, Mineralstoffe und Vitamine, die für Zellentwicklung und -aufbau notwendig sind. Durch den Zusatz von Zucker und weiteren Stoffen erscheint eine Schokoladen-Diät aber eher als unglückliche Wahl. Wellness mit Schokolade bezieht sich zunächst auf die äußerliche Anwendung mittels Massage und Gesichtsmaske. Nach sanfter Vorbereitung und Behandlung der Gesichtshaut wird die mit Honig versetzte Schokomasse mit dem Pinsel auf das Gesicht aufgetragen. Bei einer Temperatur von gut 33 Grad entwickelt sich sofort ein entspannendes Gefühl auf der Haut, das sich schnell nach innen ausbreitet. Der süße Duft bewirkt ein echtes Glücksgefühl – insbesondere bei dem Gedanken, dass diese natürliche Maske anschließend verspeist werden kann. Das gilt natürlich auch für den Schoko-Lippenstift.

Das Blütenmeer weißer und gelber Narzissen bildet einen malerischen Rahmen im Beginenhof.

Zum Staunen

RUHE BITTE!

Schilder am Eingang zum Beginenhof Ten Wijngarde am idyllischen **Minnewater** mahnen zum Schweigen. Die große Anlage mit dem vom steten Wind leicht gekrümmten, hohen Baumbestand stellt eine wahre Oase der Stille dar. Über 60 Pappeln bilden den malerischen Rahmen des Innenhofes, den speziell im Frühjahr ein hübscher Teppich aus Narzissen veredelt. Geradezu ehrfürchtig schlendern die Besuchergruppen vorbei an den einfachen, weiß getünchten Gebäuden mit den hohen Treppengiebeln und Fensterfronten, in denen heute Benediktinerinnen wohnen und einen bedingten Einblick ins klösterliche Leben gewähren. Ein kleines Museum erzählt von der bis ins 13. Jh. zurückreichenden Geschichte der Beginen in Flandern und Brügge, deren beeindruckende Lebensweise den Beginn des Feminismus begründet. In der näheren Umgebung finden sich noch einige weitere derartige, privat genutzte Anlagen mit zum Teil üppigen Gärten, die ebenfalls einen Besuch lohnen.

zwecklos. Folgerichtig findet sich in der Stadt natürlich auch das **Schokoladenmuseum** Choco-Story, welches detailliert auf die Vorgeschichte des heutigen Angebots an sündhaften Leckereien eingeht und ausführlich informiert über Anbau, Ernte und Exporte. Unterschiedliche Kakaobohnenqualitäten sorgen für die Grundlage verschiedener Geschmacks- und Verarbeitungsvariationen.

Im Bann der Kakaoaromen

So erfährt der Besucher, dass die erste Tafel Schokolade 1847 in England angeboten wurde und dass der Kakao durch die Eroberungszüge der Spanier in Mittel- und Südamerika um 1530 nach Europa kam. Von dort aus trat er seinen Siegeszug zunächst durch die Adelshäuser an, bevor er im 18. Jh. auch das gemeine Volk erreichte. Erstaunlicherweise gehört die hochwertige, handwerkliche Verarbeitung von Kakaobohne und Schokolade in Belgien und speziell in Brügge erst in die allerjüngste Vergangenheit. Fünf Chocolatiers traten ihren lokalen Erfolgsweg vor etwa gerade einmal 50 Jahren an. Der florierende Tourismus in der Stadt erwies sich hierfür als ein fruchtbares Fundament. Den flinken Händen der Chocolatiers kann zudem in der in den Museumsräumlichkeiten integrierten Zuckerbackstube zugesehen und vielleicht auch der eine oder andere Kniff abgeschaut werden.

Der großartigen, noch jungen Tradition dieser ausschließlich handwerklichen, mithin so verführerischen Tätigkeit widmen sich unterschiedlichste Veranstaltungen. Das sowieso schon umfangreiche Angebot erweitert sich dann um geführte **Schokoladenspaziergänge**, um Workshops von Meisterköchen und eine **Schokoladenmesse**, in der die besten Chocolatiers der Zunft ihre allerbesten Kreationen vorstellen und vorführen. Ein großer Publikumsandrang ist garantiert, denn überall kann auch probiert werden. Doch meist gilt: nur schauen und nicht anfassen, wie etwa beim Bodypainting mit Schokolade oder dem grazilen Abendkleid, das eben einmal nicht aus feinster Spitze besteht. Zudem offerieren einige der beliebtesten Restaurants speziell zusammengestellte Schokoladenmenüs. *UH*

Die kleinen Balkone der Stadthäuser ragen in das Kanalsystem der Stadt hinein.

Infos und Adressen

ANREISE
Bahn: gut erreichbar, Umstieg in Brüssel; **Auto:** Brügge liegt knapp 2 Autostunden hinter der belgischen Grenze.

BESTE REISEZEIT
September bis Mai (im Sommer oft sehr voll)

SEHENSWERT:
Kathedrale St. Salvator: gotische Bischofskirche mit romanischem Turm aus dem 13. Jh.; www.sintsalvator.be

Grote Markt: wichtigster Platz der Stadt mit prächtiger Kulisse aus spätmittelalterlichen Gebäuden und unzähligen Straßenlokalen, Startpunkt für Pferdekutschen und Minibusse, Weihnachtsmarkt, im Mittelalter noch Anlegestelle für Handelsschiffe

Belfried: mit 83 m höchstes Bauwerk der Stadt am Grote Markt, einstiges Symbol bürgerlichen Wohlstands, tolle Aussicht nach 366 Stufen Aufstieg, zauberhaftes Glockenspiel, Tuchhalle

Liebfrauenkirche: Imposantes gotisches Kirchengebäude mit doppelten Treppentürmen, im Innern beeindruckt insbesondere die weiße Madonna von Michelangelo aus dem Jahr 1503.

Heilig-Blut-Basilika: Doppelkirche, in der eine der wichtigsten religiösen Reliquien, eine Ampulle mit dem Blut Christi, aufbewahrt wird

Rozenhoedkaai: romantischer Blick auf die Altstadt, überragt vom Belfried; populärstes Fotomotiv am Kanal

Burg: ältester Platz der Stadt, angelegt als Festung im 9. Jh. zum Schutz gegen die Wikinger, gotisches Rathaus mit faszinierender Fassadengestaltung und spektakulärem Rathaussaal

Concertgebouw: multifunktionale Veranstaltungshalle moderner Prägung am Rand der Innenstadt

Zum Essen zu schade: die liebevoll gestaltete Tierwelt der Brügger Chocolatiers.

Oud Sint-Jans-Hospital: Gegründet Ende des 12. Jh., befinden sich hier das Hospitalmuseum und das Memlingmuseum mit Werken des Brügger Malers Hans Memling.

Choco-Story: Das Schokoladenmuseum gibt Einblick in die Historie rund um die Kakaobohne. Vorführungen zur Herstellung von Pralinen; www.choco-story.be

Friet-Museum: Das Museum widmet sich dem Kult und der Kultur frittierter Kartoffelstäbchen im ehemaligen Gebäude der genuesischen Handelsvertretung. www.friet-museum.be

Stadttore: Vier beeindruckende Pforten bilden die historischen Zugänge zur Stadt (Kruispoort, Ezelpoort, Gentpoort und Smedenpoort) und markieren den ehemaligen Festungscharakter Brügges.

Windmühlen: Von den vier Windmühlen auf dem Wall am Kruispoort sind noch zwei in Betrieb.

Triennale: Alle drei Jahre präsentieren sich darstellende und bildende Kunst sowie Architektur im öffentlichen Raum. www.triennalebrugge.be

ESSEN UND TRINKEN
Maximilian von Österreich: direkt am Beginenhof mit Außenterrasse und Blick auf die Schwäne der Stadt; www.maximiliaanvanoostenrijk.be

Patrick de Vos: Haute Cuisine vom Feinsten mit toller Weinauswahl; www.patrickdevos.be

De Mangerie: regionale Küche auf hohem Niveau in der Oude Burg, Kochvorführungen; www.mangerie.com

Frituur: Belgische Pommes Frites von der Imbissbude sind immer ein Genuss.

ÜBERNACHTEN
Hotel De Tuilerieen: stilvolles Haus nahe des Grote Markt und des Rozenhoedkaai; www.hoteltuilerieen.com

Pand Hotel: kleines, ruhiges Haus mit toller Atmosphäre in perfekter Lage; www.pandhotel.com

WEITERE INFOS:
Stadt Brügge: www.bezoekers.brugge.be/de

Antikläden offerieren manch Skurrilität.

Die komfortablen und gut ausgeschilderten Radwege verlaufen oft windgeschützt direkt hinter den grasbewachsenen Deichen.

57 Insel Texel – Vielfalt auf kleinstem Raum

HIGHLIGHTS

Den Burg: Der mittelalterlich geprägte Stadtkern lädt zum Bummeln und Genießen ein.

Nationalpark Duinen van Texel: Auf markierten Wegen lässt sich die Pflanzen- und Tierwelt der Dünen erkunden.

Ecomare: Das Naturzentrum zum Anfassen unterhält auch eine Robben- und Vogelauffangstation.

Kaap Skil: Das moderne Meeres- und Strandräubermuseum zeigt das Leben im und am Meer.

De Hoge Berg: Die typische Bauernlandschaft mit der einzigen Inselerhebung ist nicht nur ein Paradies für Schafe.

SPEZIALITÄTEN

Boerenkaas: aus Kuhmilch hergestellter Bauernkäse – *Kees Boontje und 't Juttertje:* Kräuterbitter – *Queller:* salziges Gemüse von den Texelschen Salzwiesen – *Sanddorngelee:* erntefrisch aus den Dünen – *Skuumkoppe:* Weißbier aus der Texelse Bierbrouwerij – *Texel-Lamm:* Lammfleisch mit dem typischen Salzaroma der Weiden

Feiner Sand und blaues Meer, so weit das Auge reicht, dazwischen hübsche Dörfer mit restaurierten Giebelhäusern, kleinen Kirchen und historischen Windmühlen – die Nordseeinsel Texel ist immer eine Reise wert. Hier am Strand, in den Dünen, im Wald oder im Dorfleben findet jeder die gewünschte Ruhe und Abwechslung.

Die kleine Autofähre bringt Kurzurlauber innerhalb von 20 Minuten vom Festlandhafen Den Helder auf die größte der **Westfriesischen Inseln**. Die »Niederlande im Kleinen« beeindruckt mit einer vielfältigen Landschaft, die sich am besten zu Fuß oder mit dem Fahrrad erkunden lässt. **Texel** punktet mit einem weiten Netz an Rad-, Spazier- und Wanderwegen. Zwischen all der Natur bieten der lebendige Hauptort **Den Burg** und die kleinen Inselorte mit ihren schönen Häusern und kleinen Läden eine willkommene Abwechslung.

Vom Sandgebiet **De Hors** im Süden bis zum Leuchtturm an der Nordspitze – die zur offenen See ausgerichtete Westseite der Insel ist ein einziger Sandstrand. Wer weite Küstenspaziergänge liebt, ist hier bestens aufgehoben. Zwischendurch laden Strandpavillons zu einer Rast ein. Hinter dem Strand liegt ein geschützter Dünengürtel, in dem viele Vogelarten, aber auch schottische Galloway-Rinder zu Hause sind. Zwischen **Den Hoorn** und **De Koog** ist das Naturzentrum Ecomare angesiedelt, das Wissenwertes über die Nordsee präsentiert. Die an das ruhigere **Wattenmeer** angrenzende Ostseite der Insel ist größtenteils eingedeicht. Im Süden liegt der Hafenort **Oudeschild**. Hier laufen die Nordseekutter ein und laden ihre frische Fracht ab, die man direkt im Hafen genießen kann. Mehr über den Ort und seine maritime Umgebung erfährt man im Museum Kaap Skil.

Zwischen Oudeschild und Den Burg erhebt sich mit 15,3 m Texels höchster Punkt, der **Hoge Berg**, der vor rund 130 000 Jahren durch eiszeitliche Aufschüttungen entstand. Im hügeligen Alten Land weiden unzählige Schafe. Beim Spazieren stößt man auch auf die Tuunwoallen (Begrenzungswälle aus Grassoden), die im Sommer farbenprächtig blühen. *BL*

Infos und Adressen

ANREISE

Fähre: Autofähre von Den Helder nach Texel, zwischen 6 (Mo–Sa) bzw. 7 (So) und 21 Uhr stündlich

SEHENSWERT

Vuurtouren Texel: Leuchtturm an der Nordspitze mit grandiosem Panoramablick; Vuurtorenweg 184, De Cocksdorp, www.vuurtorentexel.nl

Schipbreuk- en Juttersmuseum Flora: kuriose Sammlung von angespültem Strandgut; Pontweg 141, Den Burg, www.juttersflora.nl

ESSEN UND TRINKEN

Eethuis Klif 23: gemütliches Café-Restaurant mit über 100 Pfannkuchenspezialitäten; Klif 23, Den Hoorn, www.klif23.nl

Paal 9: Strandpavillon am Kilometerpfahl (Paal) 9 mit toller Aussicht aufs Meer; Hoornderslag 8, Den Hoorn, www.paal9.nl

ÜBERNACHTEN

Het Anker van Texel: kleines Familienhotel mit Dünenblick; Kikkertstraat 22–24, De Cocksdorp

Texel-Yurts: nomadische Wohnzelte im Dünen-Nationalpark, mit Holzboden, Feldbetten und Küchenzeile; Rommelpot 19, Den Hoorn, www.texel-yurts.nl

WEITERE INFOS

VVV Texel: www.texel.net

Segeln und Surfen – in der wind- und sonnenreichsten Region der Niederlande.

Der Leuchtturm Eierland an der nördlichsten Spitze der Insel: Wer genug Puste hat, kann bis in das 6. Stockwerk hinaufklettern.

Ein besonderer Ausflug

WANDERUNG DURCH DEN SLUFTER

An der Westseite der Insel am nördlichen Ende des Strandes, etwas unterhalb des Leuchtturms, breitet sich mit dem **Slufter** eine einzigartige Küstenlandschaft aus, die zu weiten Spaziergängen nur begleitet von Vogelstimmen und Meeresrauschen einlädt. Der Slufter, ein wahres Vogelparadies, entstand durch eine schwere Sturmflut, die Mitte des 19. Jh. den Dünengürtel durchbrach. Auch heute noch dringt bei jeder Flut Meerwasser in dieses weitläufige Gebiet ein und begünstigt dadurch eine ganz spezielle Vegetation. Hier wachsen zum Beispiel Salzgras, Grasnelke, Queller, Strandflieder und Strandaster. Im Sommer verwandelt der blühende Strandflieder den Sandboden in eine kräftig violettfarbene Fläche, welche die Herzen von Fotografen höher schlagen lässt. Aber auch zu anderen Jahreszeiten ist der Slufter ein unvergessliches Naturerlebnis.

Auch bei rauerem Wetter ist das Meer beeindruckend. Eine kleine Pause von Wind und Wellen bieten die Strandpavillons.

58 Walcheren – sonnige Küstenlandschaft

HIGHLIGHTS

Dünenwanderung: herrlicher Wald- und Dünenspaziergang von Domburg zum Strand von Oostkapelle durch das Naturschutzgebiet De Manteling

Schloss Westhove: fürstliche Einkehr auf der Terrasse des mittelalterlichen Kastells

Radtouren: aussichtsreiche Erkundungen durch die Polderlandschaft weit weg vom Straßenverkehr

Grachtenrundfahrt: gemütliche Fahrt in offenen Booten durch die historischen Grachten von Middelburg

Wochenmärkte: Bummel durch die bunten Marktstände in Domburg, Vlissingen oder Middelburg

DAS SOLLTEN SIE PROBIEREN

Bolus: in braunem Zucker gewälzte Gebäckspezialität in Schneckenform – *Kreukels:* von Hand gesammelte Strandschnecken, für ein süß-salziges Geschmackserlebnis mit Rosinenbrot serviert – *Strandflieder:* typische Pflanze aus dem Deichvorland, deren frisch geerntete Blätter mit Zwiebeln in Butter gedünstet werden

Die Halbinsel Walcheren zieht das ganze Jahr über Feriengäste an, und viele kommen immer wieder. Kein Wunder, gehören die ausgedehnten Strände doch zu den schönsten Küstenlandschaften der Niederlande. Wer nach langen Stunden am Meer ein wenig Genuss und Kultur sucht, wird in den verträumten Dörfern und lebhaften Städtchen fündig.

Ob romantische Auszeit zu zweit, Familienferien oder Aktivurlaub – die zur Provinz Zeeland gehörende Region Walcheren im südlichsten Zipfel der Niederlande hält für jeden Geschmack das Richtige bereit. Als Ausgangspunkt für erholsame Streifzüge über den Strand, durch die Dünen oder durch die typisch zeeländische Landschaft mit ihren Poldern, Prielen und Landhäusern bietet sich **Domburg** an. Als ältester Badeort der Region konnte sich das Küstenstädtchen mit seinem eindrucksvollen über dem Meer thronenden Badpavillon aus dem vorletzten Jahrhundert und den prächtigen Villen viel von seinem einstigen mondänen Charme bewahren. Im lebhaften Zentrum warten gemütliche Straßencafés, kleine Restaurants und eine Handvoll exklusiver Läden.

Blickt man vom Wasserturm auf der Düne, dem 1933 errichteten Wahrzeichen der Stadt, nach links in Richtung **Westkapelle** mit seinem markanten Leuchtturm oder nach rechts in Richtung **Oostkapelle**, scheint der Strand endlos zu sein. Das angrenzende Naturschutzgebiet **De Manteling** beherbergt einen mehr als 200 Jahre alten Wald aus etwa 1 m großen Zwergeichen und das von Wasser umgebene Schloss Westhove aus dem 13. Jh.

Wer es etwas lebendiger haben möchte, besucht die Hafenstadt **Vlissingen** an der Mündung der Westerschelde, die mit ihrem quirligen Hafen und den vorbeifahrenden großen Seeschiffen viel maritimes Flair versprüht. Bei einem Spaziergang auf der langen Strandpromenade gibt es viel zu erkunden. Eine besondere Entdeckung ist auch die alte Hafenstadt **Middelburg** mit ihren historischen Gassen und jahrhundertealten Gebäuden wie dem gotischen Rathaus und der im 12. Jh. gegründeten Abtei. *BL*

Die 1853 errichtete Spijkerbrücke in Middelburg

Infos und Adressen

ANREISE

Flug: nach Amsterdam; **Bahn:** IC/ICE bis Amsterdam, weiter nach Middelburg/Vlissingen; **Auto:** ab Venlo A67 und A58, ab Aachen A4/A76/E314/E313, A12, A4 und A58

SEHENSWERT

Deltapark Neeltje Jans: Familienpark mit Seehundshow und Walfischwelt; Faelweg 5, Eiland Neeltje Jans, Vrouwenpolder, www.neeltjejans.nl

Terra Maris: Natur- und Landschaftsmuseum in der Orangerie des Schlosses Westhove; Duinvlietweg 6, Oostkapelle, www.terramaris.nl

Handgemachte Bonbons für jeden Geschmack bietet dieser kleine Laden in Veere.

ESSEN UND TRINKEN

De Piraat: alteingesessener Strandpavillon; Strand von Oostkapelle, www.strandpaviljoendepiraat.nl

De Visbar: fangfrischer Fisch; Ooststraat 6, Domburg, www.visbardomburg.nl

ÜBERNACHTEN

Schlafen am Strand: Strandhäuschen in Domburg; www.slapenopstrand.nl, www.slaapzand.nl

Stayokay Domburg: Hostel im Schloss Westhove; Duinvlietweg 8, Oostkapelle, www.stayokay.com

WEITERE INFOS

VVV Domburg: Schuitvlotstraat 32, Domburg, www.vvv.zeeland.nl

Ein besonderer Ausflug

ZEITREISE NACH VEERE

Wer **Veere** besucht, fühlt sich zurückversetzt in vergangene Zeiten: Mit ihren Renaissance-Giebelhäusern am Marktplatz, dem historischen Rathaus, dem Verteidigungsturm sowie dem imposanten Kirchengebäude aus dem 15. Jh. wirkt die kleine Stadt südöstlich von Domburg heute wie ein Freilichtmuseum. War die Ansiedlung am **Veersemeer** einst ein bedeutender Umschlagsplatz für Wolle und Tuchware, ist der Verkehr im Hafen und in den kleinen Gassen heute eher ruhig und beschaulich. Das liegt auch daran, dass man die Stadt 1961 mit dem Herunterlassen des letzten Schiebers des Veersegatdamms vom offenen Meer abtrennte. Das so entstandene Binnenmeer ist für den Handel nicht mehr von Bedeutung, besitzt dafür aber sehr viel Freizeit- und Feriencharme. Im Ort selbst finden sich neben gemütlichen Cafés und Restaurants auch ungewöhnliche Läden und Geschäfte, die mit ihrem individuellen Angebot zum Schaufensterbummel einladen.

Vacances en France

59 Paris – eine Stadt für Flaneure

HIGHLIGHTS

Eiffelturm: Champ de Mars, 5 Avenue Anatole France, Tickets bei ticket.toureiffel.fr

Fondation Monet: von der Gare St. Lazare mit dem Zug nach Vernon und weiter mit dem Shuttlebus; April–Okt. täglich; 84, Rue Claude Monet, Giverny, Online-Tickets über www.fondation-monet.com

Saint-Germain-des-Prés: Das literarische und künstlerische Herz der Stadt ist wunderbar zum Flanieren geeignet, zum Beispiel entlang der Rue Bonaparte, der Rue de l'Odéon und der Rue de Médicis zum Jardin du Luxembourg.

Centre Pompidou: Das Kunst- und Kulturzentrum bietet so viel an moderner Kunst und Wissenschaft, dass man mehr als einen Monat brauchen würde. Also gezielt auswählen, was interessiert. www.centrepompidou.fr

DAS SOLLTEN SIE PROBIEREN

Gut und Gutes essen ist Teil des »Savoir vivre«, und nicht ohne Grund gehört die Französische Küche zum UNESCO-Weltkulturerbe. Klassiker wie *Coq au Vin*, *Lammkeule* oder *Quiche Lorraine* gehören ebenso dazu wie die *Bouillabaisse*. Wer es süß mag, fliegt auf Mousse au chocolat, die bunten Macarons oder Tarte Tatin.

Die französische Hauptstadt zieht einen sofort in ihren Bann. Über 200 lohnenswerte Galerien, 100 Theater, rund 160 Museen und mehr als 10 000 Restaurants, Prachtboulevards und Sehenswürdigkeiten wie Sacré Cœur, der Arc de Triomphe und natürlich der Eiffelturm – das ist der Stoff, aus dem Kurzurlaubsträume gemacht sind!

Wo beginnen, was auswählen und was weglassen, wenn man nicht ein ganzes Leben hat, um diese Megacity zu entdecken? Vielleicht hilft ein Blick von oben? Wer sich dafür den **Eiffelturm** aussucht, sollte vorher im Internet Karten reservieren – um den endlosen Schlangen an der Kasse zu entkommen. Der Stahlkoloss wurde zur Weltausstellung gebaut und ist ein Besuchermagnet wie vieles in der Stadt. Bis zur zweiten Plattform in 115 m Höhe kann man laufen, erst die dritte auf 276 m ist nur per Fahrstuhl zu erreichen. Alternativ lockt der **Arc de Triomphe** mit einer sagenhaften Aussicht über die Stadt – auch, weil hier die Boulevards sternförmig wegführen und man wunderbar die Häuserfluchten und den Eiffelturm betrachten kann.

Zu Fuß in der Hauptstadt schlendern

Wer sich solcherart Appetit auf die französischen Hauptstadt geholt hat, kann sich zu einem Spaziergang von der **Île de la Cité** zur Nachbarinsel **Saint-Louis** aufmachen und dabei das mächtige Wahrzeichen der Stadt, **Notre-Dame**, besichtigen. Mehr als 14 Millionen

Gargoyles – Wasserspeier – zieren die Fassade von Notre-Dame und unterstreichen die mystische Atmosphäre der Kathedrale.

Sacre Coeur, die Basilika im Zuckerbäckerstil, thront über Montmartre.

Menschen besuchen die Kathedrale jedes Jahr. Ab 1163 in rund 200 Jahren errichtet, wurde sie während der Französischen Revolution zum Weinlager umfunktioniert und erst 1802 durch Napoleon wieder als Gotteshaus eröffnet. Victor Hugo, der Schöpfer des Glöckners von Notre-Dame, warb mit seinem Roman für den Erhalt der Kirche. Heute steht die Kirche unter dem Schutz der UNESCO. Sehenswert ist auch die **Conciergerie**, einst Palast der Könige und dann Gefängnis für so berühmte Häftlinge wie Marie Antoinette oder Napoleon III. Heute gehört sie zum Justizpalast und ist teilweise zu besichtigen. Sehenswert ist die **Sainte Chapelle**, eine kleine Kirche mit herrlichen Glasmosaiken an den Fenstern.

Schön ist auch ein Bummel durch die Gassen am Hügel von **Montmartre**. Bequeme Schuhe sind ratsam, denn hier geht es auf und ab und über mitunter holprige Wege. Über allem thront **Sacré Cœur**, die weiße Kirche im Zuckerbäckerstil, auf deren Panorama-Vorplatz die fliegenden Händler und Kleinkünstler für Trubel sorgen und die im Inneren so mystisch-entrückt daherkommt. Wer den Hügel auf seiner Westseite hinabsteigt, ist schnell weg vom Getümmel und genießt den Blick in üppig berankte Gärten mit verträumten Häuschen.

Kunst, wo man hinsieht

Direkt an der **Seine**, gegenüber des **Jardin des Tuileries**, liegt das **Musée d'Orsay** an der Rue de la Légion d'Honneur. Cézanne, van Gogh, Monet, Matisse und einige Hochkaräter mehr können hier bestaunt werden. Das elegante Gebäude wurde zur Weltausstellung als Bahnhof errichtet und ist heute eine imposante Ausstellungsfläche. Das Kulturzentrum **Centre Pompidou** im Quartier Beaubourg lohnt in mehrfacher Hinsicht: Es ist architektonisch interessant, beherbergt im

Ein besonderer Ausflug

ÎLE DE LA JATTE – INSEL DER IMPRESSIONISTEN

Im Nordwesten der Stadt liegt die Insel **Île de la Jatte**, die zu den Vorstädten **Levallois-Perret** und **Neuilly-sur-Seine** gehört. Ende des 19. Jh. war sie Treffpunkt bekannter Impressionisten wie Monet, Seurat oder Van Gogh. Das wohl berühmteste Gemälde, das hier entstand, ist Seurats »Un Dimanche après-midi à l'Île de la Grande Jatte«. Seit 2009 gibt es hier einen Impressionisten-Rundweg mit Informationstafeln, der Kunstwerke erläutert, die hier entstanden. Der Weg ist 4 km lang und führt einmal um die landschaftlich reizvolle Insel: am Ufer entlang, durch kleine Parks und vorbei an hübschen Häusern und Villen. Unterwegs laden Cafés und Restaurants zu einer Pause ein – ein echter Ruhepol, wenn man für ein paar Stunden der quirligen Hauptstadt entfliehen möchte.
Die Île de la Jatte ist bequem mit der Metro zu erreichen: Linie 3 bis Endstation Pont de Levallois-Bécon. Von dort sind es noch 250 m bis zur Brücke, von der eine Treppe auf die Insel hinunterführt.

Ein Ausflugsboot zu Besuch bei Notre Dame

Ein besonderes Erlebnis

KREUZFAHRT AUF DEM KANAL SAINT-MARTIN

Paris hat zwei schiffbare Wege: Die frequentierte Seine, auf der die berühmten »Bateaux Mouches« Touristen transportieren, und **Saint-Martin**, den eher ruhigen und beschaulichen Kanal. Schon weil er im Vergleich zur »großen Schwester« nicht von hohen Betonmauern begrenzt ist, die oftmals den Blick auf die Sehenswürdigkeiten einschränken, empfiehlt sich diese gemächliche Alternative. Wenn Sie von der **Bastille** zum **Parc de la Villette** fahren, gerade mal 9 km, müssen Sie rund 2,5 Stunden einplanen. Mit Blick auf die Pariser Altstadt, durch Schleusen und unter Brücken, inmitten von alten Bäumen und an geschützten Ufern entlang, kann man die Hauptstadt von ihrer grünen, entschleunigten Seite erleben.
Abfahrten in beide Richtungen jeweils um 9:45 und 14:30 Uhr. Von Okt. bis März muss reserviert werden, Juni bis Sept. fährt abends ein zusätzliches Schiff. Infos zu diesem und anderen schiffbaren Kanälen der Stadt: www.canauxrama.com/saint-martin.htm

Inneren eine sehenswerte Sammlung zeitgenössischer Kunst und bezaubert durch seine Wasserspiele auf dem Vorplatz, dem **Strawinsky-Brunnen** mit Skulpturen von Niki de Saint Phalle. Man kann hier wunderbar sitzen und den Straßenkünstlern zusehen, wie sie Kaninchen hervorzaubern oder sich sonstwie in die Herzen der Besucher spielen.

Nicht unerwähnt bleiben darf natürlich der **Louvre** – der neben der Mona Lisa Stoff genug für einen ganzen Tag bietet. Ganz in der Nähe liegt der **Pont Neuf**, die älteste erhaltene Seine-Brücke der Stadt. Früher herrschte hier reges Treiben unter Händlern, Gauklern, Badern und allerlei anderen Gestalten. Wer zu einer **Bootstour auf der Seine** aufbrechen möchte, ist hier genau richtig.

Paris von seiner kontemplativen Seite

Nicht nur für Fans des Impressionismus hat das **Musée de l'Orangerie** in den Tuilerien viel zu bieten. Es liegt ebenfalls unweit des Louvre. Der Park selbst ist ideal für eine kleine Pause. Wer es ruhiger mag, kommt zum **Parc des Buttes Chaumont**, einem Landschaftsgarten an der Rue Botzaris mit seinen Grotten und Wasserfällen und dem herrlichen Blick auf Montmartre. Ein echter Geheimtipp ist der wildromantische und charmante **Jardin Saint-Gille-Grand-Veneur** in der Nähe der Metrostation Chemin Vert im Marais-Viertel.

Wer sich in Paris Appetit auf Kunst und Natur geholt hat, sollte nach **Giverny** pilgern, zum berühmten Seerosenteich von Claude Monet. Der Ort liegt ca. 70 km nordwestlich des Zentrums und ist ideal für einen Tagesausflug geeignet. Der Künstler lebte und malte hier zwischen 1883 und 1926. Der Ziergarten Clos Normad mit seinem Farben- und Formenreichtum stammt noch aus ursprünglicher Planung, und der Wassergarten mit den asiatischen Pflanzen spiegelt Monets Leidenschaft für Japan. *BG*

Grande Arche, die Neuinterpretation eines Triumphbogens, im Viertel La Défense

Infos und Adressen

ANREISE
Flug: Flughäfen Charles de Gaulle oder Orly (Frühbucherrabatte nutzen!); **Bahn:** schnelle Verbindungen aus Köln, Frankfurt und Stuttgart zu den Bahnhöfen Gare de l'Est und Gare du Nord; **Auto:** z. B. von Köln in ca. 4 Std. (Autobahngebühren bedenken!); innerhalb der Stadt am besten auf öffentliche Verkehrsmittel wie Métro oder Bus umsteigen

BESTE REISEZEIT
Ganzjährig, besonders Mai/Juni und September/Oktober

SEHENSWERT
Sewers of Paris: interessanter Abstecher in die Unterwelt der Stadt: Unter den Quai d'Orsay können Besucher entlang alter Wasserkanäle laufen; Pont de l'Alma, Infos unter: www.paris.fr

Musée des Arts Forains: Eine zauberhafte Sammlung von Karussells und Jahrmarktattraktionen; vieles kann probiert werden. Das Museum kann nur nach Vereinbarung besichtigt werden und liegt in direkter Nähe zu Bercy Village mit Restaurants und Boutiquen sowie dem Park von Bercy.
53 Avenue des Terroirs de France, www.arts-forains.com

ESSEN UND TRINKEN
La Table d'Aligre: beliebtes Restaurant mit fantastischen Fischgerichten, in unmittelbarer Nähe eines wunderschönen Bauernmarktes; 11 Place Aligre, www.tabledaligre.com

Paul: Die französische Bäckereikette bietet Snacks, Sandwiches, Gebäck und Kaffee zu moderaten Preisen an.

Quartier Latin: Den vielleicht besten Kebab der Stadt und leckere griechische Restaurants findet man in der traditionsreichen Rue de la Huchette, in der sich ein Restaurant an das nächste reiht.

Die Glaspyramide im Hof des Palais du Louvre bildet den Haupteingang des Museums.

SHOPPING
Champs-Elysées: Wo sonst findet man eine vergleichbare Ansammlung bester Mode und teuerster Accessoires? Auch wenn die dargebotenen Waren das Reisebudget der meisten sprengen dürften: Einen Besuch ist die Prachtstraße allemal wert.

Marché aux Puces: Antiquitätenmarkt vor den nördlichen Toren der Stadt in Saint Ouen, erreichbar z. B. mit der Metro-Linie 4 bis Porte de Clignancourt oder Linie 13 bis Garibaldi.
www.marcheauxpuces-saintouen.com

Aus allen Richtungen schön: der Eiffelturm

La Défense: Das größte Geschäftsviertel Europas beherbergt unter anderem Les 4 Temps, ein Einkaufszentrum zum Verlaufen. Von der Panoramaterrasse des Printemps Department Store hat man bis tief in die Nacht einen herrlichen Blick über die Stadt.

ÜBERNACHTEN
Jeanne d'Arc le Marais: ruhige Lage mitten im Marais, unweit von Notre Dame; 3, Rue de Jarente, www.hoteljeannedarc.com

Hôtel des Arts: mitten in Montmartre, interessante Arrangements und Preisnachlass ab 3 Nächten; 5, Rue Tholozé, www.arts-hotel-paris.com

WEITERE INFOS
Offizielle Seite des Tourismusbüros: http://de.parisinfo.com

Paris Pass: Wer die Stadt auf eigene Faust erkunden möchte, spart mit dieser Karte den Eintritt für viele Attraktionen und Museen, fährt noch dazu kostenlos in der Metro und in anderen öffentlichen Verkehrsmitteln. Den Pass gibt es für 2, 4 oder 6 Tage. Infos und Kauf: www.parispass.de

Paris mit dem Fahrrad: Die Zahl der Radwege in Paris nimmt stetig zu, und mit Paris Vélib wurde ein Netz von Verleihstationen geschaffen, das es auch Touristen ermöglicht, die Stadt auf zwei Rädern zu erkunden. Überall in der Stadt stehen Leihräder, abgerechnet wird nach Zeit. Infos: www.velib.paris

Im ehemaligen Palais der Äbtissinnen aus dem Jahr 1752 residieren heute die Stadtverwaltung, die Bibliothek und das Gericht.

60 Remiremont – venezianischer Karneval in Lothringen

HIGHLIGHTS

Nightwalk: Samstagabend flanieren die Teilnehmer des venezianischen Karnevals auf einem hölzernen Steg vor dem illuminierten Rathaus.

Charles de Bruyères Museum: Ausstellung von Porträts berühmter Franzosen, Bildern und Gegenständen aus der Abtei im ehemaligen Wohnhaus Bruyères

Terrae Genesis: Das geologische Zentrum bietet einen erstaunlichen Einblick in die vielfältige Welt der Mineralien in den Vogesen.

Historische Führung: Die spannende Vergangenheit der Stadt wird bei einem geführten Stadtrundgang lebendig.

PROBIEREN UND ERLEBEN

Loriquette de Remiremont: süßer Kuchen in Sternform aus Mandelpulver und kandierten Orangen – *La Madelon:* Urige Brasserie mit Mikrobrauerei, in der Braustube kann die Herstellung unterschiedlicher Biere beobachtet werden. – *Distillerie Lecomte Blaise:* feinste Spirituosen, Liköre und Obstbrände seit 1820

Malerische Kanäle, singende Gondolieri, beeindruckende Paläste – alle typischen Merkmale Venedigs sind in Remiremont nicht zu finden. Nur Tauben treiben auch hier ihr Unwesen. Aber um die Mitte des Monats März präsentiert sich das Städtchen im südlichen Lothringen sogar etwas venezianischer als das große Vorbild.

Seit 1995 ziehen Karnevalsbegeisterte in den ersten Tagen des Frühlings aufwendig kostümiert und elegant maskiert beim Carnevale à la Lorraine durch die Straßen **Remiremonts**. Flankiert von zahlreichen begeisterten Zuschauern lustwandeln die Figuren gruppenweise oder allein, posieren gekonnt, ebenso galant wie elegant auf Bänken, vor pittoresken Fassaden und den diversen Sehenswürdigkeiten des Ortes, die sie problemlos in den Schatten stellen. Ganze Familien, selbst der Hund, haben ihre thematisch passende Verkleidung angelegt und genießen sichtlich die ihnen entgegengebrachte Aufmerksamkeit im Gewitter der Kameraauslöser unzähliger Fotografen.

Gesprochen wird nicht, immer wieder legen die Figuren den Zeigefinger auf die Lippen. Gesten und Bewegungen reichen zur Kommunikation völlig aus, jeder Schritt, jede Aktion erscheint wohlgesetzt und hochprofessionell. Selbst die örtlichen Konditoren zollen dem Ereignis Tribut und kreieren farbenprächtige Masken, deren Verzehr wohl einem Frevel gleichkommt. Im Kulturzentrum **Espace le Volontaire** berichtet eine Ausstellung über die kurze, doch prächtige Historie des Karnevals, und in einer Nebenstraße sind Verkaufsstände aufgebaut, sie bieten den Besuchern Masken, Perücken, Kostüme, Hüte und Mützen sowie karnevalistische Devotionalien an.

Der neue Fastnachtsbrauch riss den hübschen Ort am Rande der Vogesen im oberen Moseltal aus dem Dornröschenschlaf. Insbesondere die erhabenen Stadthäuser mit den eindrucksvollen Laubengängen an der Rue Charles de Gaulle aus dem 17. und 18. Jh. bilden auch ohne Karnevalisten eine prachtvolle Kulisse. Ebenso die ehemaligen Wohnhäuser der Damen des Kanonissenstiftes. *UH*

Infos und Adressen

ANREISE

Bahn: Am Bahnhof hält der TGV aus Paris-Ost. **Auto:** von Basel über A36 bis Mühlhausen, weiter über die N66 bis Remiremont

SEHENSWERT

Abtei Remiremont: 1049 gegründet, mit Stiftskirche St. Pierre und historischer Hallenkrypta; im ehemaligen Palais der Äbtissinnen von 1752 sind heute Rathaus, Bibliothek und Gericht ansässig.

ESSEN UND TRINKEN

Restaurant des Hotels La Residence: Hier empfiehlt sich in familiärer Atmosphäre der gegrillte Seehecht.

Lounge Paradizio: in der Innenstadt, serviert im modernen Ambiente eine innovative internationale Küche

ÜBERNACHTEN

Hotel La Residence: Knapp 15 km südwestlich liegt das Haus in Val d'Ajol, perfekter Ausgangspunkt für Wanderungen in den Vogesen, Sauna und Schwimmbad. www.la-residence.com

WEITERE INFOS

Französisches Fremdenverkehrsamt: http://de.rendezvousenfrance.com/de

Tourismusbüro: 4, place de l'Abbaye, Remiremont CEDEX, www.ot-remiremont.fr

Geheimnisvolle Masken und farbenprächtige Kostümierungen prägen des Bild des Karnevals.

Musterbeispiel französischen Jugendstils im Museum von Nancy

Zum Staunen

SCHWELGEN IN JUGENDSTIL

Seit 1999 gehört die Stadt **Nancy** zum Art Nouveau Network. Jugendstil ist in vielen Facetten im Stadtgebiet vertreten und wird am besten repräsentiert im Jugendstilmuseum, das von einem Park umgeben ist, dessen botanische Gestaltung ebenfalls Elemente der vorherrschenden Stilrichtung des beginnenden 20. Jh. beinhaltet. Der Künstler und Kunsthandwerker Émile Gallé war treibende Kraft dieses für damalige Verhältnisse revolutionären Stils und wurde besonders für die Einführung floraler Motive bekannt. Von sinnlicher Keramik und Textilien bis zu verspieltem Mobiliar reicht die Ausstellung seines Schaffens über zwei Etagen. Selbst komplette Wohneinrichtungen sind zu sehen. Diese entstanden überwiegend in den etwa zehn Jahren der Blütezeit der Kunstschule von Nancy, die Gallé 1901 mitbegründete. Bestes architektonisches Beispiel ist die **Villa Majorelle** ganz in der Nähe, die vom Museum aus besichtigt werden kann. www.ecole-de-nancy.com

Sanft gleiten die Hausboote über das ruhige Wasser des Kanals zurück zum Ausgangspunkt der Reise in Briare.

61 Der Kanal von Briare – die Entdeckung der Langsamkeit

HIGHLIGHTS

Domaine de la Perriére: tolles Weingut bei Sancerre mit großen Kellern in natürlichen Höhlen

Sully-Sur-Loire: erstes Schloss an der Loire, Sitz des Herzogs von Sully und Pforte zum Tal der Könige, schöner Park

Schloss Chambord: größter Adelssitz an der Loire im Renaissancestil, UNESCO-Weltkulturerbe

Briare Museen: Ausstellung über die Schifffahrt auf dem Kanal, Mosaik- und Emailmuseum

Kathedrale von Bourges: mächtiger Sakralbau von ungewöhnlicher architektonischer Reinheit, reich verzierte Portale

PROBIEREN UND ERLEBEN

Crottin de Chavignol: schmackhafter kleiner Ziegenkäse mit weichem Kern und Edelschimmelansätzen – *Domaine de la Perrière:* beeindruckendes Weingut bei Sancerre mit großen Kellern in natürlichen Höhlen; Besichtigung und Verkostung mit Anmeldung möglich, http://domainelaperriere.com

Die Konstruktionen des Gustave Eiffel gelten schlicht als genial. Immerhin wurde sein 1888 errichteter Turm zum Wahrzeichen der französischen Hauptstadt. Seine Werke fanden jedoch häufiger in der Horizontalen Verwendung, zum Beispiel an der Loire, wo man sie bei einer Fahrt mit dem Hausboot bewundern kann.

Viele kühne Brücken verrichten noch heute zuverlässig ihren Dienst, belegt mit historischer Patina einer glorreichen industriellen Revolution im Zeichen der Trikolore – so auch am einst wirtschaftlich bedeutsamen, heute eher touristisch interessanten innerfranzösischen Kanalsystem. Am Kanal von **Briare** schuf Eiffel 1896 mit dem **Pont Canal** ein Aquädukt zur sicheren Querung der Loire, das mit 660 m nicht nur das längste seiner Art weltweit, sondern auch das erste aus Metall war.

Um klimabedingte Spannungen, die immerhin bis zu 30 cm ausmachen können, zu kompensieren, wurden zwischen die einzelnen Brückensegmente Gummidichtungen gesetzt, damals eine technische Innovation. All dies nehmen die Reisenden auf den **Hausbooten**, die sie im Kanalhafen von Briare in Empfang genommen haben, nur nebenbei wahr. Sie begeistern sich vielmehr an den tollen Aussichten, der plötzlichen Entdeckung der Langsamkeit oder den monumentalen Pilastern am jeweiligen Ende des Aquäduktes.

Die Technik des Hausbootes ist schnell erfasst, ein Führerschein für die ersten maritimen Erfahrungen nicht notwendig, lediglich das Steuern erfordert ein gewisses Fingerspitzengefühl, das sich schnell einstellt. In den mittlerweile automatisierten Schleusen muss nur noch der grüne Knopf gedrückt werden, und es gilt die Taue auf Spannung zu halten, um ein Kippen des Bootes im Freiluftaufzug zu vermeiden. Die Innenausstattung des Hausbootes lässt sich mit der eines größeren Wohnmobils oder Campingwagens, inklusive Küche und Sanitärbereich, vergleichen. Es geht sehr gemütlich und komfortabel zu, bei Sonnenschein lockt das Deck als **mobile Terrasse** mit einem Glas Rotwein an der Reling. *UH*

Sicheres Schleusen ist schnell erlernt.

Infos und Adressen

ANREISE
Flug: über Paris (www.airfrance.com) und weiter mit dem Mietwagen auf der A10 in Richtung Orleans und Bourges

BESTE REISEZEIT
April bis Oktober

SEHENSWERT
Museum der Hexerei: Concressault, Einblicke in die geheimnisvolle Welt der Zauberer und Hexen des Berry, nicht nur für Kinder ein Vergnügen

ESSEN UND TRINKEN
La Maison d'Hélène: Das hauseigene Restaurant des Château de la Verrerie kredenzt feinste französische Cuisine im angenehmen Ambiente.

ÜBERNACHTEN
Mehrtägige Hausboot-Touren: bei diversen Veranstaltern in Deutschland buchbar,

Preise pro Woche je nach Kategorie ab 800 Euro; www.hausboote-boeckl.com

Château de la Verrerie: zauberhaftes Schlosshotel in Parklandschaft mit stilvollen Zimmern voller Atmosphäre, 1810 Route du Luberon, Puget, www.chateaudelaverrerie.com

WEITERE INFOS
Briare und Aktivitäten in der Region: www.briare-le-canal.com

Zauberhaft angelegte Gärten umgeben das spätmittelalterliche Schloss Blancafort.

Ein besonderes Erlebnis

FEEN, ELFEN, WASSERGEISTER
Während in den zahlreichen Schlössern an der Loire nur sehr nebulös über transzendente Ereignisse philosophiert, zumeist nur bedeutungsvoll geschwiegen wird, trägt gerade diesen sphärischen, übernatürlichen und geheimnisvollen Erscheinungen das Museum der Hexerei von **Blancafort** auf besondere Weise Rechnung. Teils makaber, teils skurril, aber auf alle Fälle höchst beeindruckend wird die Geschichte von Hexerei und Aberglauben, beginnend bei der griechischen Mythologie, dargestellt. Mit modernster Technik lebensnah und dämonisch rekonstruiert, geräuschvoll und anrüchig zugleich, werden mittelalterliche Szenen präsentiert, die manch ambitionierte Geisterbahn ausgezeichnet ergänzen könnten. Die Atmosphäre dieser Traumwelt fasziniert in ihrer eigentümlich magischen Weise und drängt beinahe alle Ängste und Schrecken in den Hintergrund, die blinder Aberglauben erst ermöglichte. www.musee-sorcellerie.fr

62 La Petite Pierre – in der Bergwelt der Vogesen

HIGHLIGHTS

Château de Lichtenberg: 900 Jahre alte Festung und Residenz der Grafen zu Hanau-Lichtenberg; www.chateaudelichtenberg.com

Maisons des Rochers: Die einzigartigen Felsenhäuser von Graufthal gehen auf ein Benediktinerkloster aus dem 12. Jh. zurück und sind heute ein Museum. www.maisonsdesrochers-graufthal.fr

Schloss Lützelstein: Das imposante Gemäuer aus dem 12. Jh. beherbergt wechselnde Ausstellungen, das Springerle-Museum sowie die Verwaltung des Naturparks Nordvogesen. www.ot-paysdelapetitepierre.com

DAS SOLLTEN SIE PROBIEREN

Bretzel frais: Elsässer Bretzeln – *Tarte aux Myrtilles d'Alsace:* Elsässer Heidelbeertarte – *Pot au feu:* Rindfleisch-Gemüseeintopf – *Baeckeoffe:* Eintopf mit Rind-, Lamm- und Schweinefleisch/-füßen – *Choucroute Royale:* Sauerkrautgericht mit Elsässer Wein – *Spaetzles au munster:* Spätzle mit Käse aus Munstertal – *Käse-Knepfle:* Quarkklöße mit Specksauce

Es ist nur eine Fahrstunde vom Oberen Rheintal hinauf in die Bergwelt der Nordvogesen, wo bescheidene Ortschaften Ingwiller, Ottwiller oder Mackwiller heißen – und Lützelstein, das Ludwig IX. in La Petite Pierre umtaufen ließ. Umgeben von dunklen Wäldern scheint hier Endstation Sehnsucht zu sein.

»Ich bin dann mal weg.« Das könnte dem Jerri-Hans in **Veldenz** an der Mosel herausgerutscht sein, bevor er in die Tiefen der nordvogesischen und auch heute noch ziemlich wilden Naturräume abtauchte. Natürlich verschwand er nicht, ohne schnell noch die jüngste Tochter des Schwedenkönigs Gustav Wasa geheiratet zu haben, die hübsche Anne, die eine noch hübschere Summe an Mitgift einbrachte. Damit ließ sich im imposanten **Lützelsteiner Schloss** vor dem »Staedtel«, entstanden im 12. Jh., eine behagliche Heimstatt einrichten. Auch in der abgeschiedenen Wildnis konnte ihr unruhiger Georg-Hans von Veldenz nicht von der Zivilisation und seinen beständig nachwachsenden Ideen lassen: Straßenbau und Eisenerzabbau, die Entwicklung von Sägewerken, Glasbläsereien und Schmieden gehörten zu seinen ehrgeizigen Projekten, bevor Jerri-Hans, wie ihn seine Untertanen liebevoll nannten, am 9. August 1592 mit nur 49 Jahren verstarb.

Wen es viel später hierher zog, waren die flämischstämmige Angèle van Dijck und Robert Strohmenger, zwei moderne »Zurück zur Natur«-Pioniere, die sich ineinander und in den Zauber **La Petite Pierres** verliebten und sich mit Sendungsbewusstsein der Heilkraft der Natur

Auf der Elsässischen Weinroute im französischen Departement Haute-Rhin lassen sich die Vogesen auf genießerische Weise erkunden.

Nord-Vogesen: Mystische Landschaften, dichte Wälder, Burgen und Torfmoore

verschrieben: Das Atmosphärische der abgelegenen Enklave schien den beiden wie geschaffen, sich selbst entfremdete Menschen mit der Natur zu vereinen, um hier, in der Stille der Wälder, zu sich selbst und zu neuer Kraft und Gesundheit zu finden.

Jean-Jacques Rousseau

Inspiriert durch das Bewusstsein von der Kraft, die Seele und Körper vereint, brachten Angèle und Robert Anfang der 1980er-Jahre etwas abseits von La Petite Pierre ein kleines Waldhotel mit zehn Zimmern auf die Beine. Auf den Wiesen ringsum grasten friedlich die Ziegen und Schafe. Den Zurück-zur-Natur-Philosophen gab der Erfolg ihres Projekts recht. Immer mehr Ruhesuchende reisten aus der urbanen Lebenshektik in La Petite Pierre an, um abseits von Stress und städtischem Wirbel inneren Frieden und Ruhe zu finden. Beides scheint hier

Nur über eine Felsbrücke erreichbar: das Innenleben Burg Lützelsteins in La Petite Pierre

Besondere Ausflüge

AB IN DEN WALD

Wohnhöhlenpfad: Der 17 km lange, sportliche Wanderweg (5 Std.) führt zu den Felsenhäusern von Graufthal.
Postbotenpfad: führt auf den Spuren der Postboten des 19. Jh. vorbei an einsam gelegenen Forsthäusern und durch abgelegene Dörfer (16 km, 5½ Std.)
Sandsteinpfad: Auf 35 km kommt die 2-Tages-Wanderung von La Petite Pierre zur Burg Lichtenberg und der Kirche Saint-Jaques in Reipertswiller.
Loosthal-Pfad: Spaziergang auf dem botanischen Waldlehrpfad vom Forthaus Loosthal zum Hirschfels und den Loosthal-Felsen, herrliche Aussichten auf die Hüneburg und das Johannisthal (2 Std.)
Drei-Felsen-Pfad: 9 km langer, dreistündiger Spaziergang durch für die Vogesen charakteristische Berg- und Felsenlandschaften
Dichterpfad: Ein Dutzend Gedichte des regionalen Dichters René Char (1907–1988) begleiten die Stimmungslage des 11 km langen Spazierwegs rund um den Donnenbach-Weiher (3½ Std.).
Burg-Hüneburg-Pfad: aussichtreicher 10-km-Spaziergang (3½ Std.)

Beeindruckende Vogelperspektive auf Chateau de Lichtenberg, aus dem 13. Jh.

Zum Staunen

REIN IN DIE BURG

Schließlich sei ihr Fremdenverkehrsbüro zuständig für die gesamte Region, entschuldigt sich Madame Valérie Baillet, die Direktorin, für die opulente Ausstattung der Behörde und insistiert: »Sie müssen da unbedingt rein!« Draußen, vor den Burgtoren, im »Staedtle«, Türstürze von 1717, gemeißelte Löwenköpfe gegen böse Geister, gelöcherte Steinquader, die mittels »Hebeosen« und Zangen an Seilen zu wehrhaften Mauern aufgeschichtet wurden, drinnen die Sensation: Jerri-Hans' mittelalterliche Gemächer beherbergen seit 1975 den Verwaltungssitz des Naturparks Nördliche Vogesen mit ständig wechselnden sowie permanenten Ausstellungen zu Geologie, Geschichte, Flora und Fauna. Ein großflächiges Modell zeigt die Schlossanlage im Jahr 1771, eine Filmvorführung das einfallsreiche Leben das Pfalzgrafen Georg-Hans von Veldenz. Zu dem Zweck wurde das Innenleben der Burganlage hochmodern umgebaut; von April bis Oktober veranstalten hier Experten der Region Tageskurse zur Natur. www.parc-vosges-nord.fr

tatsächlich greifbarer als anderswo: Nachweislich sollen die Energiefelder des abgelegenen Ortes entspannungsfördernde Schwingungen besitzen, was die eigenen Energiereserven, so das Credo der Wellness-Manager von **La Clairière**, für ein optimales Wohlbefinden mobilisiere. Ich-bin-dann-mal-weg-Kandidaten sind also hier genau richtig, um die Seele baumeln zu lassen und eigene verlustig gegangene Ressourcen neu zu entdecken.

Spirituell auf Sendung

Wir reisen über **Pfaffenhofen** und **Ingwiller** an. Ein Spaziergang führt uns zum historischen »Staedtle« hinüber und zu diesem Brocken von Schloss. Alles hier scheint etwas verlangsamt zu sein; und so angenehm leer … bis auf das Office de Tourisme in der Rue du Château vielleicht, das außen in einem hübschen Altbau residiert, innen aber hochmodern ist und effizient funktioniert.

Und was tun wir jetzt hier? Das gehe fast jedem Neuankömmling so, wird Lisbeth Strohmenger, die Tochter und Nachfolgerin der beiden Öko-Visionäre dazu erklären, aber nach dem ersten Tag in La Petite Pierre wolle keiner mehr weg. Inzwischen hat sich das La Clairière auf 50 Zimmer samt moderner Wellnessabteilung mit verschiedenen Saunen, Sprudel- und Schwimmbecken erweitert, durch großzügige Glasflächen verschwindet der weite **Vogesenwald** auch dort nie ganz aus dem Blick. Das gesamtheitliche Konzept des Bio-Hotels bietet in Zusammenarbeit mit regionalen Produzenten reine biologische Cuisine an, und die in London und Indien zur Yoga-Lehrerin und Ayurveda-Therapeutin ausgebildete Chefin Lisbeth Strohmenger täglich wechselnde Yoga-, Qui-Gong- und Meditationskurse.

Für die winzige Ortschaft mit 650 Einwohnern sind die Visionen der drei Zivilisationsaussteiger Angèle van Dijck, Robert Strohmenger und des Pfalzgrafen Jerri-Hans zu modernen Institutionen geworden, die Gäste aus ganz Frankreich und dem nahen Deutschland ins verschlafene Örtchen La Petite Pierre bringt: eine als Wellness-Oase, die andere als markantes Schloss aus dem 12. Jh., in dem heute die Verwaltung des **Naturparks Nordvogesen** residiert. *RFK*

Stylischer Wellness-Tempel der La-Clairière-Visionäre, der keine Wünsche offen lässt

Infos und Adressen

ANREISE
Flug: Strasbourg International; **Bahn:** Von Strasbourg nach Obermodern; **Auto:** über Haguenau/Obermodern oder A4 über Saverne

BESTE REISEZEIT
Frühjahr bis Herbst

SEHENSWERT
Das Staedtel: Das historische Altstädtchen oberhalb La Petite Pierres liegt romantisch vor den Burgtoren Schloss Lützelsteins.

Himmelfahrtskirche: Die 1417 vom Grafen Burghard von Lützelstein erbaute Kirche zeigt Reliefgrabplatten des Grafen und seiner Gemahlin, von Jerri-Hans und Anna Wasa sowie mittelalterliche Fresken in der Rue Château, Staedtel.

Musée du Sceau Alsacien: elsässisches Siegelmuseum in der ehemaligen Kapelle St. Louis, die Ludwig der XIV. für seine katholischen Soldaten bauen ließ, in der Rue Château, Staedtel

Musée Lalique: Die produzierende Glasmanufaktur René Laliques in Wingen-sur-Moder, gegründet 1921, stellt aus unter dem Motto »Le Génie du verre – la magie du cristal«. www.musee-lalique.com

Musée des Springerle: Das »Musée des Arts et Traditions Populaires« in Burg Lützelstein zeigt Spekulatius- und Gebäckformenabdrücke ab dem 15. Jh. www.musee-sceau.com

ESSEN UND TRINKEN
Restaurant im La Clairière: bioenergetische Cuisine aus regionalen Produkten, gediegene Atmosphäre; www.la-clairiere.com

Au Trois Roses: feine französische Küche und Traumblick ins Tal und auf die Altstadt; www.aux-trois-roses.com

Au Lion d'Or, eines von rund einem Dutzend Restaurants in der Rue Principale La Petite Pierres

Au Lion d'Or: zentrales Restaurant mit regionaler Küche; 15 Rue Principale, La Petite Pierre, www.liondor.com

Des Vosges: Eine überdimensionale Forelle zeigt draußen vor, was drinnen frisch auf den Tisch kommt. 30 Rue Principale, La Petite Pierre, www.hotel-des-vosges.com

Au Château: Das rustikale Gasthaus im »Staedtel« serviert Elsässer Spezialitäten. 15 Rue Château, La Petite Pierre

L'Arbre Vert: romantisches Lokal bei Reipertsviller im Wald, französische Cuisine, gut mit einem Besuch Schloss Lichtenbergs zu kombinieren; 9 Melch, Reipertswiller, www.arbre-vert-melch.fr

SHOPPING
Les Jardins d'Utopie: als »Salon de Thé et Boutique« ein schnuckeliges Café-Haus; 14, Rue Principale, La Petite Pierre

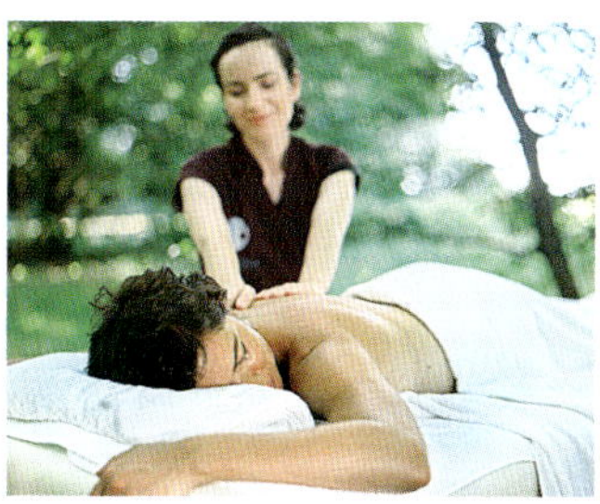

Wellness im La Clairière

Boutique de l'Atelier de la Forêt: ausgefallene Ledertaschen und Accessoires in der Rue Principale, La Petite Pierre, und der verwunschene Garten »Jardin des Païens« mit »Heidenhaus« und der »Galerie des Païens«; www.atelier-de-la-foret.fr

Le Relais des Arts: Hier dreht sich alles um Insekten, Verkaufsausstellung mit Gemälden, Skulpturen und Intarsienarbeiten. 37, Rue Principale, La Petite Pierre, www.giterelaisdesarts.com

Ruchers des Vosges du Nord: Im »Bienenhaus« in der Rue des Berges in Struth kommen Honig-Fans auf ihre Kosten. www.ruchers-vosgesdunord.fr

ÜBERNACHTEN
La Clairière: Das Bio- und Spa-Hotel residiert in fußläufiger Alleinlage außerhalb der Ortschaft und liegt umgeben von dichten Wäldern der Nordvogesen; aus den großzügigen Balkonzimmern traumhafter Blick. 63, Route d'Ingwiller, La Petite Pierre, www.la-clairiere.com

Hotels, Pensionen, Gästehäuser: Über individuelle Übernachtungsherbergen informiert das Touristenbüro Pays de La Petite Pierre (s. u.).

WEITERE INFOS
Office de Tourisme de Pays de La Petite Pierre: 2a rue du Château, La Petite Pierre, www.ot-paysdelapetitepierre.com

Grande Plage Biarritz: Endlose Strände starten direkt vor der Haustür der Bade-Residenz Napoleons, dem heutigen Hotel du Palais.

63 Biarritz – Napoleons Gästehaus am Atlantik

HIGHLIGHTS

Cité de l'Ocean et du Surf: Ozeaneum mit futuristischer Architektur; Avenue de la Plage, www.citedelocean.com

Wellness & Spa: Thalassa Biarritz, www.thalassa.com; Thalmar, www.biarritz-thalasso.com; Spa Impérial, www.hotel-du-palais.com; Le Hammam Biarritz, www.lehammambiarritz.com

Golfen: insgesamt zwölf Golfplätze, z. B. Golf Biarritz Le Phare (18 Löcher) oder Centre International d'Entraînement d'Ilbarritz, 9 Löcher, www.golfbiarritz.com

Surfen: Biarritz' Küsten sind unter Surfern beliebt. www.surfingbiarritz.com

DAS SOLLTEN SIE PROBIEREN

Chipirons: in eigener Tinte gekochter Tintenfisch – *Schokolade:* Vier Fabriken produzieren Köstlichkeiten im nahen Bayonne. – *Izarra:* grüner oder gelber Likör mit Kräutern aus den baskischen Bergen – *Piperade:* baskische Spezialität aus Rühreі, Tomaten und Chilis – *Zikiro:* Lammfleisch vom offenem Feuer

Seit Napoleon III. seiner Eugénie den erträumten Sommerpalast an Biarritz' Grande Plage setzte, wurde das winzige Badeörtchen en vogue für strandhungrige Pariser. Auch heute kommen die meisten Besucher aus der französischen Hauptstadt, die im atlantischen Exil schnell mal für ein paar Tage abtauchen.

»Alles aufschreiben oder lieber ausdrucken?«, fragt der Concièrge im **Hotel du Palais**. Die Rede ist von der VIP-Liste des napoleonischen Sommerpalastes, und die sei doch ziemlich lang: Charles Chaplin, Frank Sinantra, Kaiserin Sisi sowie Winston Churchill seien darunter, wie auch Otto von Bismarck und Pablo Picasso. Auf dem nachgereichten Ausdruck stehen die Zimmernummern fein säuberlich in Klammern gesetzt dahinter: Gary Cooper (32) wohnte neben Romy Schneider (31), Ernest Hemingway (501) neben Jean Cocteau (502).

Zwischen zwei formidablen Sandstränden thront Charles-Louis-Napoléon Bonapartes »Hotel du Palais« auf einem Felsplateau – und was sonst ist hier zu tun, außer mit Blick auf den Atlantik zu träumen? Exquisit essen, sauerstoffreich schlafen, joggen, am Strand spazieren, segeln und reiten natürlich; wellenreiten an den berühmten Surfstränden der kilometerlangen **Côte Basque** sowieso, an der sich die Badeorte mit weißgetünchten Baskenhäusern und bunten Fischereihäfen wie auf der Perlenschnur reihen. An den Wagenfenstern zieht eine aufgeräumte Hügellandschaft vorbei, in der Ferne der Sprühnebei tosender Brandung, hinter den bildschönen Küstenabschnitten lockt Wander-, Vogel- und Naturfreunde ein bezauberndes Hinterland. Und mittendrin ist **Biarritz**, die »Stadt der zwei Felsen« (»bi« für zwei, baskisch »arri«, der Fels), immer noch für die Belle Époque von einst zuständig: Prachtvolle Edelherbergen, beeindruckende Jugendstilvillen, fantastische Kirchen und mondäne Casinos schreiben hier die Geschichte, weshalb er schnell auftaucht, jener spezielle Charme, der schon Victor Hugo bezirzte, wenn er hier Nächte mit seiner Mätresse Juliette Drouet zubrachte. *RFK*

Infos und Adressen

ANREISE
Flug: nach Biarritz/Bayonne-Anglet

BESTE REISEZEIT
Spätsommer

SEHENSWERT
Musée de la Mer: Aquarium; www.museedelamer.com

Rocher de la Vierge: Jungfrauen-Felsen

Eglise Sainte Eugénie: Kirche oberhalb des Port des Pecheurs

Saint-Alexandre-Newsky: orthodoxe Kirche (1892)

Eglise Saint-Jean-Baptiste: Kirche mit großartiger Geschichte in St.-Jean-de-Luz

ESSEN UND TRINKEN
Miremont: Gourmetpalast seit 1872; Place Clemenceau, www.miremont-biarritz.com.

Markthalle der Altstadt: Frische Leckerbissen, Fischtheken, Obst- und Gewürzstände

La Rotonde: fangfrischer Fisch und Meeresfrüchte; www.hotel-du-palais.com

ÜBERNACHTEN
Hotel du Palais: Imperial Resort & Spa; 1, Av. de l'Impératrice, Biarritz, www.hotel-du-palais.com

Villa Koegui: Boutiquehotel am Strand; www.hotel-villakoegui-biarritz.fr

Hotels, Pensionen, Camping: Fremdenverkehrsamt: www.biarritz-reservation.com

WEITERE INFOS
Biarritz Tourisme: Square d'Ixelles, Biarritz, www.biarritz.fr

Vom Atlantik umtost: Biarritz zieht auch heute vor allem hauptstädtisches Publikum an.

Suite vue océan: Napoleonisches Ambiente hat seinen Charme.

Besondere Ausflüge

TRIPS DURCHS BASKENLAND

St.-Jean-de-Luz: Das verwunschenste Seebad der baskischen Küste liegt nur eine Viertelstunde von Biarritz; das charmante Örtchen hat sich bis heute eine authentische Atmosphäre bewahrt.
Ciboure: der Geburtsort Maurice Ravels auf der St.-Jean-de-Luz gegenüberliegenden Seite des Hafens, der bis heute Quai Maurice Ravel heißt
San Sebastian: Die baskische Prachtstadt jenseits der französisch-spanischen Grenze gibt's in nur 40 Minuten!
Pyrenäen: für Hike- und Trail-Liebhaber in greifbarer Nähe, dort unbedingt einen Wildschweinbraten essen oder »Jambon de Bayonne« einkaufen, baskischen Wildschweinschinken
Pointe Saint Martin Lighthouse: 248 Stufen führen zur Aussichts-Plattform des Leuchtturms (1834) hinauf, mit Blick auf die baskische Küste
Baskische Küste: Fremdenverkehrsämter der Region »Côte Basque« www.macotebasque.com

Über mehrere Kilometer können Müßiggänger der Promenade des Anglais folgen und so dem azurblauen Meer begegnen.

64 Nizza – mondäner Charme der Côte d'Azur

HIGHLIGHTS

Place Garibaldi: turbulentes Alltagsleben auf dem Platz am Rande der Altstadt

Russisch-orthodoxe Kathedrale Saint-Nicolas: Die größte russisch-orthodoxe Kirche außerhalb Russlands ist ein besonderer Augenschmaus.

Place Rossetti: Besonders abends werden hier mediterrane Klischees wahr.

Carnaval de Nice: Während der bombastischen Karnevalsumzüge verwandelt sich die Stadt in ein Blütenmeer.

Mont Boron: Steil geht es hinauf, doch der Blick bis zum Leuchtturm am Cap Ferrat entschädigt für alle Strapazen.

DAS SOLLTEN SIE PROBIEREN

Salade niçoise: ein Muss, u. a. mit Paprika, schwarzen Oliven und Artischocken – *Socca:* Fladen aus Kichererbsen, von der Kupferpfanne auf die Hand – *Estocaficada:* Stockfischeintopf mit Oliven, Tomaten und Knoblauch – *Poutine:* Frühlingsgericht aus jungen Sardellen, als Suppe oder Omelett serviert

Ob Cannes oder Antibes, ob Monaco oder Menton: Die Liste der beeindruckenden Städte an der Côte d'Azur ist lesenswert. Doch nur in einer Stadt vereinen sich die Schönheiten der anderen: Nizza. Es ist gleichermaßen mondän und charmant. Es bietet Erholung und Aufregung. Es punktet mit Hochkultur wie mit schlichter Lebensfreude.

An einer Straße Nizzas kommt niemand vorbei: Auf der **Promenade des Anglais** pulsiert zwar der Verkehr. Doch die Flaneure auf dem großzügig angelegten Fußgängerstreifen stört das wenig. Schließlich fällt ihr Blick auf das **Mittelmeer**, dessen Farbe dem Küstenabschnitt seinen Namen gab: **Côte d'Azur**.

Wo andere Metropolen des Mittelmeers ihren Besuchern lange Wege zum Strand abverlangen, gibt sich Nizza zuvorkommend. Doch Vorsicht: Wer Sandburgen bauen möchte, ist hier falsch. Es sind Kiesel, die die Wellen unermüdlich anhäufen. Diesen Mangel macht Nizza durch seine Vielfalt wett: Die **Place Masséna** lädt in die Stadt ein. Nördlich von ihr öffnen sich die Avenuen in den modernen Teil. Richtung Süden führen die Gassen der **Altstadt** in ein Gewimmel, bei dessen Erkundung der Stadtplan am besten in der Tasche bleibt. Wie von selbst wird der neugierige Besucher zum Blumenmarkt auf dem **Cours Saleya** geleitet, wo das Meer – immer wieder das Meer – durch die Torbögen der Häuserzeile der **Ponchettes** glitzert.

Wer genügend Atem hat, sollte sich den Weg hinauf auf den **Schlossberg** nicht entgehen lassen. Von oben ist der Schwung der Bucht besonders gut zu bewundern. Auf der Rückseite fällt der Blick auf den **Hafen**, an dessen Piers Luxusjachten und Kreuzfahrtschiffe vertäut liegen.

Auch die Kultur kommt in Nizza nicht zu kurz: Das **Museum für moderne und zeitgenössische Kunst** fordert mit seinen oft provozierenden Werken heraus. Im Norden Nizzas locken zwei besondere Häuser: Das **Matisse-Museum** bietet einen einmaligen Überblick zum Werk des Malers und Bildhauers. Im **Chagall-Museum** lassen die Bilder die Farbenwelt des Meisters aufleben. *DF*

Über dem Meer thront das Städtchen Eze.

Infos und Adressen

ANREISE

Flug: Direktflüge von allen größeren deutschen Flughäfen

BESTE REISEZEIT

Frühling bis Herbst, im Sommer große Mittagshitze, aber fast garantierte Trockenheit

SEHENSWERT

Antibes: Per Zug ist die Stadt mit dem beschaulichen Markt und legendären Picasso-Museum schnell erreicht. www.antibesjuanlespins.com

ESSEN UND TRINKEN

Le Boudoir: frische Küche nahe der zentralen Place Masséna, 10 Rue Chauvain, Nice, http://leboudoirnice.fr

G-Square: Hier leistet sich der Koch den Luxus, die Lebensmittelallergien seiner Gäste im Blick zu behalten. 9 Place Garibaldi, Nice, www.g-square.fr

ÜBERNACHTEN

Hôtel Westminster: Vier-Sterne-Luxus in Belle-Époque-Haus; 27 Promenade des Anglais, Nice, www.westminster-nice.com

Little Palace: Zwei-Sterne-Hotel mitten im Geschehen; 9 Avenue Baquis, Nice, www.littlepalace-nice.com

WEITERE INFOS

Office du Tourisme et des Congrès de Nice: 5 Promenade des Anglais, Nice, http://de.nicetourisme.com

Mit ihren ockergelben Fassaden verbreitet die Altstadt eine besondere Atmosphäre.

Ein besonderer Ausflug

DER WEG NACH MONACO

Wohl nur die wenigsten würden **Monaco** als schön bezeichnen. Doch sehenswert ist der Kleinstaat mit seinem Casino, dem Exotischen Garten, dem Ozeanografischen Museum und dem Fürstenpalast allemal. Mit dem Zug ist Monaco schnell und unspektakulär auf Meereshöhe zu erreichen. Empfehlenswert ist die Anreise auf der Straße: Hoch über dem Mittelmeer verläuft die **Moyenne Corniche**, die mittlere der insgesamt drei Küstenstraßen. Wer sich angesichts der Serpentinen und oft schwindelerregenden Ausblicke nicht selbst hinter das Steuer setzen möchte, nimmt einfach einen Bus der Linie 112. Einen Halt in **Eze** sollte man unbedingt einplanen. Einer Filmkulisse gleich klebt das Städtchen hoch oben am Felsen. Ein bevorzugter Aussichtspunkt ist der Exotische Garten unterhalb der Burgruine. Wer früh aufsteht, hat die besten Chancen, die Idylle nicht mit Gruppen pauschal anreisender Reisebustouristen teilen zu müssen.

Über die Alpen Richtung Süden

Unterhalb des Aussichtspunktes der silbern-glänzenden Welterbespirale laden Liegestühle zur Entspannung unterm Himmelszelt.

65 Auf dem Dachstein – himmlische Ruhe

HIGHLIGHTS

Schneeschuhwandern: geführte Tagestouren auf der Hochfläche Am Stein durch winterlichen Zirbenwald

Obertrauner Wanderherbst: unterschiedliche Themenwanderungen in der Welterberegion zwischen August und Oktober

Schifffahrt: von Hallstadt-Markt zum Bahnhof Bad Goisern, ganzjährig möglich, da der See nicht zufriert

5 fingers: spektakuläre Aussichtsplattform teils mit Glasboden über dem Hallstätter See

Seewand Klettersteig: größter Klettersteig der Alpen mit tollen Panoramablicken, Dauer: ca. 8 Std.

FESTE UND EVENTS

Seeprozession: Die traditionelle Veranstaltung auf historischen, mit Buchenlaub geschmückten Booten findet jährlich am Fronleichnamstag statt. – *Eisklangkonzerte:* abendliche Livemusik freitags im August im Parzivaldom der Rieseneishöhle

Wenn die letzte Seilbahn am frühen Abend leicht schwingend die Bergstation am Krippenstein verlässt, kehrt auf der Höhe, die hier gut 2000 m beträgt, Ruhe ein. Himmlische Ruhe. Denn außer dem zeitweiligen Geschrei einiger zankender Alpendohlen ist nur noch der stete Wind zu vernehmen.

Die Landschaft präsentiert sich in der Höhe des UNESCO-Welterbes eher karg. Nur an wenigen, geschützten Stellen sprießt etwas Grünes, zart Blühendes hervor aus dem schroffen, karstigen Gemenge aus Fels, Stein und Geröll. Bergwanderer, die auf diversen gut markierten Strecken diese besondere **Dachsteiner Wanderwelt** erkunden, hinterlassen bei ihrem Besuch gerne kleine Steintürmchen, die Stoamandl, die bei schlechtem Wetter den Weg weisen.

Am höchsten Punkt des **Krippensteins** befindet sich eine hölzerne Gedenkkapelle für eine deutsche Schülergruppe, die Mitte des letzten Jahrhunderts widrigsten Wetterbedingungen zum Opfer fiel. Das schlichte Innere des Gotteshauses passt zum traurigen Anlass und gibt Gelegenheit zur Andacht, so mancher kommt jedoch nur, um einem plötzlichen Wetterumschwung zu entfliehen.

Oberhalb der Kapelle sorgt eine kunstvoll geschwungene, überdimensionale und verspiegelte Skulptur für Aufsehen, die **Welterbespirale**, ein modern gestalteter Aussichtspunkt. Vom Krippensteingipfel führt sie im schwungvollen Bogen zum **Welterbegipfel**. Dieser läuft an der höchsten Stelle spitz zu und wirkt aus der Ferne wie ein glänzender Schiffsbug. Auf dem Hang davor wurden einige Sitzmöbel installiert, deren ungewöhnliche Formen zunächst Zweifel an ihrer Bequemlichkeit aufkommen lassen, denen aber eine gewisse Gemütlichkeit nicht abzusprechen ist.

Nichts für Schwindelfreie ist eine der spektakulärsten Aussichtsplattformen im gesamten Alpenraum. Einer gespreizten Hand gleich ragen die **Five Fingers** ins Nichts. Darunter geht es locker 400 m in die Tiefe. Unten im Tal liegt der **Hallstätter See** wie ein schwarzer, geschliffener Diamant zwischen den hohen Bergen. *UH*

Infos und Adressen

ANREISE

Flug: bis Salzburg, weiter mit Bus oder Mietwagen; **Tipp:** Salzkammergut Gipfelticket: günstige Saisonkarte für die Bergbahnen auf Feuerkogel, Zwieselalm, Dachstein und Grünberg

BESTE REISEZEIT

April bis Oktober, Wintersport zwischen Dezember und April möglich

SEHENSWERT

Salzwelten Hallstatt: Naturhistorisches Museum und Freizeitspaß im Innern des Berges, Grubenbahn und Bergmannsrutsche; www.salzwelten.at

Themenführungen durch Hallstatt: Wanderungen durch den Ort auf den Spuren von Religion, Wirtschaft, Kulinarik; www.hallstatt.net

Rieseneishöhle, Mammuthöhle, Koppenbrüllerhöhle: oberhalb von Obertraun

ESSEN UND TRINKEN

Lodge Restaurant: bodenständige regionale Küche, große Terrasse mit Aussicht

ÜBERNACHTEN

Lodge am Krippenstein: auf 2063 m Höhe ganzjährig geöffnet, perfekter Ausgangspunkt für Bergwanderungen, toller Ausblick auf Dachsteinmassiv; www.lodge.at

WEITERE INFOS

Welterberegion Dachstein: www.dachstein-salzkammergut.com

Von Obertraun verkehren die beliebten Passagierdampfer nach Hallstatt.

Faszinierende Eiswelten im Höhleninneren

Zum Staunen

DIE ALPEN VON INNEN

Allein drei spektakuläre Höhlen locken zum Besuch, wovon die Dachstein **Rieseneishöhle** nicht die größte, aber vielleicht die eindrucksvollste ist. Ihr Eingang liegt an der Schönbergalm, Umsteigestation der Seilbahn auf halbem Wege von **Obertraun** hinauf zum Krippenstein. Während der Weg hinauf eine schweißtreibende Angelegenheit sein kann, herrschen innerhalb der faszinierenden Grotte permanent Temperaturen um den Gefrierpunkt – also etwas Warmes einpacken. Die natürlichen Eisformationen, die aus gefrierendem Sickerwasser entstanden und immer wieder neu entstehen, sind die besonderen Attraktionen der Höhle. Farbiges Licht setzt die Objekte mystisch in Szene, Kunstinstallationen verstärken diesen Effekt. Der Weg hindurch wurde sorgfältig präpariert. Die **Mammuthöhle** gehört zu den größten und längsten der Welt mit einem Höhlensystem von über 60 km. In der **Koppenbrüllerhöhle** verspricht Höhlentrekking einen besonderen Nervenkitzel.

Moderne Siedlungsarchitektur vor imposanter Kulisse im nördlich des Inn gelegenen Innsbrucker Stadtteil Hötting

66 Immer am Inn entlang – Tirol per Rad

HIGHLIGHTS

Fasnachtsmuseum Imst: Präsentation der beeindruckenden Masken des Imster Schemenlaufes

Rattenberg: Das malerische Dorf liegt unmittelbar am Innufer; Glasmanufakturen, alte Brunnenanlagen.

Area 47: Abenteuerspielpatz mit sportlichen Herausforderungen aller Art für Erwachsene

Bauernmarkt Schwaz: Erzeugnisse aus der Region tragen die Bauern aus dem Umland jeden Samstag auf dem Pfundplatz zusammen.

Bouldern: anspruchsvoll Klettern ohne Seil in Absprunghöhe drinnen und draußen auf ausgewiesenen Routen

PROBIEREN UND ERLEBEN

Schemenlauf: alle vier Jahre durchgeführter Maskenumzug mit traditionellen Figuren durch Imst – *Tiroler Schnapsroute:* die lange Tradition des Destillierens und die Herstellung von Obstbränden – *Festival der Träume:* Alle Arten von Kleinkunst zeigen internationale Künstler im August in Innsbruck.

Zu den größten und längsten markierten Radwanderwegen Europas gehört der Innradweg, der Österreich, speziell das Bundesland Tirol von West nach Ost, immer entlang des Inn, durchmisst, bevor sich das grünlich-weiße Wasser, das sich oft wild und unbändig gibt, bei Passau in die Donau ergießt.

Vom Startpunkt in **Imst** aus geht es zunächst stetig bergab, bis die kühlenden Fluten des Flusses erreicht sind. Der Weg setzt sich fort in östlicher Richtung und bleibt weitestgehend in der Ebene ohne größere Höhenunterschiede. Lediglich ein paar unvermutete kurze Steigungen sorgen für erste Schweißperlen auf der Stirn, Verkehrszeichen kündigen gar Schiebestrecken an, wenn es eine Unterführung der nahen Bahngleise zu queren gilt. Am Klosterstift **Stams** gibt es Gelegenheit, die Fahrt zu unterbrechen und in die Kühle des barocken Sakralbaus mit dem berühmten schmiedeeisernen Rosengitter einzutauchen.

Die gemütliche Fahrt führt ohne größere Anstrengungen weiter entlang des Flusslaufes und der malerischen Bergkulisse der **Nordalpen** bis zur Landeshauptstadt **Innsbruck**, die mit zahlreichen Sehenswürdigkeiten aufwartet. Vom viel fotografierten Goldenen Dachl am Balkon der ehemaligen Residenz des Landesfürsten bis zur legendären Skisprungschanze am **Berg Isel**. Bei der guten Beschilderung des **Inntalradweges** fährt niemand Gefahr, auf einen falschen Abzweig zu geraten.

Kühe und Ziegen sind neben dem steten Rauschen des **Inn** die permanenten Begleiter der Radwanderer, die an kleinen Badeseen rasten und sich ein kühles Bad genehmigen können. Viele Dörfer und Weiler werden passiert, ohne größeren Straßen nahezukommen. In der ehemaligen Klosteranlage **Rattenberg**, das Dorf ist die kleinste Stadt Österreichs, dominiert ein fast mittelalterliches Ambiente mit vielen Lokalen und Glasbläserwerkstätten. Die Burg von **Kufstein** markiert den Endpunkt des Weges. Aus der Höhe der Burgmauern lohnt der Blick zurück über die zuvor erstrampelten eleganten Kurven des Inn. *UH*

Infos und Adressen

ANREISE
Flug: nach Innsbruck; **Auto:** über die A7 von Ulm aus

BESTE REISEZEIT
April bis Oktober

SEHENSWERT
Swarowski Kristallwelten: die Faszination von Kristall in künstlerischer Interpretation; www.kristallwelten.at

Klosterstift Stams: prachtvolle Klosteranlage aus dem 13. Jh.; www.stiftstams.at

ESSEN UND TRINKEN
Verband Tiroler Wirtshaus: Hier werden typische, saisonale Gerichte serviert: Goldener Adler in Flaurling, Gasthof Himmelhof in Schwaz, Gasthaus Schanz in Ebbs; www.tiroler-wirtshaus.at

ÜBERNACHTEN
Gasthof Hirschen: traditionsreiches Gasthaus im Zentrum von Imst; www.hirschen-imst.com

Weisses Rössl: uriges Haus im Zentrum von Innsbruck; www.roessl.at

Schwaiger: Landgasthof in Breitenbach; www.gasthofschwaiger.com

WEITERE INFOS
Radreiseveranstalter Inntour sport & touristic services: www.inntour.at
Tirol Info: www.tirol.at

Erquickliche Rast der Radwanderer an den rauschenden Wassern des Inn

Spektakuläre Farbenspiele kontrastieren mit glitzernden Lichteffekten in den Kristallwelten.

Zum Staunen

SCHILLERNDE ERKENNTNISSE

Im Innsbrucker Vorort **Wattens** hat die mittlerweile weltweit operierende Pretiosenherstellung namens Swarowski ihren Sitz. Das allein schon äußerlich eindrucksvolle Kristallwelten genannte Besucherzentrum entführt im Innern in eine zauberhafte Traumwelt aus glitzerndem und funkelndem Glas in ungeahnter Variationsvielfalt. Beeindruckend und faszinierend sind die von Künstlern gestalteten Ausstellungen rund um das wertvolle Kristall, die viel mit Licht, mit Videoinstallationen und mit Bewegungsillusionen arbeiten und dabei glänzende Sphären voller Magie entstehen lassen.
Im angelegten Garten locken Spielturm und Spielplatz, in dessen Zentrum schwebt eine monumentale Kristallwolke über schwarzem Spiegelwasser. Sonnenlicht sorgt dabei für spektakuläre Reflektionen und Lichtspiele, der Bereich Timeless schließlich befasst sich mit der spannenden Geschichte von Swarovski.
Kristallwelten, swarowski.com

Mit Fell bespannte Alpinski eignen sich bestens für ausgedehnte Skiwanderungen auf der Tschey.

67 Tiroler Oberland – sanfter Wintersport

HIGHLIGHTS

3D-Jagdbogenschießen: Jagdbogenparcours mit maximal 28 Stationen zum Erlernen des Umgangs mit Pfeil und Bogen

Nachtskilauf: Abfahren, Rodeln und Langlauf unter Flutlicht im Familienskigebiet Fendels

Pferdeschlitten: Ausflug in die Winterlandschaft mit urigem historischen Schlitten

Curling: Trendsport Eisstockschießen auf der gefrorenen Oberfläche des Rieder Sees

Eisklettern: hoher Baum in der Ortsmitte mutiert zur stolzen Eissäule, die als perfektes Übungsgerät für die Bergrettung und für ambitionierte Kletterer in zugefrorenen Wasserfällen dient

DAS SOLLTEN SIE PROBIEREN

Hausgemachte Schlutzkrapfen: Teigtaschen, traditionell mit Fleisch oder Kartoffeln, wahlweise mit Spinat gefüllt – *Topfen-Mohnknödel:* Diese fantastische Mehlspeise gibt's zum Dessert, serviert werden sie mit Backpflaumen. – *Tiroler Schafskäse:* cremig-würziger Gaumenschmeichler aus der Region

Die Aussicht vom Frudiger, dem Hausberg des Tiroler Städtchens Pfunds ist schlicht atemberaubend. Ein wahres Winterwunderland breitet sich unter dem Gipfelkreuz aus. Leichter Dunst wabert über dem Oberlauf des Inn, die Landschaft liegt im dämmrigen Winterschlaf unter einer dicken Schneeschicht.

Knapp zwei Stunden dauert der Aufstieg über den tiefverschneiten Wanderweg vom Hochplateau **Tschey** bis zum Gipfel, ausgerüstet mit stabilen Schneeschuhen, deren Widerhaken ein unbeabsichtigtes Abrutschen talwärts verhindern. Die Gangart mit den breiten Kunststoffschuhen, deren Stabilität noch von Skistöcken unterstützt wird, kann weitestgehend als Watscheln bezeichnet werden. Dennoch bieten sie eine gute Alternative zu den herkömmlichen winterlichen Fortbewegungsmitteln und erlauben ein inniges Naturerlebnis in majestätischer Ruhe auf unberührten, märchenhaft glitzernden Schneeflächen.

Ein aufgeklebtes Mohairfell macht aus normalen Alpinskiern das perfekte Sportgerät für eine **Skiwanderung**, denn das Fell besitzt eine ähnliche Wirkung wie die Widerhaken der Schneeschuhe. In klassisch bewährter Langlauftechnik geht es zügig und beinahe reibungslos die verschneite Alm hinauf, die im späten Frühjahr ein üppiges Blütenmeer präsentiert, eine gespurte Loipe ist für die entspannte Skiwanderung nicht notwendig. Auf dem Rückweg zwischen den malerischen, kleinen braunen Holzschobern kann dann abwärts alpin gewedelt werden.

Der zugefrorene **Rieder See** dient den Bürgern und Gästen von **Pfunds** als winterliches Ausflugsziel, auf dem die Kleinen sich im Eishockey üben, die ganz Kleinen erste vorsichtige Schritte auf blanken Kufen wagen und die Großen entspannte Runden drehen, teilweise begleitet von ihren getreuen Vierbeinern. Dazu beschallen Lautsprecher mit populärer Musik die romantische Kulisse. Zwischendurch lockt die Freizeitsportler der nahe Glühweinstand, sonst Kiosk am Badesee, zu angenehmer innerer Erwärmung. *UH*

Infos und Adressen

ANREISE
Flug: am schnellsten über den Flughafen Innsbruck zu erreichen, weiter ca. 1 ½ Std. mit dem PKW; **Auto:** Empfehlenswert ist die Fernpassroute. **Tipp:** Skibus: Shuttleservice in die beliebten Skigebiete Nauders, Samnaun, die Skiarena Ischgl und Serfaus

BESTE JAHRESZEIT
Dezember bis April

SEHENSWERT
Waldlehrpfad und Erlebnisplatz Ochsenbühel: Wissenswertes zur Natur, zu Wald und Holz, Waldspielplatz

Via Claudia Augusta: Fernwanderweg auf den Spuren der Römer, die hier die Alpen überquerten

ESSEN UND TRINKEN
Restaurant Hotel Kreuz: tolles Restaurant mit typisch regionaler Küche und erlesener Weinkarte

ÜBERNACHTEN
Hotel Kreuz: traditionsreiches, familiär geführtes und sehr gemütliches Vier-Sterne-Haus am Ortseingang; www.hotelkreuz.at

Wanderhotel Berghof: im Pfundser Ortsteil Greit, Verleih von Schneeschuhen, geführte Wanderungen; www.berghof-pfunds.com

WEITERE INFOS
Tiroler Oberland: www.tiroleroberland.at

Wegweiser erleichtern die Orientierung bei der Schneeschuhwanderung.

In Aktion sind die kunstvoll gearbeiteten Masken nur alle vier Jahre zu sehen.

Ein besonderes Erlebnis

SCHEMENLAUF IN IMST
Seit 2010 ist es das erste immaterielle Kulturerbe Österreichs, das Schemenlaufen von **Imst**, eine spektakuläre Fastnachtsfeier, die im regelmäßigen Turnus von vier Jahren stattfindet. Ihre Tradition und ihre Rituale gehen viele Jahrhunderte zurück, wie unzählige historische, kunstvoll geschnitzte Masken belegen. Am Karnevalssonntag ziehen die klassischen Figuren der Roller und Scheller im genau festgelegten Rhythmus durch die Straßen von Imst, vorbei an einer begeisterten Zuschauermenge. Die einen schreiten stolz und vornehm daher, die anderen wuseln tollkühn herum. Die Masken der Spritzer, Sackner und Kübelemajen sorgen auf dem Zugweg für Ordnung und freie Bahn durch das jubelnde Publikum. Im Anschluss folgen viele weitere spektakuläre Masken und Kostüme. Am Montag wiederholt sich die Prozession, diesmal jedoch tragen die Figuren keine Masken. Diese können im örtlichen Museum wieder aus der Nähe betrachtet werden.

Idyllischer geht's nimmer: Wandern durch die Donau-Auen bis zur Burgruine Dürnstein zeigt die landschaftliche die Créme der Wachau

68 Wachau – radeln, wandern, schlemmen in der Welterberegion

HIGHLIGHTS

Musikfestival: »Glatt & Verkehrt« präsentiert im Sommer Künstler aus Ungarn, Moldawien, Rumänien und Österreich. www.glattundverkehrt.at

Weinreise: Krems Probierreise rund um den Rebsaft der Winzergenossenschaft Krems

Mountainbiken und Radfahren: Touren aller Schwierigkeitsgrade entlang der Donau und durch die Hügellandschaft der Wachau; www.wachauer-radtage.at

Wandern: Der 180 km lange Welterbesteig verläuft als Rundstrecke beidseitig der Donau. Ausgangspunkt ist Krems. www.krems-wachau.at

DAS SOLLTEN SIE PROBIEREN

Gefülltes Waldviertler Schnitzel: Schweinsschnitzel mit Eierschwammerl und Selchfleisch, mit Klößen – Mostgeschnetzeltes: Schweineschulter, Zwiebel, Knoblauch, in Most gegart – St. Pöltner Mostbratl: Schweinsschopfbraten in Birnenmost, serviert mit Wurzelgemüse, säuerlichem Apfel und Kartoffelnudeln

Als einer der schönsten in ganz Österreich ist der Donauradweg bekannt, der Bikern zwischen Melk und Krems ein Gefühl der heiteren Ruhe verschafft. Die nur dreißig Streckenkilometer umfassende Flussregion nennt sich Wachau und steht seit 2000 auf der UNESCO-Liste als Weltkultur- und Naturerbe.

Ganz sicher hat auch Kaiserin Maria Theresia auf dem Aussichtsbalkon des Stifts **Göttweig** für einen Moment den herrlichen Blick und die Weite der lieblichen Landschaft genossen, als die Monarchin zu Gast in **Krems** war. Dort thront auf einem 200 m hohen und dicht bewaldeten Hügel das markante Benediktinerstift mit seinen beiden Zwiebeltürmen und der imposanten 180 m langen Barockfassade.

Ob die Kaiserin auch dem erstklassigen Hochprozentigen zugesprochen hat, diesem hervorragenden Marillenschnaps, für den die **Wachau** bekannt ist, bleibt ungewiß – wobei sich die köstliche kleine Aprikosenart auch als leckere Marmelade probieren lässt. Den Unterschied beider Produkte könnten Besucher auf dem »Marillen-Erlebnisweg« zwischen **Angern** und Krems bei einer Führung durch einen der zahlreichen Verarbeitungsbetriebe testen, durch eine Verkostung von Schnaps und Brotaufstrich!

Angemessener, weil ungefährlicher für Radler und Wanderer erscheint da das Wachau-Produkt **»Kirchen am Fluss«**, das eine imponierende Anzahl sakraler Bauten wie Perlen an der Schnur am Ufer der **Donau** aufreiht. Möglicherweise kommen dem Genuss nicht abgeneigte Sportler auch da nicht weit: Besondere klimatische Verhältnisse lassen Weißweinsorten wie Riesling, Gelber Muskateller und Grüner Veltliner bestens gedeihen. Am Schnittpunkt von atlantisch-feuchten und pannonisch-trockenen Einflüssen arbeiten die Wachauer Winzer mit Urgesteinsböden, lockerem Löss, Lehm und Schotterböden. Mit 12,5 % Alkohol ist der »Smaragd« der kräftigste der Wachauer Weine, der seine Bezeichnung von den im Wingert heimischen Smaragdeidechsen herleitet – und möglicherweise dem **Donauradweg** ein schnelles Ende bereitet. *RFK*

Barockensemble und Weltkulturerbe Stift Melk an der Donau

Infos und Adressen

ANREISE
Flug: Wien

BESTE REISEZEIT
Frühjahr bis Spätherbst

SEHENSWERT
Museumsmeile Krems: Karikaturmuseum und Kompetenzzentrum für Karikatur, Bildsatire und kritische Grafik; www.kultur-melk.at

Kunsthalle Krems: moderne Kunst in ehemaliger Tabakfabrik; www.kunsthalle.at

ESSEN UND TRINKEN
Landhaus Bacher: erstklassiges Restaurant am Südtiroler Platz 2, Mautern an der Donau, www.landhaus-bacher.at

Loibnerhof: eine der schönsten Gastronomien der Wachau; Unterloiben 7, Dürnstein www.loibnerhof.at

Klosterhof im Weingarten: historisches Gebäude; Kremserstr. 1, Spitz an der Donau, www.klosterhof-spitz.at

ÜBERNACHTEN
MALAT: Weingut mit Boutiquehotel im Kremstal; Hafnerstraße 12, Palt, www.malat.at.

Steigenberger Hotel and Spa: Am Goldberg 2, Krems an der Donau, de.steigenberger.com

WEITERE INFOS
Donau Niederösterreich Tourismus: Schlossgasse 3, Spitz an der Donau, www.wachau.at, www.welterbesteig.at

Folklore, Tanz und Straßenumzüge auf dem Marillenfest in Spitz an der Donau

Ein besonderes Erlebnis

SCHLEMMEN, WANDERN UND BIKEN

Was die Wachau aus ihren Pfründen als facettenreiches Kultur- und Naturangebot geformt hat, ist erstaunlich. So gilt der Donauradweg als einer der schönsten in Österreich mit Fun-, Family- und Power-Strecken. An 40 Stationen des regionalen Systems **Nextbike** kann man ein Rad leihen und an einer beliebigen anderen Station wieder abgeben. Zwölf Standorte stellen Elektro-Fahrräder, E-Mountainbikes und Segways (elektrisch angetriebene Roller).

Seit einigen Jahren gibt es den **Welterbesteig Wachau:** 180 km Wanderspaß in 14 Etappen donauauf- und abwärts auf den Spuren der Geschichte. Mitten durch die Weingärten und vorbei an **Heurigenwirten,** wo sich der erschöpfte Radler eine Hauerjausen mit Gselchtem (Rauchfleisch) bestellen kann – oder im exklusiven Hauben-Restaurant vielleicht ein Rehfilet in Senfbirnensoße, um den Genüssen der Region auf die richtige Spur zu kommen. Leckere Topfenmarillenknödel dürfen nicht fehlen.

Das Michaelertor der Hofburg verbreitet barockes Flair. In seinem Schatten laden Straßencafés zum Verweilen ein.

69 Wien – charmanter Mikrokosmos mit Kaffeekultur

HIGHLIGHTS

Kunsthistorisches Museum: Hier sind nahezu alle Künstler vertreten, die in der europäischen Malerei Rang und Namen haben.

Schatzkammer: u. a. mit der Reichskrone des Heiligen Römischen Reichs

Schloss Belvedere: Oberes Belvedere mit Kunstwerken vom Mittelalter bis ins 20. Jh., Unteres Belvedere mit Prunkräumen und wechselnden Sonderausstellungen

Prater: Vergnügungspark für Groß und Klein an der Donau, mit berühmtem Riesenrad

Hundertwasserhaus: farbenfrohe Wohnhausanlage des Wiener Künstlers

FESTE UND EVENTS

Donauinselfest: Jedes Jahr im Juni macht die Donauinsel Platz für eines der größten Open-Air-Festivals Europas. Bei freiem Eintritt treten auf rund einem Dutzend verschiedener Bühnen unzählige Vertreter nationaler wie internationaler Musik und Kleinkünstler auf.

Welche andere Stadt kann schon damit aufwarten, dass ihre Kaffeekultur zum UNESCO-Welterbe zählt? Österreichs Bundeshauptstadt ist ein Gesamtkunstwerk, in dem die Kaffeehauskultur und die sprichwörtliche Wiener Gemütlichkeit mit weltbekannten Kunstsammlungen zu einer modernen Metropole verschmelzen.

Mit einer »Melange« oder einem »Einspänner« lässt sich die Wiener Kaffeehauskultur herrlich zelebrieren. Vielleicht noch ein Stück Sachertorte dazu? Frisch gestärkt geht es zum **Stephansdom**, dem Mittelpunkt der Altstadt. Für die Wiener ist der Südturm, der Steffl, die Spitze der Welt. 343 Stufen führen zur Aussichtsgalerie, die einen Rundumblick auf die Altstadt bietet. Vor dem Eingangstor des Doms treffen sich Touristen und Einheimische, ist es doch der zentralste und beliebteste Ort, an dem man sich in **Wien** verabredet.

Herrlich flanieren lässt es sich auf dem **Graben**, einer der schönsten Einkaufsstraßen Wiens. Die nahe Peterskirche bildet seit Anfang des 18. Jh. das barocke Gegenstück zum gotischen Stephansdom. Der Bereich um Stephansdom, Graben und **Peterskirche** liegt heute fest im Griff der Fußgänger. Nach Süden schließt sich die Kärntner Straße als weitere Shoppingmeile an. Sie führt an der Wiener Staatsoper und einigen schönen Cafés vorbei wieder zum Stefansplatz.

Blick auf Donau und Millennium Tower

Leben und Tod der Habsburger

Glanz und Gloria haben in der Donaumetropole überall ihre Spuren hinterlassen, doch in keinem anderen Gebäudekomplex demonstrierten die Habsburger ihre Macht so sehr wie in der **Hofburg**. Die Anlage hat nicht weniger als 18 Trakte und 19 Höfe. Rund 600 Jahre wurde an dem Schloss gebaut. Die Hofburg ist der Sitz der berühmten **Spanischen Hofreitschule**, die einzigartige Dressurvorführungen zeigt.

Ihre letzte Ruhestätte fanden die Habsburger in der Kaisergruft der **Kapuzinerkirche**. Zentrum der Gruft ist der gigantische Doppelsarkophag des Kaiserpaars Maria Theresia und Franz I. Vor dem schlichten Grab der Kaiserin Elisabeth von Österreich, bekannt als Sisi, legen Verehrer bis heute Blumen und Briefe ab. *HK*

Infos und Adressen

ANREISE

Flug: Direktflüge von allen größeren Flughäfen, mit dem City Airport Train (CAT) nonstop in die City

SEHENSWERT

Albertina: Museumskomplex mit Meisterwerken der Moderne; Albertinaplatz 1, täglich 10–18 Uhr, Mi 10–21 Uhr, www.albertina.at

Schloss Schönbrunn: Barock pur: Maria Theresias ehemalige Sommerresidenz ist heute Weltkulturerbe. Täglich. 8:30–17:30 Uhr, www.schoenbrunn.at

ESSEN UND TRINKEN

Café Prückel: Wiener Kaffeehaus mit über 100-jähriger Tradition; Stubenring 24, www.prueckel.at

Naschmarkt: Lebensmittel aus der Region und aller Welt; zwischen Linker und Rechter Wienzeile ab Getreidemarkt

AUSGEHEN

Burgtheater: eine der bekanntesten deutschsprachigen Bühnen; Universitätsring 2, www.burgtheater.at

ÜBERNACHTEN

Hotel Wandl: Traditionshaus mit 138 Zimmern im Schatten der Peterskirche; Petersplatz 9, www.hotel-wandl.com

WEITERE INFOS

Tourismusinformation: WienTourismus, Wien, www.wien.info

Das Palais Ferstel zählt zu den exquisiten Einkaufspassagen der Stadt.

Zum Staunen

DONAUTURM – WIEN VON OBEN

Wem der Aufstieg auf den Steffl zu beschwerlich ist, kann in weniger als 40 Sekunden mit dem Aufzug bis zur Aussichtsterrasse des Donauturms fahren. Ohne Anstrengung lässt sich auf diese Weise aus 150 m Höhe der schöne Ausblick auf Wien und Umgebung genießen – am besten bei einer Melange im Kaffeehaus. Sowohl das Café als auch das darüberliegende Restaurant drehen sich um den Turm. Der 252 m hohe Donauturm wurde 1964 anlässlich der Wiener Internationalen Gartenschau im Donaupark errichtet. Bei Kaffee und Kuchen schweift der Blick über die Skyline von Wien mit dem Turm des Stephansdoms, dem **Millennium Tower** und dem Riesenrad im **Prater**. Zum Greifen nah erscheint ein futuristischer Gebäudekomplex zu Füßen des Donauturms. Die **UNO-City** ist seit 1979 Sitz verschiedener UNO-Einrichtungen wie der Internationalen Atomenergie-Organisation (IAEO) und der Organisation der Vereinten Nationen für industrielle Entwicklung (UNIDO). www.donauturm.at

70 Gruyère – die Schweiz im Taschenformat

HIGHLIGHTS

Marktplatz/Marktgasse: Jedes der mittelalterlichen Häuschen hier ist ein Unikat.

Tibetmuseum: buddhistische Skulpturen und Gemälde in eindrucksvoller Präsentation

Schloss der Grafen von Greyerz: Allein wegen seiner exponierten Lage sehenswert; eine Multimedia-Schau über Gruyère bildet die ideale Ergänzung zur Besichtigung.

Barockgarten: klein, aber fein vor malerischem Alpenpanorama

Schaukäserei »La Maison du Gruyère«: Am Fuß des Hügels im Dörfchen Pringy wird vermittelt, wie Käse entsteht.

DAS SOLLTEN SIE PROBIEREN

Fondue: Von hier stammt der schweizerische Klassiker, zubereitet natürlich mit dem kräftig-würzigen Greyerzer Käse. – *Cuchaule:* feines Brioche, mit Safran gebacken – *Meringue:* Zart-knusprig wird die Meringue-Schale nature hier mit Greyerzer Doppelrahm und Früchten oder zu Eis und Sorbet verzehrt.

So stellt man sich die Schweiz vor: Malerisch schmiegt sich das Örtchen Gruyère auf einer Felskuppe in die sanft geschwungenen Hügel unterhalb des Berges Moléson. Hinter den Befestigungsmauern erwarten den Flaneur archaisch-schweizerische Architektur, ein Märchenschloss und einige Überraschungen.

Viel Grün, pittoreske kleine Ortschaften, schmale Sträßchen, rundherum Berge und Kühe prägen das Landschaftsbild des Kantons **Freiburg** in dieser Gegend. Im mittelalterlichen Ort **Gruyère** (Greyerz) öffnet sich der Blick unter weitem blauem Himmel auf die Schweiz im Taschenformat.

Ein durchdringend würzig-aromatischer Duft empfängt den, der die bequemen Stufen hinauf zum schlossgekrönten Gipfelplateau über der lieblichen grünen **Saane**-Ebene erklommen und die Festungsmauern durchschritten hat. Und der Käseduft bleibt der Begleiter beim gemütlichen Rundgang durch das mittelalterliche Architekturensemble des Ortes. Schief und krumm, doch mit Schnitzereien reich verziert, bunt bemalt und blumengeschmückt säumen Häuschen beiderseits die holprige, leicht ansteigende **Marktgasse**. Niedrige Türen, geschwungene Fensterwölbungen, Balkone mit überbordendem Blumenschmuck, vergoldete Zunftzeichen und ein in der Mitte plätschernder Brunnen vervollkommnen das idyllische Bild eines Ortes, in dem die Zeit stehen geblieben zu sein scheint. Am Ende dieser einzigen Straße Gruyères thront als Schlusspunkt **Le Calvaire**, das kleine

Das Schloss der Grafen von Greyerz beeindruckt vor der malerischen Kulisse des Moléson auf einem Felsen im Kanton Freiburg.

Die Marktgasse von Gruyère säumen uralte Häuschen – jedes ein Schmuckstück.

weiße Gebäude, das aussieht wie eine Kapelle. Den Namen verdankt es einer an der Außenwand platzierten Kreuzigungsdarstellung. Das Haus aus dem 16. Jh. hatte im Laufe der Zeit schon verschiedene Funktionen inne – so war darin im Mittelalter die Polizeiwache untergebracht. Im 18. Jh. diente das Gebäude dann als Saunerie, also als Kaufladen und Vorratslager für Salz. Heute wird es als Kunstgalerie genutzt, in der von Ostern bis in den Herbst hinein verschiedene Künstler ausstellen. Die rückwärtigen Terrassen der charmanten, bisweilen sehr rustikalen, hutzeligen und dämmrigen uralten Gaststuben und Hotels gewähren spektakuläre Ausblicke auf die schroffe Bergwelt oberhalb der Almen.

Weiter geht der Weg in Richtung Schloss, und plötzlich fühlt man sich in das Hochland Zentralasiens versetzt. In seinem äußerlich unspektakulären **Tibet Museum** präsentiert Alain Bordier im Innern in

Die Landschaft um Gruyère lädt im Sommer Wanderer und im Winter Skiläufer ein.

Besondere Erlebnisse

WANDERN UND SKILAUFEN

Wenig bekannt ist das Gebiet um den Gipfel des Moléson (2000 m) und doch ist es ein reizvolles, für viele vielleicht neues Wandergebiet. Mit der Pendel- und Standseilbahn gelangt man innerhalb weniger Minuten auf die Gipfelstation und genießt den Ausblick auf das **Schweizer Mittelland** auf der einen und den **Genfersee** auf der anderen Seite. Wer mag, wandert von hier aus weiter oder besucht die Sternwarte auf einen Blick ins Universum.

Ob von **Broc** bis zum **Montsalvens-See**, von **Charmey** über die Alphütten Tissiniva Derrey und Les Banderettes auf den **Vounetz** oder vom Dorfausgang von Broc über einen Waldweg, Holzbrücken, Tunnels und Felsengalerien zur **Jaunbachschlucht** – hier gibt es für den Wanderfreund noch einiges zu entdecken. Im Winter lockt dann das Skigebiet **La Berra** auf einer Höhe von 1700 m und mit einer Länger von 25 Pistenkilometern, erreichbar mit fünf Bergbahnen.

Der Oscar-prämierte Filmausstatter Hansruedi Giger schuf verstörende Figuren.

Zum Staunen

ALIENS IM ALPENLAND

Auf dem Rückweg vom Schloss führt ein Zeitsprung ins Reich des »Großmeisters des Leinwandhorrors«, Hansruedi Giger (1940–2014). Der Innenarchitekt, Designer, Maler und Bildhauer schuf mehr als 30 Jahre Fantastische Kunst und wurde vor allem durch seinen biomechanischen Airbrush-Stil berühmt. Dann wurde Hollywood auf ihn aufmerksam und gewann Giger für die Ausstattung zahlreicher Science-Fiction-Filme. Für das Design von Ridley Scotts Film »Alien« erhielt Giger 1978 den Oscar. Nach Eröffnungen von Bars in Tokio, Chur und New York erwarb Giger 1997 das Schloss St. Germain in Gruyère und brachte hier das **HR Giger Museum** mit seiner Privatsammlung fantastischer Kunst samt Bar unter. In der Bar sitzt es sich recht bequem unter dem Gewölbe aus Wirbelsäulen, im Angesicht außerirdischer Fratzen, in den riesigen Knochenstühlen einer fernen Zukunft, eines anderen Planeten. Gemütlich ist es im Dämmer und inmitten verhaltener »Ohs« und »Ahs« der verblüfften Besucher auch.

aufsehenerregendem Ambiente seine in drei Jahrzehnten auf vielen Reisen kenntnisreich zusammengetragene Sammlung buddhistischer Skulpturen, Gemälde und Ritualgegenstände aus Nepal, Kaschmir, Swat, Nordindien und Myanmar in den Räumen der renovierten christlichen St.-Josephs-Kapelle. Die Kostbarkeiten waren der Öffentlichkeit zum Teil Jahrhunderte verborgen und ziehen heute Gäste aus aller Welt an.

Das Schloss und sein Garten

Am Ende der Straße liegt auf dem höchsten Punkt des Plateaus das märchenhaft schöne **Schloss der Grafen von Greyerz**. Neben einer grandiosen Aussicht wird uns hier auch ein Überblick über acht Jahrhunderte Architektur gewährt. Über den zurückhaltend und liebevoll mit zeitgenössischer Kunst dekorierten, kiesbedeckten Innenhof gelangt man ins Innere des Schlosses. Das im 13. Jh. erbaute Schloss war Sitz einer langen Reihe der Grafen von Greyerz. Die Grafen zählten einst zu den bedeutendsten Fürstengeschlechtern der Westschweiz, doch Mitte des 16. Jh. ging der letzte Spross, Michael von Greyerz, schlichtweg bankrott. Als Gläubiger teilten die Städte Freiburg und Bern den Grundbesitz auf.

In der Zeit von 1555 bis 1798 war das Schloss Sitz der Freiburger Burgvögte, danach bis 1848 Residenz der Präfekten. Im Jahr 1849 ging es in den Besitz der Familien Bovy und Balland über, die hier den Sommer verbrachten und das Haus restaurierten. 1938 schließlich kaufte der Staat Freiburg das Schloss zurück und eröffnete ein Museum darin. Nach wechselvoller Geschichte sind heute der Hof mit Kapelle, der oktogonale Treppenturm sowie im Innern Wandteppiche, große Kamine und wuchtige Holzbalkendecken, Wandmalereien Camille Corots und geschmackvoll zurückhaltendes Dekor zeitgenössischer Künstler zu bewundern.

Vom hölzernen Wehrgang mit Sonnenuhr gelangt man in den französischen **Barockgarten** aus dem 18. Jh. Er trägt die typischen Merkmale wie die geometrischen, von Buchsbaum gesäumten Beete und ein Springbrunnen in der Mitte, aber wegen seiner Lage vor weiter Alpenkulisse ist dieser Garten einzigartig. *SD-H*

Zwischen Bulle und Freiburg liegt malerisch ins Grün gebettet der See von Gruyère.

Infos und Adressen

ANREISE
Flug: Flughafen Lausanne oder Bern, Weiterfahrt mit Bahn und Bus; **Zug:** bis Bulle, dann weiter mit dem Postauto nach Gruyère; **Auto:** Von Norden über Basel kommend liegt Gruyère zwischen Bern und Lausanne. Mit dem Auto fährt man auf der A12 bis zur Ausfahrt Bulle. In Gruyère selbst ist zu beachten, dass der Ort abends autofrei und ab ca. 19 Uhr gesperrt ist.

BESTE REISEZEIT
Gruyère ist ebenso Sommer- wie Winterreiseziel, es gibt Wanderrouten sowie Wintersportmöglichkeiten.

SEHENSWERT
Tibet Museum: buddhistische Kunst und Kultur eindrucksvoll präsentiert in der St.-Josephs-Kapelle; www.tibetmuseum.ch

HR Giger Museum, Gruyère: Filmausstattungen und fantastische Kunst vom »Großmeister des Leinwandhorrors«, Hansruedi Giger, noch persönlich arrangiert; www.hrgigermuseum.com

Bulle: Nach der verheerenden Feuersbrunst im Jahr 1805 wurde die Stadt, die bereits seit dem 9. Jh. existiert, wieder aufgebaut. Nur Teile des historischen Stadtkerns blieben erhalten, dennoch lohnt ein Rundgang durch das hübsche, französisch wirkende Städtchen zu Füßen der Alpengipfel mit der Kapelle von Notre-Dame de Compassion, im 17. und 18. Jh. ein beliebtes Wallfahrtsziel, dem Schloss mit Innenhof und Schlossgarten inmitten der Stadt sowie dem Musée gruérien.

ESSEN UND TRINKEN
Café-Restaurant des Remparts: Original-Fondue aus Gruyère AOP und Vacherin Fribourgeois AOP in einem Caquelon zubereitet, dazu Brot, Kartoffeln und Gurken; www.remparts-resto.com

Zunftszeichen, Schnitzwerk und Malereien schmücken die jahrhundertealten Häuser.

Le Fleur de Lys: regionaltypische Küche in einem Haus aus dem 17. Jh. Im Sommer durchgehen und auf einer der Terrassen mit Moléson-Blick Platz nehmen!

Maison Cailler, Broc: In der Schokoladenfabrik Cailler erfährt man viel über die Produktion, im Café gibt es Köstlichkeiten mit Schokolade zu probieren und im Shop zu kaufen. www.cailler.ch

SHOPPING
Schaukäserei »La Maison du Gruyère« in Pringy: großer Shop mit Käsespezialitäten und vielen anderen Produkten der Region; www.lamaisondugruyere.ch

Markt von Bulle: Jeden Donnerstag findet auf dem Marktplatz am Schloss von Bulle der Markt statt – 150 Händler offerieren regionale Produkte.

Marktgasse von Gruyère: In den kleinen Bäckereien, Metzgereien, Käsegeschäften und Souvenirläden gibt es die Spezialitäten des Kantons – und so manche Überraschung.

ÜBERNACHTEN
Hostellerie St. Georges: Historisches Hotel mit viel Schnitzwerk direkt am Markt von Gruyère – Vorsicht, Zimmer in historischen Gebäuden können unter Umständen sehr niedrige Decken haben. Rue de Bourg 22, Gruyère, www.gruyere-hotels.com

Berghäuser und Alphütten: Große und kleine Häuser in der Region werden privat oder vom Schweizer Alpenclub betrieben. Infos unter www.cas-gruyere.ch

Pfahlbauhütten: Auf dem Campingplatz am Greyerzersee werden Pfahlbauhütten mit Strom, WC, Dusche, Küche, Grill und Kanu angeboten. www.potentille.ch

Ibis Bulle La Gruyère: ruhiges Hotel einer Kette in Bulle, aber sehr beschaulich gelegen, etwa 10 Minuten von Gruyère entfernt; www.accorhotels.com

WEITERE INFOS
Tourismusbüros: La Gruyère Tourisme, www.gruyeres.ch
Office de Tourisme: www.moleson.ch
Schloss Gruyère: www.chateau-gruyeres.ch

Hier entsteht Käse fürs Fondue!

Graubündens Naturparadies Flims: Golfen, Biken, Wandern, Klettern, Baden, Paragliding – alles möglich, »was guat isch!«

71 Flimser Wald –
Belle Époque in spektakulärer Natur

HIGHLIGHTS

Biken: Radstrecken aller Schwierigkeitsgrade, z. B. Trek Runcatrail, Neverend, Sunset Trail, Enduro und Slick Rock (im ehemaligen Gletschergebiet auf über 3 000 m)

Wandern: viele gut ausgeschilderte Routen, darunter Themenwanderwege, geführte Touren und der Wasserweg Flims, der von der Quelle im oberen Segnesboden vorbei an Wasserfällen hinunter ins Dorf führt

Baden im See: Das türkisgrüne Wasser des Caumasees ist auf drei Seiten von Wald umgeben; in der Mitte des Sees »schwimmt« eine bewaldete Insel.

DAS SOLLTEN SIE PROBIEREN

Luzerner Chügelipastete: gefüllt mit Brätklößchen, mit weißer Soße – *Hafenchabis:* Lamm- oder Schweinefleisch-Eintopf mit Kohl – *Slunggis:* Schweinefleisch-Gemüse-Eintopf – *Älplermagronen:* aus Makkaroni, Kartoffeln, Käse, Rahm und Röstwiebeln – *Schwyzer Rösti:* gebackener Fladen aus geriebenen Kartoffeln – *Capuns:* »Die tollen Rollen«, Mangoldwickel im Spätzleteig mit Rotweinsauce und Bündner Trockenfleisch

Mountainbiker, Paraglider und Bergwanderer machen sich sofort zur Flimser Seilbahnstation auf, um in Naraus auf 1 842 Meter, oder in Cassons, der letzten Station, auf 2 675 Meter zu starten. Unglaublich ist hier das Alpenpanorama, das sich Hikern, Kletterern und Downhillern auf zahlreichen Tracks und Trails bietet.

Mit zweimal Umsteigen stehen Besucher staunend vor der mächtigen Zackenkulisse, die sich auf der Cassons-Kuppe im Panoramablick ausbreitet. Auf halber Höhe liegt das Hochtal Bargis, das nur per Postbus zu erreichen ist; nur die Glöckchen von weidenden Schafen und Kühen durchdringen die Ruhe. Die **Flimser Naturbühne** hat auch »unten« viel Spektakel zu bieten. Rundwege führen durch den Flimser Wald zum kristallklaren **Crestasee**, per Pferdekutsche, Fahrrad oder zu Fuß lässt sich der **Caumasee** als erfrischende Badestation erreichen oder der »Swiss Grand Canyon«, die **Rheinschlucht**, wo sich Vater Rhein noch ziemlich jung und türkisgrün zwischen Steilwänden durch wilde Alpenschluchten windet. Angesichts der Flimser Latifundien verwundert es nicht, dass berühmte Gäste die Naturoase besuchten wie Friedrich Nietzsche, Stefan Zweig, Thomas Mann und Richard Strauss, um in der Abgeschiedenheit des 1877 eröffneten »Kurhaus im Flimserwald« die Ruhe zu genießen. Das residiert heute noch als exklusives Mountain Resort auf 200 000 m² Parkfläche und ist ein Klassiker der Schweizer Grand Hotels. Die Belle-

Époque-Herberge sei eine »Insel der Seligen« oder »ein in die Urlandschaft gestelltes Luxusschiff ohne Zwischendeck« schrieb im Jahr 1930 Friderike an ihren Gatten Stefan Zweig, derart viel Raum sei vorhanden, dass trotz Jazz, Roulette und anfahrender Packards vollkommenste Stille vorherrsche. Thomas Mann und Friedrich Nietzsche waren da, das Musikgenie Richard Strauss reiste allerdings hochenttäuscht ab: Das Hotel sei eine »unmögliche alte Trödlerbude«, noch rückständiger als die meisten Grand Hotels der Schweizer, die seit 80 Jahren »nur die Preise renoviert« hätten. Begeistert war der 83-Jährige aber von der »Luft der Gemsen«, die man wie Champagner schlürfe. Dabei sei es kein Wunder, »dass der gute Nietzsche hier übergeschnappt ist«.

RFK

Infos und Adressen

ANREISE
Bahn: nach Chur, Postbus nach Flims; **Auto:** A3/A13 nach Chur, Ausfahrt Reichenau

BESTE REISEZEIT
Ganzjährig

SEHENSWERT
Sternwarte Mirasteilas: hat mit ihrem Cassegrain-Teleskop Asteroiden, Kometen und Satelliten im Blick; www.sternwarte-mirasteilas.ch

Hotelmuseum: im Waldhaus Flims, www.waldhaus-flims.ch

Bündner Kunstmuseum: bedeutende Sammlung aus dem 19. Jh.; www.buendner-kustmuseum.ch

ESSEN UND TRINKEN
Epoca: Via dil Parc, Waldhaus Flims, www.waldhaus-flims.ch

Capunseria: Bergrestaurant in Flims-Foppa, www.capunseria.ch

Ristorante Pomodoro: Atmosphärischer Italiener; Promenada 24, Flims-Ort

ÜBERNACHTEN
Waldhaus Flims: Mountain Resort & Spa; Via dil Parc, Flims, www.waldhaus-flims.ch

Hotel Cresta: Familie Sgier; Audemars Via Passadi 5, Flims-Waldhaus, www.cresta.ch

Hotel Adula: Via Sorts Sut 3, Flims, www.adula.ch

WEITERE INFOS
Gästeinformation Flims Laax Falera: Via Nova 62, Flims, www.flims.com, www.gemeindeflims.ch

Wellness-Landschaft vom Feinsten: Mountain Resort & Spa »Waldhaus Flims«

250 Kilometer Trails und Tracks und Wander-Highlights ohne Ende

Zum Genießen

HISTORISCH IM HIER UND JETZT
Das Waldhaus Flims blickt auf eine lange, von stetigem Fortschritt geprägte Geschichte zurück. Bei der Eröffnung des Kurhauses 1877 lag der Pensionspreis bei 6 Franken, 1881 wurde die Villa Belmont eröffnet, 1884 die Insel im nahen Caumasee gekauft, 1889 kam die Villa Silvana dazu. 1893 reiste Königin Wilhelmina der Niederlande mit ihrer Mutter Emma an, ab 1901 gab es Telefonanschluss, ab 1904 das Kasino, ab 1920 die Verbindung mit dem Postauto. Im Keller des historischen Rückzugsortes findet die gastronomische Antike statt, unter den Ball- und Kristallsälen der Belle Époque: Hier breitet sich um den mächtigen Backofen von 1904 mit über tausend Gegenständen und Hotelrequisiten tatsächlich ein Museum aus. Zahlreiche Künstler wie Arman, Daniel Spoeri, Niki de Saint-Phalle, Verdet, Italao Scanga und Cesar Malten waren hier oder transportierten ihre Werke hierher, in die Berge. Nicht ohne Eigennutz: Wer Luxus zu schätzen weiß, hat auch Sinn für die Kunst und teure Werke.

72 Berner Oberland – eintauchen in die Bergwelt

HIGHLIGHTS

Jungfraujoch: Bis auf 3454 m geht die Bergbahn zum höchstgelegenen Schienenbahnhof Europas, unterwegs gibt's die faszinierendsten Aussichten auf die Gletscherwelt der Schweizer Alpen.

Niesen: Eine Standseilbahn überbrückt 68 % Steigung auf 3,5 km in 30 Minuten zum Hotel Niesenkulm auf 2362 m; traumhafter Blick auf Brienzer- und Thunersee.

Mürren: mit der Gondel von Lauterbrunnen bis zur Grütschalp auf 1487 m, von dort entweder mit der Bergbahn oder auf dem 30-minütigen Spazierweg bis nach Mürren

DAS SOLLTEN SIE PROBIEREN

Gebackene Brienzlig: Zwerg-Felchen-Art, die nur im Brienzersee vorkommt – *Meiringer Meringue:* Eischaum-Süßspeise, mit Speiseeis – *Apero-Plättli:* lokale Wurst- und Käsespezialitäten zu Spiezer Riesling-Sylvaner – *Leissiger Hirsch:* Médaillons aus Bio-Zucht – *Schokolade:* aus der Chocolateria Schuh

Seit Jahrhunderten hat das Berner Oberland seinen Platz als Reiseziel auf den Landkarten Europas. Nicht nur Byron, Goethe und Mendelsohn haben zwischen Thuner- und Brienzersee nach Inspiration gesucht – und gefunden, mit Blick auf die Viertausender des weltbekannten Dreigestirns Eiger, Mönch und Jungfrau.

Wer die klassische Anreiseroute über Basel oder Zürich und Bern wählt, kommt zuerst nach **Thun**, in die »Stadt der Alpen«, dem Tor zum Oberland. Auf dem Weg dorthin zeigt sich nach einigen Tunneldurchquerungen das bombastische Alpenpanorama, gefolgt vom See. Den schnellsten Überblick bietet das Bergdorf **Beatenberg**, eine 1200 m über dem **Thunersee** gelegene Sonnenterrasse, erreichbar auch mit dem Bus oder per Standseilbahn ab **Beatenbucht** am Nordufer.

Nach einigen Straßenkilometern steil bergauf zeigt sich in einer scharfen Rechtskurve linker Hand das **Luegibrüggli** auf 938 m, das es in sich hat: Restaurant, Parkplatz und Aussichtsterrasse scheinen auf einer Betonplattform zu stehen, der Steilabfall darunter gibt den schwindelerregenden Blick bis zur stahlblau spiegelnden Wasserfläche des Thunersees frei. In größerer Ruhe lässt sich das Naturwunder mit seinen glitzernden Buchten, fahrenden Dampfern und

Vogelperspektive auf den malerische Strand- und Badeort Unterseen am Thunersee, dessen Buchten sich von hier bis zur Stadt Thun hinziehen.

Blühende Krokusse in Beatenberg mit Blick auf die Berner Alpen

aufragenden Bergkolossen von einer beliebigen bodenständigen Terrasse im höher gelegenen Beatenberg erfassen.

Insbesondere die mächtige Pyramide des **Niesens** hat immer wieder Maler inspiriert, u. a. den inzwischen weltberühmten Schweizer Ferdinand Hodler. Gleichfalls begeistert war einst Alexander von Humboldt vom See, an dessen Ufern drei berühmte Schlossanlagen einen Aussichtsplatz besetzen. Es verwundert also nicht, dass die Region zwischen den Seen bis zum Ersten Weltkrieg ein beliebter Treffpunkt von Adel und arrivierten Künstlern aus ganz Europa war.

Der Ostbahnhof mit dem traditionsreichen Familienbetrieb Hotel Du Lac bindet den internationalen Zugverkehr an die Jungfrauregion mit den weltbekannten Wintersportresorts **Grindelwald**, **Wengen**, **Mürren** und **Lauterbrunnen** an, weshalb sich die Traum-

Alphornbläser im Oberland-Outfit beim Auftritt auf dem Interlakener Unspunnenfest

Zum Staunen

TOP OF EUROPE

1811 bezwangen Bergsteiger erstmals den **Jungfraugipfel**, rund ein Jahrhundert später fuhr eine Zahnradbahn aufs **Jungfraujoch**, deren Bergstation auf 3454 m der höchstgelegene Schienenbahnhof Europas ist. Außer einem berauschenden Hochgefühl und traumhaften Aussichten auf die Gipfel ringsum bietet die Infrastruktur des Jungfraujochs das Restaurant Top of Europe, Forschungsstationen, Wartehalle mit Postamt, Läden und Aussichtsgalerie sowie den **Eispalast**, eine im Gletscherinneren angelegten Höhle mit Eisplastiken. Der Aufzug des Sphinxstollens transportiert Besucher noch einmal 112 weiter nach oben auf den **Gipfel der Sphinx**, der 3573 m hoch ist und eine Aussichtsterrasse, ein Forschungsinstitut sowie ein meteorologisches Oberservatorium aufbietet. Die Rundsicht vom **Firnsattel** zwischen **Mönch** und **Jungfrau**, dem sogenannten Jungfraujoch, ist grandios. In südlicher Richtung zeigt sich der 22 km lange **Aletschgletscher**, im Norden das Panorama der vielzackigen Berggipfelwelt.

Die Bahn fährt zwischen Grütschalp, Winteregg und Mürren, noch besser ist der Spazierweg mit Aussicht.

Ein besonderes Erlebnis

ZUR EIGER-NORDWAND

Die **Wengernalp-Zahnradbahn** überwindet in 40 Minuten 1250 Höhenmeter und steigt über **Wengen** zur **Kleinen Scheidegg** hoch, dem Ausgangpunkt zur legendären **Eiger-Nordwand**. Unvergessen ist deren Erstbesteigung im Jahr 1938 durch Anderl Heckmair, Heinrich Harrer, dessen weiteres Bergsteigerschicksal der Film »7 Jahre Tibet« erzählt, sowie Ludwig Vörg und Fritz Kasparek. Zum Aufstieg benötigten sie damals drei Tage mit zwei Biwaks. Heute liegt der Rekord des Schweizer Bergsteigers Dani Arnold bei 2 Stunden und 28 Minuten!
Während der Wintersaison öffnet sich hier für Skitouristen das Tor zum größten zusammenhängenden Skigebiet der Region mit Dutzenden von Pistenkilometern zwischen **Eigergletscher** und **Männlichen**. Zwischen Frühjahr und Herbst verwandelt sich die bezaubernde Berg-Arena zu einem der schönsten Wandergebiete mit zahlreichen Tracks durch die naturbelassene Hochalpenwelt. Das Berner Oberland ist also zu jeder Jahreszeit eine Reise wert.

welt der Berge komplett autofrei mit dem öffentlichen Nahverkehr erschließen läßt. Die Berner Oberland-Bahn fährt über **Zweilütschinen** nach Grindelwald sowie ins Tal der hundert Wasserfälle, nach Lauterbrunnen, dem angesagtesten Zentrum für Outdoor- und Adventure-Experimente. Canyoning, Basejumping, Skydiving oder Speed Flying sind nur einige der für Laien abstrusen Aktiv-Sportarten.

Auf der anderen Seite des Lauterbrunnentals führt eine Seilbahn auf die **Grütschalp**, von der es mit dem Panorama-Zahnradbähnchen und der besten Sicht auf die Viertausender über **Winteregg** zum romantischen und weitgehend unverfälscht gebliebenen Gebirgskurort Mürren auf 1600 m hinauf geht, einem Dorf mit sonnengegerbten Holzhäusern, traditionellen Pensionen und kleinen, familiären Hotels. Die Sonnenterrasse des Hotels Jungfrau scheint geradezu dafür geschaffen, sich ein einheimisches Rugenbräu vom Fass zu genehmigen oder einen »Café fertig«.

Von Mürren ist es ein Katzensprung zu der noch höher gelegenen Region **Birg Schilthorn** auf 3000 m, die seit 1928 durch das mit 2170 Höhenmetern längste Abfahrtsrennen der Welt, das Inferno Race, bekannt wurde. Heute reicht eine Viertelstunde für die Strecke, damals ging man das gemütlicher an. Als bei der zweiten Austragung ein Gentleman namens Jimmy Riddell zwar immer noch weit über eine Stunde brauchte, aber trotzdem deutlich schneller war als bei der Erstaustragung, saßen die Zeitnehmer noch gemütlich bei einem Umtrunk im Steinbock zu Lauterbrunnen.

Absolut schneesicher und damit ein Mekka für traditionelle und Freeride-Ski- und Snowboardfahrer ist das Gebiet im Winter. Im Sommer stellt es mit seiner glasklaren Gebirgsluft für Naturfreunde und Genießer des **Alpenhochlands** ein Eldorado abseits der Touristenströme – mit einer Fernsicht bis in den Schwarzwald und die Vogesen dar.

Technik der Berge

Auch an anderen bekannten Aussichtspunkten mangelt es hier wahrlich nicht; einen weiteren herausragenden Panoramablick gibt's von der **Schynige Platte**, die von der Talstation in **Wilderswil** mit einer 1893 eröffneten Zahnradbahn zu erreichen ist. Auf 2101 m zeigt sich die Hochalpenwelt von ihrer schönsten Seite. In der Blütezeit von Juni bis September sieht man dort im bekannten Alpengarten über 650 Arten seltener Alpenpflanzen blühen, die seit den 1930er-Jahren mit viel Mühe im ganzen europäischen Alpenraum gesammelt und hier angepflanzt wurden.

Technische Beispiele des Menschen, sich die Bergwelt bis in die letzten Zipfel zu erschließen, gibt es mehr als genug. Die 1912 eröffnete Zahnradbahn auf das 3454 m hohe **Jungfraujoch** ist von allen Zugfahrten ganz sicher die Krönung. Die ingenieurtechnische Meisterleistung der damaligen Zeit lockt noch heute jährlich Hundertausende Besucher aus aller Welt an. *RFK*

Infos und Adressen

ANREISE
Flug: Zürich, Bern oder Basel; **Bahn:** bis Interlaken Hauptbahnhof oder Ost; **Auto:** über Bern nach Interlaken

BESTE REISEZEIT
Ganzjährig

SEHENSWERT
Schloss Oberhofen: feudaler Residenzbau (12.–15. Jh.) am Nordufer des Thunersees; beherbergt einen Ableger des Berner Historischen Museums; www.oberhofen.ch

Schloss Spiez: mittelalterliches Schloss im Seeort Spiez, Veranstaltungsort beliebter Schlosskonzerte; wwwschloss-spiez.ch

Wocher-Panorama: Das älteste Panoramabild der Welt (1814) von Marquard Wocher ist im Schadaupark Thun ausgestellt und zeigt die Thuner Altstadt mit Details des damaligen Lebens. www.thun.ch

Bönigen: Seekurort am Brienzer See mit reich verzierten Holzhäusern aus dem 16. bis 19. Jh.

Iseltwald: verträumtes ehemaliges Fischerdörfchen auf einer Halbinsel des Brienzer Sees

Brienz: Das Seestädtchen ist Zentrum für Holzschnitzerei, mit Geigenbauschule und Fachschule für Holzkunsthandwerk und Ausgangbahnhof für die Brienz-Rothorn-Dampfbahn. www.brienz-tourismus.ch

ESSEN UND TRINKEN
Restaurant Alpenrösli: heimelige Atmosphäre, gutes lokales Wildangebot im Herbst; Mooszaun, Saxeten, www.alpenrose-saxeten.ch

Restaurant Bären: uriger Hotel-Landgasthof; Im Holz 370, Habkern, www.baeren-habkern.ch

Hotel Du Lac an der Aare: zwei Jahrhunderte im Familienbetrieb

Stäger Stübli: im autofreien Mürren; www.staegerstuebli.ch

La Terrasse & Quaranto Uno: Restaurants im Hotel Jungfrau-Victoria; www.victoria-jungfrau.ch

Alpenblick in Wilderswil: Der Michelin- und Gault-Millau-Koch Richard Stöckli zaubert im Hotel-Restaurant Alpenblick; Oberdorfstr. 3, Wilderswil, www.hotel-alpenblick.ch

Terrasse an der Aare: Restaurant im Hotel Du Lac, mit Fischgerichten und Gourmetmenüs, www.dulac-interlaken.ch

Bergbeizen der Alpgenossenschaften: urige ländliche Gasthäuser unter www.alpbeizli.ch

SHOPPING
Schweizer Uhren: In zahlreichen Fachgeschäften gehen Uhren der bekannten Nobelmarken über die Ladentische.

Schweizer Messer: Qualitätsmesser finden sich in beinahe jedem Souvenirgeschäft.

Schokolade: Spezialitäten, vor allem von Lind & Sprüngli, sind die nachgefragtesten Mitbringsel neben Schweizer Käse, beides in der Flaniermeile Interlakens, dem Höhenweg, vielfach im Angebot.

Stickereien und Trachten: Das Fachgeschäft für einheimische Stickereien und Trachten, Malou Balmers, hebt sich als Exot von der üblichen Shopping-Nachfrage ab.

Bauerhof-Lädeli: gibt es nicht nur in den See-Dörfern Unterseen, Matten und Bönigen: Verkauf von lokalem Bergkäse und anderen Hof- und Molkereiprodukten

ÜBERNACHTEN
Victoria-Jungfrau Grand Hotel & Spa: 5-Sterne-Luxus; Höhenweg 41, Interlaken, www.victoria-jungfrau.ch

Lindner Grand Hotel Beau-Rivage: historisches Haus zwischen den Seen; Höhenweg, Interlaken, www.lindner.de

Hotel Du Lac: Ausganspunkt für Entdeckungsreisen ins Berner Oberland mit Bahn, Schiff und Bus, traditionsreicher Familienbetrieb; www.dulac-interlaken.ch

Balmer's Herberge: Jugendherberge/Hostel in der Hauptstrasse 23, Matten/Interlaken, www.balmers.com

Backpackers Interlaken: Villa Sonnenhof, Jugendherberge/Hostel; Alpenstr. 16, Interlaken, www.villa.ch

WEITERE INFOS
Interlaken Tourismus: Höheweg 37, Interlaken, www.interlaken.ch

Kleine Scheidegg auf 2 062 Meter, mit der Nordwand des Eiger, die auf 3 570 Meter geht

Der Blick von Buda nach Pest und auf Budapests Kettenbrücke gehört zu den schönsten der ungarischen Hauptstadt.

73 Budapest – schwelgen in der Donau- und Bädermetropole

Über 80 heiße Quellen bringen täglich 70 Millionen Liter mineralisches Wasser aus dem Untergrund, was die Metropole der Puszta auch zur Hauptstadt der Thermalbäder macht – und des Jugendstils, der Kaffeehäuser, der Baudenkmäler und der Donaubrücken zwischen Buda und Pest. Superlative hat Budapest reichlich.

Das drittgrößte Parlamentsgebäude der Welt (nur London und Buenos Aires halten es noch etwas voluminöser) residiert mit architektonischem Pomp am Ufer der **Donau**, eine der weltgrößten und schönsten Synagogen steht in der Dohány Strasse, die Staatsoper gilt als eine der weltbesten, und überhaupt: Wer ahnt schon, dass berühmte Namen wie Joseph Pullitzer, Richard Gere, Tony Curtis, Nicolas Sarkozy und William Fox hier ihren Ursprung haben?

Einer der glühendsten Fans Budapests war Franz Joseph I., Kaiser von Österreich und König von Ungarn, der aus der 1896 eingeweihten **U-Bahn**, der ältesten Europas, nach einer Probefahrt gar nicht mehr aussteigen wollte. Nicht richtig einsteigen konnte hier Giacomo Casanova, denn der berühmteste Gigolo aller Zeiten holte sich tatsächlich bei einer schönen Ungarin einen feurigen Korb. Erfolgreich waren Ludwig van Beethoven, der 1800 im Burgtheater seine F-Dur-Sonate aufspielte, sowie Franz Liszt, der 1867 zur Krönung Sisis, der Gattin Franz Josephs I., seine berühmte Krönungsmesse komponierte.

HIGHLIGHTS

Andrássy út: auch Champs-Elysee oder Andrassy Avenue, Budapests feinster Boulevard

Burgviertel: grandiose Architektur mit Burgpalast, Fischerbastei, Matthiaskirche und Wienertorplatz auf dem Burgberg

Széchenyi-Bad: größte Badeanlage Europas

Gellértberg: auf der Budaer Seite, mit Traumpanorama auf Stadt und Donaubrücken

Westend City Center: über 400 Boutiquen im größten Shoppingparadies Ungarns

Váci utka: Budapests Fußgängerzone mit alteingesessenen Geschäften

DAS SOLLTEN SIE PROBIEREN

Barackos gombóc: Kartoffelteigknödel mit Aprikose – *Dobos-torta:* Tortenkreation aus sechs Biskuitböden, mit Schokoladenbuttercreme und Karamellglasur – *Gulyásleves:* Scharfe ungarische Gulaschsuppe aus dem Kessel – *Gundel-palacsinta:* Palatschinken gefüllt mit Walnüssen, Rosinen und Rum, Schokosoße

Das Gellért Kurbad in Budapest zählt zu den schönsten Thermalbädern der Welt.

Die schöne **Matthiaskirche**, 13 Jh., bezeugt eine Reihe königlicher Prunkkrönungen, aber auch die schlimmsten Gemetzel um die Macht in der Stadt. Wenn Budapests **Kettenbrücke** wieder einmal für den Verkehr gesperrt ist und sich entlang der eisernen Brüstungen bunte Fress- und Verkaufsstände zur Flaniermeile formiert haben, lässt sich das Lebensgefühl der Budapester so richtig erfühlen: abends mit einem frischgezapften Dreher-Pils in der Hand einem erstklassigen Jazz auf der Musikbühne zu lauschen, mit Blick auf die erleuchtete Uferskyline der Donau, die mit Schlössern und Burgen wie ein Nachtmärchen erscheint ... was für ein Ambiente! *RFK*

Infos und Adressen

ANREISE
Flug: direkt nach Budapest

BESTE REISEZEIT
Ganzjährig

SEHENSWERT
Ungarische Staatsoper: Prachtvolle Architektur im Neorenaissance-Stil im Stadtteil Pest

Elizabethbrücke: Hängebrücke und eine der schönsten von neun Budapester Donaubrücken

Pichler Haus: Im Stil eines venezianisch-gotischen Palazzos neben der St.-Stephans-Basilika zwischen 1853–57 errichtet

ESSEN UND TRINKEN
Firkasz Café Restaurant: urige Fresskneipe in der Tátra utca 18, Budapest

Café Gerlóczy: herrliches Kaffeehaus am Kamermayer-Károly-Platz, Budapest; www.gerloczy.hu

Café Gerbeaud: eines der traditionsreichsten Kaffeehäuser Europas; Vörösmarty tér 7–8, www.gerbeaud.hu

Restaurant Gundel: Traditionsbetrieb; Gundel Károly út 4, www.gundel.hu

ÜBERNACHTEN
Hilton: gleich zwei Häuser zu beiden Seiten der Donau; Hess András tér 1–3 und Váci út 1–3, www.placeshilton.com

Four Seasons: Luxus im Gresham Palace; Széchenyi István tér 5–6; www.fourseasons.com/Budapest_

Interconti: direkt neben der Kettenbrücke, vis-à-vis dem Burgberg; Apáczai Csere János utka 12–14, www.intercontinental.com

WEITERE INFOS
Ungarisches Tourismusamt: Lyoner Straße 44–48, Frankfurt am Main, www.ungarn-tourismus.de

Blick über die Donau zum Burgberg: Fischerbastion, Matthiaskirche und Burgpalast ziehen magnetisch an.

Zum Staunen und Genießen

DIE PRACHT DER DONAUSTADT IM ÜBERBLICK

Traditionell Essen: im Étterem Morgásztanya im Fatál Étterem oder im Mátyas Pince (Matthiaskeller)
Thermalbaden: im Széchenyi, im St. Gellért oder im St. Lukács, um nur die herausragendsten Beispiele magyarischer Badekunst zu nennen (www.heilbaderbudapest.com)
Obst und Gemüse: Berge davon in Budapests Markthalle, die von Gustav Eiffel entworfen wurde
Torten und Gebäck: An die 600 Kaffeehäuser pflegten um die 19. Jahrhundertwende urbane Kaffeebohnen- und Kuchenkultur. Das Ambiente von einst lässt sich im Café Gerbeaud am Vörosmaty-Platz genießen, wo sich eine Augenweide an Kuchentheke ausbreitet, aber auch in der Konditorei Hauer, im New York Kávéház, im Café Mozart, im Café Ruszwurm, mit der besten Crèmeschnitte der Stadt.
Originalschauplätze: Der historische Gourmettempel Gundel wurde als Film-Set des Streifens »Gloomy Sunday – Ein Lied von Liebe und Tod« weltberühmt.
Touristenticket: www.bkv.hu,
Stadtinfo: www.budapestinfo.hu, www.budapestpanorama.com

Triests Canal Grande liegt im Borgo Teresiano und führt vom Hafen zur neoklassizistischen Kirche Sant'Antonio Nuovo.

74 Friaul – Sternfahrten rund um Triest

HIGHLIGHTS

San Giusto: romanische Kathedrale auf dem Hügel oberhalb der Altstadt von Triest

Schloss Miramare: Das 1856–1860 für Ferdinand Maximilian von Österreich erbaute Schloss an der Adria liegt in einer großen Parkanlage.

Aquileja: Die Basilika aus dem 11. Jh. mit dem berühmten Mosaikboden ist durch eine ältere Vorhalle mit dem frühchristlichen Baptisterium verbunden.

Höhlen von Škocjan: Das gewaltige Höhlensystem ist UNESCO-Weltnaturerbe.

Höhlen von Postojna: die zweitgrößte Besucherhöhle der Welt

PROBIEREN UND ERLEBEN

Gioco del Truc: alter, wohl schon vorchristlicher Brauch, bei dem am Ostermontag in Cividale Eier wie Murmeln in Gruben aus Sand gerollt werden – *Aria die Festa:* Alljährlich im Juni findet das Schinkenfest in San Daniele statt, bei dem auch hervorragende Weine aus dem Friaul angeboten werden.

Die Hafenstadt Triest ist ein guter Ausgangspunkt für Ausflüge ins Friaul und den Karst. Bei Duino kann man auf den Spuren des Dichters Rilke wandeln, in Cividale del Friuli sich auf die Suche nach den Langobarden machen und im benachbarten Slowenien in eindrucksvolle Tropfsteinhöhlen abtauchen.

Triest, die Hauptstadt der autonomen Region **Friaul-Julisch Venetien**, war bis 1918 Handels- und Kriegshafen des Habsburger Reiches. Der Charme vergangener Zeiten ist noch überall zu spüren, etwa in den Kaffeehäusern auf der Piazza dell'Unità d'Italia im Herzen der Stadt, die an den Opernplatz mit dem Opernhaus Teatro Verdi grenzt. Oberhalb der Stadt liegt die Kathedrale von San Giusto.

Eine aussichtsreiche Straße führt entlang der Triestiner Riviera nach **Duino**. Unterwegs passiert man das auf einer Halbinsel liegende Schloss Miramare, eine im 19. Jh. erbaute Sommerresidenz der Habsburger. Der Rilkeweg zwischen Duino und **Sistiana** erinnert an den Dichter Rainer Maria Rilke, der während seines Aufenthalts auf Schloss Duino 1912 seine »Duineser Elegien« schrieb.

Weiter im Westen liegen im Delta des **Isonzo** die Reste der römischen und frühchristlichen Stadt **Aquileja**. Die Basilika birgt kostbare Mosaikböden aus dem 4. Jh. Die 8 km südlich gelegene Lagunenstadt **Grado** wurde im 2. Jh. v. Chr als Hafen von Aquileia gegründet. Neben der reizvollen Altstadt und dem malerischen Hafen locken feinsandige Strände.

Weiße Tropfsteine und weiße Pferde

Das östliche Hinterland von Triest nimmt die slowenische Karstregion ein. Auf dem Weg zum grandiosen Höhlensystem von **Škocjan** lohnt eine Besichtigung des 1580 gegründeten Gestüts von **Lipica**. Die Höhlen von Škocjan wurden vom Fluss **Reka** geschaffen. Besonders eindrucksvoll ist der Blick von der 50 m hohen Cerkvenik-Brücke in den unterirdischen Cañon. Oberirdisch gibt es einen Karstlehrpfad. Zu Fuß und mit der Höhlenbahn lassen sich die Tropfsteine der gewaltigen **Höhlen von Postojna** (Adelsberger Grotten) erkunden. *EA*

Infos und Adressen

ANREISE

Flug: Direktflüge von großen deutschen Flughäfen nach Triest; **Auto:** von Norden über Tauernautobahn oder Plöckenpass

BESTE REISEZEIT

Frühling bis Herbst

SEHENSWERT

Tempietto Longobardo: sakrales Gebäude (8. Jh.); Piazzetta San Biagio, Cividale del Friuli

Gestüt Lipica: Besichtigung von Herrenhaus, Stallgebäuden, Hof und Museum; April–Oktober täglich 8 Führungen, Nov.–März täglich 4 Führungen; Kobilarna Lipica, Lipica 5, Sežana, Slowenien; www.lipica.org/de

ÜBERNACHTEN

Savoia Excelsior Palace: Luxushotel mit Restaurant; Riva del Mandracchio, Triest, www.starhotels.com/en/our-hotels/savoia-excelsior-palace-trieste

Locanda al Castello: 800 Jahre altes Gebäude, regionale Küche; Via del Castello 12, Cividale del Friuli, www.alcastello.net

ESSEN UND TRINKEN

Buffet da Pepi: preiswerte slowenische Küche und Karstweine; Via Cassa di Risparmio 3, Triest, www.buffetdapepi.it

Trattoria Alla Buona Vite: traditionelle Küche; Via Dossi 7, Boscat, bei Grado

WEITERE INFOS

Informationen über das Friaul: www.enit-italia.de/reiseziele/regionen/friaul-julisch-venetien.html

Schloss Miramare wurde auf einem weit in die Adria ragenden Felsvorsprung erbaut.

Cividales kühnstes Bauwerk – die Teufelsbrücke

Zum Staunen und Genießen

DIE LANGOBARDEN IM FRIAUL

Auf der Fahrt von Triest Richtung **Udine** ist ein Abstecher nach **Cividale del Friuli** ein Muss. Hier haben die germanischen Langobarden ihre Spuren hinterlassen. Cividale war von 569 bis 774 langobardisches Herzogtum. Ein außergewöhnliches Bauwerk ist der später als Kapelle genutzte **Tempietto Longobardo** aus dem 8. Jh. Zur kostbaren Ausstattung des Tempels gehören Mosaiken, Fresken, Stuckarbeiten und Plastiken. Funde aus der Langobardenzeit sind im Archäologischen Museum und im Dommuseum ausgestellt. Ein weiteres spektakuläres Bauwerk, aus dem 15. Jh., ist die »Teufelsbrücke«, die sich in zwei Bögen über die Schlucht des **Natisone** spannt.
Nicht die Langobarden, sondern die Österreicher und Slowenen haben die rustikale Küche des Friaul geprägt. Kräftige Eintöpfe, Strudel, Sauerkraut, Krapfen und Fleisch vom Fogolar, dem eisernen Grillherd, am Meer natürlich Fisch, werden oft angeboten. Dazu trinkt man die trockenen Weißweine der Region.

75 Kvarner Bucht – kroatische Inselparadiese

HIGHLIGHTS

Baden: Zahlreiche Felsbuchten und feiner Sand sind auf allen Inseln der Traum für Badeferien, zum Beispiel auf Rabs Halbinsel Lopar.

Segeln: Punats Altstadt liegt neben der größten Marina der Adria, ein Segeltörn durch die Inselwelt ist Sonderklasse.

Windsurfen: Der Korčula-Archipel protzt mit 182 km Küste, 195 Kaps und Buchten auf 48 Inseln. Windsurfer kommen im Sommer, wenn der kräftige Maestral-Wind weht.

Tauchen: Erstklassige Tauchbasen organisieren den Tauchsport auf den Inseln der Kvarner Bucht.

Boot & Bike: Inselhopping auf einem schwimmenden Hotel und jeden Tag ein neues Eiland entdecken – zu Fuß oder per Rad

DAS SOLLTEN SIE PROBIEREN

Brudet: Suppe aus fangfrischem Fisch, mit Polenta oder Weißbrot – *Odojak na racnju:* Spanferkel vom Grill – *Šurlice:* Gulasch mit hausgemachten Nudeln – *Krker Lamm:* mit Kräutern im Dampftopf gegart – *Presnac:* mit Schafkäse und Rosinen gefüllter Kuchen – *Trüffel:* in Omelett oder Nudelgerichten verarbeitet

Zur entspannendsten Art des Nichtstuns gehört das Inselhüpfen an der kroatischen Adria: Die einzigartigen Perlen Losinj, Cres, Krk und Rab bieten romantische Bilder ohne Ende, dazu Hafenstädtchen mit ankernden Jachten, bunten Fischerbooten und für Genießer Tische und Stühle mit Blick aufs Meer.

Betrübte Gesichter bei manchen, während das Fährschiff vom Festland nach **Rab** rauscht. »Wir hatten Fälle«, erzählt der Kapitän, »wo Besucher beim Anblick unserer Insel vor dem Fähranleger gleich wieder umgedreht sind.«

Wen wundert's: Rabs Rückseite präsentiert sich dem Festland vernarbt und zerfurcht wie eine karstige Mondlandschaft, ohne Baum und Strauch, ganz und gar als blanker Wüstenblock. Der Entschluss »Da fahren wir gar nicht erst hin« hat Voreilige um ein **Inselparadies** der Sonderklasse gebracht. Drüben öffnet sich nach kurzer Autofahrt über Rabs östlichen Bergrücken (der den gefürchteten und alles vertrocknenden Bora-Wind abhält) eine sanfte Kulturlandschaft, die schon Eduard VIII. von England begeistert hat, als der 1936 mit seiner Jacht »Nahlin« in Rabs Hafen einlief.

Und was für paradiesische Zustände! Wo sonst gäbe es einen alleweil präsenten Blick auf Inseln, Schiffe und Meer? Ganz abgesehen von der hohen Lebensqualität, Fischen, Tauchen und Schwimmen inklusive, die Rabs Gäste zum Beispiel auch in urtypischen Restaurants mit frischen Meeresfrüchten, Zahnbrassen vom Grill und köstlichen

Die Kirchtürme sind das Wahrzeichen der Stadt Rab, vom höchsten hat man einen fantastischen Rundblick.

Strände ohne Ende: Badeparadies vor dem Camp Kovačine nahe der Stadt Cres

kroatischen Weißweinen erfahren und genießen können. Schon im Jahr 1889 erklärte der Gemeinderat seine aus der venezianischen Großwetterlage stammende Insel-Preziose zum **Kur- und Badeort**, aber was wäre den Rabern auch anderes übrig geblieben?

Konkurrenz schläft nicht

Mit einer mittelalterlichen **Altstadtkulisse**, deren zahlreiche Kirchtürme über die städtebauliche Unversehrtheit wachen, 2500 Sonnenstunden im Jahr, einem milden, mediterranen Klima, feinsandigen Stränden und, vor allem, glasklarem und meist ausreichend temperiertem Mittelmeerwasser in **idyllischen Buchten**? Eine anstrengende Aufgabe stellt sich einer Handvoll Hotels, den sich während der sommerlichen Hochsaison verdichtenden Besucherstrom zu organisieren, weshalb Kroatien-Genießer erst dann anreisen, wenn das zweiundzwanzig Kilometer lange Inselchen (so groß wie Sylt) vorrangig mit sich selbst und der gewohnten Langsamkeit des Seins beschäftigt ist.

Mit dem Hafenstädtchen Baška stellt Krk eine der schönsten Strandperlen der kroatischen Adria.

Besondere Ausflüge

INSELN DER KIRCHEN

Insel Cres: Mit romanischer Apsis und gotischer Fassade beeindruckt die Stadtkirche **St. Isidor**, in prächtiger Renaissance die dreischiffige Pfarrkirche **St. Maria** aus dem 15. Jh., dazu gibt es einige kleinere Kirchen in der Altstadt wie **St. Gaetan** und **St. Helena** oder die gotische **St. Maria Magdalena**. Einen Besuch wert ist auch das **Franziskanerkloster** aus dem 13. Jh., das Franz von Assisi auf der Heimreise einer Pilgerfahrt ins Heilige Land gegründet haben soll.
Insel Krk: Krk-Stadt präsentiert die **Marienkathedrale** mit dreischiffiger Basilika und aufragenden Campagnilen gleich neben der **Quirinkirche**. Auch die **Klosterkirche** des Franziskanerklosters auf der Klosterinsel Košljun (vor Punat) hat mächtigen Besichtigungszulauf.
Insel Rab: Zahlreiche Kirchtürme ragen in den meist azurblauen Himmel der Stadt Rab: **Heiligkreuzkirche**, 16. Jh., Klosterkirche **Sveta Justina**, 14. Jh., die Kirche **Sveti Andrije**, … Weithin sichtbar ragt der Campanile der Kathetrale **Sveti Marija Velika** auf.

Altstadtgasse in Veli Ston auf der malerischen Halbinsel Pelješac.

Zum Genießen

WEINPROBE AUF PELJEŠAC

Vor dem UNESCO-Weltkulturerbe **Dubrovnik** verstecken sich auf der langgezogenen Halbinsel **Pelješac** malerische Klöster zwischen dichten Pinienwäldern neben romantischen Weingütern in grünsten Rebgärten, die nicht nur feine Weißweine aus dem mineralischen Boden bringen, sondern auch ausgezeichnete Rotweine, ein Glück, das der adriatischen Sonne geschuldet ist. Köstliche Beispiele sind der Plavac Mali oder der kräftigere Dingaš. Zahlreiche Weingüter haben sich zur **»Weinstraße Pelješac«** zusammengeschlossen und halten Probierstuben offen, um auf der romantischen Weinroute Besucher in die Welt des Rebsafts Made in Pelješac zu locken.
Wer es dennoch weiter bis zur Inselhauptstadt **Orebić** am nordwestlichen Inselende schafft, muss noch aufs Nachbareiland hinüber, um nach **Korčula** überzusetzen. Das gleichnamige Städtchen bietet nicht nur ein umwerfendes städtebauliches Erbe zwischen historischen Stadtmauern auf, sondern auch das Marco-Polo-Geburtshaus – und noch mehr Winzer.

Für jede Schönheit findet sich Konkurrenz. In diesem Fall gleich in der Nachbarschaft, durch die Insel mit dem unaussprechlichen Namen, **Krk**. Immerhin ist die viermal so groß, wobei sich ein Liebreiz nicht unbedingt durch Masse ausdrückt, doch auf Krk sind die Versuchungen noch zahlreicher: Das Hafenstädtchen **Punat** beherbergt einen der begehrtesten Jachthäfen der Adria, auf der Franziskanerklosterinsel **Kosljun** vis-à-vis wartet eine der schönsten Abteikirchen und im malerischen Gebirgsstädtchen **Dobrinj** eine ländliche Idylle pur. Wobei sich Krk, die gleichnamige Inselstadt, die über Jahrhunderte, nämlich zwischen 1118 und 1797, unter venezianischer Herrschaft stand, einfach nur schön fühlen darf zwischen Marienkathedrale, Quirinkirche und dem alten Kastell aus dem 12. Jh.

Rückzug ins Paradies

Als Sahnehäubchen stellt Krks Hafenstädtchen **Baška** am südlichen Inselende eine der attraktivsten urbanen Strandperlen der kroatischen Inselwelt, was eine Bedeutung hat: Denn die umfasst etwa 1200 Eilande mit insgesamt 4000 km Küsten! Die außerordentliche Vielfalt an Stränden, Inseln und Buchten bringt Skipper auf stattlichen Seglern aus allen Teilen der Welt hierher. Als spezielle Rückzugsenklaven der Seefahrerkaste gelten die pittoresken Hafenstädtchen **Mali Lošinj** (mit 7000 Einwohnern die größte Inselstadt an der Adria) und **Veli Losinj** auf der Insel Losinj, südlich der Schwesterinsel **Cres**. Natürlich warten noch andere kroatische Inselparadiese wie der **Brijuni-Archipel** nördlich von Istriens Pula oder die faszinierenden **Kornaten** vor Zadar sowie die Inselgruppen vor Split und Dubrovnik. Aber hier, an der **Kvarner Bucht**, um die weltbekannte Kurstadt **Opatija** herum, waren die Großkopferten aus Adel, Politik, Wirtschaft und Showbiz nicht ohne Grund schon immer gern zu Gast. Schließlich war der mondäne Küstenort mit seinen prachtvollen Gründerzeitvillen und edlen Strandherbergen einmal das Seebad der österreichisch-ungarischen Monarchie, in dem sich Franz Joseph I. von Österreich, James Joyce, Gustav Mahler und zahlreiche andere VIPs vom Stress des Alltags erholten.

RFK

Altarkunstwerk im altkroatischen Kirchlein Sv. Lucija in Jurandvor nahe Baška.

Infos und Adressen

ANREISE

Flug: über Rijeka oder Zagreb mit Croatia Airlines (www.croatiaairlines.com) sowie Lufthansa (www.lufthansa.com), dann per Mietwagen zur Fähre; Fährverbindungen: www.jadrolinija.hr; **Auto:** über die Tauernautobahn A 10 via Salzburg und südlich von Rijeka auf die Krk-Brücke

BESTE REISEZEIT

Frühjahr bis Spätherbst

SEHENSWERT

Mali Lošinj: malerische Inselhauptstadt der Insel Lošinj

Gornja Ulica: In der historische Bergstraße befinden sich die Hauptsehenswürdigkeiten der Altstadt von Rab.

Franziskanerkloster: Das Kloster wurde im 13. Jh. angeblich von Franz von Assisi auf der Heimreise einer Pilgerfahrt ins Heilige Land auf Cres gegründet.

Dobrinj: hübscher Ort im Inselinneren von Krk mit drei sehenswerten Kirchen aus dem 12. bis 14. Jh.

Klosterinsel Košljun: romantische kleine Insel mit Franziskanerkloster in der Bucht von Punat

Franziskanerkloster der Heiligen Euphemija: Der Klosterkomplex stammt aus dem 15. Jh., er liegt am Ortseingang von Kampor auf Rab.

Kirche der heiligen Maria der Großen: romanische Kirche mit Campanile im historischen Zentrum von Rab-Stadt

Lopar: Die grüne Halbinsel im Norden Rabs lockt mit ausgedehnten Sandstränden.

Krk-Stadt: Venezianisch, mit kopfsteingepflasterten Straßen; die Promenade und Kathedrale sind auf den Resten einer römischen Thermalanlage erbaut.

Die schmucke Kapitänsstadt Mali Lošinj zog seefahrende Ruheständler auf die Insel.

Punat auf Krk: sehr schöne Altstadt und die größte Marina an der Adria

ESSEN UND TRINKEN

Konoba & Pizzeria Galija: gutes Restaurant in der Altstadt von Krk; www.galijakrk.com

Konoba Rab: beliebte Taverne mit ländlicher Küche; Rab-Stadt, www.konoba-riva.hr

Dvori Svetog Jurja: landestypische Speisen im alten Natursteinhaus zwischen Krk-Stadt und dem Dorf Vrh; www.krk-agroturizam.com

Konoba Zora: uriges Fischlokal am Kirchplatz von Dobrinj auf Krk; www.zora-dobrinj.com

Konoba Bracera: qualitätsstarkes Fischlokal in Malinska auf Krk; www.konoba-bracera.com

SHOPPING

Rab-Stadt: Supermärkte, Boutiquen, Plattenläden und das einzige Kaufhaus der Insel befinden sich in Rab-Stadt.

Mali Lošinj: Das Inselhauptstädtchen ist die größte Stadt der Adria-Inseln mit zahlreichen Geschäften und Boutiquen, besuchenswert ist der Fischmarkt.

Krk: Zu trockenen Feigen gibt es auf Krk köstlichen Treberschnaps (Trester aus Traubenmaische), den es überall zu kaufen gibt.

Punat auf Krk: Hier gibt es das beste Olivenöl.

Opatija: Bestens shoppen lässt es sich in der Markthalle von Opatja an der belebten Einkaufsstraße Marsala Tita.

ÜBERNACHTEN

Hotel Zlatni Lav: Martinšćica 18d, Martinšćica, Cres, www.hotel-zlatni-lav.com

Hotel Bor: Šetalište Dražica 5, Krk, www.hotelbor.hr

Hotel Korcula: Obala dr. Franje Tučmana 5, Korčula, www.korcula-hotels.com

Guest House Helios: Čikat b.b., Mali Lošinj, www.jadranka.hr

Grand Hotel Imperial: Palit b.b., Rab, www.imperial.hr

Familienhotels: Der kroatische Verband der Familienhotels und kleinen Hotelbetriebe stellt seine Mitglieder vor. www.omh.hr

WEITERE INFOS

Kroatische Zentrale für Tourismus: Kaiserstr. 23, Frankfurt am Main, www.kroatien.hr

Kräuterparadies »Duftender Garten« bei Baška

Aus der Vogelperspektive erfasst man die Schönheit des Archipels am besten

76 Brionische Inseln – nobles Naturparadies

HIGHLIGHTS

Museum: Fotoausstellung; Josip Tito mit den politischen Größen seiner Zeit

Safari-Park: Zebras, somalische Schafe, indische Rinder und Elefanten genießen die Aussicht aufs Meer.

Aussichtsturm Ciprovac: besterhaltener von drei Aussichtstürmen, die Paul Kupelwieser um 1900 errichten ließ

Kupelwieser-Mausoleum: Maria Kupelwieser (1850–1915) wurde hier neben ihrem Sohn Karl, der nach dem Tod seines Vaters die Inselverwaltung übernahm, beigesetzt.

Verige-Bucht: mit Überresten einer Villa rustica (1. Jh. n. Chr.)

DAS SOLLTEN SIE PROBIEREN

Istrische Rotweinsuppe: mit Teranoder Borgonja-Wein und Brot aus der Lehm-Bukaleta – *Manestra:* Eintopf aus Bohnen, Knochen vom istrischen Pršut (Schinken), Kartoffeln und Mais – *Fuzi:* handgemachte Nudeln in Trüffelsoße und geriebenem Schafskäse – *Skampi Buzara:* gedünstete Scampis, abgelöscht mit Cognac

1893 vom Wiener Großindustriellen Paul Kupelwieser gekauft und vom deutschen Bakteriologen Robert Koch von der Malaria befreit, wurden die Brijuni-Inseln gezielt zum Tummelplatz der High Society gestylt. 14 Eilande umfasst der istrische Brioni-Archipel, der seit 1900 für gehobene Lebensart steht.

Die Schönen und die Reichen stellten sich ein, kaum dass die ersten Ferienvillen und Strandhotels auf den abgelegenen Eilanden eröffnet waren, um sich bei grandiosem Meerblick Kurzweil zu verschaffen in der inseleigenen Spielbank, auf dem Polo-Platz oder dem ersten 18-Loch-Golfplatz Europas. Die historische VIP-Liste war lang: von Schriftstellern wie James Joyce und Thomas Mann über Kaiser Wilhelm II. zu Curt Hagenbeck, der auf der Hauptinsel Veli Brijun einen Zoo anlegte, den es bis heute gibt.

Nach dem Zweiten Weltkrieg übernahm Jugoslawiens Staatschef Josip Tito das Inselparadies der Belle Époque und erklärte den gesamten Archipel zur Sommerresidenz der Regierung. Die Fotogalerie des Museums auf **Veli Brijun** zeigt politische Schwergewichte aus allen Ecken der Welt. »Wenn Fidel Castro vom Flughafen in Pula zum Fährhafen in Fažana heraufkam«, lächelt Reiseführerin Franca, »stand längs der Strecke hinter jedem Strauch ein Polizist!« Auch Willy Brandt und Walter Ulbricht residierten im noblen Hotel Neptun. Heute sind es Berühmtheiten aus Film, Showbusiness und Wirtschaft;

Bill Gates ließ sich wie viele andere im Cadillac über die einzige Straße der Insel chauffieren.

Seit 1983 sind die Brijuni-Inseln **Nationalpark**, und nur die größte des Archipels, Veli Brijun, bietet auch Unterkunft, maximal bis zu 300 Übernachtungsgästen. Die anderen Inseln sind für die Öffentlichkeit nicht zugänglich, schon gar nicht Titos Privatinsel **Vanga**. Brijunis Landschaftsbilder sind von außerordentlicher Schönheit: Zypressen, Steineichen, Pinien, Eukalyptus und Olivenbäume zeichnen mediterrane Impressionen zwischen stahlblauen Buchten, in denen zahllose Wasservögel brüten.

RFK

Infos und Adressen

ANREISE
Flug: nach Triest (Sommer) oder Zagreb; **Auto:** bis Fažana; Tipp: als Tagesbesucher von Rovinj aus

BESTE REISEZEIT
Frühjahr und Herbst

SEHENSWERT
St.-Germanus-Kirche: gotisches Prachtstück (15. Jh.)

Venezianisches Kastell: 16. Jh., mit archäologischem Museum

18-Loch-Golfplatz: zweitältestes Green Kontinentaleuropas

ESSEN UND TRINKEN
Galija: mediterrane Küche nahe dem Fähranleger

Karmen: Seaside-Restaurant im Hotel Karmen

Plaža: Fisch und Meeresfrüchte

Školjka: Snackbar zwischen St.-Germanus-Kirche und Kaštel

Istra: Hotelrestaurant im Neptun, mit empfehlenswerten Fischgerichten

ÜBERNACHTEN
Neptun Istra: beste Adresse der Insel, zwei Restaurants, am Fähranleger

Karmen: Schwesterhotel des Neptun Istra

Villa Primorka: mit Villa für 8 Gäste, Seeblick, in herrlicher Parkanlage

Villa Dubravka: Schwestervilla (4 Personen)

WEITERE INFOS
Informationsbüro des Nationalparks Brijuni: Brionska 10, Fažana, www.brijuni.hr (auch Hotelbuchung), www.istrien7.com

Auch der Leuchtturm Veli Brijuns ist ein Relikt aus längst vergangenen Zeiten.

Villa Fazanka auf der Hauptinsel Veli Brijuni

Zum Genießen

STRAND-SCHÖNHEITEN
Veli Brijun ist mit Stränden und kleinen sandigen Buchten gesegnet. Dorthin, nach **Gospa, Draga, Drazica, Rankun, Slana, Uvala Borova** und **Uvala Trstika** gelangt man mit dem Fahrrad, dem elektrischem Golfmobil oder wandernd ohne nennenswerte Steigungen gemütlich zu Fuß. Fast immer hat der inseltourende Besucher vom Wanderweg Blick auf Buchten, Strände und das adriatische Meer.

Neptun-Beach: Gute und zentrale Bademöglichkeiten gibt es nahe des Bootsanlegers westlich des Hotels Neptun.

Saluga Beach: Nur fünf Fußminuten vom Hotel Neptun entfernt bietet der Hauptstrand Veli Brijuns feinen Sand, eine Beach Bar und ein kleines Restaurant.

Verige: An der bildschönen Bucht an der Ostküste gibt es Grundmauern eines römischen Landsitzes zu bestaunen.

Dobrika: Badestrand an der Westküste mit den Resten eines byzantinischen Castrums, einer Basilika aus dem 6. Jh. und einer Benediktinerabtei aus dem 10. Jh.

Die Erdpyramiden auf dem Ritten ragen bis zu 30 m hoch auf. Sie sind von der Rittnerbahn aus leicht zu erreichen.

77 Quer durch Südtirol – das Beste aus zwei Welten

HIGHLIGHTS

Dom und Hofburg in Brixen: Kunstwerke aus vielen Jahrhunderten, Kreuzgang aus dem 14. Jh.

Bozen: Die Altstadt mit Dom, Dominikanerkirche und Laubengasse ist ideal zum Bummeln.

Ritten: Von Bozen fährt eine Seilbahn auf das Hochplateau Ritten, eine traditionelle Sommerfrische.

Gader und Grödner Tal: Hochgebirgslandschaft, ladinische Kultur und im Grödner Tal traditionelle Schnitzkunst

Burg Taufers und Ahrntal: Vom Pustertal führt das Tauferer Ahrntal zur Burg aus dem 13. Jh. und weiter ins Hochgebirge.

PROBIEREN UND ERLEBEN

In Südtirol gibt es viele Feste und Traditionen zu feiern, besonders beliebt ist im Herbst das *Törggelen.* Ab Ende Oktober wird in Buschenschänken, Wirtshäusern und Keltereien der junge Wein getrunken, dazu gibt es Speck, Karminwurzn und Käse, Esskastanien und würziges knuspriges Schüttelbrot.

Richtung Süden bietet Südtirol quasi »gleich um die Ecke« eine fantastische Gebirgslandschaft, eine Küche, in der sich österreichische und italienische Traditionen vortrefflich vermischen, und nicht zuletzt guten Wein. Kunst und Kultur kommen an der sonnigen Seite der Alpen aber auch nicht zu kurz.

Wer den Brennerpass schon häufiger gequert hat, kennt den Effekt: Auch wenn es an der Nordseite trüb ist und sich die Regenwolken ballen, zeigt sich die Südseite in freundlich strahlendem Licht. Südtirol liegt an der Sonnenseite der Alpen, und spätestens in **Brixens** mittelalterlichen Gassen hat man den grauen Norden hinter sich gelassen und genießt gut gelaunt den ersten Cappuccino in einem Straßencafé. Gleich oberhalb der alten Hauptstadt Südtirols thront seit Jahrhunderten das mächtige **Kloster Neustift** zwischen Obstgärten und Weinbergen. Hier kann man Stunden verbringen, um Architektur und Kunst aus Romanik, Gotik und Barock zu bewundern oder bei einer zünftigen Verkostung bei Speck und Schüttelbrot die Weine der Region zu genießen.

Richtung Osten führt das **Pustertal** in die faszinierende Bergwelt der **Sextener Dolomiten**, wo mit den **Drei Zinnen** Südtirols Wahrzeichen aufragt. Folgt man dem Eisack weiter Richtung Süden, führt der Weg am **Grödner Tal** und der **Seiser Alm** vorbei direkt nach **Bozen**. In der quirligen Provinzhauptstadt vermischen sich Nord und Süd, Alt und Neu zu einem reizvollen Ganzen aus Tiroler Traditionen in den Laubengängen und kunstvollen Plätzen, mediterranem Flair am **Obstmarkt** und spannender neuer Architektur im **Museion**. Die transparenten Stirnseiten des Museums für moderne und zeitgenössische Kunst werden auch für Projektionen genutzt und bringen so die Kunst direkt in den öffentlichen Raum. In Bozen kann man zudem dem ältesten Südtiroler einen Besuch abstatten: Im **Archäologiemuseum** ist eine rund 5300 Jahre alte Gletschermumie zu Hause, die unter ihrem Spitznamen »Ötzi« weltberühmt ist. *BR*

Infos und Adressen

ANREISE
Bahn: nach Brixen oder Bozen, weiter mit Regionalbussen; **Auto:** Die Brennerautobahn A22 führt nach Brixen und Bozen, bei Brixen zweigt die SS49 ins Pustertal ab.

BESTE REISEZEIT
Ganzjährig

SEHENSWERT
Messner Mountain Museum (MMM Firmian): Das Museum in Schloss Sigmundskron bei Bozen ist dem Spannungsfeld Mensch, Berg und Kunst gewidmet.

ESSEN UND TRINKEN
Auener Hof: Italiens höchstgelegenes Sternerestaurant; Auen 21, Sarntal, www.auenerhof.it

Weißes Rössl: Bozens ältestes Gasthaus serviert Tiroler Küche. Bindergasse 6, Bozen, www.weissesroessl.org

ÜBERNACHTEN
Elephant: Das über 450 Jahre alte Hotel ist eine Institution. Weißlahnstr. 4, Brixen, www.hotelelephant.com

Schwarzer Greif: Das über 500 Jahre alte Haus im Zentrum kombiniert Tradition mit Design. Waltherplatz, Bozen, www.greif.it

WEITERE INFOS
Südtirol Tourismus Information: Pfarrplatz 11, Bozen, www.suedtirol.info

Die Geschichte der Brixener Hofburg reicht bis ins 13. Jh. zurück.

Die mehrtägige »Hufeisenrunde« führt in sieben Etappen durch die Sarntaler Alpen.

Zum Staunen

TRADITION ERLEBEN IM SARNTAL

Ein wenig abseits vom großen Trubel der Südtiroler Tourismushochburgen liegt das **Sarntal**. Es wird von Bozen durch die tiefe Schlucht des Wildbachs Talfer getrennt. Im Sarntal stehen rund 500 Masi, wie die klassischen Bauernhäuser mit den ausgemalten Stuben heißen, und es wird noch besonderer Wert auf die schöne Tracht des Gebiets gelegt, die an Feiertagen überall getragen wird. Sehenswert sind hier auch die mit Fresken bemalte Nikolaikirche in **Durnholz** und der Rohrerhof in **Sarnthein**, der aus dem 13. Jh. datiert. Im Sarntal kann man in wildromantischer Landschaft im Duft der Latschen wandern und biken, im Winter Skilanglaufen und Schneewandern. Die müden Beine massiert man danach mit Latschenkieferöl, das seit jeher im Sarntal als Naturheilmittel verwendet wird. Oder man belohnt sich mit einem köstlichen Abendessen in einem der Feinschmeckerrestaurants, die überregionale Anerkennung gefunden haben.

Am Ostufer des Gardasees liegt Malcesines malerische Altstadt, bewacht von der mächtigen Scaliger-Burg.

78 Gardasee – mediterranes Flair am Alpenrand

HIGHLIGHTS

Limone sul Garda: In der Limonaia del Castèl betören Blüten und Früchte von über 70 Zitrusfruchtsorten die Sinne.

Torbole: Der Ort an der Nordspitze ist ein Surferparadies.

Salò: Nobelort am Westufer mit schöner Altstadt, prächtigen Palazzi und einem herrlichen spätgotischen Dom

Sirmione: Das Städtchen ist an drei Seiten von Wasser umgeben und war schon in der römischen Antike ein beliebter Ferienort. Hier kann man kuren und antike Ruinen bewundern.

Moniga: reizvolle Strände, ideal für Familien

DAS SOLLTEN SIE PROBIEREN

Wein: Rund um den Gardasee liegen bedeutende Weinbaugebiete. Bekannte Rotweine stammen aus Valpolicella bei Verona, aus Marzemino und Terra dei Forti bei Avio. Bardolino ist berühmt für seine Rot- und Roséweine, Lugana für seine Weißweine. Exzellente Rot- und Weißweine stammen aus Valtenèsi bei Salò.

Wo die südlichen Ausläufer der Alpen in die Ebenen der Lombardei und Venetiens übergehen, bietet Italiens größter See mediterranes Flair in herrlicher Landschaft sowie zahllose Möglichkeiten zum Sporteln und Entspannen. Kein Wunder, dass der Gardasee eines der liebsten Reiseziele der Deutschen ist.

An seinem Nordende plätschert der Gardasee wie ein Fjord an die steilen Felswände. Doch hier beginnt nicht Norwegen, sondern das Sehnsuchtsland der Deutschen, Goethes »Land, wo die Zitronen blüh'n«. Am Westufer erstreckt sich bei dem malerischen Städtchen **Limone sul Garda** die **Riviera dei Limoni**. Entlang des blauen Sees erfreuen hier die duftenden Blüten und leuchtend gelben Früchte von Zitronenbäumen die Sinne. Der Zitronenanbau spielt zwar heute nicht mehr die überragende Rolle wie früher, doch weiß man heute, dass die Zitronen in der gesunden Kost aus reichlich Fisch und Olivenöl wohl dazu beitragen, dass die Bewohner Limones besonders langlebig sind.

Von Malcesine bis Sirmione

Limone ist ideal gelegen zum Wandern und Biken in den nahen Bergen, in **Malcesine** am gegenüberliegenden Ostufer kann man bequem mit der Seilbahn auf den 2218 m hohen **Monte Baldo** fahren, die sich unterwegs um 360 Grad dreht. Auf dem Weg und auf dem Gipfel hat man eine fantastische Aussicht auf den See und die steilen Felsgipfel der umliegenden Berge. Einen traumhaften Blick auf Malcesine und seine imposante Scaliger-Burg hat man vom Wasser aus – oder hoch in der Luft, wenn man vom Monte Baldo aus mit dem Gleitschirm den Weg nach unten nimmt.

Eine Scaliger-Burg gibt es auch in **Lazise** zu entdecken, dazu einen malerischen Hafen und eine intakte Altstadt, deren Gesicht im 14. Jh. geprägt wurde. Malerische Altstädte haben auch **Sirmione** und **Salò** am Westufer zu bieten, beides geschichtsträchtige Orte, in denen heute das moderne Leben sprüht. Im Süden wird der See breiter, rücken die Berge in weite Entfernung – Strandleben wie fast am Meer ist hier die Devise. *BR*

Infos und Adressen

ANREISE
Bahn: nach Verona oder Rovereto, weiter mit Regionalbussen; **Auto:** Die Brennerautobahn A22 führt direkt zum Gardasee.

BESTE REISEZEIT
Juni bis September

SEHENSWERT
Verona: uralte Stadt mit römischer Arena und dem (angeblichen) Balkon der Julia aus »Romeo und Julia«

In der Altstadt von Malcesine

ESSEN UND TRINKEN
Taverna da Oreste: feine Fischküche direkt am Hafen; Via F. Fontana 32, Lazise, www.tavernaoreste.it

Antica Locanda del Contrabbandiere: gute Küche in mittelalterlichen Gemäuern im südlichen Hinterland; Loc. Martelosio di Sopra 1, Pozzolengo, www.locandadelcontrabbandiere.it

ÜBERNACHTEN
Villa Arcadio: Eleganz und Komfort in einem alten Kloster mit Park; Via Palazzino 2, Salò, www.hotelvillaarcadio.com

Hotel Rivalago: direkt am Lago d'Iseo mit Blick auf die Monte Isola; Via Cadorna 7, Sulzano, www.rivalago.it

WEITERE INFOS
Consorzio Lago di Garda:
Via Oliva 2,
Gargnano (BS),
www.visitgarda.com

Die Insel Monte Isola im Lago d'Iseo

Ein besonderer Ausflug

ABSEITS DES TRUBELS
Weniger überlaufen als der Gardasee ist der bei Brescia und Bergamo gelegene romantische **Lago d'Iseo**. An den südlichen Ausläufern der Alpen schmiegt sich der 25 Kilometer lange See teilweise an steile Felswände, die großartige Landschaft lässt sich hier ganz entspannt zu Fuß und auch mit dem Fahrrad erkunden. Rund um den See führt eine spektakuläre Straße, die teils aus dem Fels gesprengt wurde. Der Lago d'Iseo ist mit seinen Fallwinden perfekt zum Segeln und Surfen, einige Badestrände laden zum Schwimmen und Sonnen ein. Ringsum liegen hübsche Ortschaften mit mittelalterlichen Zentren, uralten Kirchen und Burgen. Besonders hübsch ist **Lovere**, an dessen kleinen Hafen und Uferfront sich prächtige Palazzi reihen. Auf der **Monte Isola** mitten im See liegen malerische Dörfer und thront seit über tausend Jahren die Burg Rocca Oldofredi. Sie ist mit der Fähre von mehreren Orten aus bequem zu erreichen.

79 Brenta-Kanal – Kultur und Dolce Vita zwischen Venedig und Padua

HIGHLIGHTS

Brentavillen: Auch die Villa Barchessa Valmarana und die Villa Widmann in Mira lohnen einen Besuch.

Wallfahrtskirche Sant'Antonio: Die kuppelgeschmückte päpstliche Basilika mit Donatellos Skulpturengruppe am Hochaltar ist die Hauptkirche von Padua.

Ponte degli Alpini: gedeckte Holzbrücke über die Brenta in Bassano del Grappa

Altstadt von Marostica: Der Sentiero dei Carmini verbindet entlang der Stadtmauern die Piazza Castello mit der oberen Burg.

Altstadt von Chioggia: Vieles erinnert hier an Venedig.

FESTE UND EVENTS

Lebendschach in Marostica: Alle zwei Jahre am zweiten Sonntag im September wird der Legende nach an einen fiktiven Schachkampf im 15. Jh. erinnert, den zwei Rivalen um die Hand der Tochter des Burgherren austrugen. – *Palio delle Barche:* Ruderwettkampf auf der Brenta bei Stra am dritten Juniwochenende

Wie Perlen an der Schnur reihen sich prächtige Villen entlang des Brenta-Kanals, der vom Mündungsgebiet bei Venedig bis nach Stra führt. Die Terraferma im Osten der Lagunenstadt hat viele reizvolle Gesichter. Im Süden lädt Chioggia ein, am Alpenrand warten die Städtchen Marostica und Bassano del Grappa.

Im 16. Jh. wurde die in den Alpen entspringende **Brenta** durch Kanäle gebändigt, einer davon ist der Naviglio di Brenta. In seinem Uferbereich, der **Riviera del Brenta**, wurden zwischen **Stra** und **Venedig** mehr als 70 Villen gebaut, die zusammen mit Gärten und Parks den Reiz dieser Kanallandschaft ausmachen. Die größte ist mit 114 Räumen die barocke **Villa Pisani**, auch »La Nazionale« genannt, eine um zwei Innenhöfe gruppierte Anlage mit prächtigem Park. Mit der **Villa Foscari**, »La Malcontenta«, (1560) hat sich auch der berühmteste Renaissancearchitekt Norditaliens, Andrea Palladio, direkt am Kanal der Brenta verewigt. Die perfekten Proportionen und die Eleganz seiner Bauten lassen den Rückgriff auf die Antike erkennen. Palladios für Jahrhunderte stilprägenden, klassisch-schönen Villen wurden 1994 bzw. 1996 zum UNESCO-Weltkulturerbe ernannt. Sehr romantisch ist eine eintägige Bootsfahrt auf der Brenta, bei der mehrere Villen besichtigt werden. Die »Burchielli« starten zwischen März und Oktober in Stra oder in Venedig.

Die pittoreske Hafenstadt Chioggia an der Mündung der Brenta gilt als das Venedig der Fischer und Händler.

Lebende Schachfiguren warten im Zentrum von Marostica auf ihren Spieleinsatz.

Gelehrsames Padua

Im Zentrum der zweitältesten Universitätsstadt Italiens stehen der eher schlichte **Dom** und das **Baptisterium** von 1260. Antonius, dem Lieblingsheiligen der Italiener, wurde die Wallfahrtskirche **Sant'Antonio**, eines der Wahrzeichen von Padua, geweiht. Vor der um 1232 begonnenen Basilika mit ihren vielen Kuppeln und Türmen steht Donatellos berühmtess Reiterstandbild des venezianischen Feldherrn **Gattamelata**. Ganz in der Nähe lohnt Europas ältester botanischer Garten von 1545 einen Besuch.

Attraktionen der **Bo**, »Ochse«, nach dem hier früher stehenden Gasthaus genannten Universität sind der atemberaubend steile anatomische **Seziersaal** und die Lehrkanzel Galileis von 1594. Die drei Markt-

Die barocke Villa Pisani bei Stra ist das imposanteste Gebäude am Brenta-Kanal.

Ein besonderer Ausflug

RELAXEN IM THERMALBAD

Südwestlich von Padua erheben sich mitten in der Poebene die **Colli Euganei**. Die bis 601 m hohe bewaldete Hügelkette ist vulkanischen Ursprungs. Dem Vulkanismus verdanken auch die am Rande gelegenen Thermalbäder ihre internationale Bedeutung. Die bereits in vorrömischer Zeit genutzten Heilbäder **Abano Terme**, **Montegrotto Terme**, **Battaglia Terme** und **Galzignano Terme** bieten Entspannung nach Besichtigungstouren. Kur- und Wellnesshotels tun ein Übriges. In der Villenregion von Galzignano Terme mit vielen Luxushotels entstanden seit den 1960er-Jahren einige von bekannten Designern gestaltete Golfplätze.

Die sanfte Hügellandschaft hat nicht nur reiche venezianische Patrizier angelockt. Der Dichter Francesco Petrarca wählte den Ort Arqua, heute **Arqua Petrarca**, 1370 zu seinem Alterswohnsitz. Hier ist er auch begraben. Hauptsehenswürdigkeit des mittelalterlichen Ortes, der zu den hundert schönsten Dörfern Italiens zählt, ist die von einem kleinen Garten umgebene **Casa Petrarca**.

Nicht nur Feinschmecker schätzen den traditionellen Fischmarkt in Chioggia.

Zum Genießen

KULINARISCHES AUS DER REGION

Fisch und Meeresfrüchte, Gemüse, Reis und Polenta bilden die Basis der regionalen Küche. Traditionell wird die Fischerei in der Lagune von Venedig von den Casone, den Holzhütten, aus betrieben. Einige wurden in rustikale Restaurants umgewandelt. Serviert werden Spaghetti mit Vongole (Venusmuscheln) oder frittierte Tintenfische mit knusprigen Polentascheiben. Um der Überfischung vorzubeugen, ist nur der Fischfang mit Reusen gestattet, in denen Aale, Meeräschen, Krabben, Tintenfische und die begehrten Moeche, die kleinen Lagunenkrebse, landen. Auf dem umgebenden Festland wird intensiv Gemüseanbau betrieben. Die Region um Chioggia ist bekannt für ihren Radicchio rosso, auch »la rosa di Chioggia« genannt. Als Gemüse zubereitet sind die leicht bitteren Blätter eine beliebte Beilage zur venezianischen Kalbsleber.
In den Colli Euganei liefert diese Region Venetiens kräftige Rotweine und blumige Schaumweine, um Marostica im Bereich Breganze fruchtige Weißweine

plätze rund um den arkadengeschmückten **Palazzo della Ragione** – Piazza dei Frutti, Piazza dei Signori und Piazza delle Erbe – erfreuen mit ihren Straßencafés, Eissalons und Trattorien das Herz jedes Feinschmeckers. Im riesigen Ratssaal des Palazzos, dem **Salone**, im 14. Jh. mit einem Freskenzyklus ausgestattet, steht eine riesige hölzerne Pferdeskulptur. Am Rand der Altstadt grenzt an das verfallene römische Amphitheater die schlichte **Scrovegni-Kapelle** mit Fresken von Giotto.

Klein-Venedig

Südlich von Chioggia, dem Endpunkt der Lagune von Venedig, mündet die Brenta in die **Adria**. Kanäle, Brücken und parallel angelegte Straßen prägen das Bild des auf mehreren Inseln angelegten Lagunenstädtchens **Chioggia**. Wie in Venedig wurden die Bauten auf Holzpfählen errichtet – Chioggia ist aber älter, schlichter und ursprünglicher als die große Schwester. Von der **Vigobrücke**, die den **Canal Vena** überspannt, hat man einen herrlichen Blick über die Lagune bis nach Venedig.

Der Fischmarkt ist einer der größten Italiens, kaum weniger bedeutend ist der Gemüsemarkt. Die frischen Produkte genießt man am besten in einer der Trattorien und Osterien der Altstadt. Eine breite Brücke verbindet Chioggia mit dem Seebad **Sottomarina** mit seinem breiten Sandstrand.

Lebendschach und Grappaverkostung

Fährt man entlang der Brenta weiter nach Norden, erreicht man das Städtchen **Bassano del Grappa**. Auf halbem Weg lohnt der Besuch der **Villa Contarini** in Piazzola sul Brenta, ebenfalls nach Plänen von Palladio errichtet. Hinter Bassano erhebt sich der 1742 m hohe **Monte Grappa**, die Alpen sind nicht weit. Das merkt man auch am Baustil der massiven Steinhäuser mit ihren schmalen Balkonen. Eine kühne, gedeckte Holzbrücke spannt sich über die schäumende Brenta. Drei Mauerringe umgeben die Stadt mit ihren Renaissance-und Barockpalästen – auch hier hat Palladio mit der **Villa Angarano** seine Spuren hinterlassen.

Obwohl hier seit 1779 eine bekannte Destillerie aus Weintrauben den beliebten Grappa d'uva produziert, rührt der Name der Stadt vom Monte Grappa. Unbedingt zu empfehlen ist ein Besuch der urigen, direkt an der Holzbrücke gelegenen Trinkstube der Destillerie Nardini mit Grappaverkostung. Die Destillerie Poli hat in ihrem Stadtpalast ein Grappamuseum anzubieten. Lohnenswert ist ein Abstecher nach **Marostica**. Wehrhafte Mauern verbinden den Stadtkern und das Castello Inferiore an der zentralen Piazza mit dem hoch über der Stadt gelegenen Castello Superiore auf dem Monte Pausilio. Der anstrengende Aufstieg wird mit einem schönen Ausblick belohnt. Alle zwei Jahre findet auf der Piazza ein viel besuchtes Spektakel statt, ein Schachspiel mit kostümierten Lebendfiguren, die sich auf einem überdimensionalen rot-weißen Schachbrett bewegen. *EA*

Infos und Adressen

ANREISE
Flug: aus Deutschland Direktflüge nach Venedig, Verona und Treviso; **Bahn:** durch Österreich und über den Brenner oder durch die Schweiz und den Gotthardtunnel; **Auto:** am schnellsten durch Österreich und über den Brenner nach Verona

BESTE REISEZEIT
Frühling bis Herbst

SEHENSWERT
Palazzo Bò: Mit Führung kann man in der alten Universität den Anatomiesaal von 1584 und das Lesepult Galileos in der Aula besichtigen. März–Okt. Mo–Sa dreimal täglich, Nov.–Febr. Mo–Sa zweimal täglich; Via VIII Febbraio 2, Padua

Musei Civici Eremitani: im ehemaligen Eremitanerkloster, mit reicher Gemäldesammlung; Di–So 9–19 Uhr; Piazza Eremitani, Padua

Palazzo Sturm: Keramik- und Druckereimuseum in einem Palazzo aus dem 18. Jh. Di–Sa 9–13 und 15–18 Uhr, So und Feiertag 10:30–13 und 15–18 Uhr; Via Schiavonetti, Bassano del Grappa

Fischmarkt in Chioggia: Der reich bestückte Fischmarkt findet jeden Vormittag auf der Rückseite des Palazzo Granaio statt.

Casa Petrarca: Das im 13. Jh. erbaute Patrizierhaus war der Alterswohnsitz des Dichters Petrarca. März–Okt. täglich 9–12.30 und 15–19 Uhr, Nov.–Februar täglich 9–12.30 und 14.30–17.30 Uhr; Via Valleselle 4, Arqua Petrarca

ESSEN UND TRINKEN
Trattoria Nalin: köstliche Meeresfrüchte und traditionelle venezianische Küche direkt an der Brenta; Via Novissimo A.S. 29, Mira, www.trattorianalin.it

Im Frühling und Sommer haben die Burchielli auf dem Brenta-Kanal Hochsaison.

Osteria Madonetta: deftige einheimische Küche in gemütlichem Rahmen, nur wenige Schritte vom »Schachbrett« entfernt; Via Vajenti, 21, Marostica, www.osteriamadonnetta.it

Bauto: traditionelles Restaurant im Zentrum von Bassano mit guten Spargel- und Fleischgerichten; Via Trozzetti, 27, Bassano del Grappa, www.ristorantebauto.it

Osteria dei Fabbri: lokale Küche und gute Weine im ehemaligen jüdischen Getto von Padua; Via dei Fabbri 13, Padua, www.ristoranteparanza.com

El Gato: Fisch und Meeresfrüchte vom feinsten, fangfrisch aus der Lagune; Corso del Popolo 653, Chioggia, www.elgato.it

GENIESSEN UND EINKAUFEN
Grappadestillerien in Bassano del Grappa: besonders sehenswert die Grapperia Nardini und die Grapperia Poli

Caffè Pedrocchi: im klassizistischen Stil erbautes Kaffeehaus mit Museum in Padua, in dem Mitte des 19. Jh. revolutionäre Ideen geschmiedet wurden; Via VIII Febbraio 15, Padua, www.caffepedrocchi.it

Schuhoutlets an der Riviera del Brenta: Führende Modehäuser lassen in den hier ansässigen Schuhmanufakturen anfertigen.

ÜBERNACHTEN
Villa Cipriani: übernachten in einer traumhaft schönen Villa zu sündhaft teuren Preisen, sehr gute Küche, nahe Bassano del Grappa; Via Canova 298, Asolo, www.villaciprianiasolo.com

Villa Ducale: typisch venezianische Villa mit schönen Zimmern in einem Park am Brentakanal, feine Küche; Via Martiri della Libertà 75, Dolo, www.villaducale.it

Donatello: gemütliches Hotel gegenüber der Basilika, mit kleinem Garten; Via Del Santo 102-104, Padua, www.hotel-donatello.net

Residenza Domus Clugiae: kleines einfaches Hotel im Herzen der Lagunenstadt; Calle Luccarini 825, Chioggia, www.domusclugiae.it

WEITERE INFOS
Ausführliche Informationen über das Veneto: www.enit-italia.de/reiseziele/regionen/veneto und www.veneto.eu

Im Grappamuseum von Bassano del Grappa

80 Florenz – im Zentrum der Renaissance

HIGHLIGHTS

Galleria degli Uffizi: Mo geschlossen; Loggiato degli Uffizi 6, www.uffizi.com

Giardino di Boboli: Piazza Pitti 1; Öffnungszeiten und Infos zu Veranstaltungen: www.giardinodiboboli.it

Segwaytour durch die Stadt: Nicht ganz billig, aber so rauscht man in 3 Std. an den wichtigsten Sehenswürdigkeiten vorbei, z. B. auf der Tour Dom – Campanile – Baptisterium – Palazzo Vechio – Uffizien; www.partner.viator.com

Teatro Romano: im Sommer Aufführungen in der Arena Archeologica; www.estatefiesolana.it

DAS SOLLTEN SIE PROBIEREN

Die Küche der Toskana ist einfach, aber mit besten Zutaten. Zum Essen gibt es ungesalzenes Brot und den passenden Wein. Neben kräftigen *Wildgerichten* werden gern *Bohnen in Salbei* gereicht. Gefrühstückt wird, wie überall im Land, am späten Vormittag, etwa im traditionellen *Sieni* neben der Markthalle.

Sehnsuchtsort für Renaissance-Liebhaber, Zentrum toskanischer Weinkunst und idealer Ort für ein paar entspannte Tage inmitten italienischer Ungezwungenheit: Mit einem großen Eis in der einen und dem Stadtplan in der anderen Hand geht es auf den Spuren großer Meister durch die lebensfrohe Stadt.

Botticelli, Caravaggio, Da Vinci: Wer die Meister studieren möchte, sollte sich einen Tag für die **Uffizien** reservieren – und vorher Karten reservieren, um die Wartezeit zu verkürzen. Eigentlich waren die Gebäude, die im ausgehenden 16. Jh. von Giorgio Vasari errichtet wurden, für Verwaltung und Ministerien gedacht. Tatsächlich wurden sie schnell zu einem Kunstlager der Medici, und dabei blieb es: Heute ist hier eine umfangreiche Sammlung der italienischen Renaissance zu finden und Werke der europäischen Malerei von Meistern wie Dürer, Rembrandt und Rubens. Ein Spaziergang über die **Piazza della Signoria** rundet den Kunstgenuss ab: Die Statuen und Brunnen im Schatten des **Palazzo Vecchio** sind sehenswert und allesamt von großen Künstlern geschaffen; zum Beispiel die Kopie des **David** von Michelangelo und der **Neptunbrunnen** von Ammanati (16. Jh.).

Einen schönen Blick zum **Campanile** und über die mittelalterliche Stadt hat man von der Kuppel (Cupola) des **Domes Santa Maria del Fiore**, die wie ein Riesenballon das Stadtbild beherrscht. Sie stammt aus dem 15. Jh., hat einen Durchmesser von beeindruckenden 41,5 m und war zu ihrer Zeit eine architektonische Innovation. Nach 463 Stu-

Der Klassiker für Postkarten und Erinnerungsfotos: Blick über Florenz mit dem prächtigen Duomo Santa Maria

Das Calcio Storico ist ein traditionelles Spiel mit buntem Rahmenprogramm.

fen hat man es geschafft und darf das Panorama genießen. Dieser Ort ist wie viele hier von Touristen geradezu belagert, aber wen kümmert's? Schließlich ist Urlaub! Von hier ist es nicht weit zum **Ponte Vecchio**, der weltberühmten und unverwechselbaren Arnobrücke mit ihren überhängenden Geschäften. Seit dem 16. Jh. bieten hier Goldschmiede ihre Ware an. Wenn Sie zu den frisch Verliebten gehören, dann vergessen Sie nicht, ein Schloss an der Brücke zu befestigen und den Schlüssel in den Fluss zu werfen.

Raus aus dem Gewühle und rein ins Grüne

Hat man dieses »Pflichtprogramm« absolviert, kann man sich danach getrost durch die Stadt treiben lassen und abseits der Besucherströme die Florentinische Atmosphäre auf sich wirken lassen, zum Beispiel bei einer Fahrt mit dem Linienbus Nr. 13 vom Hauptbahnhof zum **Piazzale Michelanglo**. Es geht durch Wohngebiete und das eher unscheinbare Florenz, und schließlich kommt man auf einem kleinen Berg jenseits des Arno an – mit Aussichtsterrasse und sagenhaftem Blick über die Stadt, den Ponte Vecchio und den Dom. Die Gegend ist wie gemacht für einen Spaziergang durch die Straßen und Gassen in Richtung Fluss und anschließend zum **Palazzo Pitti** mit dem **Giardino di Boboli** im Hintergrund. Diese grüne Oase inmitten der Stadt wurde 1550 von Tribolo angelegt und ist noch heute ein luxuriöser Park mit Wasserspielen, Marmorstatuen und Zypressen: Das rund 45 000 m² große Areal bietet Erholung und im Sommer abends Kammerkonzerte.

Toskana zum Greifen nah

Wer ein bisschen **Toskana** schnuppern möchte, kann mit dem Linienbus vom Hauptbahnhof (das Tagesticket kostet 5 Euro) nach **Fiesole**

Ein besonderer Ausflug

NICHTS ALS TERRAKOTTA

Gut 15 km südlich von Florenz, direkt am romantischen Flüsschen Greve, liegt **Impruneta**, ein Terrakotta-Zentrum abseits der Touristenströme. Wer im September vor Ort ist, sollte sich das Traubenfest La Festa dell'Uva nicht entgehen lassen, das an einem Wochenende stattfindet (www.lafestadelluva.it). Berühmt ist das Städtchen aber für seine dekorativen Terrakotta-Erzeugnisse, die hier bereits seit dem 4. Jh. aus dem Lehm der Region gefertigt werden. Ölkrüge, Vasen und viel Dekoartikel für Haus und Garten kann man hier bewundern. Noch heute wird nach alter Tradition geformt, dekoriert und gebrannt, und was das Beste ist: Das Material ist frostsicher bis -20 °C – ein gutes Argument, sich das ein oder andere Souvenir mit nach Hause zu nehmen.

An der A1, Ausfahrt Firenze-Impruneta gelegen. Besichtigen kann man z. B. die Brennerei von Masini. Via delle Fratelli Fornaci 57–59, Impruneta, www.fornacemasini.it

Urlaub für die Augen: Zypressen im Chianti

fahren. Die halbstündige Fahrt führt durch das Villenviertel und malerische Olivenhaine in Richtung Nordosten, zunächst nach **San Domenico** mit seiner Klosterkirche. Wer hier aussteigt, kann gegenüber der Kirche die Via di Badia ins **Mugnone-Tal** hinablaufen und die Badia Fiesolana, eine sehenswerte romanische Kirche, besuchen.

Weiter geht die Fahrt über Panoramastraßen hinauf und vorbei an der **Villa San Michele** – einst Kloster, heute Luxusherberge – nach Fiesole, einem Städtchen mit erzbischöflichem Palast und einem Kloster aus dem beginnenden 14. Jh. Der Weg hinauf ist anstrengend, aber der Blick über die Chianti-Berge und Florenz ist atemberaubend! Fiesole selbst ist wie gemacht für einen Bummel: Boutiquen, Galerien, Kunsthandwerker und nette Cafés laden dazu ein. Wer sich für antike Kultur interessiert, sollte noch einen Abstecher zur **Arena Archaeologica** mit den Resten römischer und etruskischer Tempel und Thermen machen.

Einkaufsparadies

Zurück in der Stadt können Shoppingfans noch ein bisschen große Welt schnuppern. Auf der **Via de' Tornabuoni** und der **Via de' Calzaiuoli** erhalten Besucher ausreichend Gelegenheit, ihr letztes Reisebudget bei Gucci, Prada & Co. zu verprassen. Etwas bescheidener geht es auf den Märkten zu, die nicht minder sehenswert sind. Im Zentrum liegt der **Mercato San Lorenzo** mit der Markthalle aus dem 19. Jh. Während rund um die sehenswerte **Basilika von San Lorenzo** mit ihren Medici-Kapellen Lebensmittel, Handwerk und Souvenirs angeboten werden, kauft man in der Halle frischen Fisch und das hervorragende Fleisch für die köstlichen Bistecca alla Fiorentina. *BG*

Zum Genießen

ZU DEN WEINGÜTERN INS CHIANTI

Was wäre die Toskana ohne Wein! Etwa 30 % der Fläche bedeckt das Weinbaugebiet Chianti. Wer etwas Zeit hat, sollte die Gelegenheit nutzen und zu den Wurzeln des toskanischen Weines reisen. Ein schöner Ort dafür ist das malerische **Greve** in Chianti, das urbane Zentrum des Chianti Classico, 30 km südlich von Florenz und am gleichnamigen Fluss gelegen. Samstags ist hier Markt, und wer das Städtchen Mitte September besucht, kommt gerade recht zur Weinmesse auf der dreieckigen und von Arkaden gesäumten Piazza Matteoni, die für sich schon sehenswert ist. Wer ein Weingut besuchen möchte, kann dies zum Beispiel bei der Familie Ballini machen, die den in der Toskana einzigartigen Wein aus Carbernet-Franc-Trauben herstellt. Zum Weingut gehört auch ein landwirtschaftlicher Betrieb mit Olivenöl im Direktverkauf (www.podere-sancresci.com). Infos zu und Buchung von Weintouren rund um Greve z. B. unter: www.greve-in-chianti.com/angela.htm

Einer der schönsten Plätze Italiens und der größte der Stadt: die Piazza della Signoria

Infos und Adressen

Shoppen in Florenz ist italienisches Dolce Vita pur!

ANREISE

Flug: Per Flugzeug ist Florenz aus vielen deutschen Städten gut zu erreichen, vom Flughafen gibt es einen Busshuttle in die Stadt. **Bahn:** Florenz ist ein Drehkreuz für Züge in Italien, der Bahnhof ist am Rande der Altstadt gelegen. Ab München dauert die Fahrt rund 8 Std. **Auto:** Über die Brennerautobahn A45 und die A1 (AS Firenze-Certosa); von München aus dauert die Fahrt rund 6,5 Std. Einmal in der Stadt, empfiehlt es sich aber, das Auto stehen zu lassen und auf öffentliche Verkehrsmittel umzusteigen. Florenz wimmelt nur so von Gässchen und verwirrenden Einbahnstraßen-Regelungen.

BESTE REISEZEIT

Ganzjährig, Hauptreisezeit ist Mai bis Sept., wobei es im Juli/Aug. sehr heiß wird. In den Wintermonaten kann es mitunter regnen.

SEHENSWERT

Forte di Belvedere: Die Verteidigungsanlage stammt aus dem 16. Jh. und thront hoch über der Stadt. Heute ist sie ein Treffpunkt der jungen Florentiner, die es sich auf der Wiese oder dem Befestigungswall gemütlich machen. Von hier kann man den Panoramablick über die Stadt und weiter über die typischen toskanischen Hügel genießen. Im Sommer regelmäßig mit Open-Air-Kino; Via di S. Leonardo, 1, Firenze

ESSEN UND TRINKEN

Mercato San Lorenzo: Nicht nur ein Eldorado für Selbstversorger, sondern besonders auch mittags eine gut besuchte Anlaufstelle für Hungrige: Die kleinen Läden, Cafés und Restaurants bieten für jeden hungrigen Besucher das Passende. Di–Sa 8–19 Uhr; Piazza San Lorenzo

Cantinone del Gallo Nero: historisches Kellergewölbe mit langen Tischen, in dem es sowohl Einheimischen als auch Touristen gut schmeckt; zu den Florentiner Spezialitäten fließt reichlich Chiantiwein; Via Santo Spirito 6r

Vivoli: Das sollten Sie unbedingt probieren! Das vermutlich beste Eis der Stadt oder auch der Welt, in unmittelbarer Nähe der Kirche Santa Croce gelegen; Di–So 8:30–1:00 Uhr; Via Isole delle Stinche 7r

SHOPPING

Barberino Designer Outlet: In diesem Outlet kann Designermode mit bis zu 70 % Rabatt geshoppt werden. An der A1 Richtung Bologna gelegen; Via Meucci snc, Barberino di Mugello, www.mcarthurglen.com

Olio & Convivium: Hier gibt es alles aus Oliven, herrlichen Wein und andere Köstlichkeiten zum Mit-nach-Hause-Nehmen; Via S. Spirito, 20, www.conviviumfirenze.it

ÜBERNACHTEN

Grand Hotel Minerva: Sightseeing mit Schwimmbewegungen: Das zentral gelegene Hotel verfügt über einen Pool auf dem Dach. Donnerstag gibt's im Sommer (Mai–Aug.) ab 19:30 Uhr Aperitif mit Büfett und Livemusik für 15 Euro – auch für Nicht-Hotelgäste; Piazza S. M. Novella, 16, www.grandhotelminerva.com

Hotel Morandi alla Crocetta: Hier lässt es sich sehr gut übernachten, in einem ehemaligen Kloster und in ganz besonderer Atmosphäre. Das Drei-Sterne-Hotel verfügt über geschmackvoll eingerichtete Zimmer; Via Laura 50, www.hotelmorandi.it

Villa Aurora: Dieses gediegene Vier-Sterne-Hotel in Fiesole ist die ideale Unterkunft für alle, die tagsüber das quirlige Florenz besuchen und abends Ruhe und Weitblick genießen möchten. Piazza Mino da Fiesole 39, www.villaurorafiesole.com

WEITERE INFOS

Offizielle Touristen-Website Florenz: www.firenzeturismo.it

Im Straßencafé Atmosphäre schnuppern

81 Rom – Zeitreise durch 2000 Jahre

HIGHLIGHTS

Kolosseum: Wer Warteschlangen meiden möchte, sollte Karten online kaufen. Metro: Colosseo (MEB, MEB1), www.rome-museum.com

Orto Botanico: Ein Besuch der 1 ha großen und atmosphärisch gestalteten Parkanlage lohnt! Mit Duftgarten; Largo Cristina di Svezia, 24, Tel. +39 06 4991 7107

Vatikan: Metro: Ottaviano (MEA). Langen Wartezeiten kann entgehen, wer sich einer geführten Tour anschließt. Zu buchen z. B. bei www.getyourguide.de

Sixtinische Kapelle: mit weltberühmten Fresken Michelangelos; virtuelle Besichtigung: http://mv.vatican.va

Via Appia Antica: die geschichtsträchtigste Straße der Stadt, sonntags autofreie Flaniermeile; Bus: Linie 218.

PROBIEREN UND ERLEBEN

Pizza: In Rom ein Snack für zwischendurch – Pizzerien, wie wir sie kennen, sucht man vergebens. Landestypische Speisen gibt es in der *Trattoria.* Nicht selten kocht hier noch die »Mamma« für ihre Gäste. Vom Guardian zu den zehn besten Lokalen Roms gekürt wurde das Agustarelli. Vai Giovanni Branca, 100

Kaum eine Stadt hat eine vergleichbare Historie aufzuweisen. Die Ewige Stadt ist zu jeder Jahreszeit eine Reise wert. Viele Besucher zieht es zu den antiken Sehenswürdigkeiten und in den Vatikan. Weil ein Trip bei Weitem nicht ausreicht, sollten Sie noch eine Münze in den Trevi-Brunnen werfen ...

Entlang der beiden U-Bahn-Linien MEA und MEB, die sich am Bahnhof Termini kreuzen, kann man die Stadt bequem entdecken. Starten wir am **Kolosseum**, dem größten antiken Amphitheater der Welt und einem architektonischen Meisterwerk. Hier fanden einst Gladiatorenkämpfe, Tierhetzen und sogar nachgestellte Seeschlachten statt. Im Jahr 80 n. Chr. fertiggestellt, bot das Gebäude Platz für rund 50 000 Zuschauer. Da der ursprüngliche Holzboden nicht erhalten ist, kann man heute von den Tribünen aus die unterirdischen Gänge und Räumlichkeiten sehen. Von hier ist es nicht weit zum **Forum Romanum**, in der Antike der Marktplatz der Stadt, der kostenfrei besichtigt werden kann, und zu weiteren Sehenswürdigkeiten wie dem **Circus Maximus.**

Mitten im Häusermeer und unweit der U-Bahn-Station Barberini liegt die barocke Kulisse der **Fontana di Trevi**. Spätestens seit Fellinis »La Dolce Vita« ist der Brunnen weltberühmt, auch wenn ein Bad schon wegen des allgegenwärtigen Wachpersonals nicht zu empfehlen ist. Der Brunnen liegt dort, wo in der Antike ein Aquädukt endete, und stellt den Meeresgott Neptun dar. Einer Legende nach sollen Be-

Castel Sant'Angelo, die Engelsburg, war einst Mausoleum und später Schutzburg der Päpste. Heute ist sie Besuchermagnet.

Was wäre Rom ohne die Spanische Treppe! Nicht nur Verliebte zieht es hierher.

sucher eine Münze über ihre rechte Schulter in den Brunnen werfen, um in die Stadt zurückzukehren; zwei, um sich in einen Italiener oder eine Italienerin zu verlieben. Angeblich summieren sich die Hoffnungen auf rund eine halbe Million Euro jährlich. In der Nähe der U-Bahn liegt auch der **Quirinal**, der höchste der sieben Hügel Roms, mit Park und dem **Quirinalspalast**, heute Sitz des Staatspräsidenten. Er kann außer im Sommer immer sonntags besichtigt werden.

Wer von hier zur Station Spagna weiterzieht, landet im römischen Gewühle: Die **Spanische Treppe** ist wie gemacht, um sich mit einem Eis kurz niederzulassen. Hier laden exklusive Boutiquen zu einem Bummel rund um die **Via Condotti** ein. Wer es sich leisten mag, gönnt sich einen Kaffee im **Antico Caffè Greco** gleich um die Ecke, in dem große Künstler wie Goethe, Hector Berlioz und Edvard Grieg verkehrten.

Ruhe und Erholung bietet der Albaner See.

Ein besonderes Erlebnis

FAHRT AUF DEM TIBER

Der Tiber, drittgrößter Fluss Italiens, war über Jahrhunderte die Lebensader Roms. Täglich wurden Waren in der Hafenstadt Ostia umgeschlagen und dann in die Stadt verschifft. Innerhalb Roms kann man eine Bootstour zwischen den Tiberbrücken unternehmen oder sich nach Ostia Antica begeben. Ein Ausflug, der für Rombesucher ohnehin fast zum Pflichtprogramm gehört. Die antike Hafenstadt wurde bereits im 6. Jh. v. Chr. gegründet, und noch heute sind die Überreste des Forums und jene von Bädern, Villen und Tempeln zu besichtigen. Das Theater gehört zu den am besten erhaltenen der Welt. Nach Voranmeldung kann man an einer Halbtagestour auf dem Fluss und an der geführten Tour durch die Ausgrabungen der antiken Hafenstadt teilnehmen.

24-Std.-Hop-on-Hop-off-Ticket für Touren: Abfahrt z. B. an der Piazza Venezia oder der Engelsburg; **Tour nach Ostia Antica:** ab Ponte Marconi (Metro: San Paolo fuori Mura). **Infos und Buchung unter:** www.getyourguide.de

Immer für die Sicherheit des Papstes im Dienst: die Schweizer Garde

Zum Genießen

ENTSPANNEN IM NATURPARADIES ALBANER SEE

Der Lago di Albano liegt bei Castel Gandolfo und ist ein vulkanischer Kratersee. Der 6 km² große See gehört mit bis zu 170 m Wassertiefe zu den tiefsten Seen Italiens. Er lädt zu Spaziergängen am Ufer mit seiner reichhaltigen Vegetation ein. Auch seine schwarzen Sandstrände bieten Raum für Pausen. Interessant: An der Via die Laghi kurz nach Rocca di Papa gibt es eine Steigung, an der Autos bergauf zu rollen scheinen. Ob es sich um eine optische Täuschung oder ein Gravitationsphänomen handelt, wird nicht verraten. Kulturhungrige machen einen Abstecher zum Castel Gandolfo, der Sommerresidenz des Papstes (die nicht besichtigt werden kann) mit der Gartenanlage Giardino Barberini.
Anfahrt zum Albaner See: Strada Statale SS7 Appia nach Süden in Richtung Castel Gandolfo. Der See liegt rund 25 km südöstlich von Rom, Castel Gadolfo befindet sich am westlichen Ufer. Besuch der Gartenanlage nur nach Voranmeldung und mit Führung;
mv.vatican.va

Auf den Spuren der Päpste

Der **Vatikan** ist mit rund 840 Einwohnern der kleinste anerkannte Staat der Welt und liegt westlich des **Tiber**. Wer sich für Kunst interessiert, ist hier goldrichtig. Das sicherlich markanteste Gebäude ist der dreischiffige **Petersdom** (San Pietro), das zentrale Heiligtum der römisch-katholischen Kirche und die Grabeskirche des Apostel Simon Petrus. Bis zu 60 000 Personen finden in diesem mächtigen Gebäude Platz. Beeindruckend ist die Kuppel, ein Meisterwerk Michelangelos, die über 537 Stufen erreicht werden kann und von der aus man einem fantastischen Blick über die Stadt hat. Hauptattraktion im Inneren ist die **Pietà** von Michelangelo, mit welcher der Bildhauer seine Karriere begründete. Ebenfalls am **Petersplatz** liegt die **Sixtinische Kapelle** im Apostolischen Palast. Hier findet das Konklave statt, und berühmte Gemälde von Michelangelo, Botticelli und anderen zieren die Wände. Die **Vatikanischen Museen** beherbergen die bedeutendsten Kunstsammlungen der Welt von Werken der ägyptischen und assyrischen Antike bis hin zur Kunst des 19. Jh. Wer sie besucht (ein Tag ist nicht genug!), versteht, dass manch einer behauptet, beim Vatikan handle es sich um das einzige Museum weltweit, das einen Staat bilde.

Unweit des Vatikans am rechten Tiberufer liegt die **Engelsburg** (Castel Sant'Angelo), einst Fluchtburg der Päpste. Seit Beginn des letzten Jahrhunderts ist sie Museum, und seit Dan Browns »Illuminati« weht hier zu allen Legenden noch der Geist der Geheimgesellschaften. Das imposante Gebäude, von Kaiser Hadrian als Mausoleum erbaut, lohnt einen Besuch wegen des sagenhaften Ausblicks von der Terrasse und des Museums zur bewegten Geschichte des Gebäudekomplexes.

Stromern durchs römische Mittelalter

Der Klassiker für lauschige Abende ist **Trastevere**, früher das Arbeiterviertel auf der anderen Seite des Tiber. Heute ist es ein malerisches Künstlerviertel mit verwinkelten Gässchen und Anziehungspunkt für Nachtschwärmer, das auch tagsüber einiges zu bieten hat. So kann man entlang der Via della Lungaretta zur **Torre degli Anguillara** an der Piazza Sonnino schlendern. Einen Besuch wert ist die frühchristliche **Basilika Santa Maria di Trastevere** im Zentrum Trasteveres mit ihren Mosaiken. Prachtvoll und interessant wegen ihrer Fresken, der Scheinarchitektur und der illusionistischen Blicke auf die Stadt ist die **Villa Farnesina** an der Via della Lungara. Abends locken viele nette Lokale und Bars rund um die stimmungsvollen Plätze. *BG*

Blick vom Pincio im Norden Roms auf den Petersdom im Vatikan

Infos und Adressen

Die prächtige Kassettendecke der Basilika Santa Maria Maggiore, einer der Papstbasiliken

ANREISE

Flug: Alle Wege führen nach Rom, und so ist die Stadt mit dem Flugzeug von allen größeren Flughäfen Deutschlands aus bequem zu erreichen. Um Geld zu sparen, lohnt es, auch eine Pauschalreise in Betracht zu ziehen. Innerhalb der Stadt empfiehlt es sich, die öffentlichen Verkehrsmittel zu nutzen.
Bahn: Mit dem Zug lohnt eine Anreise aus Süddeutschland, nachts empfiehlt sich der Liegewagen.

BESTE REISEZEIT

Ganzjährig

SEHENSWERT

Museum Maxxi: Kunst des 21. Jh. präsentiert sich hier in einem spektakulären Gebäude mit verschlungenen Räumen und einer Vielzahl an visuellen Überraschungen. Sa sogar bis 22 Uhr geöffnet; Museo nazionale delle arti del XXI secolo, Via Guido Reni, 4a; www.fondazionemaxxi.it

Piazza Navona: Der vielleicht belebteste Platz der ganzen Stadt ist ideal, um ein bisschen Atmosphäre zu schnuppern, einen Kaffee zu trinken und die römische Betriebsamkeit auf sich wirken zu lassen. Berühmt und sehenswert ist die Piazza auch wegen ihrer großen Brunnenanlagen.

Flohmarkt in Trastevere: Wer sonntags in der Stadt ist, sollte sich diesen Trödelmarkt am Südende der Porta Portese nicht entgehen lassen.

ESSEN UND TRINKEN

Momart Café: ideal für den Apéritivo, große Auswahl an italienischen Köstlichkeiten, zum Teil auch mit Büffet; Viale XXI Aprile 19, www.momartcafe.it

Pasqualino Al Colosseo: Das typisch römische Restaurant in der Nähe des Kolosseums bietet einfaches, aber reichhaltiges Essen. Via dei Santi Quattro, 66, Tel. +39 06 700 4576

Gelateria della Palma: Hier gibt es mehr als 100 leckere Eissorten! Via della Maddalena 19/23, www.dellapalma.it

Vineria Reggio: Diese Bar am Campo dei Fiori ist der perfekte Ort für einen lauschigen Treff am frühen Abend. Weinliebhaber und auch bekannte Schauspieler zählen zu den Gästen. Piazza Campo dei Fiori, 14

SHOPPING

Gemüsemarkt auf dem Campo dei Fiori: schön zum Schlendern und Naschen; Mo–Sa bis 14 Uhr

Mode kaufen: Günstige Kleidung gibt es auf der Via del Corso und der Via Nazionale. Etwas erlesener geht es auf der Via Cola di Rienzo zu, und wer unbedingt seine Urlaubskasse in Mode umsetzen möchte, kommt zur Via Condotti nahe der Spanischen Treppe. Hier finden sich alle Designer-Labels.

Centro Commerciale Cinecittà Due: Das Einkaufszentrum wartet mit rund 100 Geschäften auf; Viale Palmiro Togliatti 2, Tuscolana, www.cinecittadue.com

ÜBERNACHTEN

Hotel Victoria: Das Vier-Sterne-Hotel befindet sich in zentraler Lage und bietet ein reichhaltiges und leckeres Frühstück. Via Campania, 41, www.hotelvictoriaroma.com/de

Atlante Star: nur einen Steinwurf vom Vatikan entfernt, gediegen und geschmackvoll eingerichtet; Via Giovanni Vitelleschi, 34, www.atlantehotels.com

Albergo del Sole (al Biscione): im Centro Storico gelegen, eher einfaches, doch charmantes Hotel; Via del Biscione, 76, www.solealbiscione.it

WEITERE INFOS

Tourismuszentrale Rom: www.tourismoroma.it

Roma Pass: Gewährt freien Eintritt zu ausgewählten Museen oder Sehenswürdigkeiten und Rabatte bei weiteren Eintritten, dazu gibt es ein Ticket für die öffentlichen Verkehrsmittel. Infos unter www.romapass.it

Blick an die Decke der Stanza della Segnatura im Vatikanischen Museum

Niemals lässt das geschäftige Treiben auf dem Markusplatz vor dem Portal der Basilika nach.

82 Venedig – zauberhafte Winterimpressionen

HIGHLIGHTS

Linie 1: eindrucksvolle Schiffstour über den Canale Grande vor imposanter Kulisse

Campanile: Für den Ausblick aus der Höhe des Campanile auf Stadt und Inseln lohnt sich die Warteschlange.

Markusplatz: Fantastische Palastfassaden umrahmen den beeindruckenden Platz und das lebhafte Treiben im Zentrum.

San Polo: belebter Ortsteil mit kleinen Geschäften, Bars und Märkten, engen Gassen und stimmungsvollen Plätzen

Rialto: der marmorne Inbegriff einer klassischen Brückenkonstruktion aus dem 16. Jh.

DAS SOLLTEN SIE PROBIEREN

Pasta e Fagioli: gut gewürztes Eintopfgericht mit Makkaroni, dicken Bohnen und kräftigem Olivenöl – *Torrefazione Marchi:* beste Kaffeerösterei Venedigs, trotzdem preisgünstig, mit Kaffeespezialitäten zum Kosten – *Bacaro:* typisch venezianische Lokale mit uriger Atmosphäre, langen Tafeln und gutem Wein

Auf dem Markusplatz herrscht niemals Ruhe. Selbst an verschneiten Wintertagen kann man sich in das pulsierende Leben unter den Arkaden der Prokuration rund um die Piazza, das Herzstück Venedigs, vor den Toren des Dogenpalastes und im flüchtigen Schatten des mächtigen Campanile stürzen.

Die Menge der Besucher und der Tauben ist zwar um einiges geringer als in der Hochsaison, indes bleibt es quirlig und lebhaft. Dick vermummt bieten Souvenirhändler an mobilen Ständen allerlei Devotionalien aus der Kitsch-Abteilung feil, nicht ohne geräuschvoll die Qualität ihrer Stücke zu preisen. Plastiktüten mit Taubenfutter gehören zu den Verkaufsschlagern des **Miniaturbasars**, denn das Erinnerungsfoto im Chaos umherstiebender Vogelstatisten vor malerischer Kulisse ist das klassische Mitbringsel aus der Lagunenstadt. Wenn sich dieses noch mit dem einsetzenden zarten Schneefall im bläulichen Licht der Dämmerung mischt, wird der Eindruck nahezu mystisch.

Die Boote der Venezianer, säuberlich entlang der Kanäle verzurrt, tragen unvermittelt Hauben aus Schnee, reflektieren das eigentümliche winterliche Licht, spiegeln sich im gleichmütig schaukelnden Wasser. An den Anlegestellen der **Gondeln** ist die hektische Betriebsamkeit einem Winterschlafphlegma gewichen. Lässig entledigen sich nun die Gondolieri ihrer Aufgabe, die Touristen nur überzusetzen oder eine komplette Rundfahrt durchzuführen. Dabei passieren sie einen

Großteil der mehr als 450 Brücken und Brückchen und intonieren gleich mehrmals und lautstark die wohlbekannten Gassenhauer, die man klischeehafterweise gern mit der jüngsten der alten Städte Italiens in Verbindung bringt.

Einige Frachtkähne, die mit gondelähnlicher Eleganz über die Wasserstraßen gleiten, zieren dicke Schneemänner, stolze winterliche Galionsfiguren. Spiele im Schnee haben für die Bambini Venedigs nämlich echten Seltenheitswert. Die Stadt strahlt gerade jetzt eine ganz besondere Poesie aus, träumerisch und besinnlich. *UH*

Infos und Adressen

ANREISE

Flug: Viele Fluggesellschaften bieten Linienverbindungen nach Venedig an, Weiterfahrt in die Lagunenstadt mit den Vaporettos.

BESTE REISEZEIT

Ganzjährig

SEHENSWERT

Cà Foscari: einer der schönsten Dogenpaläste der Stadt, schöner Ausblick auf die Rialto-Brücke; www.unive.it/tour

Ca Rezzonico: Das Museum präsentiert in einem zauberhaften Palast Kunst und Kultur Venedigs seit dem 17 Jh. http://carezzonico.visitmuve.it

UNTERKUNFT

Aman Canal Grande: Luxus und Stil vom Allerfeinsten in bester Lage mit breitem Wellness-Angebot; Calle Tiepolo 1364, www.amanresorts.com

Hotel Caneva: günstig gelegenes, eher einfaches Haus, guter Ausgangspunkt für

Ausflüge; Sestiere di Castello, 5515, www.hotelcaneva.com

ESSEN UND TRINKEN

Taverna al Remer: echtes Lokalkolorit am Canale Grande; www.alremer.com

Birraria La Corte: viel Atmosphäre am Campo San Polo, große Pizza-Auswahl; www.birrarialacorte.it

WEITERE INFOS

Venedig: www.turismovenezia.it

Viele Gondeln genießen im winterlichen Dämmerlicht ihre wohlverdiente Ruhepause.

Venezianische Masken der rustikaleren Art

Zum Staunen

NOCH NICHT GANZ KARNEVAL

Obwohl noch niemand ernstlich an Karneval denkt, fallen bisweilen die Kostümierten in langen, dunklen Gewändern auf, die Maskenträger, die schemenhaft und schweigend, sich selbst inszenierend plötzlich durch das Szenario huschen. Sie verschwinden, tauchen ab in den Seitenstraßen, in dem Gewirr aus schmalen, engen Gassen, die den labyrinthartigen Charakter Venedigs so nachhaltig prägen, die den Gast leicht in die Irre zu führen vermögen, der ängstlich einen Ausweg sucht. Die bedrückenden Gefühle, wenn er glaubt, den rechten Weg im unübersichtlichen Knäuel verloren zu haben, verflüchtigen sich am nächsten Campus, sei er noch so klein. Plötzlich tauchen wieder kleine Geschäfte auf. Antiquitäten, Mode und Kunst locken mit üppigen Schaufensterauslagen in die kunstlichtdurchflutete Tiefe des Ladenlokals. An den Türen hängen oft Masken, wächserne Larven, die erst in der emotionsgeladenen Karnevalszeit zur rechten Geltung kommen dürften.

Wenn das Nachtleben erwacht, geht in Abanos Boulevard-Cafés, Discos und Bars manche mühsam erworbene Wellness über Bord.

83 Abano-Therme – Wallfahrtsort für Gestresste

HIGHLIGHTS

Sightseeing: Venedig und Padua warten gleich nebenan. de.turismovenezia.it, www.turismopadova.it/de

Euganeische Hügel: toll zum Wandern und Biken; www.collieuganei.biz/de

Weingüter: den trockenen Roten probieren, z. B. im Weingut Salvan; www.salvan.it

Spa-Paläste: sind das Grand Hotel, Trieste & Victoria, La Residence, Due Torri, Metropole und Panoramic Plaza

Nightlife: Spätabends herrscht in Abanos Kurzentrum das Leben zwischen Königspalmen und flutlichtgleißenden Pools wie andernorts zur Mittagszeit.

DAS SOLLTEN SIE PROBIEREN

Pazientina: Kuchen mit Zabaione – *Figassa:* aus eingelegten getrockneten Feigen – *Bigoli:* Nudeln in Tintenfischsoße – *Schnecken:* geschmort, gebraten, frittiert – *Musso in tecia:* frittierte oder geschmorte Frösche – *Euganeisches Risotto:* mit Kräutern und Sprossen – *Bollito alla Padovana:* Kesselfleisch

Abano, seit Jahrhunderten wegen der besonderen Heilwirkung seines Fangos geradezu ein Wallfahrtsort, versteht sich zurecht als europäische Wellness-Kapitale und bietet mit den angrenzenden Badeorten Montegrotto, Galzignano und Teolo unter dem Label »Terme Euganee« eine umfassende Bäder-Infrastruktur.

Die Stätten des Wohlbefindens, des Körpergefühls, der Fitness und des Sports setzen über 200 Hallen- und Freibäder ein, 100 Tennisplätze, halb so viele Bocciabahnen, mehrere Fußball- und 18-Loch-Golfplätze und sie sind mit rund 200 Kurhotels, die mit eigenen therapeutischen Abteilungen, Quellen, Bädern und Fangobecken aufwarten, schwer zu überbieten. Die **Euganeischen Thermen** bieten einen perfekten Fluchtpunkt aus der Hektik des Alltags.

»Eine Flasche pro Tag«, lacht der italienische Fahrer, während er steile Serpentinen hinaufkurvt, wobei er natürlich den hiesige Colli Euganei meint, den trockenen Roten, aber Alkohol, erklärt er seine sehr spezielle Sichtweise hinsichtlich der flüssigen Stoffe, lehne er strikt ab. Schließlich lebe man hier von der Gesundheit und nicht vom Wein, sondern von Wasser und Schlamm. Hinter jeder Kurve wachsen Reben an sanften Hängen, **Weingüter** aus Naturgestein ruhen romantisch zwischen Pinienwäldern, toskanische Bilder also und gute Tropfen weit und breit.

Unten, am Fuße des Miniaturgebirges, das sich **Euganeische Hügel** nennt und aus der flachen Ebene ragt wie ein richtiges, drücken unterirdische Ströme aus den Dolomiten in zahllosen **Thermalquellen** 87 Grad heiß aus der Tiefe nach oben. Rund 200 000 m^3 sprudeln pro Woche; aus dem mit Chlor, Natrium, Brom, Jod, Algen und Mikroorganismen versetzten hyperthermischen Heilwasser lassen sich jährlich 20 000 m^3 Fango ansetzen. Dazu liefern die euganeischen Vulkankrater die Tonerde. Die chemisch-physikalische Struktur der Vulkansubstanz vermischt mit der reichhaltigen Mikroflora des Mineralwassers schafft eine physiotherapeutische Wunderpaste, die schon die Römer zu schätzen wussten. *RFK*

Infos und Adressen

ANREISE

Flug: Venedig, Verona oder Treviso; **Auto:** Mailand-Padua

BESTE REISEZEIT

Frühjahr, Herbst, Winter

SEHENSWERT

San Lorenzo: Dom in Abano

Madonna della Salute: Wallfahrtskirche in Abano

Abbazia di Praglia: Benediktinerabtei zwischen Abano Terme und Padua

ESSEN UND TRINKEN

Antica Trattoria Ballotta: Via Carromatto, 2, Torreglia, www.ballotta.it

Ristorante Miravalle: Via Castello, 22, Montegrotto Terme, www.miravalleristorazione.it

I Ristorantori Padovani: Piazza V. Bardella, 3, Padova, www.ristorantoripadovani.it.

ÜBERNACHTEN

Abano Grand Hotel: Via Valerio Flacco, 1, Abano Terme, www.gbhotelsabano.it

Abano Ritz Hotel Terme: Via Monteortone, 19, www.abanoritz.it, www.hotelritzterme.com

Hotel Terme Due Torri: Via Pietro d'Abano, 18, www.gbhotelsabano.it

Hotel President Terme: Via Montirone, 31, www.presidentterme.it

Grand Hotel Terme Trieste & Victoria: Via Pietro d'Abano, 1, www.gbhotelsabano.it

WEITERE INFOS

Consorzio Terme Euganee: Largo Marconi, 8, Abano Terme, www.consorziotermeeuganee.it, www.terme.eu

Antiaging Thermal Spa nennt sich dieser Wellness-Tempel, der gegen das Altern helfen soll.

Abano-Therme: Schwerelos schweben im Sonnenpool

Zum Genießen

DIE LUXUS-WELLNESSOASE

Im geschmackvollen Grand Hotel Abano werden auf 2000 m^2 im Namen von Gesundheit und Wellness 30 Fango- und 50 Behandlungsräume, Fitnesshalle sowie Beauty-Center vom computergesteuerten Buchungsterminal minutengenau ausgelastet. Bei voller Belegung könnten hier täglich 400 Massage- und 150 Fangobehandlungen verteilt werden. Derweil verbreitet sich im Hotelgarten zwischen drei Thermalpools, Kneippanlage, diversen Jacuzzibecken, Massage- und Spaß-Fontänen unter Palmenkronen geradezu karibische Atmosphäre.

Ob Shiatsu, Thaimassage, Physiokinesetherapie, Lymphdrainage, Ozonbäder, Antistress- oder Anticellulitisprogramme: Aus Abano, vermerkte schon der römische Schreiber Plinius, kehrt es sich auf jeden Fall gesünder zurück. Allerdings auch viel ärmer. »Die Hoteliers komplottieren aus Gewinnsucht«, heißt es in einer Geschichtsquelle von 1778, und dass »aus Gier unheimlich viel Geld abgezapft werde.« Auch heute hat die Wellness im Luxusbereich einen Preis.

Stylish: Außenansicht der Masseria Coccoro, wobei die Interieurs dem äußeren Ambiente entsprechen

84 Apulien – Entspannen am Stiefelabsatz

HIGHLIGHTS

Strand von Savelletri: Kilometerweit findet hier das Strandleben statt, im Fischerdorf Savelletri gibt es apulische Köstlichkeiten wie Seeigel und rohen Fisch.

Apulischer Kochkurs: lernen, wie man apulisch kocht, in der Kochschule der Masseria Torre Coccaro; www.apuliacollection.com

Markt von Monopoli: frischeste Zutaten für die apulische Cuisine

Mozzarella-Farm: Fahrradtour und Besichtigung der Schaukäserei, Masseria Torre Coccaro

Golfen: auf dem 9-Loch Golfplatz der Masserien zwischen knorrigen, uralten Olivenbäumen; www.apuliacollection.com

DAS SOLLTEN SIE PROBIEREN

Orecchiette: Paste aus Nudeln mit Gewürzen und Rübe – *Tiella:* Reis, Kartoffeln und Miesmuscheln mit Gewürzen und Kräutern im Terrakottatopf – *Ciambotto di mare:* köstliche Pfanne aus Fisch und Meeresfrüchten – *Junges Lammfleisch:* im Tontopf mit aromatischen Zwiebeln und Kartoffeln gebacken

In der Masseria Torre Maizza und der Masseria Torre Coccaro geht Apuliens Wellness unter die Haut: Die stilvollen Schwesterherbergen setzen auf ein Ernährungskonzept nach der Maxime »Wer sich in seinem Körper wohlfühlt, bleibt fit und vital«. Für den Rest sorgt ein verzauberndes Ambiente.

Ein ausgewogener Stoffwechsel ist die Basis für den harmonischen Ablauf aller Körperfunktionen. Mit ihrem **»Metabolic-Programm«** locken die PR- und Gesundheitsexperten der beiden Luxusdomizile Gäste in die körperlich-seelische Entspannung. Das funktioniere vor allem durch eine medizinisch betreute Ernährungsumstellung. Dazu stellt eine Stoffwechselanalyse zunächst einen individuellen Ernährungs- und Bewegungsplan auf, Spa-Anwendungen wie Akupunktur, Körpermasken, Qi-Gong, Tai-Chi, Yoga und Ayurveda-Massagen samt Oliventherapie runden das Konzept ab.

Die beiden Masserien bauen dabei vor allem auf die **Kraft der Natur** mit organischen Produkten aus eigenem Anbau, Fisch wird täglich ganz frisch an der Angelschnur aus dem Süßwasser gezogen, zudem sollen Inhaltsstoffe wie Mineralien und Vitamine aus vielen apulischen Früchte- und Gemüsesorten wie ein Jungbrunnen für den Körper und die Haut wirken.

Auch für Spa-Anwendungen werden typisch **apulische Produkte** wie Favabohnen verwendet, die für ihren hohen Gehalt an Eiweiß,

Flotter Zweier auf der Vespa: Blick von der Hafenmole Monopolis auf bunte Fischerboote

Calcium, Kalium und Provitamin A bekannt und als Peeling ideal einsetzbar sind. Spezielle Gesichtsbehandlungen gibt es etwa aus der gelben Grapefruit oder einer anderen typisch apulischen Frucht, der Barattiere, einer Mischung aus Gurke und Honigmelone, die mit Brennnessel als vitaminreiche Maske fungiert. Für die Hautbelebung werden Orangenblüten aus dem Garten in warmes Olivenöl getaucht, in kleine Beutel gefüllt und auf die Haut gelegt. Jahrhundertealte Olivenbaumplantagen mit steinalten knorrigen Gesellen, jeder von ihnen eine Skulptur für sich, das mediterrane Klima sowie die architektonische Umgebung legen sich wie Balsam auf die Seele. *RFK*

Infos und Adressen

ANREISE

Flug: nach Bari

BESTE REISEZEIT

Frühjahr und Herbst

SEHENSWERT

Ostuni: traumhafte Fotos garantiert

Monopoli: Kirchen über Kirchen, z. B. Kathedrale, Grottenkirche

Bari: mittelalterliche Höfe mit Säulendurchgängen, Paläste und Kirchen

ESSEN UND TRINKEN

Angelo Sabatelli: kreative Cuisine im historischen Gehöft; Via Aldo Moro 27, Monopoli, www.angelosabatelliristorante.com

Osteria Piazzetta Cattedrale: regionale Küche; Via Arcidiacono Trinchera 7, Ostuni, www.piazzettacattedrale.it

Biancofiore Ristorante: klein aber fein; Corso Vittorio Emanuele II,13, Bari, www.ristorantebiancofiore.it

ÜBERNACHTEN

Masseria Torre Maizza: C. da Coccaro, Savelletri di Fasano, www.masseriatorremaizza.com

Masseria Torre Coccaro: Contrada Coccaro, 8, Savelletri di Fasano, www.masseriatorrecoccaro.com

WEITERE INFOS

Italienische Zentrale für Tourismus ENIT: Barckhausstr. 10, Frankfurt am Main, www.enit-italia.de

Die »Weiße Stadt«, wie sich Ostoni gerne nennt, produziert durch seine weißgetünchten Architekturschätze eine sehr besondere Atmosphäre.

Ein besonderer Ausflug

APULIEN »ON TOUR«

Eine Umrundung des Stiefelabsatzes ist in einer Tagestour leicht zu schaffen. Erster Halt ist die Barockperle **Lecce**, aufgrund seiner architektonischen Wunderwerke »Florenz Apuliens« genannt. Dazu gehören die **Piazza Sant'Oronzo** samt freigelegtem Amphitheater aus dem 2. Jh., das **Kastell Karls V.** (16. Jh.), die **Renaissancekirche del Gesú**, die **Barockkirche Santa Croce** (1549) sowie der **Convento dei Celestini** aus dem 17. Jh. Diese und weitere Prachtbauten faszinieren Besucher aus aller Welt, die nonstop durch die Altstadt von Lecce strömen. Nächster Stop ist **Otranto**, das in Alleinlage am letzten östlichen Zipfel des italienischen Stiefels eine faszinierende Szenerie bietet. Über das **Capo d'Otranto** mit Leuchtturm an der **Punta Palascia** und die **Grotta dei Cervi** führt die Küstenstraße zur **Santa Cesarea Terme** und weiter bis zum **Kap Santa Maria di Leuca**. Der **Leuchtturm** und die **Wallfahrtskirche** sind die letzten Stops auf der einzigartigen Panoramatour.

Am bildschönen Capo Scalea bei San Nicola Arcella spannt sich die Felsbrücke Arco Magno als Naturschauspiel übers mediterrane Grünblau.

85 Kalabrien – träumen auf Italienisch

HIGHLIGHTS

Santa Maria dell'Isola: Benediktinerkapelle auf Sandsteinfelsen unterhalb der Altstadt von Tropea

Capo Vaticano: bizarre Klippen und kleine Badebuchten 10 km von Tropea

Reggio di Calabria: Mit der Uferpromenade Lungomare Matteotti zeigt die Provinzhauptstadt den schönsten Kilometer der Welt vor, so wird behauptet, in den Abendstunden als frequentierte Flaniermeile mit berauschendem Sizilienblick.

Pentedattilo: verlassener Hirtenort der »fünf Finger« (bizarre Steinkegel) im Aspromonte-Gebirge

DAS SOLLTEN SIE PROBIEREN

Tagliatelle: aus Kastanienmehl, mit Schinken und Salami – *Maronenmousse:* mit Olivenbrot und Rotwein – *Schwertfischroulade:* am besten im Fischerdorf Scilla – *Antipasti:* in allen Restaurants der Fischerdörfer eine Sünde wert – *Pecorino-Käse und N'duja-Wurst:* auf der Azienda Agricola hausgemacht

Die Provinzhauptstadt Reggio di Calabria liegt vis-à-vis Siziliens Messina und ist deshalb leicht auf jeder Italienkarte zu finden. Aber Lamezia Terme, wo? Der Zielflughafen und Einstiegsort für die kalabrischen Perlen am Thyrrhenischen Meer klingt nach Niemandsland im tiefen provinziellen Süden.

Nach knapp zwei Flugstunden rollt der Airbus auf dem kalabrischen Aeroporto di **Lamezia Terme** aus. Der Morgen ist klar wie der Blick des Schafsbauern Gennaro Arena, der auf der Hochebene zwischen **Capo Vaticano** und **Monte Poro** mit einem übergroßen Holzlöffel Pecorino im Bottich anrührt, seine 270 Schafe sorgen für Nachschub. Auf der Terrasse der »Azienda Agricola« nehmen wir einen Schluck Rotwein in ländlicher Idylle und eine Kostprobe der regionaltypischen N'duja-Wurst, irgendwoher läuten Kirchglocken dazu auf. Käse und Wurst, sagt Gennaro, das sei sein Leben.

Danach geht's zum Capo Vaticano mit steil ins türkisblaue Meer abstürzenden Felsen und einsamen Buchten, das am **Golfo di Gioia** herausragende Felskap liegt der Vulkaninsel **Stromboli** direkt gegenüber. Das teuflische Überdruckventil reicht 3000 m vom Meeresgrund herauf und noch einmal fast 1000 m bis in den Himmel. Nachmittags steht die Küstenperle Tropea auf dem Programm. Wie gemalt liegt das mittelalterliche Städtchen zwischen blauen Sandbuchten, ein Altstadtbummel lässt Kameralinsen heiß laufen, mit Fokus auf die See, romantische Gässchen und die vorgelagerte Halbinsel **Santa Maria dell' Isola**.

Kalabrien heißblütig zu lieben klappt auch in **Pizzo**, einer historischen urbanen Perle am **Golfo di Sant'Eufemia**, auf der Piazza della Repubblica pulsiert das italienische Leben. In schwindelnden Höhen des **Sila-Gebirges** liegt das Bergdorf Serrastretta, vor dem liebevoll hergerichteten Heimatmuseum tanzen zwei Dutzend seiner 3500 Bewohner zu Akkordeon und Gesang. Die Frauen in bunten, landestypischen Trachten, die meisten der ausdrucksstarken Gesichter sind von der Sonne oder Sorgen zerfurcht. *RFK*

Infos und Adressen

ANREISE
Flug: nach Lamezia Terme

BESTE REISEZEIT
Frühjahr und Herbst

SEHENSWERT
Kalabrische Städte: Pizzo, Tropea, Scilla und Serrastretta; Largo Migliarese, 14, Tropea

ESSEN UND TRINKEN
Pimm's: Tropeas Hotspot für Frutti di Mare und Fisch

Gelateria Ercole: Hier gibt's das beste kalabrische Tartufo. Platz der Republik 18, Pizzo, www.barercole.com

Ristorante Suite sul Mare: Schwertfisch im Fischerviertel Chianalea in Scilla; Via Grotte 2, Scilla, www.ubais.it

Il Vecchio Castagno: Slow Food in Serrastretta, regionale Produkte nach Saison; Via Corrado Alvaro 1, Serrastretta

ÜBERNACHTEN
Familien- und Boutiquehotels: in Scilla, Pizzo, Tropea und Serrastretta, z. B. das U

Bais in Scilla, Via Nazionale, 65, Scilla, www.ubais.it

Agriturismo-Herbergen: landestypisch; Agriturismo Tenuta Ruralia, Località Fontanella, Santa Domenica di Ricardi VV, www.agriturismoruralia.com

Strand-Resorts: Rocca Nettuno, Via Annunziata I, Tropea VV, www.roccanettuno.com; Rocca Nettuno Garden, Torre Mezza Praia SS18, Acconia di Curinga, www.gardenresortcalabria.com

WEITERE INFOS
Italienische Zentrale für Tourismus: www.enit-italia.de

Natürlich dreht sich am Fischerhafen von Scilla alles um Fisch und das Meer.

Eine Wanderung im Aspromonte-Gebirge zeigt Kalabriens vielfältige Schönheit.

Ein besonderer Ausflug

AB INS ASPROMONTE

Pentedattilo ist ein hochgelegener Bergort im **Aspromonte-Gebirge,** sein enges Gewirr aus schmalen Gassen, Tonziegeldächern und hübschem Kirchlein zwischen Natursteinhäusern wird überragt von einer gewaltigen fünfzackigen Felswand. **Pentedaktylos** bedeutet auf Griechisch »fünf Finger«, und die trieben die Bergdorfbewohner zum Auszug, als das Grummeln des nahen **Ätna** und zu häufige Beben den möglichen Einsturz derselben signalisierten. Geblieben sind die Fünf Finger und ein **pittoreskes Geisterdorf**, mit Kiosk und Besucherparkplatz. Auf der Rückfahrt ein Stopp im **Fischerdorf Scilla**: Mit dem **Castello di Ruffo**, der Strandpromenade und kleinen Fischerhäuschen am Meer ist Scilla ein nachgefragtes Motiv bei Malern und Fotografen. Bekannt ist der Ort an der **Costa Viola** für die traditionelle Art des **Schwertfischfangs** sowie seine kulinarischen Produkte. Im **Fischerviertel Chianalea** stehen prächtige mediterrane Villen am Wasser.

86 Bologna – eine Stadt mit Charakter entdecken

HIGHLIGHTS

Piazza Maggiore: Den zentralen Platz säumen herrliche Bauwerke.

Sant Petronio: Die ab 1390 erbaute Kirche ziert ein fantastisches Renaissanceportal von Jacopo della Quercia.

Pinacoteca Nazionale: Kunstwerke von Raffael, Giotto und Vitale da Bologna bestaunen

Archiginnasio: Zum alten Sitz der Universität gehören die Aula Magna und der historische Anatomiesaal Teatro Anatomico.

Santo Stefano: Die Kirche am schönsten Platz der Stadt entstand schon im 4. Jh. am Standort eines antiken Isis-Tempels.

PROBIEREN UND ERLEBEN

Von Mai bis November gibt es in der ganzen Emilia-Romagna kulinarische Feste, beispielsweise die *Balsamica* in Modena im Mai oder das *Trüffelfest* in Montefiorino im Oktober. Im November lockt in Bologna die *Cioccoshow*, die Leistungsschau der Chocolatiers mit Verkostungen im historischen Zentrum.

In Italien gibt es viel zu entdecken, die Hauptstadt der Emilia-Romagna steht dabei selten ganz oben auf der Liste. Schade, denn die ziegelrote Schönheit ist mit einem intakten historischen Zentrum, Kunst, Kultur und nicht zuletzt feinen kulinarischen Traditionen ein wunderbares Ziel für Rundumgenießer.

La Rossa, La Grassa oder La Dotta – die Rote, die Fette, die Gelehrte – nennt man in Italien **Bologna** so liebevoll wie treffend. La Rossa ist Bologna dank seiner backsteinroten mittelalterlichen Altstadt, die weder im Krieg noch von Spekulanten zerstört wurde und zu den schönsten in ganz Europa zählt. Ein großer Teil wurde in den letzten Jahren gründlich saniert. Ziegel auf Ziegel stehen hier noch die jahrhundertealten Palazzi, Kirchen und Wohnhäuser entlang der Plätze und Gassen. Selbst Geschlechtertürme haben hier die Zeit überdauert und ragen über das rote Dächermeer auf. Die **Due Torri** an der Piazza Porta Ravegnana sind auch im modernen Bologna ein markantes Wahrzeichen.

In Bologna lässt es sich gut leben, in puncto Lebensqualität rangiert die wirtschaftlich florierende Metropole der Emilia-Romagna in Italien an der Spitze. Zu dieser Einschätzung trägt sicherlich der Hang der Bologneser zu gutem Essen bei, doch damit stehen sie in der Emilia-Romagna nicht allein. Tatsächlich wird in der ganzen Region nicht nur gut, sondern hervorragend gespeist. Essen gilt hier als eine Kunst, der man sich mit der notwendigen Sorgfalt widmen und mit größt-

An der zentralen Piazza Maggiore stehen neben dem Neptunbrunnen der Palazzo del Podestà und der Palazzo dei Banchi.

Bolognas Via Clavature ist mit ihren Cafés und Läden eine typische Altstadtstraße.

möglicher Freude hingeben soll. In der »Fetten«, La Grassa, wurden unter anderem die Tagliatelle al ragù erfunden – eine Köstlichkeit, die mit den rund um die Welt allgegenwärtigen Spaghetti bolognese nur wenig gemein hat, nicht einmal die Nudeln. In der Originalversion aus Bologna werden nämlich Bandnudeln verwendet. In der Schlemmerhochburg Bologna gibt es auf bunten Märkten und in feinen Delikatessläden und auch beim Kramer um die Ecke sämtliche Spezialitäten, die als »typisch italienisch« gelten, ihren Ursprung jedoch in der Emilia-Romagna haben. Aus den Provinzen zwischen **Apennin** und **Adria** stammen beispielsweise die Tortellini, die Mortadella, der Parmaschinken und der Balsamicoessig.

La Dotta schließlich ist Bologna, weil hier vor knapp 1000 Jahren eine der ersten Universitäten Europas gegründet wurde. Noch heute sorgen Zehntausende Studenten für quirlige Weltoffenheit und für ein interessantes **Kulturangebot**. Und nicht zuletzt gibt es dank ihnen eine ganze Reihe gemütlicher Lokale.

Im Schutz der Laubengänge

Zu Bolognas Sehenswürdigkeiten gelangt man zum großen Teil vor Sonne und Regen geschützt in den berühmten Laubengängen, die sich insgesamt rund 40 km durch das historische Zentrum ziehen. Gemütlich bummelt man hier vorbei an einer Unzahl von Läden, die – wir sind in Italien! – mit schicker Mode, Design und feinem Essen locken. Sie führen direkt in das alte Herz der Stadt, das voller Leben ist und auf eine lange Geschichte zurückblickt.

Dort wacht an der Piazza del Nettuno Il Gigante, wie die Bologneser Giambolognas **Neptunstatue** der Fontana di Nettuno nennen, zwischen dem Palazzo di Re Enzo und dem Palazzo Comunale mit

Ein besonderer Ausflug

DIE UMGEBUNG ERKUNDEN

Rund um Bologna lässt sich zwischen Apennin und Adria viel erleben und entdecken. Nur 40 km entfernt liegt beispielsweise das mittelalterliche Dozza mit der mächtigen Burg Rocca Sforzesca. **Dozza** gilt als eines der schönsten Städtchen Italiens und ist bekannt für seine Enoteca Regionale Emilia Romagna im Renaissance-Palazzo Malvezzi-Campeggi – ein wahres Dorado für Weinfreunde. Dozza richtet zudem seit den 1960er-Jahren die Biennale del Muro Dipinto aus. Die Werke dieses Festivals der Wandmalerei sind an den altehrwürdigen Mauern des Dorfes zu bewundern. Dokumentiert sind sie zudem im Centro Studi e Documentazione del Muro Dipinto in der Burg. Dort können sie nach Voranmeldung besichtigt werden.

Von Dozza ist es nicht weit nach **Imola**, das für seine Autorennstrecke und seine mittelalterliche Festung berühmt ist. Einen Blick wert ist hier die Farmacia dell'Ospedale in der Via Emilia, ein geschnitztes Juwel aus dem 18. Jh.

Ferrara bezaubert mit seiner Altstadt und der Cattedrale di San Giorgio.

Besondere Erlebnisse

KULTUR UND NATUR GENIESSEN

In den Städten der Region um Bologna kann man Kunstschätze (und Kulinarisches) entdecken. In **Ferrara** beispielsweise beeindrucken die Kathedrale aus dem 12. Jh., der Palazzo dei Diamanti mit der einzigartigen Marmorfassade und das Castello Estense mit den herrlichen Fresken, in **Parma** der Dom und die Camera di San Paolo und in **Modena** der Dom mit den großartigen Basreliefs von Wigilelmo aus dem 12. Jh.
Ein Kontrastprogramm bietet der rund 100 km entfernt gelegene **Parco del Delta del Po** an der Adriaküste. Er schützt die Deltalandschaft des Pos mit ihren Salzwasserlagunen, Fischseen, Dünen und Schilfreihen. In der weiten Landschaft kann man eine artenreiche Vogelwelt beobachten, auf Camargue-Pferden reiten und Bootsfahrten unternehmen. Von dort lohnt ein Abstecher in das »Klein-Venedig« **Comacchio**. Das mittelalterliche Städtchen liegt auf mehreren Inseln und kann romantisch auf einer Gondeltour erkundet werden.

der herrlichen Prunktreppe von Bramante und den reichen Kunstschätzen im Inneren. Gleich daneben residierten an der weitläufigen **Piazza Maggiore** einst die Mächtigen des Landes im Palazzo Podestà und im Palazzo dei Notai. In den Arkaden des Palazzo dei Banchi betrieben früher die Geldwechsler ihre Stuben. Die Piazza Maggiore ist seit Jahrhunderten der Treffpunkt der Bologneser, ihr politisches und gesellschaftliches Zentrum und der Ort für einen kurzen, für Bologna unüblichen Moment leichten Größenwahns. Die hiesige Kirche **San Petronio** sollte in Größe und Pracht selbst den Petersdom übertreffen. So viel Ehrgeiz wussten die Kirchenoberen jedoch zu dämpfen, sodass von dem im 14. Jh. geplanten Monumentalbau nur ein kleiner, wenn auch beeindruckender Teil realisiert wurde. Die Kirche, die Bolognas Schutzheiligen geweiht ist, ist mit wunderschönen Fresken und Skulpturen geschmückt und bei den Einheimischen sehr beliebt.

Für Bologna, die Gelehrte, ist es aber auch bezeichnend, dass gleich hinter der bedeutendsten Kirche im **Archiginnasio** einst die Universität residierte. Dort kann man heute noch das faszinierende **Teatro Anatomico** besichtigen, in dem ab 1637 zwischen prächtigen Tannenholztäfelungen Leichen seziert wurden. Rundum gibt es noch viel zu entdecken, sei es die Kirche **Santo Stefano** an einem der schönsten Plätze der Stadt, die von prächtigen Palazzi gesäumte Via Zamboni, das prunkvolle Teatro Comunale oder die **Pinacoteca Nazionale** mit großartiger Kunst aus dem 13. bis 18. Jh. Man wäre jedoch nicht in Bologna, würden nicht auch die Pausen mit leckeren Snacks und feinem Essen quasi zum Kulturprogramm gehören. *BR*

In den Delikatessengeschäften wird die regionale Küche hochgehalten.

Infos und Adressen

ANREISE

Flug: Bolognas Flughafen Aeroporto Guglielmo Marconi – Borgo Panigale wird vom europäischen Ausland aus von zahlreichen Fluglinien ganzjährig direkt angeflogen. **Bahn und Bus:** Der Bologna Centrale ist der größte Bahnhof der Emilia-Romagna und ein zentraler Verkehrsknotenpunkt. Dorthin fahren täglich mehrere Züge über den Brennerpass bzw. via Mailand. In der Region fahren Züge und Busse. **Auto:** Die beliebteste Anfahrtsstrecke führt über den Brennerpass und weiter auf der A1.

BESTE REISEZEIT

Mai bis Oktober, wenn man auch das Umland entdecken möchte, ansonsten ist Bologna ganzjährig ein gutes Reiseziel.

SEHENSWERT

Palazzo Comunale an der Piazza Maggiore 6: Der Prachtbau mit der Prunktreppe von Bramante beherbergt ein Museum mit Werken von Giorgio Morandi, die städtische Kunstsammlung, eine riesige öffentliche Bibliothek und eine überdachte Piazza. Unter deren Glasboden sieht man Ausgrabungen von der Römerzeit bis zur Renaissance.

Via Zamboni: Die arkadengesäumte Straße führt durch das Herz des Universitätsviertels und ist von bedeutenden Palazzi aus dem 15. und 16. Jh. gesäumt. Hier steht auch das Teatro Comunale, das prächtige Opernhaus von 1663.

ESSEN UND TRINKEN

Drogheria dell Rosa: stimmungsvoll speisen in einer alten Apotheke; Via Cartoleria 10, www.drogheriadellarosa.it

All'Osteria Bottega: eine etwas versteckt gelegene Perle in der Via Santa Caterina 51, Tel. +39 051 585111

Malerische Altstadt von Dozza in der Nähe von Bologna

Gelateria Gianni: ein Mekka der Eisliebhaber; Via Monte Grappa 11, www.gelateriagianni.com

Spezialitäten: Aus Bologna und der Emilia-Romagna kommen Tortellini, Tagliatelle, Ravioli und andere Spezialitäten, die man überall auf der Welt kennt. Die Mortadella wurde in Bologna erfunden, der luftgetrocknete Parmaschinken kommt aus der Provinz Parma, und zwar nur von dort. Fünf italienische Provinzen produzieren echten Parmigiano-Reggiano, vier davon liegen in der Emilia-Romagna. Der Aceto balsamico di Modena muss als »Tradizionale« tiefdunkel und mindestens zwölf Jahre gelagert worden sein. Das aromatische grüne Olivenöl aus Brisighella verwandelt zusammen mit Parmesan jedes einfache Pastagericht in eine raffinierte Köstlichkeit.

SHOPPING

Via dell'Indipendenza: Die lange Straße in Bolognas Zentrum zwischen Hauptbahnhof und der eleganten Via Rizzoli bietet zahllose Läden unter den berühmten Arkaden sowie in den Seitenstraßen.

Mercato delle Erbe: Ein breites kulinarisches Angebot findet man in diesem überdachten Markt in der Via Ugo Bassi. Der Besuch lohnt sich auch einfach nur zum Schauen.

ÜBERNACHTEN

Roma: hübsches Hotel in der Altstadt mit Balkonblick über die roten Dächer und Spezialitätenrestaurant; Via Massimo D'Azeglio 9, www.hotelroma.biz

Orologio: charmantes Hotel mit geschmackvollen Zimmern mitten im Zentrum; Via IV Novembre, 10, www.bolognarthotels.it

Grand Hotel Majestic: Luxus pur mit modernster Ausstattung und herrlichen Antiquitäten in einem Palazzo bietet dieses zentrale Fünf-Sterne-Hotel. Via Indipendenza 8, www.grandhotelmajestic.duetorrihotels.com

WEITERE INFOS

IAT Bologna: Piazza Maggiore 1/E, www.iat-comuno.bologna.it

Die bedeutende Wallfahrtskirche San Luca

Die mit Bruchkeramik dekorierte geschwungene Bank im Park Güell ist ein Muss für jeden Liebhaber des Modernisme.

87 Barcelona – zu Besuch bei Gaudí, Picasso & Co.

HIGHLIGHTS

Barri Gòtic: gotisches Viertel mit verwinkelten Gässchen, Judenviertel und Kathedrale

Montjuïc: Barcelonas Haushügel und Sitz der Weltausstellung 1929 wartet mit dem Palau Nacional, dem Kunstzentrum CaixaForum und einem Pavillon des Bauhaus-Architekten Mies van der Rohe auf.

Fundació Joan Miró: Museum mit über 200 Werken des berühmten Avantgardisten Miró

L'Aquàrium: eines der größten Aquarien Europas am Port Vell, mit Glastunnel

Sagrada Familia: unvollendete Kirche, Meisterwerk von Antoni Gaudí

FESTE UND EVENTS

La Mercé: Im September zeigt sich Barcelona zum Stadtfest La Mercé von seiner schönsten Seite. Rund 500 verschiedene Veranstaltungen laden zum Feiern und Amüsieren, Plaudern und Genießen ein. Spektakulär sind die Castells, die menschlichen Türme auf der Plaça de Sant Jaume sowie die Parade der Riesen.

Liebhaber avantgardistischen Designs kommen in Barcelona ebenso auf ihre Kosten wie Kunst- und Kulturinteressierte. Die katalanische Hauptstadt zählt darüber hinaus zu einer der Topadressen in ganz Europa für Nachtschwärmer. Wer sich in dieser Stadt langweilt, ist selbst schuld.

Das Herz von Barcelona schlägt zwischen der **Plaça de Catalunya** und dem **alten Hafen**. Auf den Rambles flanieren Einheimische und Touristen, verkaufen Händler Blumen und Vögel, geben Pantomimen ihre Kunst zum Besten. Gleich an der Flaniermeile liegt der **Mercat de la Boqueria**, die wohl schönste Markthalle der Stadt. Seit der ersten Hälfte des 19. Jh. gibt es hier alles, was die katalanische Küche auszeichnet. Gleich dahinter erstreckt sich El Raval. Das ehemalige Rotlichtviertel wurde in jüngster Zeit merklich aufgewertet. Dazu trug auch das neue **Museu d'Art Contemporani de Barcelona** (MACBA) bei.

Auf der anderen Seite der Rambles erstreckt sich das enge Gassengewirr des Barri Gòtic. Die **Catedral de la Santa Creu i Santa Eulàlia** ist ein beeindruckendes Beispiel für den gotisch-katalanischen Kirchenbau. Im Kreuzgang der Kathedrale werden seit 500 Jahren weiße Gänse gehalten.

Shoppen am alten Hafen und in Eixample

Den optischen Fluchtpunkt der Rambles bildet seit 1886 die 50 m hohe **Kolumbussäule**. Zu ihren Füßen erstreckt sich der alte Hafen

Port Vell. Eine hölzerne Klappbrücke führt heute zum Kai Moll d'Espanya und zum Einkaufszentrum Maremàgnum.

Am anderen Ende der Rambles beginnt an der **Plaça de Catalunya** der Stadtteil Eixample. In dem schachbrettartig angelegten Viertel finden sich die schönsten Beispiele des Modernisme, der katalanischen Varianten des Jugendstils. Ihr bekanntester Vertreter, Antoni Gaudí (1852–1926), setzte sich mit der **Sagrada Familia** ein Denkmal für die Ewigkeit. Der Kirchenbau, der heute als Wahrzeichen Barcelonas gilt, gleicht mit seinen dekorativen Säulen in seinem Inneren einem Wald aus Stein. *HK*

Typisches Tapas-Restaurant

Infos und Adressen

ANREISE
Flug: zum Flughafen El Prat, Aerobús zur Plaça de Catalunya

SEHENSWERT
Museu Picasso: zahlreiche Werke aus der Jugendzeit des spanischen Künstlers; Di–So 9–19 Uhr; Montcada 15–23, www.museupicasso.bcn.cat

ESSEN UND TRINKEN
Pitarra: regionale Spezialitäten in gemütlichem Ambiente, zu empfehlen sind Wild- und Pilzgerichte; Carrer d'Avinyó 56, www.restaurantpitarra.cat

La Bodega: Weinlokal mit guter Auswahl an Stockfisch und anderen Fischgerichten; Plaza de Molina 2, www.labodegapmolina.com

AUSGEHEN
Miramelindo: Cocktails in kolonialer Kulisse, Musik von Jazz bis Salsa; Passeig del Born 15, www.barmiramelindobcn.com

ÜBERNACHTEN
Hotel Nouvel: gemütliches Drei-Sterne-Haus mit viel Holz und Marmor, alle Zimmer unterschiedlich; Carrer de Santa Anna 18, Nähe Plaça Catalunya, www.hotelnouvel.es

WEITERE INFOS
Tourist-Informationsstellen: unter der Plaça de Catalunya; www.barcelonaturisme.com

Der Hafen mit dem World Trade Center Barcelona fasziniert auch bei Nacht.

Zum Staunen

PARK GÜELL
Im Jahr 1900 sollte Antoni Gaudí für seinen Förderer Eusebi Güell eine Gartenstadt errichten. Das geplante Wohnviertel wurde nie gebaut, wohl aber die Gartenanlage. Wie in seinen meisten Werken verwendete der Architekt auch hier organisch anmutende Strukturen. Farbige Bruchkeramik verleihen den Mauern ihr besonderes Aussehen. Der schönste Eingang in den Park ist der am **Carrer d'Olot**, von dem eine breite Treppe in die Gartenanlage führt. Der kleine Drachen in der Mitte der Treppe spiegelt Gaudís Sinn für Verspieltheit wider. Oberhalb der Treppe öffnet sich ein großer Saal mit 86 Säulen. Diese war ursprünglich als Markthalle vorgesehen. Noch weiter oben befindet sich ein Platz mit einer gewundenen, ebenfalls mit Bruchkeramik verkleideten Bank. Von hier aus bietet sich ein herrlicher Blick auf das Zentrum der Mittelmeermetropole. Hinter dem Platz beginnt der eigentliche Park, wo ein Gewirr von Wegen, Brücken und Laubengängen zum Entspannen einlädt.

88 Ávila – Welterbestadt in den Bergen

HIGHLIGHTS

Ávila: UNESCO-Weltkulturerbe mit Besichtigungshighlights ohne Ende; www.avilaturismo.com.

Outdoor-Aktivitäten: Die Sierra de Gredos ist ideal für Mountainbiking, Radtouren, Klettern oder Paragliding.

Geführte Touren: Wandertouren: www.gredostormes.com und www.es-gredos.com; Reitausflüge: www.gredosacaballo.com

Spa Rual Aguas de Gredos: kleines Spa mit Hydrotherapie und Massagen; www.aguasdegredos.com

Fiesta de Trashumancia: Viehauftrieb im Juni (mit Fest am Puerto Pico) und retour im November; www.gredoscaballo.com

DAS SOLLTEN SIE PROBIEREN

Yemas de Santa Teresa: Süßspeise – *Chuleton de Avila:* Kalbssteak vom Avilena-Negra-Rind – *Judias blancas:* Bohneneintopf aus Barco de Avila – *Patatas revolconas:* Kartoffelbrei mit Paprika aus de la Vera – *Truchas:* gebratene Forellen mit Speck – *Cabrito lechal al horno:* junge Ziegenkeule aus dem Ofen

Die Stadt der Heiligen Teresa von Ávila ist seit 1985 Weltkulturerbe der UNESCO, liegt eine gute Fahrstunde von Madrid entfernt im Bergland der Gebirgskette Sierra de Gredos auf 1128 m Höhe und zählt als historisches, aber fast vergessenes Juwel zu den lohnenswertesten Zielen Zentralspaniens.

Wer sie betritt, die 1000-jährige von Stein umzingelte UNESCO-Stadt, hat ihr herausragendstes Bauwerk schon hinter sich: die 2500 m lange und komplett erhaltene **romanische Stadtmauer**. Entstanden ist das gewaltige Bauwerk mit 88 Türmen und neun Stadttoren zwischen dem 11. und 14. Jh., um die gesammelten urbanen Schätze vor den von Süden her vordringenden Mauren durch Unüberwindbarkeit zu schützen. Heute ist der bis zur Hälfte begehbare Steinwall selbst ein Kunstschatz – neben vielen anderen historischen Kostbarkeiten. Ambitionierte Besucher stoßen auf romanische Kirchen und Klöster wie San Vincente, San Pedro und das Santo-Tomás-Kloster, die das heutige Bild der Stadt der Ritter ebenso prägen wie enge verwinkelte Gassen, historische Plätze, Adelshäuser und Paläste im Renaissancestil.

Nach der Blüte des Reichtums im 16. Jh. ging es im wahrsten Sinne bergab: Zahlreich wanderten Bewohner ins nahe Madrid ab oder gleich nach Amerika. Davon erholte sich Ávila kaum mehr; geblieben sind seine historischen Pfründe, vor allem ein geschlossenes Stadtbild mit besonderem Ambiente. Im Westen erstreckt sich die unzerstörte

Starkes Symbol: Avilas 2500 m lange romanische Stadtmauer mit 88 Türmen und neun Stadttoren, 11. bis 14. Jahrhundert

Das königliche Santo Tomás entstand im 15. Jh. als Kloster der Dominikaner.

Naturschönheit der **Sierra de Gredos**. Außer bescheidener Vieh- und Weidewirtschaft hat die Region wenig als existenzielle Grundlage zu bieten – was für ein Glück für Besucher, die hier eine Zone der Einzigartigkeit vorfinden.

Im Reich des Steinbocks

Grüne Almlandschaften, gigantische Granitformationen, winzige Dörfchen wie **Hoyos del Espino** zeichnen auf beinahe 1800 m das Bild auf der Fahrt hinauf ins Reich der Steinböcke, das vom prächtigsten Gipfel der Sierra, dem 2592 m hohen **Pico Almanzor**, dominiert wird. Vom Kampf um Dominanz erzählt die Region seit ewigen Zeiten, von Gemetzeln zwischen Kelten und Römern. Heute schmettern Steinböcke lautstark ihre Hörner gegeneinander, der befremdliche Knall ist wie ein Gewehrschuss zu hören. Um 1900 waren die grazilen Gebirgstiere beinahe ausgerottet, heute klettern im **Nationalpark** der Sierra wieder bis zu 10 000 Tiere durch die zerklüftete Felswelt. Hier haben

Der in der Sierra heimische Gredos-Steinbock trägt ein besonders edles Gehörn.

Zum Staunen

SIGHTSEEING AVILA

Karmelitinnenkloster San José: Das von Teresa von Ávila gegründete Kloster mit Museum ist eines von dreien, die alle einen Besuch wert sind.

Kloster La Encarnación: In der aus dem 16. Jh. stammenden Anlage der Stadtmauern lebte die heilige Teresa über 20 Jahre lang als Nonne.

Kloster Santo Tomás: frühere Sommerresidenz der katholischen Könige, fertiggestellt 1493 im gotisch-isabellinischen Baustil

Gotische Kathedrale: Die aus dem 12.–14. Jh. stammende Kathedrale von Ávila ist Teil der Befestigungsanlage, der Chor der Wehrkirche ist in die südliche Stadtmauer eingefügt.

Basilika San Vicente: Das aus dem 12. Jh. stammende Gotteshaus gilt als das schönste Beispiel der Romanik Avilas und wurde an dem Ort errichtet, wo drei Heilige zur Zeit Diokletians gemartert wurden.

San Pedro: Die romanische Kirche (12.–13. Jh.) ist eine der ältesten und schlichtesten der Stadt.

Viehtrieb wie zu Cowboys Zeiten: Trashumancia in der Sierra de Gredos

Ein besonderes Erlebnis

TRASHUMANCIA

Seit jeher führen Verbindungswege von Andalusien durch die Estremadura zur Sierra de Gredos, aber erst in den letzten Jahren erhält die traditionelle »Trashumancia« wieder mehr Bedeutung für die Viehzucht der Gebirgsregionen, seit 1973 sind die alten Routen gesetzlich geschützt. Die Viehtriebe starten von den Winterweiden in der **Estremadura-Ebene** und ziehen sich bis zu 300 km mit einem Höhenanstieg von 600 m bergauf. Auf der letzten Etappe, dem Aufstieg von **Cuevas del Valle** bis zum **Puerto del Pico**, läßt sich erleben, wie Hunderte pechschwarze Rinder und Stiere unter lautem Glockengeläut über die alte Calzada Romana stampfen – begleitet von Vaqueros, den spanischen Cowboys. Der Tross wird auf der 1391 m hohen Passhöhe des Puerto del Pico mit einer großartigen Fiesta begrüßt, bevor einzelne Herden weiter zu verschiedenen Gebirgsdörfern ziehen. Trashumancia-Gäste übernachten im Zelt oder unter freiem Himmel.
www.javiergarciaguerra.es/gredos, www.gredosacaballo.com

auch Geier, Adler und andere Exoten wie Perleidechsen und der Wiedehopf ihr Domizil.

Was können Menschen hier tun? – Wandern, klettern und reiten, außergewöhnliche Naturbilder in absoluter Stille genießen zum Beispiel im südlichen Teil der Sierra auf der Route zwischen dem Gebirgsdorf **El Raso** und dem Gipfel des Pico Almanzors oder auf der Nordseite der Sierra auf dem Weg von **Navacepeda de Tormes** her zum **Puerto de Candeleda**. Und auch in der Gegend zwischen dem mittelalterlichen Örtchen **Arenas de San Pedro** und dem gewaltigen Granitblock Los Galayos, der mit den Gemsen konkurrierende Kletterer magisch anzieht. Kastilisches Scheidegebirge nennt sich die Sierra auch, zahlreiche ihrer Quellen treiben anschwellende Flüsse dem Atlantik zu.

Auf Schusters Rappen

Auf ihrer nördlichen Gebirgsseite erscheint sie Wanderern rau und beinahe menschenleer, die Südseite bietet mit Palmen- und Orangenhainen, Weinreben, knorrigen Olivenbäumen und Feigen ein beinahe mediterranes Flair. Wir lassen die Platatorma, den Parkplatz und die Endstation der Landstraße von Hoyos del Espino sowie gigantische Grantifelsen hinter uns und erwandern die Hochebene **Prado de las Pozas**. In diesem grünenden Naturparadies liegt zwischen Teichen und Gebirgsbächen zunächst das Reich der Kröten, die ihr Terrain lautstark markieren, dann wird die Gebirgswelt felsiger und schroffer und zum Reich der Steinböcke, die in atemberaubender Weise an Steilwänden und auf Felsgraten balancieren.

Die landschaftliche Schönheit der Sierra de Gredos scheint an manchen Orten nicht von dieser Welt; nur eine knappe Autostunde von den mittelalterlichen Stadtmauern Ávilas entfernt befinden sich am Oberlauf des Río Tormes die bekanntesten und am meisten besuchten Gebiete um den **Circo de Gredos** und die **Cinco Lagunas**, die für Spanier schlechthin der Inbegriff der »Gredos« sind. Die Erscheinung des Bergsees Laguna Grande inmitten eines von gezackten Graten und schlanken Felsgipfeln aus Granit besetzten Areals sowie die benachbarten Cinco Lagunas, eine Reihe größerer und kleinerer eiszeitlicher Bergseen, ist für unbedarfte Besucher einfach nur ergreifend und für Gredos-Kenner jedes Mal wieder eine Attraktion. *RFK*

Auf der Trashumancia in der Nähe des Puerto Pico: Kuh mit Kälbchen

Infos und Adressen

ANREISE
Flug: nach Madrid; weiter per Bus, Bahn oder Auto nach Avila

BESTE REISEZEIT
April bis Juni und September bis November

SEHENSWERT
Provinz Ávila: Eines der hübschen Dörfer der Region ist Arévalo, das als Beispiel der Mudéjarkunst zum kunsthistorischen Baudenkmal erklärt wurde.

Madrigal de las Altas Torres: Geburtsort Isabellas der Katholischen, mit Kirche und Kloster.

El Barco de Ávila: hübsches Städtchen mit gotischer Kirche Nuestra Señora de la Asunción aus dem 14. Jh. und der Burg Valdecorneja

Oppidum Las Cogotas: eine der bedeutendsten keltischen Ausgrabungsstätten Spaniens

Die Stiere von Guisando: Steinskulpturen keltischen Ursprungs im Örtchen Guisando sowie in der Kirche Santo Tomé el viejo in Avila; www.castrosyverracosdeavila.com/cyv/

ESSEN UND TRINKEN
El Molina de la Losa: Restaurant in ehemaliger Mühle; Avila, www.elmolinodelalosa.com

El Almacen: modernes Restaurant mit Blick auf die Stadtmauer; Avila, www.restauranteelalmacen.es

La Bodeguita de San Segundo: Tapas-Bar mit Wein aus allen spanischen Regionen; c/San Segundo, 19, Avila.

La Mira de Gredos: moderne Cuisine mit heimischen Produkten in Hoyos de Espino, Ctra. Del Barco s/n, www.lamiradegredos.com

Tapas-Bar Frutos Navarredonda: Flaschen-Künstler Mariano bereitet Drinks und Gourmet-Happen selbst.

La Venta Rasquilla: bodenständige Küche, Fleisch aus eigener Rinderzucht; San Martin de Pimollar, Ctra. Avila-Talavera, www.ventarasquilla.es

Bar Gredos: Tapas-Bar und kleine Gerichte; Hoyos del Espino, Ctra. del Barco s/n, www.gredos-rural.com

Bar Frutos: frische Tapas in sehr freundlicher Atmosphäre; Navarredonda de Gredos, Av. Genealísimo 5

SHOPPING
Marktplatz: Farbenfrohes Treiben herrscht auf dem Freitagsmarkt in Avila, der regionale Produkte feilhält.

Markthalle: Avilas Hauptmarkt ist täglich vormittags geöffnet, hier gibt es Fleisch (junge Ziegen und Lämmer sowie Hühner) und Fisch sowie vegetarische Frischware.

Gourmet-Shoppen: edle regionaltypische Speisen und Weine in der Calle Reyes Catolicos und an der Plaza Teniente Arevalo, Avila

ÜBERNACHTEN
Raimondo de Borgoña Parador-Hotel im Palacio Piedras Albas (16. Jh.) an der Stadtmauer; Marques Canales de Chozas, 2, Avila, www.parador.es/de/paradores/parador-de-Avila

Hotel El Encanto: Palast aus dem 16. Jh.; Calle Tomás Luis de Victoria, 7, Avila, www.hotelelencanto.es

Hotel Las Leyendas: in einem historischen Verwalterhaus an der Stadtmauer; Calle Francisco Gallego, 3, Avila, www.lasleyendas.es

Parador de Gredos: früher das Jagdhaus König Alfonsos XIII.; Navarredonda de Gredos, www.parador.es/de/paradores/parador-de-gredos

La Casa de Arriba: wunderschönes Hostel (17. Jh.), Blick auf die Sierra; Navarredonda, La Cruz 19, www.casadearriba.com/esp

El Milano Real: modernes Familienhotel mit Spa; Calle del Toledo s/n Hoyos del Espino, www.elmilanoreal.com

Casas Ruales: Privatunterkünfte in eigenen Häusern in der Sierra de Gredos; www.turismogredosnorte.com

WEITERE INFOS
CRV Ávila Turismo: Avda. de Madrid, 39, Avila, www.avilaturismo.com und www.turismogredosnorte.com
Spanisches Fremdenverkehrsamt: Myliusstr. 14, Frankfurt am Main, www.spain.info

Die pferdebespannten Kampfwagen der Römer wirbeln bei der schnellen Fahrt durch die schmale Gasse reichlich Staub auf.

89 Lorca – eine biblische Inszenierung

HIGHLIGHTS

Museo Arquelogico: Archäologisches Museum mit interessanten Fundstücken in historischem Stadtpalast

Kunsthandwerkermarkt: Schmuck, Spielzeug und Souvenirs von lokalen Künstlern gibt's auf der Plaza Calderon de la Barca.

La Fortaleza del Sol: die Festung an der Sonne; http://lorcatallerdeltiempo.es

Nächtliche Pilgerwanderung: schweigend und barfuß pilgern auf dem Kreuzweg zu Mitternacht am Karfreitag

Puntas de Calnegre: zauberhafte Sandstrände an der Costa Calida vor einer imposanten Bergkulisse

PROBIEREN UND ERLEBEN

Tapas Trail: auf einer kulinarischen Wanderung durch die typischen Lokale der Stadt mit authentischer Atmosphäre ziehen und überall die kleinen spanischen Köstlichkeiten probieren – eine herrliche Möglichkeit, Lorca kennenzulernen!

Die Karwoche – Semana Santa – wird überall im Lande ausgiebig und reichlich gefeiert. Der Umzug von Lorca ist jedoch der einzige, der Szenen aus dem Alten Testament darstellt, vorgesehen für die UNESCO-Liste immateriellen Welterbes. Doch nicht nur dann ist die Festungsstadt ein besonderes Erlebnis.

Lorca, eine der ältesten Städte Spaniens an der früheren, oft umkämpften Grenze zwischen dem maurischen und dem christlichen Reich, veranstaltet seit dem Jahr 1855 Festzüge zum Tod und zur Wiederauferstehung Christi. Damals begründete sich die blaue Bruderschaft, zusammengesetzt aus Angehörigen des Ortes, und richtete die erste Prozession in den Straßen Lorcas aus. Später folgte die weiße Bruderschaft, die sich ebenfalls am religiösen Treiben beteiligte. Diese beiden Vereinigungen stellen noch heute die Mehrzahl der Akteure und pflegen eine innige, kreative Konkurrenz, die ihre entsprechende Gefolgschaft im Publikum besitzen.

Der **große Umzug** am Abend des Karfreitags verfehlt seine bombastische, eher weltliche Wirkung nicht, insbesondere dann, wenn die römischen Legionen auf der langen Hauptstraße, gesäumt von gut gefüllten Zuschauertribünen, einmarschieren. Ihnen folgen nämlich die von Pferden gezogenen, mehrspännigen Kampfwagen, welche in atemberaubender Geschwindigkeit und schneller Folge über die schmale Fahrspur hasten, um anschließend abrupt zu bremsen und noch einmal kehrt zu machen – Szenen, die an die legendären Wagenrennen aus Ben Hur erinnern.

Eigentliche Glanzlichter des über vier Stunden andauernden Spektakels jedoch sind die reich und aufwendig bestickten **Kostüme und Umhänge**, welche die Teilnehmer tragen. Sie zeigen klassische Bibelmotive, Portraits und Landschaften aus der Zeit vor 2000 Jahren. Auf großen Wagen in beeindruckende Kulisse gebettet gehören auch Julius Cäsar, Kleopatra, die Königin von Saba oder der Teufel zur umjubelten Prozession. Die liebevoll dekorierten Darstellungen religiöser Szenen letztlich tragen bis zu 120 Personen auf ihren Schultern. *UH*

Infos und Adressen

ANREISE

Flug: nach Alicante; danach eine gute Stunde mit dem Mietwagen

SEHENSWERT

Porche de San Antonio: einziges Tor in der teilweise erhaltenen Stadtmauer

Museen der Bruderschaften: Paso Azul, Paso Blanco, Paso Encarnado mit Ausstellungen der bei den Prozessionen getragenen Stickereien

ESSEN UND TRINKEN

Restaurant La Cava: stilvolles Haus mit regionalen Spezialitäten

ÜBERNACHTEN

Hotel Parador Castillo de Lorca: tolle Lage auf Höhe der Burg von Lorca, gutes Restaurant, opulentes Frühstück; www.parador.es/de/paradores/parador-de-lorca

Hotel Jardines del Amaltea: gutes Businesshotel etwas außerhalb; http://en.amalteahotel.com/

Hotel Spa Jardines de Lorca: im Park am Rande des Stadtzentrums, gutes Restaurant; www.hoteljardinesdelorca.com

WEITERE INFOS

Lorca: www.lorcaturismo.es; im Untergeschoss der Touristeninformation befindet sich ein sehenswertes Museum zur Stadtgeschichte.

Ausblick von den ungewöhnlich fruchtbaren Gärten der Festung über Tal und Gebirge

Turm der Festung an Sonne über Lorca

Ein besonderes Erlebnis

DEM HIMMEL NAH

Bekannt und beworben als »Festung an der Sonne« thront das mächtige **Castillo de Lorca** oberhalb des Stadtzentrums und bietet perfekte Rundumsicht über das Tal des **Rio Guadalentin** und die umliegenden Bergzüge, mithin ein außerordentlich guter Standort zur Beobachtung von strategischen Bewegungen jedweder Art. Die ikonischen Zinnen des Westturms **Torre des Espolón** fielen leider dem letzten großen Erdbeben im Mai 2011 zum Opfer, eine Außenwand ist in sich leicht verschoben. Dennoch gestaltet sich der Besuch der weitläufigen Burganlagen als interaktives Erlebnis mit Schauspielern, authentischen Darstellungen und musealen Bereichen, die Einblick in die wechselvolle Historie vermitteln. Beim Bau des Parador-Hotels am Rand der Festung wurde eine einzigartige jüdische Siedlung entdeckt, darunter auch eine gut erhaltene **Synagoge**, die sorgsam konserviert werden konnte, die einzige in Spanien, die nicht in eine christliche Glaubensstätte überführt wurde.

Das feierliche Entzünden der Fallas-Figuren steht symbolisch für die Vergänglichkeit der Kunst.

90 Valencia – leben für den Frühling

HIGHLIGHTS

Mascletas: Mittagskonzert der Kanonenschläge und Feuerwerk auf dem Rathausplatz ab 1. März

Umzüge der Fallasgruppen: thematische Paraden in Trachten mit Fallas-Königin

Blütenmosaik: großes Blumenbild für die Schutzpatronin der Fallas vor der Kathedrale

El Carmen: malerischer mittelalterlicher Altstadtbereich mit Stadttürmen und Palästen und schmalen Gassen

Plaza Virgen und Kathedrale: Viertel mit Basilika de la Virgen, Glockenturm Miguelete und archäologischem Museum, Wassergericht Do 12 Uhr

DAS SOLLTEN SIE PROBIEREN

Paella: Das spanische Nationalgericht mit Reis, Geflügel und Meeresfrüchten und Gemüse aller Art wird während der Fallas im Freien serviert aus riesigen, kreisrunden Pfannen. – *Fartons:* sündhaft gute Süßspeise aus frittierten Hefeteilchen mit Erdmandelmilch

Im Schatten der populären Metropolen Spaniens, Madrid und Barcelona, entwickelte sich Valencia als drittgrößte Stadt des Landes zu einem echten Geheimtipp. Moderne Architektur, America's Cup oder Formel 1 weisen den Weg in die Zukunft, ohne jedoch dabei auf bewährte Traditionen zu verzichten.

Feuriges Fest für alle Sinne

Alljährlich ab dem 1. März bestimmen die **Fallas** das Leben **Valencias** für die darauffolgenden drei Wochen. Das Fest zur Vertreibung der Geister des Winters und zur Begrüßung des Frühlings geht zurück bis ins 15. Jh., als die Schreinerinnung Werkstätten säuberte, den gesammelten Unrat auf Scheiterhaufen stapelte und entzündete. Der Legende nach soll ein in Ungnade gefallener Lehrling eine Tafel mit Beschimpfungen an seinen Meister ebenfalls den Flammen aus Rache übergeben haben. Daraus resultierte ein an die Obrigkeit gerichtetes Spott-Ritual, das sich im Laufe der Zeit zum Brauchtum der Fallas verselbstständigte.

Heute kreieren lokale Künstler während des Jahres fantastisch ausgearbeitete Figuren und Objekte, die – wie einst – Gesellschaft und Weltgeschehen karikieren und anprangern. Durch optimierte Fertigungsmöglichkeiten entstehen prächtige, qualitativ hochwertige Kunstwerke, die **Fallas-Monumente**, die Mitte März auf den Plätzen im Stadtgebiet unter großem Publikumszuspruch aufgestellt werden.

Gleichzeitig gibt es nun allabendlich Feuerwerke als Einstimmung auf die Nacht zum 20. März, die Nacht des großen Showdowns.

Nach der Verbrennung der Kinder-Fallas am Abend gehen alle Monumente zeitgleich um Mitternacht bei der **Crema** in Flammen auf, die Pompöseste auf dem Platz vor dem Rathaus wird schließlich zum großen Finale entfacht. Zahllose Feuerwerke begleiten das feurige Fest, die ganze Stadt ist auf den Beinen, genießt den Anblick und die entstehende Wärme, spendet nicht enden wollenden Applaus. Lediglich eines der Werke entgeht dem Schicksal künstlerischer Vergänglichkeit und wird zur Präsentation dem örtlichen **Fallas-Museum** übergeben. *UH*

Infos und Adressen

ANREISE

Flug: nach Valencia, evt. mit Umstieg in Palma oder Madrid

Tipp: Valencia Tourist Card: kostenlose Nutzung des ÖPNV, Rabatte beim Eintritt in Museen und Attraktionen

BESTE REISEZEIT

März – ohne Fallas ganzjährig

SEHENSWERT

Museum Fallero: Ausstellung zur Geschichte der Fallas, Originalmonumente

Bioparc: Naturpark mit Flora und Fauna aus diversen Regionen der Welt

ESSEN UND TRINKEN:

Restaurant AdHoc Monumental: hervorragende mediterrane Küche in stilvollem Ambiente zu moderaten Preisen, ökologische Weine, Reservierung sinnvoll

ÜBERNACHTEN

Hotel AdHoc Monumental: kleines Haus

in der Altstadt mit landestypischer Einrichtung; www.adhochoteles.com/monumental/EN/index.asp

Confortel Aqua: modernes Businesshotel am Stadtrand, integriert in eine Shoppingmall, Panoramarestaurant Vertical mit Michelin-Stern; www.confortelhotels.de/hotel-confortel-aqua-4-in-valencia.htm

WEITERE INFOS:

Stadt Valencia: www.turisvalencia.es

Gewagte und atemberaubende Architektur des 21. Jahrhunderts im Zentrum für Wissenschaft und Kunst

Die Kreativität der Fallas kennt keine Grenzen

Zum Staunen

ZENTRUM FÜR KUNST UND WISSENSCHAFT

Die spanischen Architekten Calatrava und Candela schufen Ende des letzten Jahrhunderts den bemerkenswerten Kultur- und Wissenschaftskomplex auf dem ausgetrockneten Flussbett des **Turia**. Die gesamte Anlage erstreckt sich über fast 2 km und präsentiert futuristisches Design einer architektonischen Avantgarde. Die stilistischen Extravaganzen scheinen dem Spieltrieb und der Experimentierfreude ihrer kreativen Baumeister zu entstammen. Umrahmt von dem weitläufigen Grünbereich **L'Umbracle**, garniert mit zeitgenössischen, skulpturalen Kunstwerken und Ruhezonen unter geschwungenen Glasdächern, stellt die **Ciudad de las Artes y de las Ciencias** eine Stadt der Zukunft dar. Neben einem 3D-Kino mit Planetarium besteht sie aus einem interaktiven Wissenschaftsmuseum, dem Kulturhaus sowie der Sportarena. www.cac.es

Baden am gänzlich schwarzen Strand von Tazacorte ist zwar eine ungewöhnliche Vorstellung, jedoch genauso erfrischend wie andernorts.

91 La Palma – Karneval, Kultur und Wandern auf der Kanaren-Insel

HIGHLIGHTS

Roque de Los Muchachos: Sternwarte in gut 2400 m Höhe auf dem Caldera de Taburiente

Los Tilos: größter zusammenhängender Lorbeerwald, der bis auf die Kreidezeit zurückgeht, markierte Wanderwege

Museu Insular: Volkskundemuseum zur Inselgeschichte mitten in Santa Cruz

Playa de Tazacorte: weitläufiger Strand aus schwarzem Lavasand vor prachtvoller Gebirgskulisse

San Andres: hübsches Dorf zwischen Bananenplantagen mit altem Ortskern aus dem 16. Jh., erste Siedlung im Inselnorden, Kirche von 1515

PROBIEREN UND ERLEBEN

Platanas: kleine kanarische Bananen mit intensivem Geschmack – *Kanarische Fischgerichte:* Unbedingt probieren sollten Sie den Papageienfisch (viejas) und den Seehecht (merluza). – *Mazo Mercado:* Bauernmarkt in der Markthalle mit allen Köstlichkeiten der Insel und Kunsthandwerk

Karneval auf den Kanarischen Inseln, das hat viel mit heißen süd- und lateinamerikanischen Rhythmen zu tun. Teneriffa, Gran Canaria und Lanzarote überbieten sich in farbenfrohem Prunk und lustiger Ausgelassenheit bei Salsa und Samba. La Palma indes konnte eine ungewöhnliche kanarische Tradition bewahren.

Als die nach Südamerika ausgewanderten Palmeiros wieder zurückkehrten auf ihre Insel **La Palma**, erkannten die Daheimgebliebenen sie nicht mehr, weil ihre Haut derart intensiv nachgedunkelt war. Kurzerhand wurden sie mit Mehl eingestäubt, um ihr ursprüngliches Aussehen wiederherzustellen. Aus dieser Aktion entwickelte sich der bis heute überlieferte Brauch zur Zeit der Fastnacht. Statt bunter Kostüme trägt man die helle, elegante Baumwollkleidung, die auch die stolzen Kolonialherren, die Botschafter und Diplomaten und deren Familien trugen und damit ihren Reichtum demonstrierten. Als Accessoires dienen Strohhüte, dicke Zigarren, Goldzähne und aus den Hemdtaschen quellende Dollarscheine.

Farbe bringen bunte Schärpen ins Spiel, die von der Herkunft ihres Trägers zeugen, Kuba, Mexiko, Venezuela. Vom Balkon des Rathauses an einem der schönsten Plätze der Kanarischen Inseln kommt dann das Startzeichen, und das staubige Fest kann beginnen. Von überall her wabert weißer Babypuder durch die Straßen, Mehl wäre viel zu kostbar. In wildem Überschwang wird gestaubt, was das Zeug hält. LKWs bringen den Nachschub an Puderdosen, bald sieht die Altstadt von **Santa Cruz** aus, als wäre sie eingeschneit.

Die zweitgrößte Stadt der Insel, **Los Llanos de Aridane**, erinnert architektonisch sehr stark an Caracas in Venezuela. An Hauswänden prangen überdimensionale Wandgemälde mit fantasievollen Motiven, nur um die **Plaza de Espana** konnten historisch bedeutsame Gebäude bewahrt werden. Als ehemaliges, durch den Anbau von Bananen prosperierendes agrarkulturelles Zentrum herrscht nun mehr der Dienstleistungssektor vor. Gastronomie und Nachtleben sind intensiver als in der Hauptstadt. *UH*

Infos und Adressen

ANREISE

Flug: Viele Reiseveranstalter bieten Direktflüge von Deutschland aus an. Individuell geht es mit Linie über Madrid. www.iberia.com

BESTE REISEZEIT

Februar bis Oktober

SEHENSWERT

Keramikwerkstatt El Molino: feinstes Handwerk nach traditioneller Art der Guanchen bei Ramón Barreto in der alten Gofio-Mühle von Mazo

Tabak-Finca El Sitio: Die Aufzucht der Tabakpflanze bis zum Drehen fertiger Zigarren kann beobachtet werden. www.fincaeltabaqueraelsitio.com

ESSEN UND TRINKEN

Kiosco Aterure: in El Remo direkt am Meer gelegen, fantastische Fischgerichte

La Bodeguita del Medio: uriges Lokal im Zentrum von Sta Cruz mit Livemusik

ÜBERNACHTEN

H10 Hotel Taburiente Playa: schön gelegen zwischen Flughafen und Hauptstadt, eigener Strand und diverse Pools im Garten; www.h10hotels.com

WEITERE INFOS:

Spanisches Fremdenverkehrsamt: www.spain.info/de_DE/

Der nächtlich illuminierte Dorfplatz von San Andres

Kieferbäume im Tal Caldera de Taburiente

Ein besonderer Ausflug

WANDERN AUF LA PALMA

Der vulkanische Ursprung La Palmas bedingt eine ausgesprochen üppige Vegetation und eine große Fruchtbarkeit, die der gesamten Insel den Schutz als UNESCO-Biosphärenreservat einbrachte. Zahllose Pflanzenarten sind endemisch, kommen also nur hier vor. Ausgeschilderte Wanderwege auf dem inseleigenen, etwa 850 km langen Wegenetz helfen bei der Erkundung der Naturschönheiten. Farbmarkierungen weisen die maximale Distanz der Wege aus, zwei davon (Küstenweg und Vulkan- und Gipfelroute) sind auf mehrere Tage angelegt.

Im **Nationalpark Caldera de Taburiente**, der sich über einem riesigen Vulkankrater ausdehnt, bieten sich vom Mirador de la Cumbrecita fantastische Aussichten über saftig grüne Pinienwälder. Der begehbare Kraterrand des Vulkans **San Antonio** gibt Ausblicke frei auf den südlichsten Punkt der Insel und auf die weitläufigen Weinanbaugebiete von **Fuencaliente**.

Transportiert nur einen kleinen, aber hübschen Teil des Klischees: das Küstenstädtchen Garachico im Nordwesten von »Tenerife«

92 Teneriffa – hoch hinaus und steil hinab

HIGHLIGHTS

Auffahrt zum Teide: Die Hauptzufahrten zum Nationalpark, am Fuß des mächtigen Kraters, führen in Serpentinen vom Norden über La Esperanza und La Orotava, vom Süden aus über Vilaflor und Guia de Isora.

Wanderrouten: Mit oder ohne Führung steht ein Netz an ausgeschilderten Pfaden hinauf zum Krater zur Verfügung.

Botanischer Garten: beim Besucherzentrum Portillo

Circo de las Cañadas und Teide: Vulkankessel mit einem Durchmesser von etwa 1 km, mit Steilhängen von bis zu 700 m

DAS SOLLTEN SIE PROBIEREN

Conejo en salmorejo: gebratenes Kaninchen mariniert in Lorbeer, Knoblauch und Wein – *Papas Arrugadas:* in Salzlake gekochte kanarische Kartoffeln – *Rancho Canario:* Eintopf aus Kichererbsen, Kartoffeln, Schwein, Nudeln, Zwiebeln, Knoblauch – *Bienmesabe:* Nachtisch aus Honig, Mandeln, Eigelb und Zitrone

Beim Anflug stockt Passagieren der Atem, wenn sie den 3718 m hohen Teide erblicken. Der aktive Vulkan thront in einer bizarren und alle Erdfarben spiegelnden Mondlandschaft. Teide ist nicht nur ein Monument und der höchste Berg Spaniens, sondern auch Ursache für Teneriffas faszinierende Landschaften.

Teneriffa ist vielfältig und eine der meistbesuchten Inseln der Welt. Es bietet aber auch Widersprüche. Die Nordküstenstadt **Santa Cruz** steht mit ihren urbanen Reizen (allen voran dem avantgardistischen Auditorium) im Gegensatz zu den Betonagglomerationen der Tourismusindustrie des Südens, wo die nahtlos ineinander übergehenden Ferienstädte **Los Cristianos**, **Las Américas** und **Costa Adeje** eine Sehenswürdigkeit der besonderen Art sind. Irgendwo müssen die vielen Besucher ja wohnen, schließlich wird »Tenerife« heiß geliebt, nicht zuletzt aufgrund ihrer außergewöhnlichen Erscheinungsform.

Ein Beispiel gibt **Acantilado de Los Gigantes**, eine imposante Klippenküste, die 450 m aus dem Atlantik aufragt. Auch die Bergregion **Macizo de Teno**, in der Gebirgsdörfer herrliche Bildszenen erschaffen, gilt als besonders sehenswert. Allerdings: Ein aktiver Vulkan toppt letztlich doch alles, dort muss man hin, zur **Circo de las Cañadas**, dem riesigen Krater des Teide, und zum Kraterrand. Dort kann man im **Nationalpark**, der von der UNESCO als Weltnaturerbe ausgezeichnet wurde, in eine andere Welt eintauchen.

Wie in einem vulkanologischen Bilderbuch sitzen die beiden Schlünde des etwas tiefer gelegenen **Pico Viejo** und, 150 m weiter oben, des **Pico del Teide** seit einer halben Million Jahren im Zentrum der Insel. Wobei der »Große« über oder unter den Wolken das Wahrzeichen Teneriffas darstellt und beinahe von jedem Punkt der Insel aus zu sehen ist. Hinauf kommt man wie folgt: bis auf 2200 m Zufahrten für Busse und Autos bis zur Seilbahnstation **Teleférico.** Weiter geht es mit der Kabinenbahn mit spektakulärer Aussicht oder zu Fuß auf einem der ausgeschilderten Wanderwege. *RFK*

Infos und Adressen

ANREISE
Flug: von mehreren deutschen Flughäfen

BESTE REISEZEIT
Ganzjährig

SEHENSWERT
Teide-Besucherzentren: El Portillo (mit botanischem Lehrpfad) und Cañada Blanca erklären Geologie, Flora, Fauna und Ökologie des Vulkanareals.

Museo Etnográfico Juan Évora: benannt nach dem letzten Schäfer, der hier oben lebte

ESSEN UND TRINKEN
El Rincon de Roberto: kanarische Küche; Av. Hermano Pedro, 27, Vilaflor

Bar Restaurante La Fuente: regionale Weine, bodenständige Küche; Calle Francisco Ortuno, 4, Vilaflor

Restaurante El Refugio: uriges Ambiente, landestypische Cuisine; El Topo 34, Vilaflor

ÜBERNACHTEN
Parador Las Cañadas del Teide: komfortables Hotel am Fuß des Vulkans; La Orotava, www.parador.es

Hotel Villalba: 12 km vom Nationalpark, Gastronomie fußläufig; www.hotelvillalba.com

WEITERE INFOS
Spanisches Fremdenverkehrsamt: Lietzenburger Str. 99, Berlin; www.webtenerife.de; www.todotenerife.es

Unschlagbar schön: Mount Teide, der seinen schneebedeckte Kuppe ins Azurblau des atlantischen Himmels reckt

Wanderer beim Aufstieg zu den Tuffsteinsäulen Paisaje Lunar in der Nähe von Vilaflor

Zum Staunen

HOCHGEBIRGSORT VILAFLOR

Das höchstgelegene Dorf Teneriffas liegt auf 1400 m, nahe am Teide. Hotels, Restaurants, Bars und Discos haben sich die exzellente Lage als Ausgangspunkt für Teide-Exkursionen zunutze gemacht. Das schmucke Vilaflor zeigt gerne seine **Pino Gordo** vor, angeblich die größte Kiefer der Insel (45 m hoch, Umfang von 11 m). Der Aussichtspunkt **Mirador del Pino Gordo** gleich daneben bietet den besten Blick über die Insel. Nur eine kleine Wanderung oberhalb Vilaflors stellt die Mondlandschaft **Paisaje Lunar** Skulpturen aus hellen Tuffsteinkegeln aus.
San Pedro heißt die dreischiffige Kirche im Dorf, 17. Jh., im Kloster leben noch Ordensfrauen. Padre Pedro, ein Sohn Vilaflors, der als Missionar in Mittelamerika tätig war, existiert nur noch als Heiligenstatue auf der Plaza von Vilaflor. Shoppen kann man hier vor allem traditionelle Handwerkskunst im **Centro de Artesania** oder in zahlreichen Souvenirläden. Sonntagvormittags findet auf der Plaza von Vilaflor der Markt statt.

93 Mallorca – für Individualisten und Einsteiger

HIGHLIGHTS

Santa Maria del Cami: Der Sonntagsmarkt in Santa Maria ist eine Institution für Mallorquiner und Fremde. www.undiscovered-majorca.com

Santuari Sant Salvador: Auf dem Berg nahe Felanitx recken sich ein Kreuz und eine Christusfigur in den Himmel. www.santsalvadorhotel.com

Kloster Randa: Der Blick über die Insel vom Berg Rhanda mit seinen Klöstern Santa Maria di Cura, Ermita Sant Honorat und der Santuari Santa Gracia ist grandios.

Roter Blitz: Eine Fahrt mit Mallorcas einziger Straßenbahn ist der Hit!

DAS SOLLTEN SIE PROBIEREN

Bocadillo del mio: Ciabatta mit Tomaten, Mozzarella, Schinken, Chorizo, Olivenöl, Knoblauch – *Gänseleberpastete:* mit Oliven und Tomaten – *Empadillo:* gefüllt mit Schwein und Erbsen – *Calabacines:* mit Gemüse gefüllte Zucchini, überbacken – *Tarta de Manzana con helado vanille:* Apfeltarte mit Vanilleeis

Ballermann und Arenal? Egal: Millionen Besucher zieht es jedes Jahr nach Mallorca, fast die Hälfte davon kommt aus Deutschland! Da mussten wir auch hin zwecks Beschreibung einer Woche für Einsteiger, die als Aussteiger auf Zeit vor allem Ruhe, Natur, bezaubernde Bergwelten und bildschöne Küsten suchen.

Als der Airbus nach einer Zeitungslänge sinkt, zeigen sich stahlblaue Traumbuchten und felsige Halbinseln, leuchtende Sandstrände und viele Windmühlen. Eine lange, sich windende Straße zieht sich zum malerischen Bergort **Estellencs**, der zu den schönsten Flecken der Westküste zählt. Nach dem Einchecken in einer der liebevollen Herbergen inmitten romantischer Gässchen bietet sich nun der Blick auf das herrliche Meer. Am nächsten Morgen liefert eine kurvige Fahrt durchs **Tramuntana-Gebirge** die traumhaften Bildmotive Mallorcas, inklusive schöner Felsbuchten.

In **Valldemossa** preist die Pastisseria Croissanteria Forn ein köstliches *Bocadillo del mio* an, das sich auf einer Steinstufe mit Blick aufs ehemalige Kartäuserkloster Sa Cartoixa stilecht genießen lässt. In den geschichtsträchtigen Gemäuern Valldemossas komponierte und spielte Frédéric Chopin. Der süffisanten Reisebeschreibung der Schriftstellerin und Geliebten Chopins, George Sand, ist zu entnehmen, dass das Musikgenie 1838/39 schwierige Zeiten auf der Trauminsel durchlebt haben muss. Wo könnte es sinnvoller sein, Sands »Ein Winter auf Mallorca« zu lesen als hier? Jedes Jahr zelebriert Valldemossa ein Chopin-Festival.

Mallorca Spezial: Ankernde Fischerboote, stattliche Jachten und versteckte Villen in der grünblauen Felsbucht Cala Figuera

Atemberaubende mallorquinische Bilderszene: Aussichtsplattform am Cap Formentor

Gebirgstraum Tramuntana

Im nächstfolgenden Übernachtungsstopp, der Fünf-Sterne-Herberge La Residencia, geht der Blick vom Himmelbett auf die atemberaubende Gebirgslandschaft und das malerische Künstlerdorf **Deiá**. Bei diesem Anblick ist es kein Wunder, dass sich Anais Nin hier zu ihrem erotischen Roman »Delta der Venus« inspiriert fühlen musste. Aber auch eine Handvoll einfacher, doch stilvoller Herbergen bietet ein herrliches Ambiente.

Wir schlendern die romantischen Gässchen hinauf zur barocken Dorfkirche Sant Joan Baptista. Nur ein Katzensprung ist es von hier bis nach **Port de Sóller**, dem beliebten Ferienort an der gleichnamigen Hafenbucht. **Sóller-Stadt**, wenige Kilometer landeinwärts, gefällt uns allerdings besser. Die Pfarrkirche Sant Bartomeo und einige stärkere Monumentalbauten umzingeln die Placa de Sa Constitucio, ab und an rumpelt der »Rote Blitz«, Mallorcas einzige Straßenbahn, mit ihren museumsreifen Waggons durch die barocke Szene.

Oberhalb von Sóller hält das Bergdorf **Fornalutx** eine stille Sièsta: Natursteinhäuser an kunstvoll gepflasterten Straßen mit gusseisernen Laternen erscheinen wie aus dem Märchenbuch. Mittendrin residiert die Villa Ca'n Verdera. Das kleine Designhotel ist ein architektonisches Schmuckstück, das auf verschiedenen Terrassen-, Pool- und Gartenebenen bezaubernde Blicke in weite Täler und auf die Berge bietet. Am Abend gibt die miniaturhafte Placa d'Espanya mit sanft angeleuchteten Bars und Restaurants ein romantisches Bild ab.

Schmuckstück Alt-Palma

Die gewundene Strecke bis zum Nordzipfel Mallorcas zeigt glitzernde Buchten zwischen steil aufragenden Felsen. Dann und wann leuchten

Zum Genießen

STRÄNDE UND BUCHTEN

Cala S'Amarador: Wer das Schild übersieht, verpasst einen karibisch anmutenden Sandstrand mit bildschönen Pinien und Palmen.

Cala Mondragò: Ein kleiner Felsweg entlang der Bucht führt zu der Strandperle mit Restaurant.

Cala Figuera: Mit ankernden Fischerbooten und stattlichen Jachten produziert die grünblaue Felsbucht die romantischten Bilder.

Cala Sa'Nau: An Fincas vorbei führt der Weg zu diesem naturbelassenen Strand in einer bezaubernden Bucht.

Bahía Alcudía: Die weite Sandstrandbucht macht den Besuch der von historischen Stadtmauern umgebenen Altstadt Alcudias zum doppelten Erlebnis.

Port de Pollenca: Die Paradiesbucht bezaubert durch Lage: Inseln, Landzungen und Jachten bestimmen die Szene sowie prachtvolle Villen inmitten von Pinien.

Platja Formentor: Hübscher Strand auf dem Weg zum Cap Formentor, wo sich vor der Fahrt über die Serpentinen zum Cap-Leuchtturm eine schöne Picknick- und Badepause einrichten lässt.

Valdemossas Sommermärchen: Hier erlebt man mallorquinisches Ambiente pur!

Zum Staunen

EIN WINTER AUF MALLORCA

Wo, wenn nicht in **Valdemossa**, machte es Sinn, »Ein Winter auf Mallorca« von George Sand zu lesen, weilt man doch ebenda in authentischen Kulissen! Die Autorin aber hat keinen Sommer, sondern einen Winter zum Jahreswechsel 1838/39 zusammen mit Fréderic Chopin dort verbracht. Die winterliche Seite der Insel sowie Sands Beobachtungen der Einheimischen schaffen eine unterhaltsame Lektüre. Sand, eine der bekanntesten Feministinnen ihrer Zeit, vermittelt ihren Lesern schnell, dass sie von einer Reise auf das rückständige Mallorca abrät. Inzwischen sind mehr als 150 Jahre vergangen, so manches hat sich verändert, wenngleich manche von Sands Anmerkungen auch heute zum Schmunzeln anregen. Längst ist die Insel zu einer der beliebtesten Destinationen avanciert – schnelle Fluganbindungen, internationale Gastronomie, feine Hotelanlagen und mehr Heizkörper dürften Chopin und Sand bei einem Blick in die Zukunft die Tränen in die Augen getrieben haben!

Gärten mit Oliven-, Orangen- und Zitronenhainen. Im Hafenstädtchen **Port de Pollenca** erinnern denkmalgeschützte Jugendstilvillen zwischen Pinien und exotischen Baumriesen an Romantiker, die vom Reiz der attraktiven Küstenperle schon vor hundert Jahren begeistert waren. Am Horizont der azurblauen Bucht zeigen sich leuchtende Segel zwischen Inseln und Halbinseln. Eine atemberaubende Fahrt über Serpentinen führt bis nach **Cap Formentor**, wo der Cap-Leuchtturm sich über dem Meer erhebt. Von dort geht die Reise quer durchs Inselland Richtung Ostküste.

Im Örtchen **Cas Concos** scheint die Zeit stehen geblieben zu sein. Idyllisch liegt das Finca-Hotel Sa Galera inmitten einer herrlichen Landschaft. Frühmorgens zum ersten Sonnenstrahl hört man nur fernes Hühnergegacker und das Blöken der Schafe. Auf dem Weg nach Palma ein Zwischenstopp im berüchtigten **S'Arenal**: Endlos zieht sich die breite Promenade an der Bucht Platja de Palma, türkisblau leuchtet das Meer vor einem makellosen Ballermann-Strand. So schön hatten wir uns die verruchte Ecke gar nicht vorgestellt.

In **Palma** quellen die Kaffeehausterrassen über. Wir nehmen Quartier inmitten der Altstadtgassen, im »Très«. Das coole Designhotel mit Dachterrasse, Sauna und Pool bietet von dort einen Blick auf die Kathedrale und ist oft ausgebucht. Um die Ecke, in der Kellerkneipe »La Cueva«, lässt es sich bei gegrillten Gambas und eiskaltem Weißwein noch einmal fürstlich schlemmen, aber schon liegt der Abflug in greifbarer Nähe.

RFK

Ausblick auf der Serpentinenstrecke zwischen Port de Pollenca und Cap Formentor

Infos und Adressen

ANREISE
Flug: von verschiedenen deutschen Flughäfen nonstop nach Palma

BESTE REISEZEIT
Frühjahr bis Herbst – im Herbst ist das Wasser meist bis in den November badewarm.

SEHENSWERT
Kathedrale von Palma: Sonne, Licht und Schatten prägen die sakrale Stimmung im Inneren, eine unverwechselbare Architektur ist das Wahrzeichen der Hafen- und Hauptstadt von außen.

Altstadt mit Placa Major und Placa Cort: Gourmets, Shopper, Kaffeehausbesucher und Architekturliebhaber kommen im Altstadtgassen-Ambiente auf ihre Kosten.

Fundació Pilar i Joan Miró: Das Museum zeigt beeindruckende Werke des weltbekannten Malers Joan Miró in der Joan de Saridakis 29, Palma.

S'Arenal: Der breite, weiße Sandstrand der Bucht Platja de Palma macht die Ballermann-Meile in der Nebensaison zu einem sehr schönen Stück Küste!

Port Andratx: Die mallorquinische Enklave der Noblen und Reichen ist mit Hafenpromenade, schöner Felsbucht und illustrem Publikum trotz eines unglaublichen Baubooms einen Stopover wert.

ESSEN UND TRINKEN
El Olivo: Der Gourmettempel in der historischen Ölmühle des Hotels La Residencia kredenzt Spezialitäten wie Gänseleberpastete mit Schokoladenglasur und Marzipan. Carrer dels Son Canals, Deià

La Cueva: In der Kellerkneipe der Altstadt von Palma kommen gegrillte Gambas und Tapas auf den Tisch. Carrer d'Apuntadors, 5

Es Reco del Randa: Das Restaurant am Fuß des Berges Randa bietet typisch balearische Cuisine. www.esrecoderanda.com

Highlight: mit dem »Roten Blitz« von Palma direkt auf den Strand von Port de Sóller

Bodeguita del Medio: In der Havanna-Kopie tanzt man eng und ohne Ende. Carrer Vallseca, 18, Palma

Restaurante Agapanto: fantastische Strandlage, mediterrane Küche; Camino del faro, 2, Puerto de Sóller, www.agapanto.com

SHOPPING
Mercat Olivar: Auf dem Altstadtmarkt in Palma kaufen mallorquinische Profis ihre Gourmetwaren ein.

In Sóller-Stadt: Das Prachtstädtchen produziert Einkaufsflair, Kunsthandwerk und Konditoreiwaren.

In Pollenca-Stadt: Die »Galeries Vincenc« ist eine der ältesten Leinenwebereien der Insel; an der Placa Major stellen Kunstgalerien aus.

Valldemossa: Konditoreien und Souvenirläden machen in der Chopin-Stadt das Rennen.

Mallorca-Magazin: Die deutschsprachige Wochenzeitung bringt jeden Donnerstag, was Mallorca-Besucher interessiert.

ÜBERNACHTEN
Hotel Nord: ehemalige Ölmühle in Estellencs, Tramuntana-Gebirge; www.hotelruralnord.com

Hotel Bon Sol: Schönes Strandhotel in Illetas, mit Blick auf die Bucht von Palma, www.hotelbonsol.es

La Residencia: Fünf-Sterne-Resort im malerischen Künstlerdorf Deiá, www.hotel-laresidencia.com

Hotel Rural Sa Galera: Traumhafte Landfinca, www.hotelsagalera.com

Hotel Tres: Designhotel, Dachterrasse mit Schwimmbad und Blick auf Palmas Kathedrale, www.hoteltres.com

Hotel Cort: Besondere Designherberge in der Altstadt Palmas, www.hotelcort.com

Ca'n Verdera Mansion: Schmuckstück mit Pool und Garten an der Placa d'Espanya in Fornalutx, www.canverdera.com

WEITERE INFOS
Spanisches Fremdenverkehrsamt: Kurfürstendamm 180, Berlin (auch in Düsseldorf, Frankfurt und München); www.spain.info oder www.mallorca.de

Sonntagsmarkt in Santa Maria del Cami

94 Lanzarote – unberührte Natur erleben

HIGHLIGHTS

Naturpark Timanfaya: Vulkanpark mit Restaurant in den Montanas del Fuego, den Feuerbergen

Los Hervideros: wilde Lavaküste zwischen El Golfo und den Salinas de Janubio, nahe den Feuerbergen

Mirador del Rio: Aussichtspunkt in einem alten Geschützstand hoch oben in den Famara-Klippen mit atemberaubendem Ausblick

Kamelreiten: Ein Kamelritt durch die Mondlandschaft der Vulkanberge gehört zum Pflichtprogramm.

El Golfo: schöne Bucht mit grüner Lagune bei Yaiza, tolle Restaurants

DAS SOLLTEN SIE PROBIEREN

Papas Arrugas con Mojo: Kartoffeln mit Meersalzkruste und verschiedenen Soßen – *Gambas al Ajillo:* Garnelen in Olivenöl mit Knoblauch und Chili – *Arroz a la cubana:* Reis mit Kochbananen und Tomaten – *Rancho canario:* Eintopf aus Kartoffeln, Zwiebeln, Knoblauch, Paprikawurst und Schweinefleisch

Viel zu verdanken hat Lanzarote seinem heimlichen König César Manrique: Der berühmte Bildhauer, Designer, Architekt, Maler und Naturschützer setzte seine Kunst wie seine Berühmtheit ein, um seine kanarische Heimatinsel vor dem Schicksal der touristischen Nachbarn zu bewahren.

»Am 1. September, etwa zwischen neun und zehn Uhr abends, öffnete sich unvermittelt die Erde in der Nähe von Timanfaya, ungefähr zehn Kilometer von Yaiza entfernt. Ein enormer Berg hob sich aus dem Schoß der Erde empor, und aus dem Gipfel entwichen Flammen, die 19 Tage lang brannten.« Die Schilderung von Don Andres Lorenzo Curbelos, damals Dorfpfarrer von **Yaiza**, beschreibt via Lautsprecher eine von vielen Naturkatastrophen, die zwischen 1730 und 1736 die Insel veränderten. Mystische Synthesizerkompositionen setzen ein, im Schneckentempo geht es auf der Ruta de los Volcanos durch den **Parque Nacional de Timanfaya**. An den Wagenfenstern drücken sich staunende Besucher die Nasen platt, denn draußen zieht ein prähistorisches Landschaftsbild vorbei, das von 32 Vulkankegeln geprägt ist, deren riesige Kraterschlünde aus erstarrten Lavamassen herausragen. Auf einer Fläche von 200 km² leuchten hier Farben von Schwarz bis Ockerbraun. **Montanas del Fuego**, Feuerberge, heißt das Szenario aus einer anderen Welt.

Dass ordentlich Feuer unter den Bergen ist, wird vor Ort demonstriert: Auf einem Vulkangrill werden Steaks zubereitet, aus einem

Der César-Manrique-typische Stil prägt Lanzarotes architektonisches Erscheinungsbild bis heute; hier das Anwesen Lagomar in Nazaret.

Ein Traum und Badespaß pur: sandfarbener Papagayo Beach im Süden Lanzarotes

Spaltenschlund brodelt Vulkanhitze, 400° Celsius sollen es schon acht Zentimeter unter der Erdkruste sein.

Der Natur abgeschaut

»Das wichtigste sind Ideen!«, erklärte uns César Manrique, der für den diabolischen Grill und das phänomenale Restaurant mit Aussichtsterrasse auf die Vulkanlandschaft verantwortlich ist, wie auch für die Schaffung des Nationalparks drumherum. Seiner geliebten Insel hat er viel an kreativer Schaffenskraft hinterlassen und zahlreiche öffentliche Projekte erschaffen: zum Beispiel das Monumento al Campesino, das als Denkmal für den Bauern die geografische Inselmitte Lanzarotes markiert, den Aussichtspunkt Mirador del Rio in einem ehemaligen Geschützstand hoch oben in den **Famara-Klippen**, der einen atemberaubenden Blick auf die Nachbarinsel Graciosa ermöglicht, die Jameos

Straßenmusikanten in Arrecife, das hauptstädtisch und kulturell das Zentrum Lanzarotes ist

Zum Genießen

STRANDFARBEN

Playas del Papagayo: drei Buchten nahe dem Touristenort

Playa Bianca: Besonders schön ist die von Felsen gerahmte Playa del Pozo. Die fürs vulkanische Lanzarote ungewöhnlichen hellgelben Strände stehen unter Naturschutz, sind gut besucht und kostenpflichtig.

El Golfo: Der jadegrüne See El Golfos wird durch einen pechschwarzen Sand- und Kiesstreifen vom Atlantik getrennt.

Caleta de Famara: Die hellsandige Playa de Famara ist der Liebling von Surfern; in Ortsnähe ist das Wasser ruhig genug zum Baden.

Los Pocillos: Vom Hausstrand der Touristenagglomeration Puerto del Carmen ziehen sich die Strände Matagorda, Montanosa und Guacimeta sowie die Playa de Honda bis zur Hauptstadt Arrecife.

Playa de la Garita: Kaffeebraun und einen Kilometer lang, nahe des Fischerdorfes Arrieta

Punta Mujere: Bis nach Orzola verbinden helle Strände felsige Buchten und liefern beinahe ein karibisches Ambiente.

Manrique-Kunstwerk vor der Fundación César Manrique, dem Museum des Multitalents

Zum Staunen

DAS VERMÄCHTNIS CÉSAR MANRIQUES

Als wir sein Haus **Taro de Tahiche** besuchten, erschien sein Domizil so bizarr wie der 1992 verstorbene Künstler selbst. Inmitten eines Lavastromes über sieben Lavablasen erbaut zeigen verschachtelte Wohn- und Arbeitsebenen eine fantasievolle Gestaltung. »Den Vulkanen auf die Finger geschaut!«, erkärte Manrique erstaunten Besuchern gerne. Fährt man hinauf in die Berge, nach **Teguise**, der alten Hauptstadt Lanzarotes, begegnet man Manriques bevorzugten Stilelementen: weiche, sanfte Linien, runde Kanten, warme Schatten. Geschwungene Dachfirste bilden Parallelen zu den sanften Kurven der Bergrücken. Manriques Hausdächer empfinden Vulkankegel nach, die Linien von Grundrissen, Mauern und Fenstern zeichnen eine Sanftheit in der Architektur, die beruhigt. Diese Beruhigung bleibe dem Besucher unbewusst, so Manrique, und werde erst durch die bewusste Zielsetzung und Planung ihres Schöpfers deutlich. Nur die Formen der Natur, so war sein Credo, führten seinen Stift.

del Aqua, unterirdische Grotten mit kleinen Seen, ausgebaut zu einer Kombination aus Palmengarten und Konzert-Auditorium sowie das Museum für moderne Kunst im Castillo San Jose in der Inselhauptstadt **Arrecife**.

Vor allem konnte Manrique ein beachtliches Landschaftsschutzprogramm gegen die damalige Inselpolitik durchsetzen. Die Prämisse lautete, den Tourismus in Urbanisationen wie **Puerto del Carmen** oder **Playa Bianca** zu konzentrieren, damit die ursprüngliche Natur außerhalb dieser touristischen Zentren unangetastet bleibt. Als sichtbarstes Beispiel dafür steht der Naturpark Timanfaya mit dem Restaurante del Diablo in den Montanas del Fuego, den Feuerbergen Lanzarotes. Die Fundación César Manrique stellt das ehemalige Wohnhaus samt Atelier des Architekten und Künstlers in unterirdisch durch Lavablasen entstandenen Hohlräumen in **Tahiche** aus.

Vulkanasche und Kultur

Jenseits der Manriqueschen Abgrenzung, der Touristenagglomeration Puerto del Carmen, zeigt die Insel ihr archaisches Bild: winzige Fahrwege nur, weißgetünchte, traditionelle Bauernhäuser inmitten endloser Weinbauterrassen, deren *soccos*, vor Passatwinden schützende, halbrunde Lavasteinmauern, eigenwillige Muster zeichnen. Allerorts sind Manriques Stilelemente, sein weißer Kubismus der Oberfläche, einheitlich in Grün gestrichene Holzteile, sanfte Linien und Formen, die sich in der Natur finden, offenbar. Dazwischen erstrecken sich Felder, auf denen Tomaten, Kartoffeln und andere Gemüse vorzüglich wachsen wie auch der Wein, ganz ohne Regen. Geheimnis des Trockenfeldanbaus ist der *picon*, die schwarze Lavaasche, in die alle Setzlinge tief eingepflanzt werden. Nach dem Prinzip der Hydrokultur saugt das poröse Picon-Gestein Luftfeuchtigkeit und Nachttau auf und bildet so den Wasserspeicher für den Tag.

Spätestens hier, wo Frauen in Schwarz mit hellen Strohhüten Zwiebelschoten von den Knollen abschneiden, wo rundförmige Backöfen an den Außenmauern malerischer Innenhöfe von lieblichen Zwiebeltürmen auf Dächern umrankt werden, wird klar, dass Manriques architektonisches Denkmodell seine beschützende und bewahrende Funktion bis heute hat. *RFK*

Einfach schön: der Glockenturm der Dorfkirche von Uga/Yaiza

Infos und Adressen

ANREISE

Flug: Die Inselhauptstadt Arrecife wird ganzjährig von verschiedenen deutschen Flughäfen und Airlines angeflogen.

BESTE REISEZEIT

Lanzarote ist ein Ganzjahresziel, der atlantische Wind macht auch heiße Sommertemperaturen erträglich. Im Winter punktet Lanzarote durch ein Binnenklima, das den Norden in Wolken hüllt, während im Süden die Sonne scheint.

SEHENSWERT

Cueva de los Verdes: Teil eines riesigen Höhlensystems in Haria

La Geria: Zum UNESCO-Welterbe zählt dieses einzigartige Weinanbaugebiet, wo in schwarzen Lavafeldern zarte Rebstöcke grünen.

Arrecife: Wenig aufregende Inselhauptstadt, aber die wuchtigen Festungen Castillo de San Gabriel und de San José sind eine Attraktion.

Teguise: Die 1406 von den Spaniern gegründete ehemalige Hauptstadt ist heute ein Künstlerstädtchen mit Kolonialflair, Kirchen, Klöstern und schönen Herrenhäusern.

Kakteenfelder: Zwischen Guatiza, Mala und Haria gedeihen weitläufige Opuntienfelder, die als Nährboden für die Cochenille-Laus dienen, deren Larven karminroten Farbstoff für die Kosmetikindustrie liefern.

Yaiza: schon mehrfach zu Spaniens schönstem Dorf gekürt

ESSEN UND TRINKEN

La Era: typisch kanarische Küche in einem von César Manrique renovierten Landhaus in Yaiza; www.laera.com

Casa Torano: einfaches Fischlokal in El Golfo, landestypisches Ambiente; www.restaurantecasatorano.com

An der Strandpromenade von Puerto del Carmen

Domus Pompei: vor allem Meeresfrüchte und Fisch, italienische Küche in Arrecife; www.domuspompei.com

La Cascada Puerto: Fisch und Fleisch vom Grill in Puerto del Carmen; www.restaurante-lacascada.com

Arrecife Gran Hotel: »A room with a view« bietet das Restaurant im 17. Stock mit einer atemberaubenden Aussicht auf Küste und Meer. www.aghotelspa.com

Restaurant Castillo de San José: Der Gourmettempel im Kastell wurde von Manrique gestaltet, es gibt moderne Kunst und einen tollen Blick auf das Hafenviertel Arrecifes.

SHOPPING

Bodegas & Wein: Den fruchtig-kräftigen Lanzarote-Wein, dessen Trauben aus der Lavaasche wachsen, gibt es in allen Bodegas und im Supermarkt.

Taller Municipal de Artesanía: Stickereien und Korbprodukte produziert die Kooperative in Haría.

ÜBERNACHTEN

Gran Melia Salinas: von César Manrique gestalteter Fünf-Sterne-Luxus an der Costa Teguise; Avenida Islas Canarias, www.melia.com

Princesa Yaiza Suite Hotel: sehr schönes Fünf-Sterne-Haus an der Uferpromenade von Playa Blanca mit Riesenpools, Spa und geschmackvollen Zimmern; Av. de Papagayo, 22, Yaiza, www.princesayaiza.com

Timanfaya Palace: anspruchsvolle Architektur, großzügiger Garten und schöne Pools an der Playa Blanca; www.h10hotels.com

Hotelito del Golfo: einfaches Minihotel mit kleinem Pool im verwunschenen El Golfo an der Westküste; www.hotelitodelgolfo.com

Finca de las Salinas: schlossähnlicher historischer Landsitz (vier Sterne) bei Yaiza mit Blick auf die Feuerberge; www.fincasalinas.com

WEITERE INFOS

Spanisches Fremdenverkehrsamt: Lietzenburger Str. 99, Berlin; www.ayuntamientodetias.es; www.puertodelcarmen.com; www.turismolanzarote.com

Kaktusblüte (Cactaceae) im Kaktusgarten des Künstlers César Manrique

Ob Valetta, St. Juliens oder Sliema: Liebhabern bombastisch-klassischer Architektur quillt, wohin das Auge blickt, das Füllhorn über.

95 Malta – auf der Insel der Ritter

HIGHLIGHTS

Valletta: Der historische Städtetraum wird 2018 Europäische Kulturhauptstadt.

Three Cities: Sehenswert sind die der maltesischen Hauptstadt Valletta gegenüberliegenden historischen Altstädte Vittoriosa, Senglea und Cospicua.

Mdina: Die Kathedrale St. Paul und zahlreiche Paläste der einstigen maltesischen Hauptstadt prägen ein Altstadtambiente, das dem Film »Der Graf von Monte Christo« als Kulisse diente.

Marsaxlokk: malerischer Fischerort mit täglichem Markt und romantischem Fischerhafen

KULINARISCHE SPEZIALITÄTEN

Aljotta: Fischsuppe mit Knoblauch – *Cartoccio:* Fisch mit Gemüse in Weißwein gedünstet – *Bigilla:* Weiße-Bohnen-Paste mit Butter, Knoblauch, Petersilie – *Pastizzi:* Blätterteig gefüllt mit Käse, Fisch oder Fleisch – *Soppa ta'l-armla:* Gemüsesuppe mit Ziegenkäse – *Bragioli:* Rindfleischrouladen

Die Insel der Ritter hat kulturell sehr viel zu bieten: Historische Altstädte, alte Klosteranlagen, kunsthistorische Museen, prähistorische und antike Ausgrabungen sowie marmor- und goldbeladene Kathedralen bieten ein Besichtigungsprogramm, das Malta-Besucher in Staunen versetzt.

Seit einigen Jahren setzt **Valetta**, die UNESCO-Kulturperle, auch auf Körperkultur: Viele der maltesischen Hotels bieten Wellnessanlagen mit Fitnessstudios, Massageabteilungen, Thalasso- und Physiotherapie sowie Saunabereiche mit finnischer Sauna, römischem Dampfbad, Dampfgrotte und Kneippanlagen an. Physisches Relaxen und geistige Entspannung gehen hier Hand in Hand. Maltas Hauptstadt präsentiert ihre Kunstschätze auf kleinstem Raum. Der Besuch eines der schönsten Gotteshäuser Maltas, die **Ordensritterkirche** in Valletta, verschlingt viel Kulturzeit: 400 aus edlem Marmor gestaltete Grabplatten der Ritter des Johanniterordens sind in der Kathedrale zu bestaunen, und »Die Enthauptung Johannes des Täufers« Michelangelo da Caravaggios (16. Jh.) ist nicht das einzige Meisterwerk, das hier ausgestellt ist. Das kulturelle Angebot ist ein Grund, warum Maltas VIP-Liste endlos ist und nicht nur Madonna, Steven Spielberg, Tom Hanks und Brad Pitt schon einmal hier gewesen sind.

Wem der Besuch der Kirche als tagesfüllendes Programm nicht ausreicht, könnte mit **Nationalbibliothek**, **Großmeisterpalast**, **Alter**

Hauptwache, Prince Alfred's Courtyard, Neptune's Court, Palace Armoury fortfahren. Stilecht entspannen lässt es sich im Caffè Cordina am **Republic Square** gleich um die Ecke. Dort sollte man sich die Zeit nehmen, um die in den Glasvitrinen ausgestellten Köstlichkeiten gehobener Patisseriekunst zu probieren und den von dampfend zischenden Espressomaschinen, flinken Kellnerinnen und vorbeischwebenden Tortentabletts umworbenen Malteser bei der geruhsamen Zeitungslektüre zu bestaunen, an dem das Kulturtreiben seiner Stadt vorbeizuziehen scheint. *RFK*

Mdina: das jährliche »Medieval Festival« – ein Fest der Trachten

Infos und Adressen

ANREISE
Flug: mit Air Malta, Air Berlin und Lufthansa

BESTE REISEZEIT
Frühjahr und Herbst

SEHENSWERT
Malta Experience: Filmspektakel; Mediterranean Street, Valletta, www.themaltaexperience.com

Harbour Cruise: Hafenrundfahrt durch Vallettas »Grand Harbour«, www.captainmorgan.com.mt

ESSEN UND TRINKEN
Paranga: im Intercontinental in St. Julian

Cockney's Bar & Restaurant: Fisch und Meeresfrüchte; Marsamxett Harbour, Valletta, www.cockneysrestaurant.com

Cosmana Navarro: Vis-à-vis St. Paul's Cathedral; www.cosmana.com

ÜBERNACHTEN
Corinthia Palace: mit Physiotherapie; De

Paule Avenue, San Anton, www.corinthia.com/palace

Fortina Hotel: an Sliemas Hafenpromenade, mit Spa Mediterranée; www.hotelfortina.com

The Palace Hotel: luxuriöses Boutiquehotel; High Street, Sliema, www.thepalacemalta.com

WEITERE INFOS
Fremdenverkehrsamt Malta: Schillerstr. 30, Frankfurt am Main, www.visitmalta.com

Mit der Kutsche ist eine Stadtrundfahrt ebenso informativ wie entspannt.

Zum Staunen

KULTUR-GUT
Archäologische Schätze: Tempelanlagen von Tarxien, Ghar Dalam und Hagar Qim aus der Steinzeit; Katakomben des Hypogäum (Spätes Neolithikum, 3000–2500 v. Chr.) sind nach Voranmeldung zu besichtigen.

National Museum of Archeology: Republic Street, Valletta, heritagemalta.org

Großmeisterpalast & Prince Alfred's Courtyard: Freiherr Ferdinand von Hompesch wurde 1797 zum 71. Großmeister des Ordens, herrschte als letzter seiner Zunft und übergab Malta Napoleon kampflos, um das Kulturgut vor Zerstörung zu bewahren. Der Großmeisterpalast (englisch: Grandmaster's Palace) stammt aus dem 16. Jh. Republic Street, Valletta

Nationalbibliothek: Vom Johanniterorden gegründet; der Malteserordensritter Bailli Fra Jean Louis Guérin de Tencin hinterließ 1766 eine Büchersammlung von 9700 Bänden. Valletta, nahe St. John's Cathedral

Auszeit für eine Woche

Solea Valley im Troodos-Gebirge: Malerisch residiert das Bergdörfchen Kakopetria weitab von jedem Trubel.

96 Zypern – Aktivurlaub für Genießer

HIGHLIGHTS

Wandern: Ein Routennetz mit über 70 Wegen leitet Natur- und Wanderfreunde auf die Pfade der Götter.

Rennradfahren: Flache Strecken bei Larnaka, Alpin-Rennradler bevorzugen Aufstiege im Troodos-Gebirge.

Mountain-Biking: Troodos-Radweg, 1a von Páno Plátres nach Karvounas, 18 km, Schwierigkeitsgrad leicht; www.cypruscycling.com

Triathlon: Rennrad-Touren bis zu 70 km durchs Hinterland sowie Laufeinheiten und Schwimmtrainingskurse

Golfen: 18-Loch-Plätze bieten Abschlagsparadiese. www.cyprusgolf.com

DAS SOLLTEN SIE PROBIEREN

Halloúmi-Käse: roh, gebraten oder gegrillt – *Full Mezé:* Tapas aus Gemüse, Pasten, Käse, Wurst, Oliven, Tachíni, Hoúmous, Chiroméri-Schinken, Muscheln und Tintenfisch – *Soúvlaki:* Grillspieße vom Rost – *Sheftaliá:* Würstchen mit Zimt und Minze – *Afélia:* in Rotwein geschmortes Schweinefleisch mit Koriander

Demitros ist griechischer Zypriot, spricht deutsch und arbeitet in einem Radsportzentrum. Es kommen immer mehr Aktivurlauber, sagt er, der kurzen Anreisezeit und des Klimas wegen, vor allem im Winter: Mit 320 Sonnentagen und Temperaturen bis 20 Grad lockt die Insel auch mit ihrer sportlichen Seite.

Während der kalten Jahreszeit setzt Zypern auf Golf, Wandern und Radfahren. Für Abschläge stehen eine Reihe 18-Loch-Greens zur Verfügung, für Radfans bietet die Inseltopografie eine Auswahl an Routen mit den unterschiedlichsten Schwierigkeitsgraden. Gut ausgearbeitete Wandertracks finden sich vor allem in der Pitsylia-Region im östlichen **Troodos-Gebirge**, im **Nationalpark von Athalassa**, im **Troodos-Nationalwaldpark** und im **Machairas Wald**, wo die malerischen Dörfer **Lefkara, Kato Drys** und **Vavatsina** weniger zum glatten Durchmarsch animieren. Für durchschnittlich trainierte Radler ist vor allem die Region der Westküste mit steigungsreichen Mittelgebirgsregionen ein ideales Terrain. Mountainbiker dürfen sich dort über felsige Stufen, schnelle Flachpassagen und steile Abwärtsrampen freuen.

Wir strampeln mühsam auf den vollgefederten Touren-Mountainbikes unseres Radsportzentrums, Profi-Guide Dimitros gibt unnachgiebig das Tempo vor: erst auf Sand- und Kiesstränden zum Warmstrampeln, dann über handfeste Steigungen auf Feld- und Geröllwegen. Es geht zügig Hügel hinauf, durch reizvolle Natur, für die jetzt aber kaum einer Muße hat, nicht mal für einen Sekundenblick zurück auf stahlblaue Buchten. »Im Schatten der Olivenbäume« heißt die vergleichsweise leichte Tour mit Schwierigkeitsgrad 2, »Machairas Forest«, 65 km, acht Stunden, bis auf 1423 Höhenmeter hat Stufe 4. »War echt klasse«, wird Jörg aus Dortmund nach drei Stunden nassgeschwitzt bei der Rückkehr sagen. Eine Handvoll Abbrecher, im Schatten vor einer idyllischen Dorfkneipe, berichtet, wie schön die Aussicht auf die Olivenbäume war. So lässt sie sich genießen! *RFK*

Infos und Adressen

ANREISE
Flug: nach Paphos und Larnaka direkt mit Lufthansa, Air Berlin und Condor

BESTE REISEZEIT
Ganzjährig; Dezember und Januar regnerisch

SEHENSWERT
Archäologischer Park Páfos: am Hafen von Páfos

Römische Siedlung Koúrion: westlich von Limassol

Panagía tis Asinou: Kirche, die von der UNESCO als Welterbestätte ausgezeichnet wurde

Kloster Kykko: In der Nähe liegt das Grab Makários III.

Agios Neophythos: Höhlenkapelle des Neophythos

Lemba: Dorf der Töpfer und Maler

Agios Georgios: Wallfahrtsort mit alter Kapelle

ÜBERNACHTEN
Annabelle: am Hafen von Paphos; www.annabelle.com.cy

Almyra: an der Küste bei Paphos; www.almyra.com

Kermia Beach Hotel: Bungalowanlage am Strand von Ayia Napa; www.kermiabeach.com

Le Meridien: Beachresort am Strand von Limassol; www.lemeridien.com

WEITERE INFOS
Fremdenverkehrszentrale Zypern: Zeil 127, Frankfurt am Main, www.visitcyprus.org.cy

Ohne Fleiß keine Aussicht: Mountainbiker mühen sich an einer Bergroute im Troodos-Gebirge.

Der Geburtsort der Liebesgöttin Aphrodite bei Paphos

Besondere Ausflüge

SPORT UND KULTUR
Zwischen dem Kloster Kykko und dem Gebiet um die Forststation Stavros tis Psokas im westlichen Troodos-Gebirge liegt mitten im **Tripylos-Naturpark** das **Tal der Zedern**, mit berauschenden Ausblicken bei einer Wandertour auf den höchsten Berg, den 1 362 m hohen **Tripylos**. Von dort lässt es sich bis zur **Akamas-Halbinsel** schauen, und, für Kenner der griechischen Mythologie besonders magisch, auch auf den Hausberg des Gottvaters Zeus, den 1 951 m hohen **Olymp**. Auf Kulturschätze treffen Radler und Wanderfreunde selbst in der abgelegensten Natur: Im Troodos-Gebirge liegen Kirchen und Klöster mit Wandmalereien, Fresken und Ikonen wie beiläufig am Wegesrand, zum Beispiel beim Dörfchen **Lagoudera**, das mit seiner Kreuzkuppel-Kirche Panagia Arakiotissa, einer ehemaligen Klosterkirche aus dem 12. Jh., aufwartet. Das Kirchlein mit dem vollständigsten Freskenzyklus der mittelbyzantinischen Zeit steht auf der UNESCO-Liste des Weltkulturerbes.

97 Madeira – Naturparadies und Designhotels

HIGHLIGHTS

Cabo Girão: Das 580 m hohe Kap hat die zweithöchste Steilküste der Erde.

Fajã dos Padres: mit dem Panoramaaufzug die Steilküste nach oben fahren

Curral das Freiras: Der Ort im Talkessel ist umrahmt von höchsten Berggipfeln.

Pico do Areiro: Ausgangspunkt für die Wanderung zum 1862 m hohen Pico Ruivo, von dem aus die besten Blicke auf die Insel garantiert sind.

Rabaçal: Lorbeerwald auf dem Hochplateau, durchzogen von Wasserläufen, Ausgangspunkt für die empfehlenswerte »Levada-Wanderung der 25 Quellen«

DAS MÜSSEN SIE PROBIEREN

Espada: schwarzer Degenfisch – *Caldo verde:* Kohlsuppe mit Knoblauchwurst – *Caldeira de Peixe:* Fischeintopf mit Tomaten, Kartoffeln und Knoblauch – *Espetada:* Fleischspieße vom Feuer – *Madeira Stew:* scharfes Ziegenfleischragout – *Poncha:* Schnaps aus Zuckerrohr, Honig, Orange, Zitrone

Eine Erfindung der madeirischen Hotelerie war der Zusammenschluss herrschaftlicher Quintas zu einem Verbund von feinen Luxusherbergen. Dazu zählen Designhotels mit Philippe-Starck-Interieur nach dem Vorbild des Star-Architekten Oscar Niemeyer, dem deutsch-brasilianischen Meister des modernen Stils.

Finanzspritzen aus Brüssel haben der portugiesischen Blumeninsel während der letzten Jahre ein bemerkenswertes Facelifting verpasst: Mit Seeverbauungen erfahrene Holländer machten einen neuen, 520 Millionen Euro teuren Airport möglich, dessen 2,78 km lange Runway auf 200 Betonsäulen aus dem Meer ragt. Österreichische Seilbahnexperten aus Wolfurt lassen Gondeln aus der Altstadt **Funchals** bis in die luftige Sommerfrische **Monte** aufsteigen, wo einst der abgesetzte Habsburger Kaiser Karl I. im Exil residierte. Bis zu vier weiße Kreuzfahrtriesen finden gleichzeitig an Funchals stattlicher Hafenpier Platz, an der jährlich 200 000 Passagiere als Tagesbesucher anlanden, was zu Silvester ein ausgebuchtes Spektakel ist. Denn dann findet hier das größte **Feuerwerk** der Welt statt, garantiert durch Eintrag im Guinessbuch der Rekorde.

Neue Hotelresorts und Golfplätze an endlosen Kilometern feiner Sandstrände haben die benachbarte Schwesterinsel **Porto Santo** zu einer attraktiven Badedestination gemacht, zu der Direktflüge aus Europa unterwegs sind. Das ist gut für Madeira, das sich nun nicht mehr ausschließlich als Wander- und Rentnerparadies verkaufen muss. Mit

Blumenparadies: im Botanischen Garten von Funchal mit Blick über die Stadt

Blick auf den Ratshausplatz und Funchals Sé Catedral de Nossa Senhora da Assunção

beinahe zwei Milliarden Euro bilanziert die Hauptinsel des Archipels ein modernisiertes Schnellstraßensystem, wobei sagenhafte 103 Tunnelröhren und 122 Brücken romantische Felsbuchten und luftige Hochebenen zeitsparend verbinden. Insgesamt durchlöchern ca. 140 Tunnel den gewaltigen Madeira-Felsklotz mit seinen bis zu 2000 m hohen Gipfeln (**Pico Ruivo** ist mit 1862 m der höchste) wie einen Schweizer Käse.

Modernes Design und Romantik vereint: Blick von der Poolterrasse des Ponta do Sol

Zum Genießen

STYLISH: DESIGNHERBERGEN

Estalagem da Ponta do Sol: Die Lage des ehemaligen Zuckerrohrumschlagsplatzes über der Altstadt ist besonders: Zwei freistehende Fahrstuhltürme transportieren die Gäste insgesamt 16 Stockwerke hinauf auf die 80 m über dem Meeresspiegel gelegene Felsplattform mit Ausblick auf die Steilküsten sowie auf die Küstenperle **Ponta do Sol**, mit einem Hotel, das mit minimalistischer Architektur und klaren Strukturen besticht (www.pontadosol.com).

Designhotel Mirabela: Das Haupthaus entstand 1888 an einem Berghang oberhalb Funchals. Es bietet einen weiten Ausblick über Bucht, Hafen und Altstadt und liegt unmittelbar an der **Caminho do Monte**. Auf der abschüssigen Route der Korbschlittenfahrer rodeln die Gespanne an der Rezeption vorbei. Im futuristischen Erweiterungsbau prägt der Designer Philippe Starck die Linie des Interieurs: Kubische Räume, großflächige Verglasung und raffinierte Farbgebung bestimmen den Wohlfühlfaktor (www.quinta-mirabela.com).

Beeindruckende Farbenpracht: Blumenmeer im Botanischen Garten Jardim Botanico

Zum Staunen

HAUPTSTADT DER GÄRTEN

Funchal erfreut sich herrlicher Gartenanlagen, ein Beispiel ist der **Jardin de Santa Catarina**, ein öffentlicher Park am Hafen, ein weiteres stellt der **Jardín de Sao Francisco**, der zu früheren Zeiten zum Franziskanerkloster gehörte. Außerhalb von Funchal liegt der 4 ha große **Botanische Garten**, für den Madeira weltbekannt ist. Neben endemischen Pflanzenarten beherbergt die Anlage zahlreiche Exemplare aus der ganzen Welt. Ein Teil der Botanik ist bereits im 18. Jh. angelegt worden, im dazugehörenden Papageienpark hört man diese Exoten.

Eine 1600 m lange Luftseilbahn führt über das Tal **Vale da Ribeira de João Gomes** bis zur Bergstation Monte auf 550 m Höhe. In Monte, einem historischen Ort des 18. Jh., stand einst ein Hotel, geblieben ist eine Gartenanlage mit Museum, der **Monte Palace Tropical Garden** (www.montepalace.com). Die Seilbahnfahrt gehört zum Madeira-Besuch dazu, denn sie bietet eine fantastische Aussicht auf die Hauptstadt und die umliegende Küste.

Madeiras Design

Von den verbesserten Verkehrswegen profitieren nicht nur die 240 000 Insulaner: Die Sightseeing-Highlights zwischen der Inselhauptstadt und den für Wanderer so attraktiven Levada-Walks sowie den beliebten Meerwasser-Naturschwimmbecken an der Nordküste bei **Porto Moniz** fordern von Mietwagenlenkern nun nicht mehr stundenlanges Kurbeln am Steuer auf steilen Serpentinen. Auch die prachtvollen Hotelpaläste aus der alten Zeit rücken durch die flotte Infrastruktur schneller in die Moderne, so etwa das altehrwürdige Reid's Palace, Baujahr 1891, das pittoresk auf seinem felsigen Küstenplateau residiert. In Madeiras renommierter Fünf-Sterne-Herberge sind die VIP-Listen immer noch lang und die Suiten für Normalbürger unerschwinglich, weshalb sich die meisten Besucher mit einer very britischen und sehr zu empfehlenden Teatime auf der Kuchenterrasse begnügen.

Gleich nebenan hat sich seit den 1960er-Jahren eine andere Art Luxus etabliert: mit dem klotzigen Betonbau des berühmten deutsch-brasilianischen Star-Architekten Oscar Niemeyer, der mit seinem außerordentlichen Gespür für Design das »Pestana Casino Park Hotel« zu einem Meisterstück moderner Architektur – und zu einer der attraktivsten Residenzen Madeiras – gemacht hat. Geht man über die Schwelle, tritt Niemeyers Nachlass schon mit seiner opulenten Eingangshalle als glanzvolles Designerstück auf.

Quintas: futuristisch, puristisch

Madeiras größter Wirtschaftszweig, der Reisemarkt, weiß sich mit seiner Hotellerie immer wieder neu zu erfinden. Ein Produkt ist der Zusammenschluss hochherrschaftlicher Landgüter, die sich als **»Quintas da Madeira«** erfolgreich vermarkten. Für viele dieser historischen Familien-Besitzungen war die Umwandlung in gastronomische Betriebe der einzige Weg, einer Immobilienzerlegung zu entgehen und ganzheitlich weiter zu existieren. Seit der Gründung des Verbunds haben neun der malerischen madeirischen Quintas die Beitrittsvoraussetzungen erfüllt: große, exotische Parkanwesen, mindestens ein architektonisch sowie historisch repräsentatives Herrenhaus und geringe Bettenanzahl (www.quintas-madeira.com).

Dazu gehören die exklusiven »Jardins do Lago«, wo das langjährige Personal immer noch Amüsierliches über den deutschen Altkanzler Helmut Schmidt zu berichten weiß, der für einige Wochen die Suite 303 bewohnte, sowie die Quinta »Da Bela Vista«, eine Edelherberge klassischen Stils, deren Chefportier beinahe eine seiner wichtigsten Buchungen versiebte, weil er nicht glauben wollte, dass wirklich Mick Jagger – und kein Spaßvogel – am anderen Ende der Telefonleitung war. Für den letzten Kaiser von Österreich und König von Ungarn, Karl I., der am 19. November 1921 zusammen mit Ehefrau Zita nach Madeira kam, dauerte das angenehme Exil auf der subtropischen Blumeninsel nur ein halbes Jahr. Er erlag einer Lungenentzündung und wurde hier in der Kirche **Senhora do Monte** begraben. *RFK*

Infos und Adressen

ANREISE
Flug: Condor aus Frankfurt direkt sowie Lufthansa und TAP Portugal

BESTE REISEZEIT
Ganzjährig; auch zwischen Januar und März sinken die Temperaturen im Süden/Funchal kaum unter 15 Grad, in den Bergregionen kann es dann neblig sein und kühl werden.

SEHENSWERT
Museum der sakralen Kunst: im alten Bischofspalast, in dem die Schatzsammlung der Kirche aus vergangenen Jahrhunderten ausgestellt ist

Kloster von Santa Clara: Das Kloster existiert seit dem 15. Jh. und beherbergt das Grab des Entdeckers Madeiras und ersten Gouverneurs der Insel, Gonçalves Zarco.

Mercado dos Lavradores: Neben kleineren Märkten der wichtigste und größte Obst- und Gemüsemarkt Funchals. Die Blumenverkäufer haben hier ihren Auftritt, viele tragen ihre traditionellen Gewänder.

ESSEN UND TRINKEN
Restaurant Tokos: feine portugiesische Küche gehobener Klasse im historischen Gebäude, spezialisiert auf Fisch, Schalentiere, Fleisch und Geflügel in der Estrada Monumental 169, Funchal, www.restaurantetokos.com

O Celeiro: eines der ältesten Restaurants der Region, stilvolle Einrichtung, exzellente Atmosphäre; Rua dos Aranhas 22, Funchal, www.restauranteoceleiro.com

Café do Teatro: Das Theatercafé ist Treffpunkt von Einheimischen und Fremden, abends treffen sich hier Studenten, Künstler und Touristen. Avenida Arriaga, Funchal, www.cafedoteatro.com

Im Gästebuch der exklusiven Quinta da Bela Vista ist auch Mick Jagger verewigt.

House Jazz: Live-Jazz und gutes Essen in der Rua dos Aranhas 16, Funchal

SHOPPING
Madeira-Wein: Artur de Barros e Sousa produziert als einziges Unternehmen nach der traditionellen Methode, in Holzfässern und ohne künstliches Erhitzen. Rua dos Ferreiros 109, Funchal

Korbwaren: Am besten kauft man bei Kooperativen, vom Flaschenkorb bis zur Gartenbank ist alles im Angebot. Flechter-Kooperative von Camacha, Vimescope, Rue da Carreira 102, Funchal

Madeira-Stickereien: Filigrane Madeira-Stickereien (bordados) sind schöne Handarbeiten und deshalb nicht ganz billige Mitbringsel. Maschinengefertigte Waren tragen kein Gütesiegel des IVBAM (Instituto do Vinho, do Bordado e do Artesanato da Madeira).

Souveniers: Beliebt sind handgearbeitete Kleinode, zum Beispiel kunstvoll in goldgefasste Orchideenblüten, echter Lavaschmuck sowie Silber- und Goldschmuck.

ÜBERNACHTEN
Pestana Casino Park: Designhotel des Star-Architekten Oscar Niemeyer; Rùa Imperatriz D Amelia, Funchal

Reid's Palace: 1-a-Lage auf einem Felsplateau über dem Meer, fünf Sterne; Estrada Monumental 139, Funchal

Jardins do Lago: elegantes kleines Luxushotel; Rua Dr. João Lemos Gomes 29, São Pedro, Funchal, www.jardins-lago.pt

Quinta Da Bela Vista: Edelherberge klassischen Stils; Caminho do Avista Navios 4, Funchal, www.belavistamadeira.com

Quinta da Casa Branca: in Laufnähe Funchals, Parkatmosphäre mit Pool; www.quintacasabranca.pt

Estalagem da Ponta do Sol: Designhotel, minimalistische Architektur, klare Strukturen, puristische Inneneinrichtung, raumhohe Verglasungen; www.pontadosol.com

Designhotel Mirabela: bildschön am Berghang oberhalb Funchals; www.quinta-mirabela.com

WEITERE INFOS
Portugiesisches Fremdenverkehrsamt: Zimmerstr. 56, Berlin; www.visitportugal.com; www.visitmadeira.pt

Beim Blumenfest im April in Funchal

98 Azoren –
ein Hoch auf die Inseln von der Wetterkarte

HIGHLIGHTS

Wandern: Ein gutes Netz von Wanderwegen zieht sich über die Inseln. Infos zu Steigungshöhe, Dauer und Länge unter www.trails-azores.com

Baden: Helle Sandstrände hat Santa Maria, die anderen Inseln verfügen über grauen Vulkansand, dunklen Kieselstrand oder Naturbecken an felsigen Küsten.

Golfen: 18-Loch-Plätze gibt es auf São Miguel und Terceira. www.azoresgolfislands.com

Aktivsport: Surfen, Tauchen, Segeln, Drachen- und Gleitschirmfliegen, Radfahren; www.azoren-reiseportal.de

DAS SOLLTEN SIE PROBIEREN

Cozido das Furnas: Eintopf aus Kartoffeln, Gemüse, Schweine- und Rindfleisch im Erdloch gegart – *Sopa de Espirito:* Suppe aus Rinderbrühe, Weißkohl und Brot – *Caldeiras:* deftiger Eintopf mit Huhn, Rind oder Schwein – *Torresmos de Molho de Ficado:* Schweinefleisch in Lebersoße

Die neun Inseln des vulkanischen Archipels liegen 1500 km vom Festland entfernt mit schroffen Klippen, saftig-grünen Weiden, märchenhaften Seen und Wäldern, was vor allem Wanderer und Naturliebhaber lockt, ebenso Wassersportler und Liebhaber UNESCO-geschützter urbaner Perlen.

São Miguel, Hauptinsel und wirtschaftliches Zentrum der Azoren, präsentiert schon im Vorgarten seiner Hauptstadt **Ponta Delgada** die reinste Naturidylle: Vulkankegel stehen imposant über saftig-grünen Hügellandschaften, in gischtschäumenden Buchten jagen »blow holes« donnernd Wasserfontänen durch bizarre Felsformationen. Tiefblaue Kraterseen verströmen statische Ruhe im Kontrast zum tosenden Atlantik, der nur einen Kameraschwenk entfernt an die zerklüftete Küste brandet. Fotogen schaukeln auf schmalen Straßen Bauern ihre blanken Milchkannen auf Reiteseln pittoresken Bergdörfern entgegen. Wohin die vielen Autos fahren, die Ponta Delgada auf der Avenida Infante Don Henrique täglich die hauptstädtische Rushhour bescheren, bleibt dem erstaunten Besucher ungewiss. Hierhin, in die intakte Natur, verirren sie sich jedenfalls nicht.

Vielleicht steckt den Azorern die historische Unruhe im Blut. Ihre Geschichte ergibt sich aus der geografischen Lage, das hatten frühzeitig Entdecker und Eroberer erkannt. Spanier und Portugiesen schleppten Gold und andere Schätze aus Brasilien und Mittelamerika heran, die Hä-

Skipper auf Atlantiktörn steuern den Jachthafen von Horta auf Faial an, der ein Treffpunkt der internationalen Seglerszene ist.

Kulturlandschaft: Nicht nur Wälder, Seen und wilde Schluchten bestimmen das Bild der bezaubernden Insel Pico.

fen der Azoren waren der erste Versorgungsstopp auf dem Weg zurück in die Heimat. Als Zeugen jener glanzvollen Vergangenheit brüsten sich heute prachtvolle Kathedralen auf denkmalgeschützten Stadtplätzen nahe den Hafeneinfahrten. Kaiser und Könige gaben sich drinnen die Ehre, Großmächte schlugen draußen vor den Portalen aufeinander ein. Auch Sir Francis Lindbergh landete hier bei seiner ersten Atlantiküberquerung sowie erstmals die Deutsche Lufthansa auf dem Weg nach New York im Jahr 1936. Schifffahrts- und Fluglinien unterhielten bald Stationen für den immer wichtiger werdenden Transatlantikverkehr.

Wäre das Wetter gut, hätte die Azoren längst ein kanarisches Schicksal ereilt. Als schlecht lässt sich das Wetter aber auch nicht bezeichnen. »Vier Jahreszeiten an einem Tag«, geben die Reiseführer an, was bedeutet, dass Regen, Sonne und Nebel täglich in kürzesten Abständen wechseln. Feucht ist die Luft immer, und die mittleren Tages-

Vulcão dos Capelinhos: Bei einem Ausbruch vor der Azoreninsel Faial entstand 1957 die Halbinsel Ponta dos Capelinhos.

Zum Staunen

VIEL NATUR UND KULTUR

Erste Anlaufstation ist die Hauptinsel São Miguel. In einem Vulkankrater liegt die **Lagoa das Furnas** mit heißen Quellen. **Furnas** ist Ausgangspunkt für Wanderungen in die Vulkanlandschaft. Im Garten von **Terra Nostra** gedeihen exotische Pflanzen. Hier ein heißes Thermalbad im Freien zu nehmen zählt zu den Highlights. Rundreisende fliegen weiter auf die Insel **Faial**, um den Jachthafen in Horta zu besuchen, der für Atlantiktörn-Segler der Nabel der Welt ist, weshalb sich im Sommer die Boote um Liegeplätze drängeln. Nur 30 Minuten sind es von hier mit dem Fährboot zur Nachbarinsel **Pico**, die für guten Wein und weitläufige Lavafelder bekannt ist. Mit ihrer Renaissancestadt Angra do Heroísmo schmückt die Insel Terceira die UNESCO-Liste des Weltkulturerbes. Rund 30 **Naturschutzgebiete** gibt es auf den Azoren, viele Trails führen durch die schönsten Landschaften des Archipels. Die Inseln **Flores**, **Corvo** und **Graciosa** stehen auf der UNESCO-Liste der Biosphärenreservate.

Von Ribeira Quente auf São Miguel führt eine Wanderung durch den Ingwer-Urwald bis ins dampfende Furnas.

Zum Erleben und Genießen

AB NACH PICO

Graue Wolkenbänke schieben sich mit unterschiedlicher Geschwindigkeit über die Insel Pico. Das innere Bergland liegt im Nebel verborgen. Der gleichnamige Gipfel, ein auf 2351 m ansteigender Vulkankegel, ist für Bergsteiger eine Herausforderung und, meist in weiß gehüllt, der höchste Berg der Azoren. Regenschauer, Windböen und Sonnenlicht schaffen bizarre Lichtformationen, was Fotografen häufig hektisch umtreibt: Wer seine Kamera nicht fix genug in Anschlag bringt, hat schon verloren. Das Museum Do Baleeiro und die Bar Moby Dick im Hafenstädtchen **Lajes do Pico** stehen für das einstige Hauptgewerbe der Insel, den Walfang. 1987 wurden die letzten »Baleeiros« erlegt. Der Schornstein der Walfettfabrik ist ein weithin sichtbarer Wegweiser zum Museum, in dem Walzähne, Harpunen und Fangboote ausgestellt sind.
Vor der Rückfahrt nicht vergessen: Pico ist bekannt für guten Käse – und Schnaps, der aus Feigen (*figos*), Mispeln (*nesperas*) oder Bergminze (*veveda*) hergestellt wird.

temperaturen schwanken zwischen 15 und 22 Grad. Wobei schon einmal die sommerlich-heiße Badesaison in den Februar fiel, erinnern sich achselzuckend Einheimische. Das berühmte Azorenhoch scheint irgendwie überall zu liegen, nur nicht über den Inseln selbst. Und je tiefer der Forschende ins Thema Wetter einsteigt, desto mehr drängt sich die Vermutung auf: Es gibt gar keines.

Interessant sind die Inseln für Liebhaber intakter homogener Stadtbilder. Die größeren Städte wie **Horta** (auf Faial), **Angra do Heroísmo** (auf Terceira) und Ponta Delgada (auf São Miguel) warten mit einem großartigen städtebaulichen Erbe auf. Kunst und Architektur sind aus allen Himmelsrichtungen an Land geschwappt und aus verschiedenen Stilepochen in beeindruckenden Erscheinungsformen zu bestaunen: im Innenausbau exotische Hölzer, mit brasilianischem Gold überzogene Talha-Altäre, geschnitztes Elfenbein, verspielte Ornamente aus der Manuelinik sowie kunstvolle Azulejos, gekachelte Wandmuster, außen leuchtend heller Putz, dazu Fenster und Türen aus dunklem Inselbasalt gerahmt.

Schutt und Asche

Prächtige Kirchenpaläste und Palácios sowie stattliche Kaufmannshäuser, deren Fassaden sich nachts im Schein gusseiserner Laternen auf blanken Kopfsteinpflastern spiegeln, säumen verträumte Altstadtstraßen. Wer wird bei Bildern wie diesen ans Wetter denken? Ein reiches Kulturerbe verpflichtet. Nur elf Sekunden brauchte es, um auf **Terceira**, **São Jorge** und **Graciosa** die Monumente der Vergangenheit in Schutt und Asche zu legen. Das Erdbeben vom 1. Januar 1980 zerstörte insgesamt 5452 Wohnungen, 10 075 wurden stark beschädigt. 61 Menschen kamen während des Schreckensszenarios ums Leben, 21 000 wurden obdachlos.

Angra do Heroísmo, seit 1474 Hauptstadt von Terceira, ist ein Weltmonument mitten im Atlantik und steht deshalb auf der UNESCO-Liste der schützenswerten Kulturdenkmäler. Als wäre nichts gewesen, prangt die **Kathedrale des Heiligen Erlösers** wie eh und je im Herzen der Altstadt, überragt von der größten Festung der hispanischen Welt, der Burg São João Baptista, die hier 1591 entstand. Angra ist nach dem Beben wieder auferstanden. Seither wacht das Gabinete da Zona Histórica über Mörtelputz, Türmaße und Farbgestaltung von Anstrichen, um dem nunmehr hohen Anspruch an Portugals schönstes Beispiel für Städtebau aus der Renaissance zu genügen. *RFK*

Über 20 Arten lassen sich beim Whalewatching in den azorischen Gewässern beobachten.

Infos und Adressen

ANREISE

Flug: Wöchentlich drei Verbindungen nach Ponta Delgada auf São Miguel mit Air Berlin (www.airberlin.de) und mit Sata (www.flysata.de); von Ponta Delgada gibt es täglich Flüge auf alle Inseln mit Sata (www.sata.pt/de).

BESTE REISEZEIT

Frühjahr und Herbst zum Wandern. Von Juni bis September ist es feuchtwarm. Die durchschnittlichen Tagestemperaturen liegen in den Sommermonaten bei 25 Grad, die Wassertemperaturen zwischen 20 und 23 Grad.

SEHENSWERT

Observatorio Principe Alberto: Das Observatorium der heimlichen Hauptstadt der Azoren, Horta, ist mit der Aufgabe betraut, das atlantische Wetter zu erforschen.

Peter Café Sport: Dieser Treffpunkt zwischen den Welten ist die allererste Adresse für die Kapitäne Hunderter von Jachten aus aller Herren Länder, die in Hortas Marina vor Anker gehen. Malereien und Graffitis der Jachties auf Kaimauern und Hafenmole sind ein begehrtes Fotomotiv. www.petercafesport.com

Deutsch-Atlantische Telegraphengesellschaft: Faial war die Insel der Kabelleitungen, bis die drahtlose Kommunikation Einzug hielt. Im ehemaligen Gebäude der Gesellschaft findet sich in einer Bleiverglasung ein urdeutscher Spruch wieder.

Thermo-Cuisine: Am Nordufer des Furnas-Sees auf São Miguel kocht der Vulkan selbst: In Erdlöchern werden die Speisen vergraben und später gegart gehoben. www.azoren-web.de

Walbeobachtung: In den Gewässern rund um die Azoren tummeln sich die Riesensäuger zahlreich, was die Inseln für Whalewatcher zu einem erfolgversprechenden Einsatzgebiet macht.

Ponta Delgada: Modern und betriebsam ist die Hauptstadt Sao Miguels, aber auch ein schmuckes Relikt aus vergangener Zeit.

ESSEN UND TRINKEN

Tonys: Papa António und Sohn Marco servieren den besten Fisch in Furnas. www.restaurantetonys.pt

O Miroma: Kurioser Speisesaal in Furnas, typische Spezialität sind hier Blutwurst und Eintöpfe.

Restaurante Bocage: regionale Küche im Hotel Vale Verde; Rua das Caldeiras 3, Furnas, www.hotelvaleverde.com

Peter Café Sport: Hier einen Gin Tonic zu nehmen mit Blick auf die Marina Hortas gehört zum Pflichtprogramm der Jachties sowie der Besucher der Insel Faial. www.petercafesport.com

SHOPPING

Souvenirs: Vor dem Heimflug ab São Miguel liefern Ponta Delgadas Supermärkte die besten Mitbringsel. Besonders zu empfehlen sind Azoren-Tee, Pico-Käse und Schnaps sowie frische Ananas vom Feld. Auch Töpferwaren, Leinenstoffe und Wollsachen sind beliebte Souvenirs.

ÜBERNACHTEN

Solar de Lalém: Mit viel Detailliebe hat der Verlagskaufmann aus Frankfurt, Gerd Hochleitner, aus dem Herrschaftshaus von 1687 eine Oase der Erholung geschaffen. Estrada de São Pedro, Maia, São Miguel, www.solardelalem.com

Quinta da Mó: Ferienhäuser nahe der Lagoa das Furnas; Rua agua ouente, Furnas, São Miguel, www.quintadamo.com

Terra Nostra Garden Hotel: mit exotischem Garten und Thermalbecken; Rua Padre José Jacinto Botelho, Furnas, São Miguel, www.bensaude.pt/terranostragardenhotel

Pousada Forte da Horta: super Lage am Hafen in der Rua Vasco da Gama, Horta, Faial, www.pousadas.pt

Bela Vista: Zimmer und Appartements in der Avenida Marginal, Lajes do Pico, Pico, www.lajesbelavista.com

WEITERE INFOS

Portugiesisches Fremdenverkehrsamt: Zimmerstr. 56, Berlin; www.visitportugal.com; www.visit-azoren.de

Lajes do Pico auf Pico war Zentrum des Walfangs, dessen Geschichte im Walfang-Museum dokumentiert ist.

99 Marokko –
Königsstädte, Wüste und Traumstrände

HIGHLIGHTS

Casablanca: Die Stadt des gleichnamigen Kultfilms machte Humphrey Bogart als Hauptdarsteller weltberühmt, das legendäre Rick's Café gibt es an der Hafenpromenade immer noch.

Tanger: Der US-amerikanische Star-Autor Paul Bowles residierte ein halbes Jahrhundert in Tanger, was Literaturfreaks bis heute in die faszinierende Hafenstadt zieht.

Marrakesch: Die Märchenstadt am Rand der Sahara ist Kulturspektakel und ein idealer Ausgangsort für Wüstentouren.

Essaouira: Die hübsche Küstenperle verströmt das beste Strand- und Badeambiente am Atlantik,

Tafraout: Das Berber-Örtchen im Antiatlas-Gebirge südöstlich von Agadir zählt zu den schönsten Marokkos.

DAS SOLLTEN SIE PROBIEREN

Briouats aux poulets et vermicelles de riz: knusprige Teigtaschen mit Huhn – *Tajine Epaule sucré aux pruneaux:* Eintopf mit Lamm, Trockenpflaumen und gerösteten Mandeln – *Couscous aux oignons et aux raisins secs:* Hirsegericht mit Rind oder Lamm, Kichererbsen und Rosinen

Wer bei Marokko nicht gleich an Humphrey Bogarts »Casablanca« oder das Strandleben in Agadir denkt, wird neben der maghrebinischen Atmosphäre der Städte vor allem Landschaft pur und eine seltsame Stille erleben – jenseits des Rif-Gebirges mit seinen Almen und Tälern und den Zedernwäldern des Mittleren Atlas.

Kraftvoll erheben sich die eisigen Gipfel des **Hohen Atlas** in der Mittagssonne, die Motorhaube des Landcruisers ist gen Süden gerichtet. Das Ziel: den Rand der Sahara bei **Erfoud** zu erreichen. Bei **Foum Zabel** öffnet ein kleiner Tunnel, den im Jahr 1930 Truppen der französischen Fremdenlegion durch den Fels getrieben haben, den Zugang zur **Schlucht des Ziz**. Hier fängt die Wüste an, wenngleich noch als felsige Steinwüste. Im Rückspiegel zeigt sich zum letzten Mal das Bild der in Schneeweiß glänzenden Atlaskette, bevor es im Dunst verschwimmt und schließlich verschwindet. Am Ende der Ziz-Schlucht geht die schmale Straße in eine gerade Teerpiste über, die sich am Horizont flimmernd vom Erdboden löst. Kaum mehr zeigt sich die Vegetation, weder Bäume, Büsche oder Gras, was für ein Kontrast zur saftig grünen Landschaft zuvor!

Alle Bewegung scheint erstarrt. Im nächsten Moment schiebt sich ein großflächiger blauer See in den Blick. Was für ein Farbkontrast! Keinerlei Grün findet sich an den Ufern dieses Salzsees, den Totenstille umgibt. Wieder in Fahrt verwandelt sich die Szene urplötzlich. Aus der

Djemaa el Fna, Marrakeschs tosender zentraler Marktplatz, der Besucher aus aller Welt magisch anzieht und fasziniert

Felsformation Affenpfoten am Beginn der landschaftlich beeindruckenden Dades-Schlucht

Bewegungslosigkeit treiben säulen- und trichterförmige Sandhosen ihr Spiel, ein weicher Sandteppich weht beständig über der dampfenden Asphaltdecke der Piste, mondartige Landschaft dehnt sich endlos bis zum Horizont. Sicheldünen, vom Wind mit zarten Wellen gleichmäßig gemustert, bringen eine Sanftheit in die harte Kulisse. Abends, im Lager, herrscht die Stille neben dem Knistern des Feuers in dieser menschenfeindlichen Welt.

Zivilisationsstopp in Erfoud

Da stellt sich das Gefühl ein, dem Universum ganz nahe zu sein, in einer großen Harmonie. Leuchtend steht der Mond am dunkelblauen Himmelszelt, in dem tausend Sterne über der Wüste funkeln. Knapp 100 km sind es bis Erfoud. Das Städtchen am Nordrand der großen **Oase Tafilalet** hat 30 000 Einwohner und wurde im Jahr 1916 als französischer Militärstützpunkt gegründet, und er ist einer der letzten Vorposten der Zivilisation. Von hier ist es nicht mehr weit bis zu den großen Dünenfeldern der **Erg Chebbi**, der Sandwüste der Saharaausläufer. Wüstenpisten, oft nur durch alte Radspuren und Schlaglöcher zu erkennen oder auch gar nicht zu sehen und vom Sande verweht, erscheinen dem Besucher als ein geheimnisvolles System von Adern. Unser Fahrer hält immer wieder, um nach Reifenspuren und Orientierung zu suchen.

Nach zwei Stunden Fahrt tauchen gewaltige Lavabrocken auf, die gut ausgeprägte Fossilienabdrücke tragen, dann, im dunstigen Licht, die ersten großen Sanddünen der Erg Chebbi ... und Häuser! Vor der unwirklichen Sandkulisse heben sich weiße Umrisse deutlich ab; fern von der Zivilisation existieren hier Berberstämme, die weitgehend isoliert vom restlichen Land leben und sich als eigentliche Ureinwohner des Landes neben den im 7. und 12. Jh. eingewanderten Arabern ihre

Besondere Ausflüge

MAROKKO TOTAL

Die Königsstädte **Fes**, **Meknes**, **Marrakesch** und **Rabat** verschmelzen Vergangenheit und Gegenwart. Marrakesch ist ein idealer Ausgangsort für Wüstentouren, von hier geht es im Geländewagen über die **Oasenstadt Erfoud** zu den großen Dünenfeldern der **Erg Chebbi**, nach **Tafilalet** und **Rissani** sowie zu den Felswänden der **Gorges du Dades** und der **Gorges du Todra**, u.a. mit dem lokalen Unternehmen Mohamed Takhchi, www.amazing-morocco.com. Das Sahara-Städtchen **Ouarzazate** kann mit der beeindruckendsten und größten Wohnburgen, der **Kasbah Taourirt**, protzen. Ein- bis mehrtägige Wüsten-Touren gehen von hier per Kamel oder im Geländewagen zu dem Berberdorf Ait Benhaddou ganz in der Nähe und nach Agdz, Zagora und Skoura im Dra-Tal, Übernachtungen im landestypischen Riad oder im Wüstencamp, u.a. mit dem lokalen Unternehmen Madi H Travel in Ouarzazate, www.maroc-travel.net. Im **Hohen Atlas** erhebt sich Marokkos imposantester Berg, der **Toubkal**, bis auf 4167 Meter mit exzellenten Wander- und Skigebieten.

Zünftiger Unimog-Geländewagen wagemutiger Abenteurer in der Sandwüste Erg Chebbi bei Erfoud

Sprache und Kultur weitgehend erhalten haben. Die Wagen halten. Die Kraft der Sonne verblasst. Der Wind weht jetzt kühl. Das orangefarbene Licht färbt sich rot, dann dunkelrot. Innerhalb weniger Minuten ist der Feuerball verschwunden. Noch lange leuchtet der westliche Himmelsstreifen im Widerschein.

Stille und Einsamkeit

Die Luft kühlt sich schnell ab. Wir sitzen noch immer fasziniert von diesem Naturschauspiel auf den Sandbergen, Stille und Einsamkeit um uns herum. Plötzlich kommt ein orkanartiger Wind mit Eiseskälte auf. Wir steigen frierend in die Autos und fahren ab. Schweigend blicken wir aus den Fenstern in die blau-schwarze Nacht, die nur durch die Lichtkegel der Scheinwerfer durchbrochen wird. Als einmal die Rückleuchten des Vorderwagens für längere Zeit unsichtbar bleiben und wir mehrmals anhalten müssen, um mit Taschenlampen nach Reifenspuren zu suchen, wird uns mulmig zumute: Wie das wohl ist, in der Wüste zu erfrieren, in einer eiskalten Nacht in der Sahara?

Aus der Oase Erfoud führt der Rückweg durch die legendäre **Todra-Schlucht** wieder nach Norden. Hier zwängt sich der im Hohen Atlas entspringende **Todra-Fluss** durch eine enge Felsbarriere in Richtung Süden. Dattelpalmen und blühender Oleander sowie riesige Kakteen gedeihen an seinen Ufern. Klettergewandte Ziegen balancieren auf schmalen Pfaden an hochgelegenen Felskanten. Rotbraun ragen steinige Wände beiderseits des Todhra senkrecht in den azurblauen Himmel, die Straße führt zwischen dem reißenden Flusslauf und den bizarren Steilwänden entlang. Das Naturphänomen Todhra-Schlucht ist ein Paradies für Mountainbiker, Felskletterer und Wanderer! *RFK*

Biwak bei Merzouga, einem kleinen Wüstenort mit zirka 500 Einwohnern in der Provinz Errachidia

Zum Staunen und Genießen

TRÄUME AUS 1001 NACHT

Unsere letzte Etappe führt nach Marrakesch, ins **»La Mamounia«**, die legendärste Herberge der Wüstenstadt. Der märchenhafte Palast verbindet traditionellen und modernen Spa-Genuss mit einem Marrakesch-Erlebnis der besonderen Art: Nach Staub, Sand und Hitze tauchen die Gäste in die Wohlfühlwelt des Orients ein, mit Reinigungsritualen im Hamam, Schönheitszeremonien mit Düften und Ölen, mit Hot-Stone-Massagen, Power-Yoga und Zumba zum Lockern der Glieder. Schwarze Seife aus Essaouira, Ghassoul-Tonerde und edle Argan-Öle sowie Rosen- und Orangenblütenwasser gehören ebenso zum Programm wie die exotischen Düfte einer »Flavors of Marrakesch«-Tour. Wer noch Energie hat, bucht einen Trekking-Ausflug ins Atlasgebirge. Schon lange zählt das Palasthotel der Stadt Marrakesch zu den begehrtesten Adressen der Welt: Wo Prinz Mamoun im 18. Jh. Partys feierte und Hitchcocks »Der Mann, der zuviel wusste« entstand, tauchen Gäste in 1001 Nacht ein. www.mamounia.com

Infos und Adressen

ANREISE
Flug: mit Royal Air Maroc oder Iberia über Casablanca direkt nach Ouarzazate; mit Lufthansa, Air Berlin oder Ryanair nonstop nach Marrakesch

BESTE REISEZEIT
Februar bis Mai sowie der Herbst für Rundreisen mit Bade-Stopover an der Küste. Wüstentouren während der Sommerzeit meiden!

SEHENSWERT
Erfoud: Das Fort oberhalb des Wüstenortes nahe an den ersten Sanddünen der Sahara bietet fantastische Aussichten auf die Wüste, den Palmenwald und das Ziz-Tal.

Rissani: Die einstige Hauptstadt des Tafilalet im Ziz-Tal ist der Sitz der Alaouiten-Dynastie mit dem prachtvollem Mausoleum Moulay Ali Chérif.

Ksar von Oulad el-Halim: Die »Alhambra des Tafilalet« war der Palast des Paschas Moulay er-Rachid und befindet sich einige Kilometer südöstlich von Rissani.

Ouarzazate: Die Wüstenstadt ist Ausgangspunkt zum Draa-Tal, zum Dades-Tal und den Schluchten des Todra und fungierte als Drehort für zahlreiche Filmproduktionen. www.ouarzazate.com

Filmstudios: Szenen zu »Lawrenz von Arabien« wurden in Ouarzazate gedreht, heute geben sich hier internationale Filmteams die Klinke in die Hand. www.studiosatlas.com

Stolzer Händler und seine Ware im farbenfrohes Souk, der Wüstenstadt Quarzazate

ESSEN UND TRINKEN
Dar Zellij: landestypische Küche in einem traumhaften Riad; 1 Kaa Essour, Sidi ben Slimane, Médina, Marrakesch, www.darzellij.com

Dar Cherifa: Riad-Restaurant im Herzen der Souks; 8 Derb Chorfa Lakbir, Mouassine, Marrakesch, www.dar-cherifa.com

Dar Rhizlane & Spa: 1001-Nacht-Riad, Gourmetküche; Avenue Jnane El Harti, Quartier Hivernage, Marrakesch, www.dar-rhizlane.com

La Villa Nomade: Riad mit landestypischer Küche; 7, Derb El Marstane Zaouia El Abbassia, Medina in Marrakesch, www.lavillanomade.com

Chez Dimitri: französisch-marokkanische Cuisine; Avenue Mohammed V, Ouarzazate, www.dimitri-restaurant-ouarzazate.com

La Kasbah des sables: schönes Ambiente; 195 Hay Ait Ksif, Ouarzazate, www.lakasbahdessables.com

Le Jardin des Aromes: feine marokkanische Küche in Stadtlage; 69 avenue Mohamed V, Ouarzazate

SHOPPING
Souk Cherifia Galerie des Créateurs: moderne Shopping-Galerie; Terrasses des Epices, Medina, Marrakesch, www.souk-cherifia.com

Beldi Country Club Marrakesch: anspruchsvolle Einkaufsgalerie mit Restaurants und Cafés; www.beldicountryclub.com

ÜBERNACHTEN
La Villa Nomade: schmuckes Riad-Hotel; 7, Derb El Marstane Zaouia El Abbassia, Medina in Marrakesch, www.lavillanomade.com

Les Jardins De La Medina: stilvolle Herberge mit erstklassigem Ambiente; 21 Derb chtouka, Kasbah Marrakesch, www.lesjardinsdelamedina.com

Riad Al Rimal: The House of Sands; 43, Derb Fahl Ezzafriti (Laksour district, in der Nähe der Souks, Marrakesch, www.riadalrimal.co.uk

Dar Chamaa: Kasbah Riad in Tajdar B-P 701, Ouarzazate, www.darchamaa.com

Es Saadi: Gardens & Resort in Marrakesch; Rue Ibrahim El Mazini Hivernage, www.essaadi.com.

Les Jardins de Ouarzazate: maurischer Hotelpalast; Route de Zagora Tabounte, Ouarzazate, www.hotel-les-jardins-de-ouarzazate.com

Hotel Berbere-Palace: Quartier Mansour Eddahbi; Quarzazate, www.hotel-berberepalace.com

WEITERE INFOS
Staatliches Marokkanisches Fremdenverkehrsamt: Graf-Adolf-Str. 59, Düsseldorf, www.visitmorocco.com

Tunesiens Wüsten bringen nicht nur Sand- sondern auch Schotter- und Geröllwüsten hervor, an deren kargen Ränder sich Leben hält.

100 Tunesien – Erlebnis Wüste

Die meisten Tunesien-Besucher kommen der Sandstrände wegen, genießen das milde Klima an den Küsten und verbleiben in den bekannten Badedestinationen. Individualisten machen sich in die Region am Rand der tunesischen Sahara auf, um in der Wüste eine faszinierende Erfahrung der Ruhe zu erleben.

Es geht nach **Douz**, der ersten Oasenstadt am Rand der **Sahara**. Beinahe unmerklich hat sich der Himmel über der Wüste verändert. Heftige Windböen treiben Sand auf die Straße, sodass Markierungen gänzlich verschwinden. Blitzschnell wickelt sich Halim, der Fahrer, in Tücher und wird augenblicklich zum Tuareg hinter dem Steuer. Wache Augen blitzen aus schmalen Sehschlitzen ins undurchdringliche Gelb, der feine Sand dringt selbst in die Kabine. Draußen knattern zwei Vermummte auf Mopeds vorbei. Im wirbelnden Sandchaos geht es nur langsam voran. Ein zugewehtes »Desert Café«, bestehend aus einem Bambusverschlag mit zwei Dutzend stapelbarer Plastikstühle, zeigt sich am Rand der Piste. Die Einfahrt in die Wüstenstadt Douz wird zur filmreifen Szene: Die Straßen sind wie leergefegt, verbleibende Lebewesen verharren reglos in Mauernischen geduckt.

Am folgenden Tag rumpelt unser Konvoi über eine schmale Piste durch das größte Salzseengebiet der Sahara, das **Chott el Djerid**. Auf dem Weg zeigt sich eine Landschaft biblischer Motive. Ein Hirte posiert mit Hütestock und schwarzen Ziegen vor wildzackigen Bergen.

HIGHLIGHTS

Kolosseum von El Djem: Die ehemalige Kampfarena ist mit 40 000 Tribünenplätzen fast so groß wie das römische Kolosseum; es ist ein UNESCO-Weltkulturerbe. whc.unesco.org/en/list/38

Markttag in Douz: Der Oasenmarkt, der jeden Donnerstag in Douz stattfindet, ist der größte aller Märkte in der Wüstenregion Tunesiens.

Kamelreiten in Zaafrane: In Zaafrane finden nahe der El-Hofra-Düne Reitübungen auf Dromedaren statt: Sie führen Besuchern den Überlebenskampf der Oasen authentisch vor Augen.

DAS SOLLTEN SIE PROBIEREN

Tajine: Schmorgericht mit oder ohne Fleisch, das im Tontopf auf offenem Feuer gegart wird – *Couscous:* Hartweizengrieß im Dampf einer Gemüse-, Fleisch- oder Fischsauce gegart – *Makroud:* Grießgebäck in Honig mit Dattelpaste gefüllt – *Baklava:* Dattel- oder Pistazienpaste im Blätterteig

Kurz vor **Tozeur**, Provinzhauptstadt und Oase mit 200 000 Dattelpalmen, geht nichts mehr. Beim Showdown der Geländewagen, die mit Schwung steile Sanddünenberge hinaufbrausen, ist eines der Fahrzeuge bis über die Achsen versackt.

Am nächsten Abend, in der **Oase Nefta**, erzählt Halim, »der, der träumt, was morgen ist«, am Feuer von der Wüste – von der, die fernab seiner Sandsafaris ist, wo Mama da irgendwo draußen vor dem Familienzelt sitzt. Sie brüht den köstlichsten »Thé menthe« aller Sandwüsten. Glasklar funkelt der Sternenhimmel. *RFK*

Infos und Adressen

ANREISE
Flug: nach Tunis oder nach Tozeur, direkt nach Djerba oder Hammamet; www.tunisair.com

BESTE REISEZEIT
Frühjahr und Herbst

SEHENSWERT
Douz: touristisches Zentrum, Palmengärten und Sanddünenausläufer

Tozeur: Provinzhauptstadt und Oase, Tor zur Wüste, malerisches Altstadtviertel

Tamerza: Oasendorf an der algerischen Grenze am Chott el Rharsa

Midès: idyllische Bergoase nahe der Abbruchkante eines Canyons

Chebika: ehemalige römische Grenzfestung mit Wasserfall und Schlucht

ESSEN UND TRINKEN
Restaurant diari: charmantes Steakhouse und Café in Tamerza

Dar Deda: feine tunesische Cuisine in Tozeur

ÜBERNACHTEN
Tamerza Palace: Luxushotel in Tamerza; www.tamerza-palace.com

Hotel Ras El Ain: schöne Atmosphäre am Palmenhain; Touzeur, www.goldenyasmin.com/ras-el-ain/en

WEITERE INFOS
Tunesisches Fremdenverkehrsamt: Bockenheimer Anlage 2, Frankfurt am Main, www.tunesien.info

Wirtschaftsfaktor Nummer Eins: Ausflugsschiffe und Dromedar-Vermieter am Strand von Sousse

UNESCO-Welterbe: Römisches Amphitheater El Djem

Ein besonderes Erlebnis

DAS AMPHITHEATER VON THYSDRUS

Thysdrus war nach Karthago die zweitgrößte Stadt des römischen Imperiums in Afrika, auf seinen Ruinen steht das heutige El Djem. Einen Besuch des gewaltigen Amphitheaters, das mit 148 x 122 m und etwa 40 000 Tribünenplätzen fast so groß ist wie das römische Kolosseum, sollte man nicht versäumen. Ohne die grandiose Kulisse **El Djems** würde das heutige Städtchen das Leben verschlafen, erst die Restaurierung des antiken Amphitheaters brachte ausländische Kulturreisende, internationale Konzert- und andere Veranstaltungen her und damit Geld in die Kassen. Zu römischen Zeiten waren es Löwen- und Gladiatorenkämpfe, die das Publikum unterhielten. Die steinerne einstige Kampfarena mit ihren dreifach übereinanderliegenden Bogengängen ist umgeben von quirligen Straßencafés und Souvenirshops, die Kulturreisende nach der Besichtigung des tunesischen Highlights aufsaugen wie ein Schwamm.

Register

Impressum/Bildnachweis

Textnachweis
Ellen Astor (EA): Nr. 5, 12, 19, 20, 23, 25, 27, 28, 74, 79
Henning Aubel (HA): Nr. 4, 16, 17, 21
Carsten Dohme (CD): Nr. 43, 53
Christin Drühl (CHD): Nr. 9, 10
Sabine Durdel-Hoffmann (SD-H): Nr. 13, 15, 24, 29, 70
Dieter Falk (DF): Nr. 64
Birgit Günther (BG): Nr. 14, 49, 59, 80, 81
Udo Haafke (UH): Nr. 11, 42, 44, 45, 46, 47, 48, 55, 56, 60, 61, 65, 66, 67, 82, 89, 90, 91
Roland F. Karl (RFK): Nr. 1, 2, 3, 6, 7, 8, 22, 26, 39, 41, 50, 51 52, 54, 62, 63, 68, 71, 72, 73, 75, 76, 83, 84, 85, 88, 92, 93, 94, 95, 96, 97, 98, 99,100
Heidrun Kiegel (HK): Nr. 18, 69, 87
Brigitte Lotz (BL): Nr. 57, 58
Michael Pröttel (MP): Nr. 33, 34, 35, 36, 37, 38, 40
Barbara Rusch (BR): Nr. 30, 31, 32, 77, 78, 86

Bildnachweis
Alle Bilder stammen von Mauritius Bildagentur, Mittenwald

mauritius images
PICTURES YOUR VISION

außer:
Henning Aubel: S. 62, 63 u.; Christin Drühl: S. 35 o., 36 o.; Udo Haafke: S. 38-39 (3), 113-117 (6), 120-123 (6), 124-125 (3), 126-128 (6), 130-133 (6), 134-137 (6),154-155 (3), 156-159 (6), 170-171 (3), 172-173 (3), 184-185 (3), 186-187, 188-189, 230-231 (3), 248-249 (3), 250-251 (3), 252-253 (3); Roland F. Karl: S. 17, 27 u., 29, 32 u., 77 u. (© Parkhotel Adler), 106, 112,113 (2), 150, 151, 152 u, 153, 175 o, 176-177 (3), 178, 179 o, 203 o, 209 u, 210 u., 233 (2), 234-235 (3), 237 u , 244-247 (6), 256,257, 258 u, 259 (2), 264-265 (3), 271 u, 273 o, 274-277 (6), 279, 280 u, 282, 283 u; Picture Alliance: S. 19 o (dpa), 32 (chromorange), 53 o (DUMONT Bildarchiv) 53 u (dpa), 69 o (dpa); Michael Pröttel: S. 95 (2), 98, 99 u, 100, 101 (2), 102,103 (2), 104, 105 (2); PD: S. 199 u, 211 (2); Shutterstock: S. 92 o (ArTono), 196 o (Cedric Weber), 212 (Igor Karasi),258 o (Veronika Galkina)

Umschlag:
Vorne: großes Bild: am Smetana-Kai mit Moldau, Karlsbrücke, Hradschin und Veitsdom in Prag © huber-images.de / Hans-Peter Merten
kleine Bilder v.l.n.r. Radtour in Mecklenburg © mauritius images / Juice Images; Strandkarren auf Borkum, © picture alliance / DUMONT Bildarchiv; in der Lagune von Venedig © huber-images.de / Miana Nicolo;
Seite 1: Drache von Gaudi im Parc Güelle, Barelona © mauritius images / Pixtal
Seite 2/3: Fiat 124 Spider Cabrio in der Toskana © mauritius images / imageBROKER / Alex Friedel

Verantwortlich: Dr. Birgit Kneip
Lektorat: SAW Communications Dr. Sabine Werner, Mainz
Satz: Mediaservice Rudi Stix, München
Umschlaggestaltung: Ulrike Huber, Kolbermoor
Kartografie: HUBER KARTOGRAPHIE, Heike Block, München
Repro: Repro Ludwig, Zell am See
Herstellung: Bettina Schippel
Printed in Italy by Printer Trento

Sind Sie mit diesem Titel zufrieden? Dann würden wir uns über Ihre Weiterempfehlung freuen.
Erzählen Sie es im Freundeskreis, berichten Sie Ihrem Buchhändler, oder bewerten Sie bei Onlinekauf.
Und wenn Sie Kritik, Korrekturen, Aktualisierungen haben, freuen wir uns über Ihre Nachricht an Bruckmann Verlag, Postfach 40 02 09, D-80702 München oder per E-Mail an lektorat@verlagshaus.de.

Unser komplettes Programm finden Sie unter

www.bruckmann.de

Die Deutsche Nationalbibliothek verzeichnet diese Publikation in der Deutschen Nationalbibliografie; detaillierte bibliografische Daten sind im Internet über http://dnb.d-nb.de abrufbar.

ISBN 978-3-7343-0555-9